Bewegung durch Wechselwirkung

Material A

Antrieb durch Wegstoßen

Materialliste: Rollbrett, verschieden schwere Bälle

1 Setze dich auf das Rollbrett und nimm einen Ball in die Hände. → 1
a Stoße den Ball geradeaus weg. Beschreibe, in welche Richtung du dich selbst in Bewegung setzt.
Achtung • Der Ball darf nicht auf Personen oder Gegenstände treffen. Stoße beim Rollen nirgends an.
b Skizziere, wie du auf dem Rollbrett sitzt und den Ball gerade wegstößt. Zeichne die beiden Kräfte ein.
c Stoße verschieden schwere Bälle etwa gleich schnell weg. Beschreibe deine Beobachtung. Fasse das Ergebnis in einem Je-desto-Satz zusammen.

2 Führt einen Wettbewerb durch: Gewonnen hat, wer mit dem Rollbrett am weitesten kommt.
Bildet dazu Gruppen aus 4 oder 5 Personen. Jeweils ein Gruppenmitglied muss sich auf das Rollbrett setzen und einen beliebigen Ball wegstoßen. Besprecht euer Vorgehen – jede Gruppe hat nur einen Versuch!

Material B

Weiche Landung

1 Diese Rakete landet sicher und weich wieder auf der Erde. → 2 Dabei wurden jedoch kein Fallschirm genutzt, sondern die Triebwerke der Rakete.
Erkläre, warum die Rakete auf diese Weise sicher landen konnte.

Material C

Luftballonrakete

Klebeband
Trinkhalm

Materialliste: Luftballon, Klebeband, ca. 10 m Nylonschnur, Trinkhalm (nicht knickbar)

1 Zwei Personen fädeln die Schnur durch den Trinkhalm und spannen sie. Die dritte Person pustet den Ballon auf und hält ihn zu. Sie klebt den Luftballon an den Trinkhalm und lässt dann los. → 3
a Beschreibt eure Beobachtung.
b Erklärt euren Klassenkameraden die Beobachtung mit dem Wechselwirkungsprinzip.

66 | Bewegungen

Material D

Filmdosenrakete

Materialliste: Filmdose, Pappe, Klebeband, Becherglas, Wasser, Brausetablette

1 So gehst du vor: → 4
a Bastle aus Pappe eine Spitze für die Filmdosenrakete.
b Befestige die Spitze auf dem Boden der Dose.
c Gehe nach draußen.
Jetzt muss es schnell gehen: Fülle etwas Wasser und anschließend eine Brausetablette in die Filmdose. Verschließe die Dose mit dem Deckel und stelle die Dose mit dem Deckel nach unten auf den Boden.
d Beschreibe deine Beobachtungen.

2 Erkläre deine Beobachtungen mit dem Wechselwirkungsprinzip. Beachte, dass beim Auflösen der Brausetablette das Gas Kohlenstoffdioxid entsteht.

① Raketenspitze
Filmdose
Wasser
Deckel
Brausetablette
②
③

Material E

Wie gelingt die Rettung?

In einem Kinofilm spielt sich die folgende Szene ab: Eine Astronautin schwebt frei im All und versucht verzweifelt, zum Raumschiff zu gelangen. Sie wird es verfehlen, wenn sie nicht in die richtige Richtung beschleunigt. Ihr prall mit Luft gefüllter Raumanzug hat keine Navigationsdüsen. Sie sieht auf ihren Handschuh. Da hat sie die rettende Idee …

1 Diskutiert, wie die Astronautin in Richtung Raumschiff beschleunigen kann.

2 Vermutet, welche Schwierigkeiten bei diesem Vorgehen aufgetreten könnten.

Material F

Flyboard

1 Jetskis stoßen Wasser mit großer Kraft aus. Man kann es mit einem Schlauch zu einem Flyboard leiten, um damit über dem Wasser zu schweben. → 5 Erkläre, warum man auf dem Flyboard nach oben beschleunigt wird, wenn die Person auf dem Jetski „Gas gibt".

Flyboard
Jetski

5 Jetski und Flyboard

67

Materialseiten

… vor allem zum Forschen und Bearbeiten

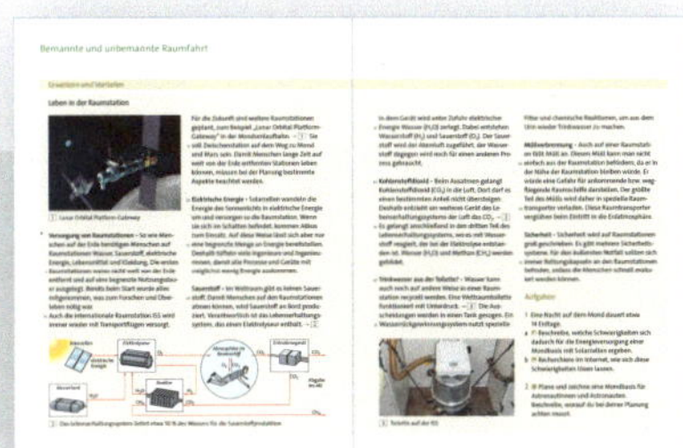

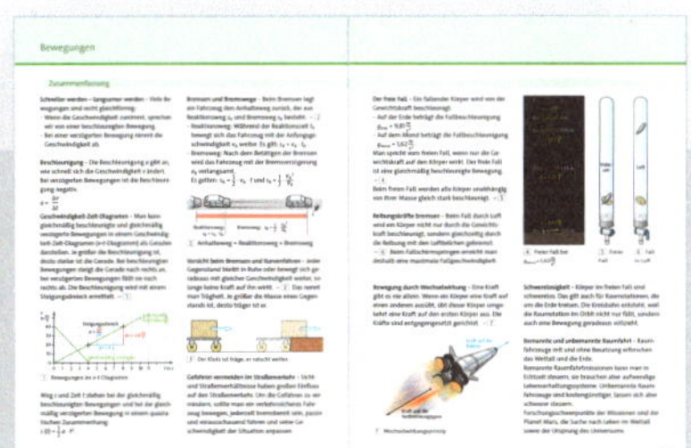

Methodenseiten zeigen Schritt für Schritt, wie du eine Sache sinnvoll angehst.

Erweitern und Vertiefen bietet Informationen an, die über das Grundlegende hinausgehen.

Die **Zusammenfassung** gibt einen Überblick über den Lernstoff des Kapitels.

Die Aufgaben auf den **Teste-dich-Seiten** beenden das Kapitel. Sie helfen dir, dein Wissen selbst einzuschätzen. Lösungen und Hilfestellungen findest du im Anhang.

Aufgaben, Methoden, Texte und Materialien mit MK MK MK MK tragen zum Erwerb von Kompetenzen aus dem Medienkompetenzrahmen bei.

NORDRHEIN-WESTFALEN

NATUR UND TECHNIK

Physik 9/10

Cornelsen

NATUR UND TECHNIK

Physik 9/10 Nordrhein-Westfalen

Autorinnen und Autoren: Siegfried Bresler (Bielefeld), Dr. Alexander Küpper (Köln), Sven Theis (Harsewinkel), Sandra Willms (Bochum)

Unter Verwendung von Beiträgen von Bernd Heepmann, Holger Hellendrung, Christian Hörter, Michael Hundertmark, Steffen Lenz, Dr. Jochim Lichtenberger, Dietmar Lohmann, Franz Wimmer

Redaktion: Thomas Gattermann, Stephan Möhrle

Grafik und Illustration: Tobias Dahmen, Rainer Götze, Matthias Pflügner

Umschlaggestaltung: SOFAROBOTNIK GbR, Augsburg & München

Layoutkonzept: Typo Concept GmbH, Hannover

Layout und technische Umsetzung: Straive

Begleitmaterialien zum Lehrwerk:

Schulbuch als E-Book	978-3-06-010865-7
Handreichungen für den Unterricht	978-3-06-010866-4
Kopiervorlagen	978-3-06-010867-1
Unterrichtsmanager Plus online	978-3-06-015025-0

www.cornelsen.de

Dieses Werk enthält Vorschläge und Anleitungen für Untersuchungen und Experimente. Vor jedem Experiment sind mögliche Gefahrenquellen zu besprechen. Beim Experimentieren sind die Richtlinien zur Sicherheit im Unterricht einzuhalten.

1. Auflage, 1. Druck 2023

Alle Drucke dieser Auflage sind inhaltlich unverändert und können im Unterricht nebeneinander verwendet werden.

Druck: Mohn Media Mohndruck, Gütersloh

ISBN 978-3-06-010864-0

PEFC
PEFC/04-31-1033

PEFC zertifiziert
Dieses Produkt stammt aus nachhaltig bewirtschafteten Wäldern und kontrollierten Quellen.

www.pefc.de

Motoren, Generatoren und Transformatoren 132

Radioaktivität 164

Informationsübertragung 208

Angebot für die Hauptschule und die Realschule

Anhang 254

Kräfte

Beim Judo gewinnt nicht unbedingt die größere Kraft – wenn die kleinere Kraft geschickt eingesetzt wird.
Was ist das überhaupt: die Kraft?

Eine Kraft wirkt auf den Bungee-springer und das Seil. Der Springer fällt nach unten. Was geschieht mit dem Seil?

Das riesige Schiff aus Eisen kann man mit fast 20 000 Containern beladen.
Wieso geht es nicht unter?

Was Kräfte bewirken

1 Angetrieben von der Kraft des Winds

Die Kraft des Winds formt die Wellen und macht die Surfer so schnell, dass sie aus dem Wasser schießen.

Kräfte in der Alltagssprache • Den Begriff Kraft verwenden wir in unserer Alltagssprache in unterschiedlichen Bedeutungen. Wir sprechen unter anderem von den heilenden Kräften der Natur, einer tüchtigen Arbeitskraft oder vom Kräfte sammeln in den Ferien. In der Physik verstehen wir etwas anderes unter Kraft.

Kräfte – physikalisch gesehen • Von physikalischen Kräften spricht man immer, wenn ein Körper schneller oder langsamer wird, wenn er seine Richtung ändert oder wenn er verformt wird. → 2 – 5 Die Kraft selbst kann man dabei nicht sehen.

Kräfte erkennt man an ihren Wirkungen. Auf einen Körper wirkt eine physikalische Kraft, wenn:
- der Körper schneller oder langsamer (beschleunigt oder gebremst) wird,
- die Bewegungsrichtung des Körpers geändert wird,
- der Körper verformt wird.

In der Physik nennt man die Kraft oft zusammen mit ihrer Ursache:

2 Der Ball wird zur Seite abgelenkt. Wirkung der Kraft: Bewegungsrichtung ändern

3 Die Kugel wird angestoßen. Wirkung der Kraft: schneller werden

beschleunigen
verzögern (bremsen)
verformen
die Kraft
der Körper

- Die Reibung zwischen Bremsbelag und Fahrradreifen verursacht eine Kraft, die das Fahrrad bremst. Wir sprechen von der Reibungskraft.
- Auf einen Turmspringer wirkt eine Kraft, die ihn in Richtung Erde beschleunigt. Diese Kraft ist umso größer, je größer sein Gewicht ist. Wir sprechen von der Gewichtskraft.
- Der Auftrieb eines Gasbläschens im Sprudelwasser ist Ursache für eine Kraft, die das Bläschen zur Wasseroberfläche beschleunigt. Wir sprechen von der Auftriebskraft.

Über Reibungskraft, Gewichtskraft und Auftriebskraft erfährst du in diesem Kapitel mehr.

Körper und Kräfte • Als Körper bezeichnet man in der Physik alle Gegenstände, auch die Luft in der Atmosphäre. Damit eine Kraft wirken kann, werden zwei Körper benötigt: Ein Körper übt eine Kraft auf den anderen Körper aus. Zum Beispiel übt die Hand des Torwarts eine Kraft auf den Ball aus. → 2

Aufgaben

1 Suche in einem Wörterbuch nach verschiedenen Bedeutungen des Begriffs Kraft. Schreibe jeweils ein Beispiel in dein Heft.

2 In den folgenden Beispielen ist von Kräften die Rede:
- Im Alter lässt die Sehkraft nach.
- Beim Radfahren trittst du kräftig in die Pedale.
- Ein Apfel fällt vom Baum.
- Tom schlägt einen Nagel in die Wand – und verbiegt ihn dabei.
- Der Zauberer hat eine unglaubliche Zauberkraft.
- Das neue Waschpulver hat die doppelte Waschkraft.

a Nenne und beschreibe die Beispiele, in denen physikalische Kräfte eine Rolle spielen.

b Begründe deine Entscheidungen. → S. 265 Gib dabei jeweils an, ob eine passende Wirkung der Kraft auftritt und zwei Körper beteiligt sind.

4 Der Teig wird geknetet.
Wirkung der Kraft: verformen

5 Der Wind bremst den Fußgänger.
Wirkung der Kraft: langsamer werden

Was Kräfte bewirken

Material A

1

2

3

4

5

6

Körper, Kräfte, Wirkungen

1 Die Bilder 1–6 zeigen Beispiele, in denen Kräfte wirken oder gewirkt haben.

a Übernimm die Tabelle in dein Heft und trage die anderen Beispiele ein. → 7

b Sortiere die Beispiele nach den Kraftwirkungen:

- Kräfte verformen Körper.
- Kräfte ändern die Bewegungsrichtung.
- Kräfte beschleunigen oder bremsen.

Bild	Körper, der die Kraft verursacht	Körper, der die Kraft erfährt	Wirkung der Kraft
1	Hammer	Nagel	Der Nagel wird verformt.
2	?	?	?

7 Beispieltabelle

Material B

Kräfte auf eine Kugel

Materialliste: Teppich, starker Magnet, Klötze, schmale Rinne (U-Profil), Stahlkugel

1 Stellt die Rinne etwas schräg auf dem Boden auf.
a Lasst die Kugel in der Rinne herunterrollen. Markiert, wie weit sie gerollt ist.
b Verändert den Aufbau so, dass die Kugel weiterrollt. Notiert, was ihr verändert.
c Vergleicht, wie weit die Kugel auf glattem Boden und auf dem Teppich rollt.
d Beschreibt die Bewegung der Kugel in der Rinne und auf dem Boden genau.

2 Ändert mit dem Magneten die Geschwindigkeit und die Richtung der rollenden Stahlkugel auf dem Boden. → 8 Probiert verschiedene Möglichkeiten aus. Beschreibt jeweils genau, wie sich die Bewegung der Kugel ändert.

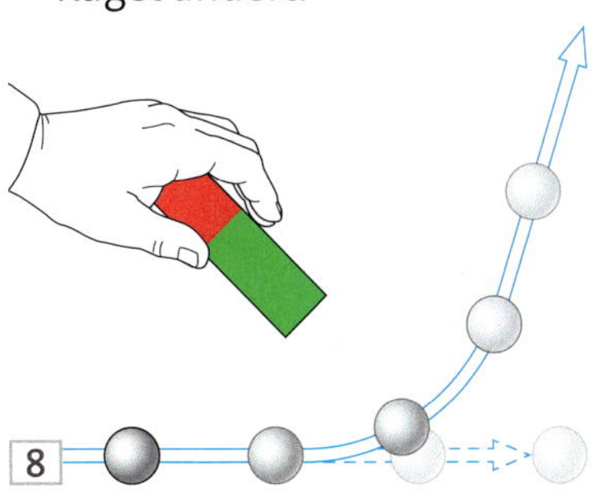

Material C

Ursachen von Kräften

1 In den Bildern 9–14 wirken Kräfte, die vom Gewicht oder dem Auftrieb eines Körpers oder der Reibung zwischen Körpern verursacht werden.
a Benenne für jedes Bild die Ursache der Kraft.
b Gib jeweils auch die Wirkung der Kraft an.

9 Sitzsack

10 Blasen in der Sprudelflasche

11 Fliege hält sich an der Wand.

12 Ampelstopp

13 Aufsteigender Heißluftballon

14 Weitsprung

Kräfte messen

1 Wie stark bist du?

Material zur Erarbeitung: A

Mit dem elastischen Band trainierst du deine Muskeln. Du kannst damit auch messen, wie stark du bist.

Kräfte messen • Je weiter du das Band dehnst, desto größer ist deine Kraft. Nach dem gleichen Prinzip funktionieren viele Kraftmesser. → 2 In diesen Kraftmessern wird anstelle des Bands eine Schraubenfeder gedehnt. Bei kleinen Kräften gilt: → 3

- 2-fache Kraft → 2-fache Verlängerung
- 3-fache Kraft → 3-fache Verlängerung

Die Kraft F (engl. force) ist eine physikalische Größe. Man misst sie in der Einheit Newton (1 N). Beispiel: $F = 3\,N$.
1 N = 1000 mN; 1 kN = 1000 N.

Wir messen Kräfte mithilfe der Dehnung einer Schraubenfeder. Je größer die Kraft ist, desto größer ist die Verlängerung der Schraubenfeder. Diesen proportionalen Zusammenhang nennt man hookesches Gesetz.

Kräfte zeichnen • Ein Pfeil zeigt, wie die Kraft auf einen Körper wirkt:

- Der Kraftpfeil beginnt an dem Punkt, an dem der Ball getroffen wird. Dort greift die Kraft an. → 4
- Je härter der Ball getroffen wird, desto größer ist die Kraft auf den Ball. Umso länger ist auch der Kraftpfeil.
- Die Pfeilspitze zeigt, in welche Richtung die Kraft auf den Ball wirkt.

Ein Kraftpfeil zeigt Größe, Richtung und Angriffspunkt der Kraft.

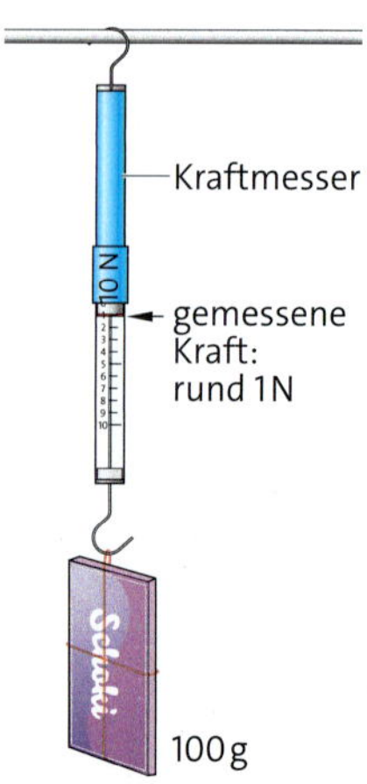

2 Kraftmessung

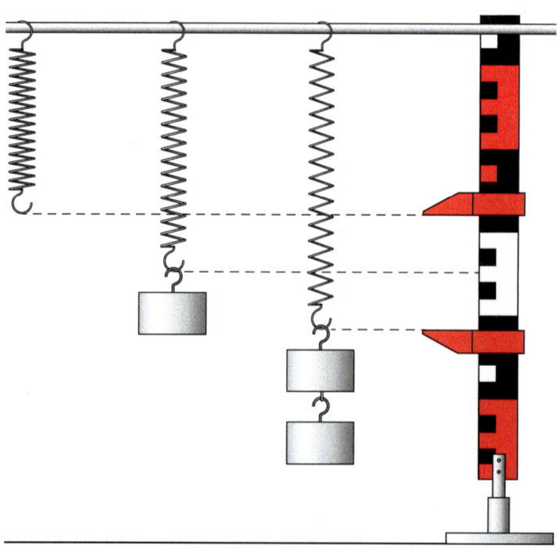

3 Dehnung einer Schraubenfeder

4 So zeichnen wir eine Kraft.

Aufgabe

1 Beschreibe die Veränderung einer Schraubenfeder, wenn die angehängte Masse 5-mal (3-mal, halb) so groß ist.

die Schraubenfeder
das Newton (N)
das hookesche Gesetz
der Kraftmesser
der Kraftpfeil

Methode

Kräfte messen mit dem Kraftmesser

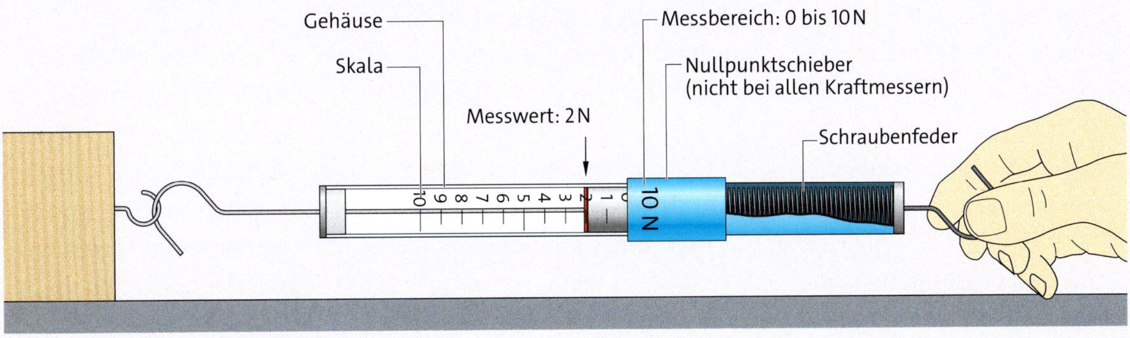

5 Aufbau eines Kraftmessers

So misst du richtig mit dem Kraftmesser: → 5

1. Kraftmesser auswählen Es gibt Kraftmesser für größere und für kleinere Kräfte. → 6 Auf jedem Kraftmesser ist sein Messbereich angegeben. Eine zu große Kraft kann die Schraubenfeder des Kraftmessers beschädigen. Mache eine Probemessung mit dem Kraftmesser für den größten Messbereich. Wenn die Schraubenfeder nur wenig gedehnt wird, probiere den nächstkleineren. Wenn dann die Feder weit ausgedehnt wird, ist der richtige Kraftmesser gefunden.

2. Auf null stellen Halte den Kraftmesser auf Augenhöhe und schiebe den Nullpunktschieber auf die Markierung „0".

3. Messen Hänge ein Wägestück an oder ziehe mit dem Kraftmesser einen Gegenstand.

4. Richtig ablesen Begib dich auf Augenhöhe zur Skala. Lies an der Skala den angezeigten Wert ab. → 7

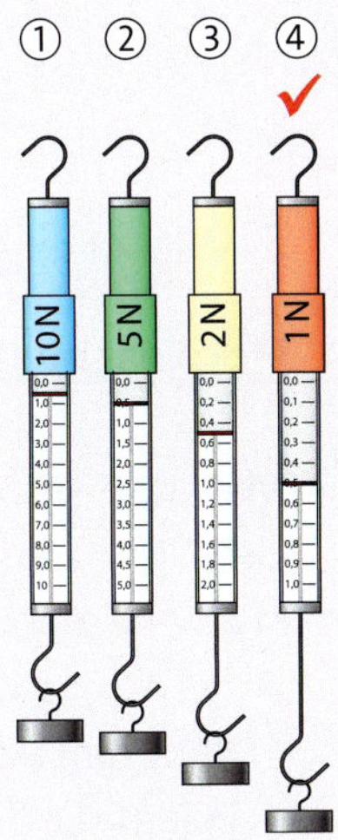

6 Kraftmesser auswählen

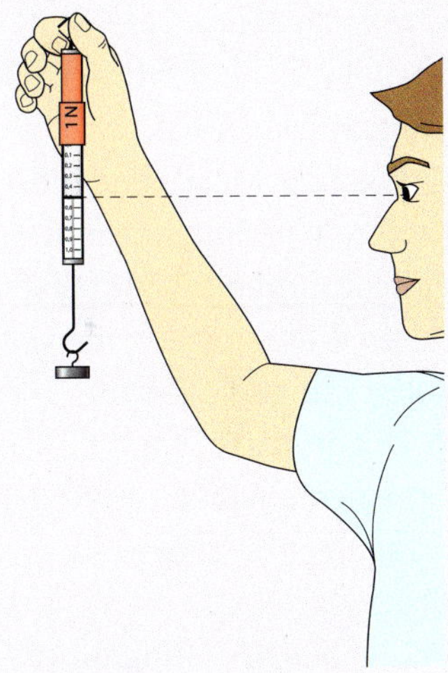

7 Auf Augenhöhe ablesen!

Aufgaben

1 ◩ Kraftmesser
a Nenne die Teile des Kraftmessers.
b Beschreibe, wie du ihn richtig benutzt.

2 ☒ Miss die Kraft, die zum Heben von 70 g (1200 g) nötig ist.

Kräfte messen

Material A

Kraft beim Heben messen

Informiert euch auf der Vorseite, wie ihr richtig mit dem Kraftmesser umgeht.

Materialliste: verschiedene Kraftmesser, Wägestücke

1 Wählt den passenden Kraftmesser und hängt ein Wägestück daran.

a Hebt den Kraftmesser langsam nach oben. → 1 Lest ab, bei welcher Kraft sich das Wägestück hebt.

b Tragt die Masse und die Kraft in eine Tabelle ein.

c Bestimmt die Kraft bei anderen Wägestücken und vervollständigt die Tabelle.

d Zeichnet ein Diagramm: senkrechte Achse – Kraft (N), waagerechte Achse – Masse (g).

e Lest aus dem Diagramm die Kraft zum Heben von 120 g (260 g; 700 g) ab.

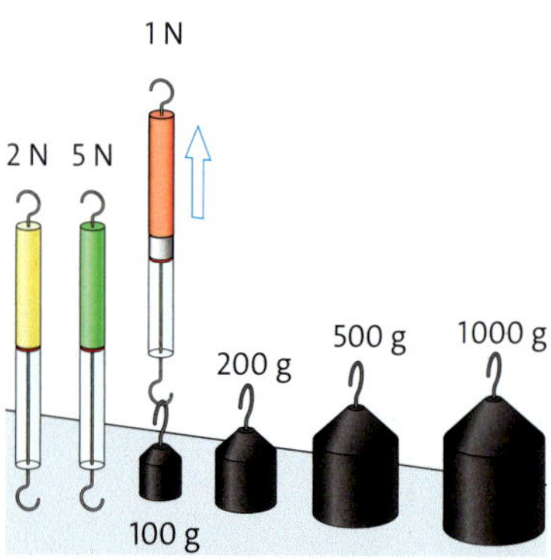

Material B

Kraft beim Ziehen messen

Materialliste: Klotz mit Haken, grobes Schleifpapier, verschiedene Wägestücke, Kraftmesser

1 Zieht den Klotz mit dem Kraftmesser erst über den Tisch und dann über das Schleifpapier. → 2 Vergleicht die Messwerte.

2 Legt Wägestücke auf den Klotz. Untersucht, wie die Kraft von der Anzahl der Wägestücke und der Geschwindigkeit abhängt. → S. 265 Schreibt euer Ergebnis in Je-desto-Sätzen auf.

2

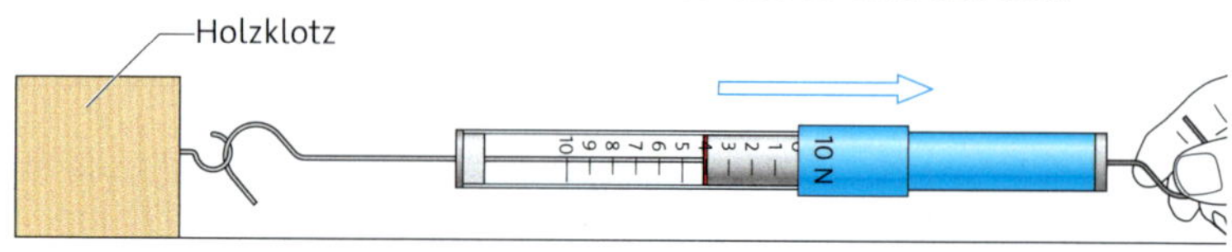

Material C

Hookesches Gesetz

Materialliste: Schraubenfeder, viele Wägestücke, Stativmaterial, Lineal

1 Baut den Versuch auf. → 3

a Hängt die Schraubenfeder an den Haken. Stellt den Schieber am Lineal auf die Unterkante der Feder ein.

b Hängt Wägestücke an. Messt jeweils die Verlängerung der Feder. Notiert die Massen und die Verlängerungen in einer Tabelle.

c Zeichnet ein Diagramm: senkrechte Achse – Verlängerung (cm), waagerechte Achse – Masse (g).

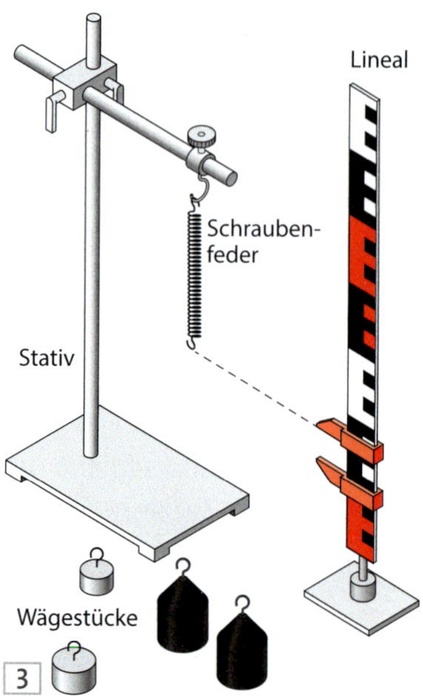

3

d Begründet, warum Schraubenfedern zur Kraftmessung gut geeignet sind. → S. 265

Material D

Kraftpfeile

1 Sechs Kinder ziehen an einem Sprungtuch. → 4

a Gib an, welche Kräfte den gleichen Betrag haben. Beschreibe, wie du die Kräfte vergleichst.

b Gib an, welche Kräfte die gleiche Richtung haben.

2 Wo ist der Kraftpfeil richtig gezeichnet? → 5 6 Begründe die Antwort. → S. 265

4 Sechs Kräfte an einem Sprungtuch

3 Hier sind drei Kraftpfeile gezeichnet. → 7

a Ermittle, wie groß die Kräfte sind.

b Zeichne im gleichen Maßstab Kräfte mit folgenden Beträgen in dein Heft: 1,6 N; 5 N; 10 N; 20,8 N.

5

6

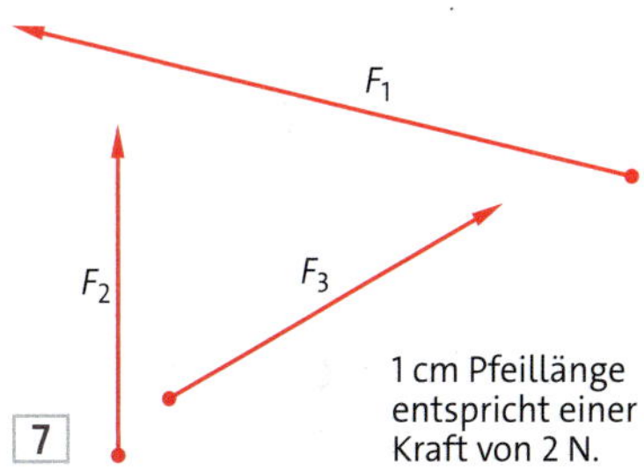

7

Material E

Wo wirken hier Kräfte?

1 Erkennst du in den Bildern, wo jeweils Kräfte angreifen? → 8 – 11 Skizziere die Bilder in dein Heft und zeichne die Kraftpfeile ein.

8

9

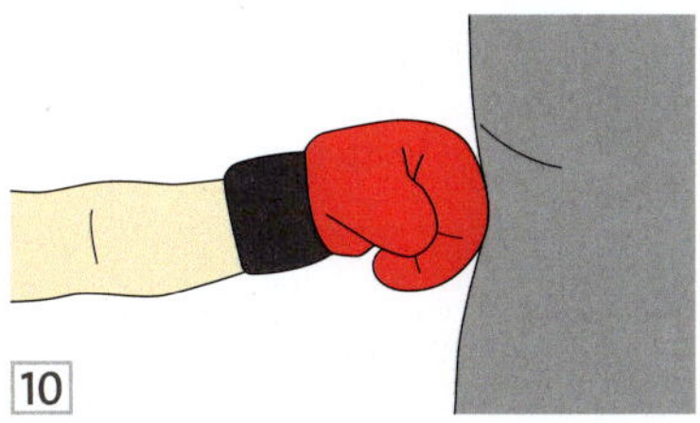
10

11

Große Wirkung – mit kleiner Kraft

1 Mit dem richtigen Schlüssel geht es leichter.

Materialien zur Erarbeitung: A–B

Manchmal reicht die Kraft nicht. Dann helfen uns die richtigen Werkzeuge.

Muttern lösen • Mit dem Maulschlüssel kannst du festsitzende Muttern lose drehen. Mit einem kurzen Maulschlüssel musst du dabei eine große Kraft einsetzen. → 2 Den Abstand vom Angriffspunkt der Kraft bis zum Drehpunkt nennt man Kraftarm. Je länger der Maulschlüssel ist, desto länger ist auch der Kraftarm und desto kleiner ist die benötigte Kraft. → 2

Drähte schneiden • Wenn Nägel oder dicke Drähte durchschnitten werden sollen, kommen Kneifzangen zum Einsatz. → 3 Je länger die Kraftarme der Zangen sind, desto kleiner ist die benötigte Kraft zum Schneiden.

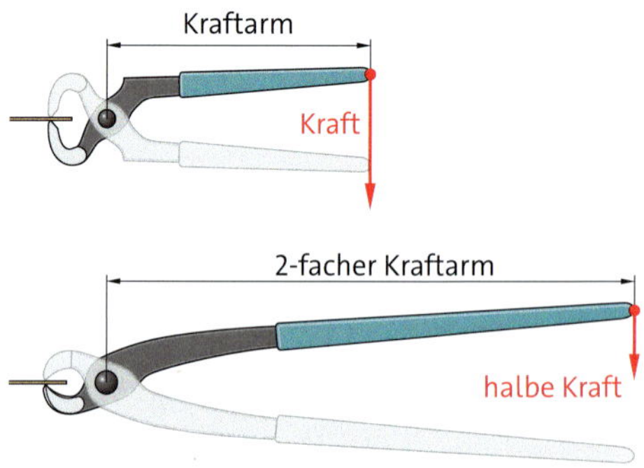

3 Kneifzangen

Werkstücke einspannen • Um ein Werkstück aus Holz oder Metall bearbeiten zu können, klemmt man es in einem Schraubstock fest. → 4 So kann sich das Werkstück nicht verschieben oder verdrehen. Am Schraubstock befindet sich ein Hebel zum Drehen. Je länger man den Kraftarm wählt, desto weniger Kraft muss man einsetzen, um das Werkstück fest einzuspannen.

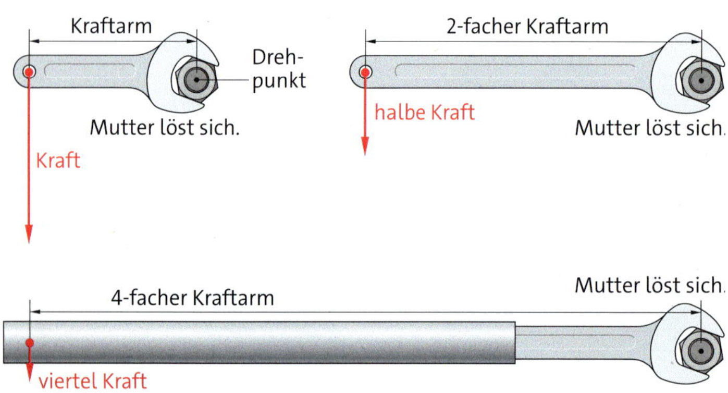

2 Kraft und Kraftarm beim Maulschlüssel

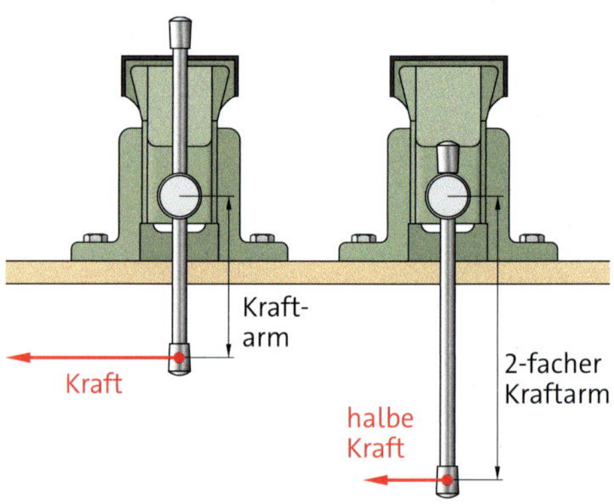

4 Schraubstock

der **Kraftarm**
der **Hebel**
der **Lastarm**
der **einseitige Hebel**
der **zweiseitige Hebel**

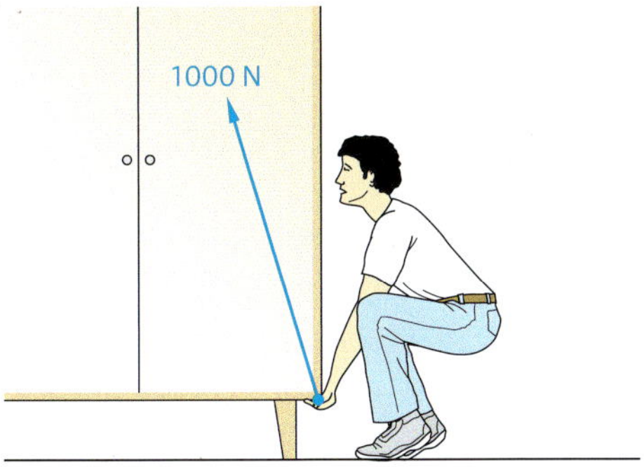

5 Ohne Hebel: Leon kann eine so große Kraft nicht ausüben.

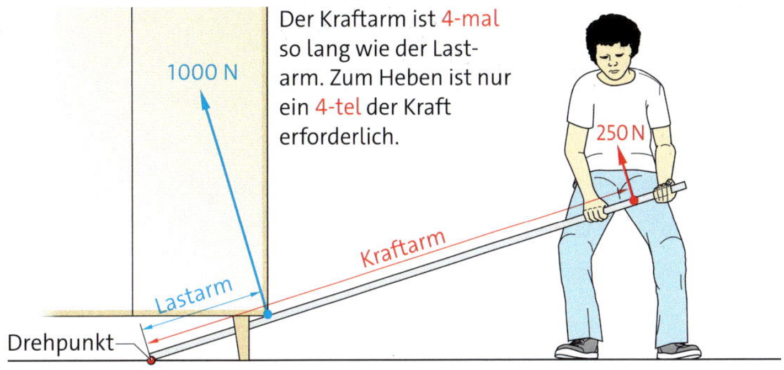

6 Mit dem einseitigen Hebel schafft es Leon.

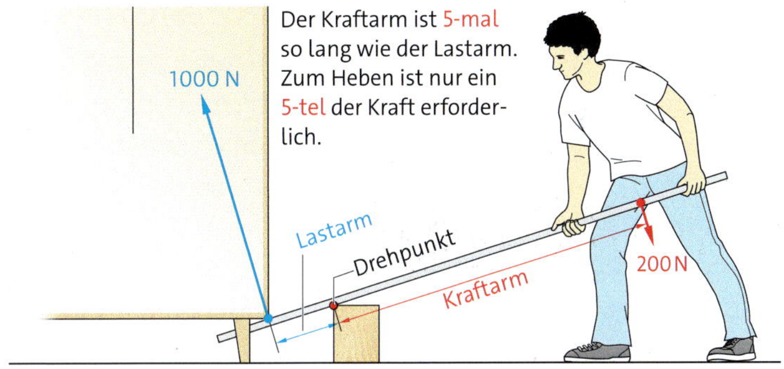

7 Mit dem zweiseitigen Hebel geht es noch leichter.

Schränke anheben • Leon will einen schweren Schrank anheben. Dafür braucht er eine Kraft von 1000 N – das schafft er nicht. → 5
Damit es leichter geht, setzt Leon eine lange Eisenstange als einseitigen Hebel ein. → 6 Der Lastarm ist der Abstand vom Drehpunkt bis zum Angriffspunkt der Kraft, die auf den Schrank wirkt. Der Kraftarm an dem Hebel ist viermal so lang wie der Lastarm. Leon braucht deshalb nur ein Viertel der Kraft, nämlich 250 N.
Wenn Leon einen Klotz unter die Stange legt, hat er einen zweiseitigen Hebel. Nun ist der Kraftarm sogar fünfmal so lang wie der Lastarm. → 7 Zum Heben ist nur noch ein Fünftel der Kraft nötig. Leon muss deshalb nur noch eine Kraft von 200 N zum Heben des Schranks aufwenden.

Je länger der Kraftarm an einem Werkzeug ist, desto geringer ist die Kraft zum Drehen.
Je länger der Kraftarm und je kürzer der Lastarm eines Hebels ist, desto geringer ist die Kraft zum Heben.

Aufgaben

1 Nenne die beiden Größen, von denen die Drehwirkung eines Maulschlüssels abhängt.

2 Du kannst eine festsitzende Mutter nicht mit deinem Maulschlüssel lösen.
a Beschreibe, wie dir ein langes Eisenrohr helfen kann.
b Begründe dein Vorgehen.

3 Der Kraftarm soll 10-mal länger sein als der Lastarm. → 7
Bestimme die Kraft, die Leon dann zum Heben aufbringen muss.

Große Wirkung – mit kleiner Kraft

Material A

Zweiseitiger Hebel

Materialliste: Stativ mit Drehachse und Lochstange, Wägestück, Kraftmesser

1 Ermittelt die Gewichtskraft auf das Wägestück und notiert den Messwert.

2 Hängt das Wägestück an der linken Seite der Lochstange ein.

a Zieht mit dem Kraftmesser an einer Stelle an der rechten Seite. Bringt den Hebel ins Gleichgewicht. → 1

b Notiert (s. Tabelle): → 2
- die Länge des Lastarms
- die Länge des Kraftarms
- die Kraft am Kraftarm

c Wiederholt die Kraftmessung an einer anderen Stelle des Kraftarms.

3 Wertet die Tabelle aus und formuliert eine Regel: Je länger der Kraftarm, desto ⟨?⟩.

4 Wiederholt den Versuch mit längeren und kürzeren Lastarmen. Überprüft eure Regel.

5 Findet den Aufbau heraus, bei dem die geringste Kraft zum Heben des Wägestücks erforderlich ist.

6 Stellt euch gegenseitig Aufgaben wie diese: „Ich hänge das Wägestück bei 20 cm an. Die Kraft zum Halten soll halb so groß sein wie die Gewichtskraft auf das Wägestück. Setze den Kraftmesser richtig ein." Überprüft es im Versuch.

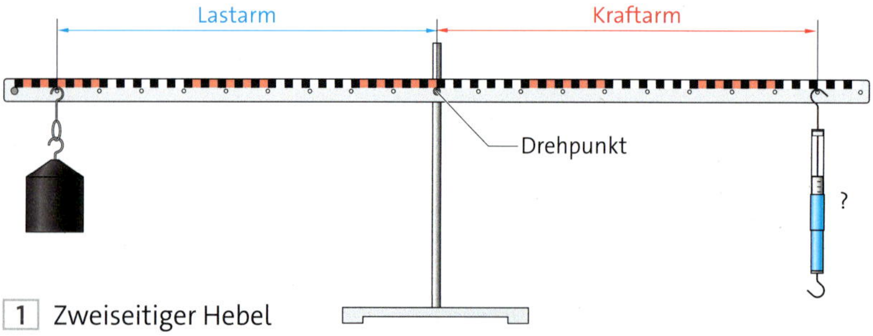

1 Zweiseitiger Hebel

Gewichtskraft am Lastarm	Länge des Lastarms	Länge des Kraftarms	Kraft am Kraftarm
? N	? m	? m	? N

2 Beispieltabelle

Material B

Einseitiger Hebel

Materialliste: Stativ mit Drehachse und Lochstange, Wägestück, Kraftmesser

1 Mit diesem Hebel könnt ihr ein Wägestück anheben und oben halten. → 3

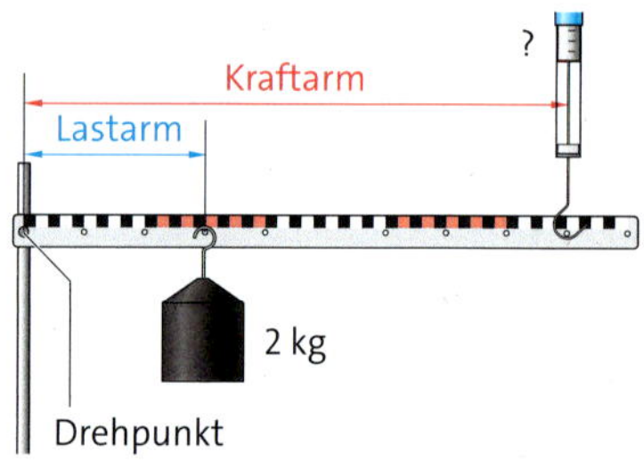

3 Einseitiger Hebel

a Untersucht die Kraft zum Halten: → S. 265
- wenn das Wägestück immer weiter außen hängt.
- wenn der Kraftmesser immer weiter innen angreift.

Notiert eure Messwerte in einer Tabelle.

b Vervollständigt:
- Je weiter außen das Wägestück hängt, desto ⟨?⟩.
- Je weiter außen die Kraft angreift, desto ⟨?⟩.

2 Die Kraft zum Heben soll halb so groß sein wie die Gewichtskraft auf das Wägestück. Diskutiert verschiedene Möglichkeiten.

Material C

„Winkelhebel“
Mit einem Nageleisen ziehst du Nägel leicht aus Brettern. Das Nageleisen ist ein Hebel. Kraft- und Lastarm bilden keine Linie, sondern einen Winkel.

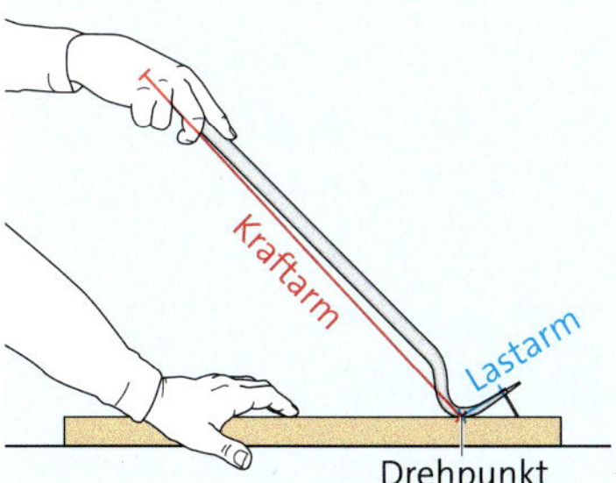

4

Zwei Hebel
Zangen und Scheren bestehen aus zwei Hebeln, die gegeneinander gedreht werden. Die Handgriffe sind die Kraftarme und die Schneiden sind die Lastarme.

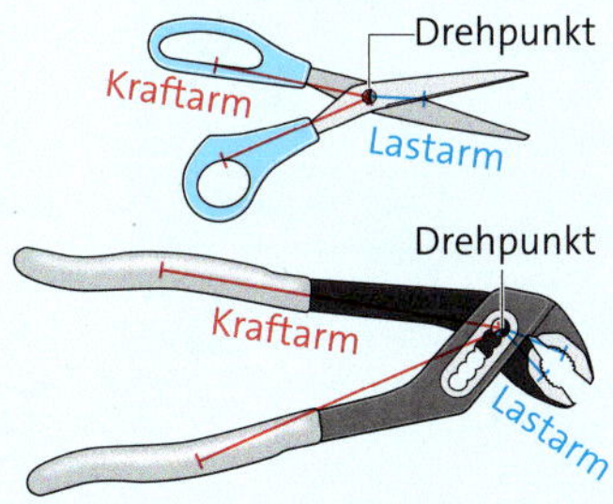

5

„Runde Hebel“
Wasserhähne muss man fest zuschrauben. Die Griffe wirken wie Hebel: Der äußere Radius ist der Kraftarm, der innere ist der Lastarm. Schraubendreher funktionieren nach dem gleichen Prinzip.

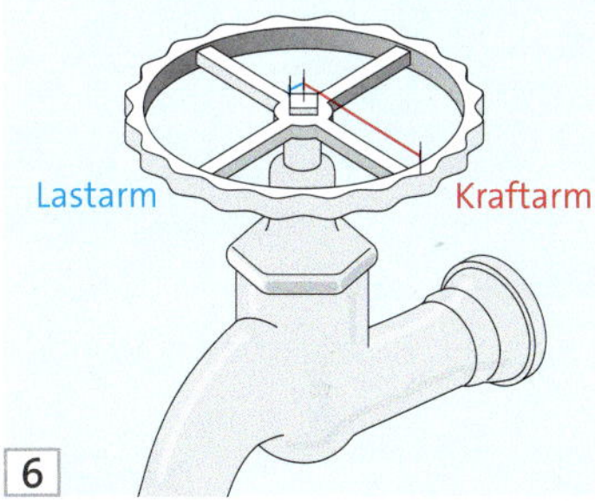

6

Hebel im Alltag

1 Lies die Texte und sieh dir die Bilder an. → 4 – 6
Beschreibe, wie bei der Anwendung der verschiedenen Hebel Kraft verringert wird.

2 Übertrage die Bilder in dein Heft. → 7 – 9
Zeichne bei den Werkzeugen den Kraftarm und den Lastarm ein.

3 Gib begründet an, welches Werkzeug du für welche Arbeit nutzt: → 10

a einen Draht zerschneiden
b aus einer dicken Pappe einen Kreis ausschneiden
c im Garten die Äste eines Busches kürzen

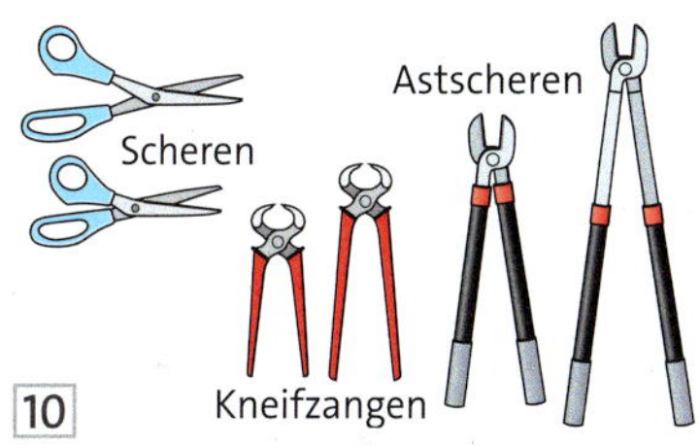

10

4 MK Fotografiere zu Hause viele Werkzeuge, die Hebel enthalten: Nussknacker, Gartenscheren, Kurbeln …
Zeichne die Hebelarme und den Drehpunkt mit einem Programm in die Fotos ein. Erstelle eine Computerpräsentation „Hebel im Alltag“ und stelle sie vor.

7 Der Nagel wird mit dem Hammer aus dem Brett gezogen.

8 Die Kette wird von der Tretkurbel angetrieben.

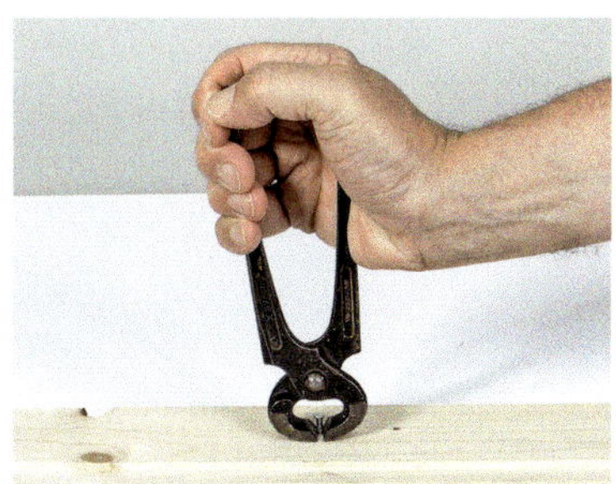

9 Der Nagel wird mit der Kneifzange durchtrennt.

Auf dem Mond ist alles leichter

1 Alan L. Bean auf dem Mond (Apollo 12, 1969)

Basiskonzept

Wechselwirkung
→ Seite 266 f.

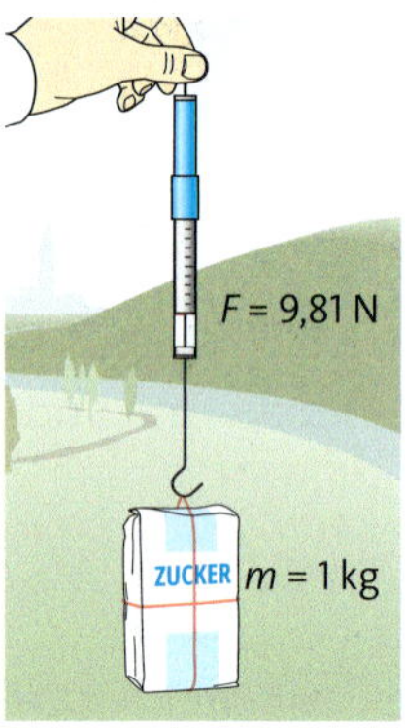

2 Auf der Erde

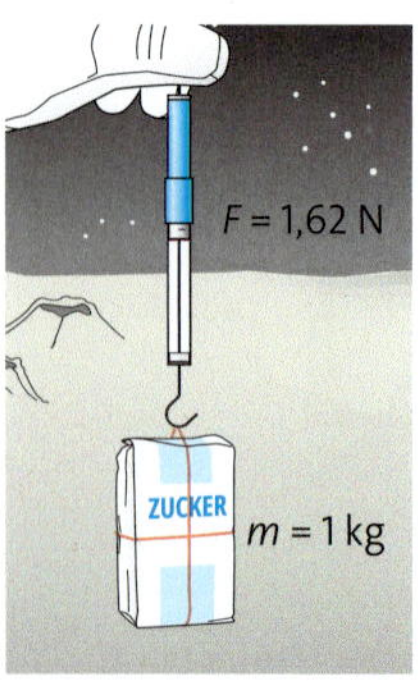

3 Auf dem Mond

Der Astronaut trägt 163 kg Ausrüstung! Auf der Erde könnte er sie nicht heben.

Masse • Ein Kilogramm ist überall gleich viel. Eine Tüte Zucker enthält auf der Erde genauso viel Zucker wie auf dem Mond. Die Masse der Tüte Zucker ist deshalb überall gleich.

Gewichtskraft • Die Erde zieht die Tüte Zucker und alle anderen Gegenstände an. Diese Anziehungskraft bezeichnen wir als Gewichtskraft. Wir müssen sie „überwinden", um einen Gegenstand anzuheben. Für die Tüte Zucker von 1 kg ist dafür auf der Erde eine Kraft von 9,81 N nötig. → 2
Auf dem Mond können wir 1 kg mit einer Kraft von 1,62 N anheben. → 3
Der Mond hat nämlich eine kleinere Masse als die Erde. Er übt deshalb auch eine kleinere Gewichtskraft auf Gegenstände aus. Daher kann der Astronaut auf dem Mond die Ausrüstung anheben und tragen, die auf der Erde zu schwer ist.

Ortsfaktor • Die Gewichtskraft auf einen Gegenstand hängt also vom Ort ab. Der Ortsfaktor g ist ein Maß für diesen Zusammenhang. Er unterscheidet sich von einem Himmelskörper zum anderen. Für die Erde verwenden wir als Mittelwert: $g = 9{,}81\,\frac{\text{N}}{\text{kg}}$.
Zur Berechnung der Gewichtskraft F_G auf die Tüte Zucker multipliziert man die Masse m des Gegenstands mit dem Ortsfaktor g (hier: der Erde):

$$F_G = m \cdot g$$

$$F_G = 1\,\text{kg} \cdot 9{,}81\,\frac{\text{N}}{\text{kg}} = 9{,}81\,\text{N}$$

Die Masse eines Gegenstands ist an allen Orten gleich groß.
Die Gewichtskraft auf einen Gegenstand hängt vom Ort ab. Mithilfe des Ortsfaktors g kann man sie berechnen: $F_G = m \cdot g$.

Newtons Erkenntnis • Der englische Naturforscher Isaac Newton (1643 bis 1727) beobachtete, dass die Erde Gegenstände anzieht – sowohl einen fallenden Apfel als auch den Mond. Und er erkannte, dass umgekehrt auch Apfel und Mond jeweils die Erde anziehen.

Jeder Gegenstand zieht jeden anderen Gegenstand an.

Die Anziehung ist umso größer, je größer die Masse der Gegenstände ist.

Aufgabe

1 Gib den Ortsfaktor des Monds an.

Material A

Unterschiedliche Gewichtskräfte

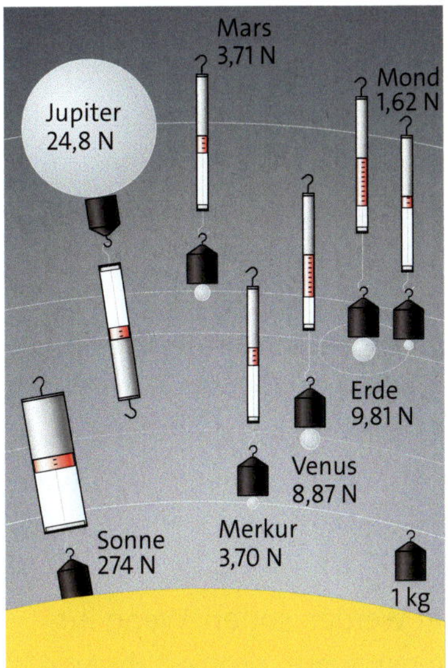

4 Himmelskörper und Gewichtskräfte

1 Die Gewichtskraft auf eine Masse von 1 kg ist auf den Himmelskörpern verschieden groß. → 4

a Ordne die Himmelskörper nach der Größe der Gewichtskräfte.

b Gib die Ortsfaktoren für Sonne, Mars und Jupiter an.

c Berechne die Gewichtskraft, die auf dem Merkur auf dich wirken würde.

d Woran liegt es, dass die Ortsfaktoren auf den Himmelskörpern verschieden groß sind? Stellt Vermutungen auf und diskutiert sie.

Material B

Schwere Ausrüstung – leichter gemacht

1 Auf der Erde übte der Astronaut Alan L. Bean seinen Einsatz nicht mit der echten Ausrüstung, sondern mit einer Attrappe. Sie war genauso schwer anzuheben wie die richtige Ausrüstung auf dem Mond. → 1

a Wog die Attrappe weniger oder mehr als die echte Ausrüstung? Begründe deine Antwort.

b Berechne die Masse der Attrappe. Könntest du die Attrappe anheben?

Material C

Isaac Newton

1 Lies den Text. → 5 Erkläre, warum ein Satellit nicht auf die Erde fällt. → S. 265

2 „Der Mond zieht auch die Erde an.“ Stimmt diese Aussage? Begründe deine Antwort.

Der Naturforscher Isaac Newton saß an einem klaren Herbstabend in seinem Garten und beobachtete den Mond. Plötzlich plumpste ein reifer Apfel neben ihm ins Gras. Er fragte sich: „Warum fällt der Apfel auf die Erde, der Mond aber nicht?“ Newton erkannte: Der Mond bewegt sich sehr schnell. Eine Kraft verhindert aber, dass der Mond sich weiter entfernt. Er wird „gezwungen“, die Erde zu umrunden.

Es ist dieselbe Kraft, die den Apfel herunterfallen lässt – die Anziehungskraft der Erde. Newton erkannte, dass alle Gegenstände sich gegenseitig anziehen – also auch der Apfel die Erde. Diese Kraft ist jedoch winzig, weil der Apfel eine viel kleinere Masse als die Erde hat.

5 Apfel, Mond und Erde

Auf dem Mond ist alles leichter

Methode

Videos für den Physikunterricht aufnehmen

Videos im Physikunterricht • In diesem Physikbuch findest du schriftliche Anleitungen zu Versuchen mit Fotos und Grafiken. Aufgaben fordern, zum Beispiel einen Vorgang in der Natur zu beschreiben, einen physikalischen Zusammenhang zu erklären oder ein Versuchsergebnis zu protokollieren. In der Regel sollst du diese Aufgaben schriftlich oder mündlich lösen. Wie wäre es, stattdessen ein Video zu drehen?

1 Erklärvideo aufzeichnen

Wofür werden die Videos eingesetzt? • Je nach dem Einsatzzweck werden Videos unterschiedlich gestaltet. In Versuchsvideos wird rezeptartig eine Versuchsdurchführung angeleitet. In Erklärvideos nutzt man aus, dass sich Zusammenhänge besonders gut mithilfe von bewegten Bildern erklären lassen.

Tipps • Die folgenden Punkte solltet ihr beachten, ganz egal, was für ein Video ihr dreht:
- Recherchiert zu eurem Thema und macht euch Notizen. Diskutiert und entscheidet, was wichtig ist und im Video gezeigt werden soll. Schreibt die Fachbegriffe auf, die im Video richtig verwendet werden sollen. Wenn ihr einen Versuch zeigen wollt, probiert ihn vorher aus. Welche Handlungen müssen gezeigt werden, damit man anhand des Videos den Versuch genau nachmachen kann?
- Überlegt euch, ob ihr eine App benutzen wollt. Manche Apps vereinfachen die Anferti-

Szene	Zeitdauer	Bildidee	Sprechtext	Kommentare
1	ca. 10 s	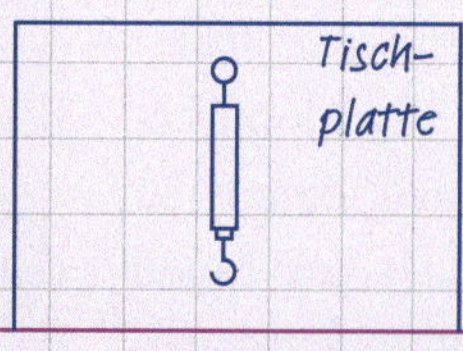	Hallo und herzlich willkommen! Heute möchten wir euch erklären, wie ein Federkraftmesser funktioniert.	– Federkraftmesser (10 N) aus der Sammlung besorgen – Sprecherin: Hanna – graue Decke auf den Tisch legen (Piet)
2	ca. 20 s	Zum Federkraftmesser werden nacheinander mit der Hand Schilder und Pfeile aus Pappe mit den Bezeichnungen der Einzelteile geschoben.	Der Federkraftmesser besteht aus verschiedenen Teilen: – Skala – Messbereich – Nullpunktschieber	– Pappschilder und Pfeile (rot) basteln (Piet) – Timur schiebt mit der Hand die Teile. – Der Ton muss genau zum Bild passen!

2 Beispieldrehbuch für ein Erklärvideo zum Federkraftmesser (Ausschnitt)

gung eines Videos. Sie nehmen deine Stimme auf und erlauben auch einfache Animationen. Du kannst aber auch einfach eine andere Person filmen, die etwas an der Tafel erklärt oder ein Experiment vormacht. → 1
- Der erste Eindruck entscheidet, ob ein Video angesehen wird. Wie wollt ihr in euer Video einsteigen und wie wollt ihr es beenden?
- Videos sollen eine Verbindung zwischen Bild und Ton herstellen. Damit sie gut verständlich sind, muss der Einsatz von Bild und Ton genau geplant werden. Dafür erstellt ihr am besten ein Drehbuch mit mindestens zwei Spalten. → 2 Eine Spalte beschreibt eure Bildidee. Oft ist eine Skizze sinnvoll. Die andere Spalte enthält Informationen zum Sprechtext. Ihr könnt weitere Spalten anfügen, zum Beispiel mit Kommentaren oder mit der Zeitdauer.
- Überlegt euch für jeden Abschnitt eine geeignete Kameraeinstellung. Manchmal ist es nötig, Details in einer Nahaufnahme oder auch den ganzen Versuchsaufbau zu zeigen.
- Listet die Gegenstände auf, die für das Video gebraucht werden. Sie müssen beim Drehtermin zur Verfügung stehen.
- Entscheidet, ob ihr im Hoch- oder im Querformat drehen wollt.
- Überlegt, wie ihr die Bildqualität verbessern könnt. Vielleicht hilft es, einen weißen Hintergrund zu verwenden? Ein Ringlicht hilft, das Bild besser auszuleuchten. → 2
- Manche Bewegungen kann man schwer erkennen, weil sie sehr langsam oder sehr schnell sind. Dann ist es sinnvoll, Zeitraffer oder Zeitlupe einzusetzen.
- Schneidet das Video und entfernt überflüssige Stellen. Überprüft die Laufzeit.
- Ihr wollt euer Video veröffentlichen? Erkundigt euch bei eurer Lehrperson, unter welchen Umständen das möglich ist.

Aufgaben

1 ☒ Sucht im Internet nach zwei guten und zwei weniger guten physikalischen Videos. Nennt drei Kriterien, nach denen ihr die Qualität der Videos beurteilt.

2 ☒ Auf Seite 16 findet ihr im Material C eine Versuchsanleitung zur Erarbeitung des hookeschen Gesetzes. Teilt euch in kleine Gruppen auf. Überlegt jeweils, wie man die Längenausdehnung der Schraubenfeder möglichst einfach und genau bestimmen kann. Erstellt ein etwa zweiminütiges Video als Anleitung zu eurem Versuch. Lasst dann jeweils eine andere Gruppe den Versuch nach eurem Video durchführen. Gebt euch Feedback, ob die Anleitung hilfreich war.

3 ☒ Erklärt den Unterschied zwischen Masse und Gewichtskraft mithilfe eines Videos.

a Informiert euch zunächst über den physikalischen Hintergrund. → S. 22 Erklärt euch danach in der Gruppe gegenseitig den Unterschied zwischen Masse und Gewichtskraft. Sind die Erklärungen verständlich?

b Recherchiert zur Legetrick-Technik. Ist sie für diese Aufgabe geeignet?

c Erstellt nun euer Erklärvideo.

Reibungskraft

1 Wichtig für sicheres Fahren: das Reifenprofil

Material zur Erarbeitung: A

Warum rutschen Fahrräder beim Anfahren nicht einfach weg?

Raue Oberflächen • Die Oberflächen aller Gegenstände sind nie ganz glatt. Es gibt immer Unebenheiten. → 2 Wenn man zwei Gegenstände gegeneinander bewegt, reiben die Unebenheiten gegeneinander und verhaken sich immer wieder ineinander. → 3 Es treten Reibungskräfte auf, die die Bewegung bremsen. Dabei wird Energie abgegeben. Je rauer die Oberflächen sind, desto größer sind die Reibungskräfte und desto mehr Energie wird abgegeben.
Auch bei Bewegungen in Wasser und Luft spürst du Reibungskräfte. Sie sind aber meist geringer als die Reibungskräfte zwischen festen Gegenständen.

2 Autoreifen, 330-fach vergrößert

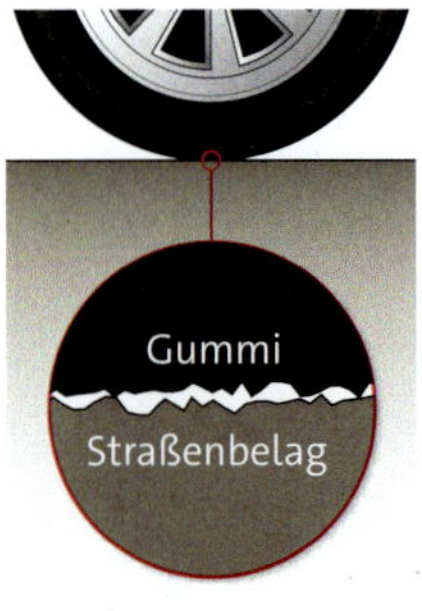

3 Unebenheiten

Wenn ein Gegenstand gegen einen anderen verschoben wird, treten Reibungskräfte auf. Sie wirken der Verschiebung entgegen.

Bedeutung • Reibungskräfte verhindern, dass du beim Gehen ausrutschst. Auf Eis kannst du deine Bewegung schwer kontrollieren, weil die Reibungskräfte zwischen dem Eis und deiner Schuhsohle zu gering sind. Es kann zu Unfällen kommen.
Auch Fahrräder und Autos brauchen stets ausreichend große Reibungskräfte zwischen der Straße und den Reifen, damit sie nicht verunglücken. → 4 Ein gutes Reifenprofil hilft, um sicher zu fahren und zu bremsen.
Allzu groß dürfen die Reibungskräfte aber auch nicht sein – sonst muss man zu viel Energie für die Bewegung einsetzen.
Gäbe es gar keine Reibungskräfte, so würde eine Bewegung ewig andauern. Ohne Reibung fliegen Weltraumsonden für alle Ewigkeit durch das All.

4 Achtung: Glatte Straße!

Aufgaben

1 Beschreibe, wie Reibungskräfte entstehen.

2 Begründe, warum gute Reifen im Verkehr wichtig sind.

Material A

Sichere Fahrt mit guter Reibung

Beim Verschieben von Gegenständen auf einer Unterlage treten Reibungskräfte auf.

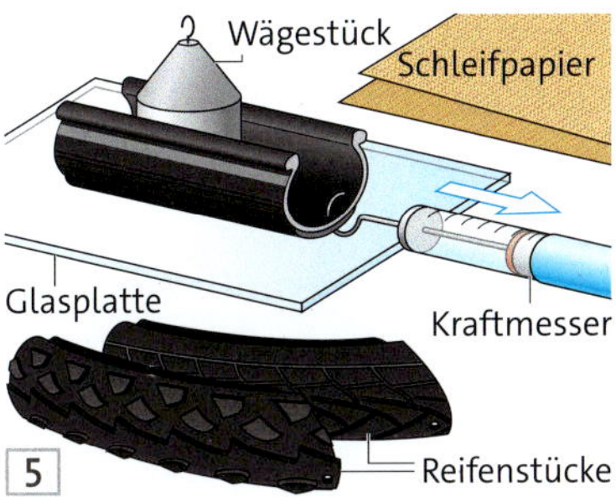

5

Materialliste: Kraftmesser, Wägestück, Glasplatte, einige Stücke Fahrradreifen mit verschiedenen Profilen (mit Loch), Schleifpapier (fein und grob)

1 Untersucht, wie die Reibungskraft vom Reifenprofil abhängt. → S. 265
a Stellt das Wägestück auf ein Reifenstück. Zieht beides über die Glasplatte. → 5
b Messt die notwendige Kraft. Wiederholt den Versuch mit den anderen Reifenprofilen.
c Notiert die Ergebnisse in einer Tabelle.

2 Wiederholt die Versuche auf anderen Unterlagen.
a Zieht die verschiedenen Reifenprofile über feines und grobes Schleifpapier.
b Notiert die Ergebnisse in einer Tabelle.
c Stellt alle Messergebnisse gegenüber. Ermittelt die Anordnung mit der größten und der kleinsten Reibungskraft.

Material B

Kugellager im Skateboard

Bei rollenden Kugeln sind die Reibungskräfte gering. Man nutzt in der Technik Kugellager für Achsen, die leicht laufen sollen – z. B. in Skateboards, Inlineskates oder Rollern.

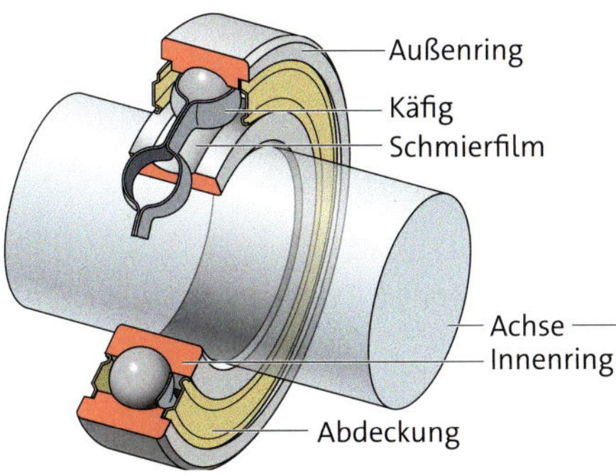

6 Aufbau eines Kugellagers

1 Kugellager
a Beschreibe den Aufbau des Kugellagers. → 6
b Gib jeweils an, mit welchem Bauteil der Innenring bzw. der Außenring verbunden ist.
c Gib die Bauteile an, die geschmiert werden.

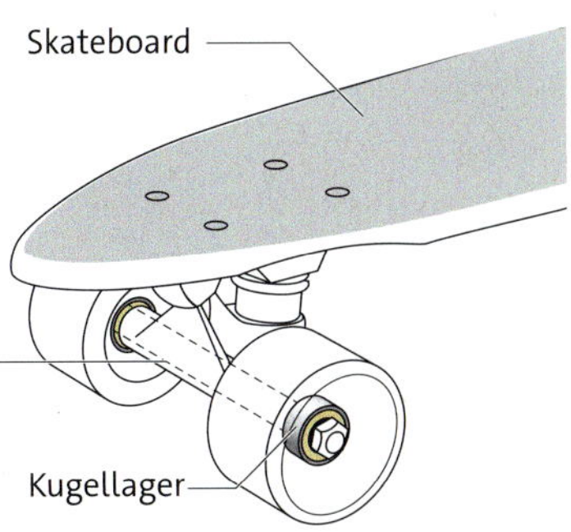

2 Plane einen Versuch, um die Rolleigenschaften verschiedener Skateboards zu vergleichen. → S. 265

3 MK Je höher die ABEC-Zahl (1–11) eines Kugellagers ist, desto besser ist seine Qualität – und desto teurer und schmutzanfälliger ist es.
a Informiere dich im Internet über die ABEC-Zahlen.
b Welche Qualität würdest du an deinem Skateboard verwenden? Gehe bei deiner Antwort unter anderem darauf ein, wie du das Skateboard nutzen und wie viel Geld du investieren würdest.

Wenn mehrere Kräfte wirken

1 Geht es hoch oder runter?

Materialien zur Erarbeitung: A–B

Vier Propeller sorgen für Auftrieb, die Gewichtskraft zieht die Drohne nach unten. Wann steigt die Drohne auf, wann sinkt sie ab?

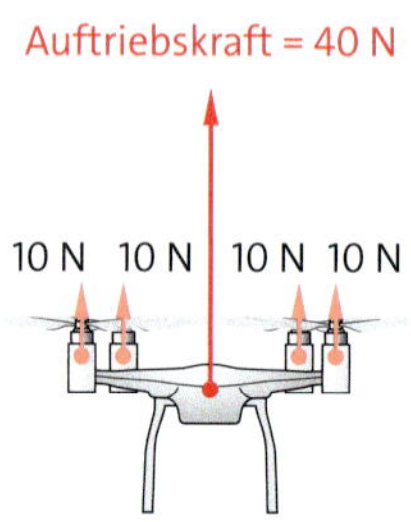

2 Kräfteaddition

Resultierende Kraft und Kräftegleichgewicht • Alle Auftriebskräfte an den Propellern wirken in dieselbe Richtung. → 2 Sie addieren sich zur gesamten Auftriebskraft auf die Drohne. Die Gewichtskraft wirkt entgegengesetzt dazu. Sie ergibt zusammen mit der Auftriebskraft die resultierende Kraft auf die Drohne: → 3 – 5

- Wenn sich die Propeller sehr schnell drehen, ist die Auftriebskraft sehr groß. → 3 Sie ist größer als die Gewichtskraft. Die resultierende Kraft auf die Drohne ist nach oben gerichtet. Die Drohne steigt auf.
- Wenn die Propeller langsam drehen, ist die Auftriebskraft kleiner als die Gewichtskraft. Die resultierende Kraft auf die Drohne ist also nach unten gerichtet. → 4 Die Drohne sinkt ab.
- Wenn die Kräfte nach oben und unten gleich groß sind, ist die resultierende Kraft gleich null. → 5 Dann schwebt die Drohne in einer Höhe.

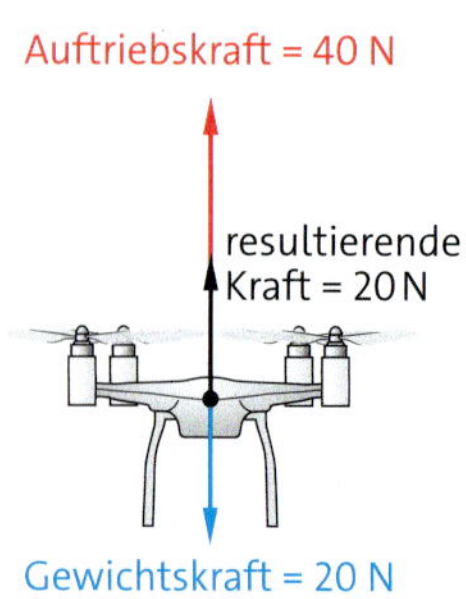

3 Steigt auf

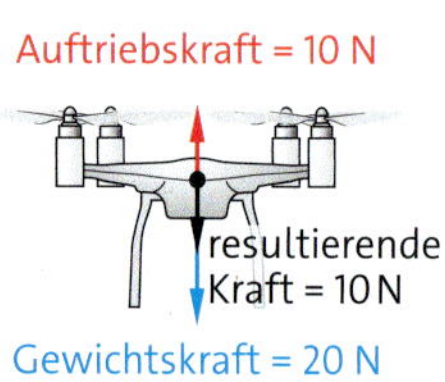

4 Sinkt ab

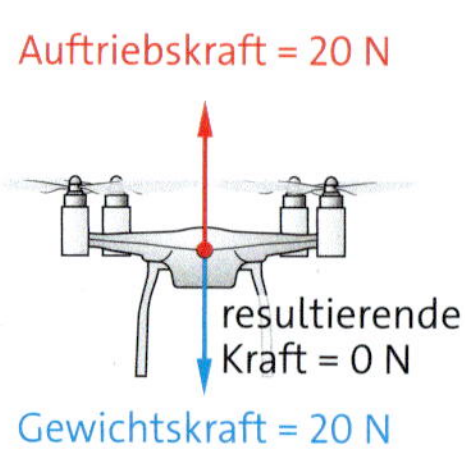

5 Schwebt

Wenn mehrere Kräfte auf einen Körper wirken, gilt:

- Kräfte mit gleicher Richtung addieren sich in ihrer Wirkung.
- Bei zwei entgegengesetzten Kräften ist die resultierende Kraft so groß wie die Differenz der Kräfte. Die resultierende Kraft hat dieselbe Richtung wie die größere Kraft.
- Gleich große, entgegengesetzte Kräfte heben sich in ihrer Wirkung auf (Kräftegleichgewicht).

Aufgaben

1 Jeder Propeller der Drohne bewirkt diesmal eine Auftriebskraft von 6 N.

a Berechne, wie groß die resultierende Kraft auf die Drohne ist (Gewichtskraft: 20 N).

b Gib an, ob die Drohne steigt oder sinkt. Begründe deine Angabe.

2 Gib an, in welchem Fall die Drohne im Kräftegleichgewicht ist. → 3 – 5 Begründe deine Wahl.

die **resultierende Kraft**
das **Kräftegleichgewicht**

Material A

Kräfte in gleicher Richtung

Materialliste: 2 gleiche Kraftmesser, Trinkflasche (gefüllt, aus Kunststoff), Faden

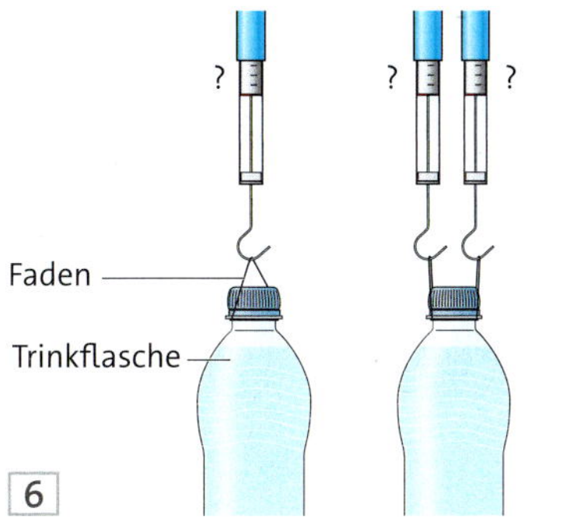

6

1 Hängt die Trinkflasche erst an einen Kraftmesser, dann an zwei. → 6

a Messt jeweils die Kräfte. Vergleicht die Ergebnisse.

b Schreibt eine Regel für das Zusammenwirken von zwei gleich gerichteten Kräften auf.

Material B

Wer gewinnt das Tauziehen?

1 Zwei Gruppen bestreiten einen Wettbewerb im Tauziehen. → 7

a Gib den Sieger an.

b Ein zusätzliches Kind könnte zur unterlegenen Gruppe stoßen. Berechne, wie viel Kraft es ausüben müsste, damit nun seine Gruppe das Tauziehen gewinnt.

c Lisa hört plötzlich auf. Gib die Gruppe an, die jetzt gewinnt.

2 „Durch Tauziehen lässt sich nicht feststellen, wer mehr Kraft in den Armen hat." Begründe die Aussage.

7

Material C

Kräfte berechnen

1 Linus schiebt mit aller Kraft. Der Schrank bewegt sich aber erst bei einer Kraft von 600 N. → 8 Berechne, mit welcher Kraft Marie helfen muss.

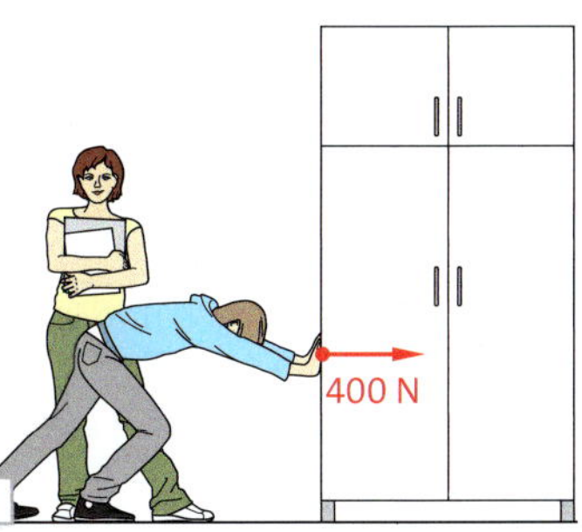

8

2 Berechne, wie groß die resultierende Kraft ist. → 9 Gib ihre Richtung an.

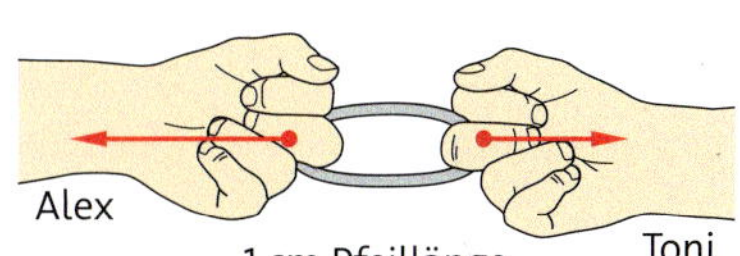

9 1 cm Pfeillänge entspricht einer Kraft von 20 N.

Sinken – schweben – schwimmen

1 Münzen im Brunnen

2 Baumstämme auf dem See

Material zur Erarbeitung: A

Die leichten Münzen sinken unter Wasser. Die viel schwereren Baumstämme dagegen schwimmen.

3

Masse – Volumen – Dichte • Im Alltag sagt man, dass Holz schwimmt, weil es leichter als Wasser ist. Metall geht dagegen unter, weil es schwerer als Wasser ist. Was bedeutet eigentlich „leichter als Wasser“ oder „schwerer als Wasser“? Um eine Antwort zu geben, vergleichen wir die Masse von gleich großen Würfeln: → 3

- $1\,cm^3$ Holz wiegt weniger als $1\,cm^3$ Wasser.
- $1\,cm^3$ Stahl wiegt mehr als $1\,cm^3$ Wasser.

Für die Aussagen „leichter als Wasser“ oder „schwerer als Wasser“ spielt also nicht nur die Masse der Körper eine Rolle, sondern auch das Volumen. Masse und Volumen bestimmen zusammen die Dichte: → 4

$$\text{Dichte} = \frac{\text{Masse}}{\text{Volumen}}.$$

Die Dichte von Wasser beträgt zirka $1{,}0\,\frac{g}{cm^3}$. Körper sind

- leichter als Wasser, wenn sie eine kleinere Dichte als Wasser haben.
- schwerer als Wasser, wenn sie eine größere Dichte als Wasser haben.

Dichten einiger Stoffe: siehe Anhang.

	Masse	Volumen	Dichte
Beschreibung	Die Masse gibt an, wie schwer ein Körper ist.	Das Volumen gibt an, wie viel Raum ein Körper einnimmt.	Die Dichte gibt an, wie groß die Masse eines Körpers mit $1\,cm^3$ Volumen ist.
Formelzeichen	m	V	ϱ
Berechnung	–	–	$\text{Dichte} = \frac{\text{Masse}}{\text{Volumen}}$; $\varrho = \frac{m}{V}$
Einheiten	1 g, 1 kg	$1\,cm^3$, $1\,dm^3$, $1\,m^3$, 1 ml, 1 l	$1\,\frac{g}{cm^3}$, $1\,\frac{kg}{m^3}$, $1\,\frac{g}{l}$, $1\,\frac{kg}{l}$
Umrechnungen	1 kg = 1000 g	$1\,m^3 = 1000\,dm^3$ $1\,dm^3 = 1000\,cm^3$ $1\,dm^3 = 1\,l$; $1\,cm^3 = 1\,ml$	$1\,\frac{g}{cm^3} = 1\,\frac{kg}{dm^3} = 1000\,\frac{kg}{m^3}$

4 Masse, Volumen und Dichte

die Dichte

Sinken, schweben, aufsteigen • Wenn du einen Körper unter Wasser loslässt, kann er sinken, schweben oder aufsteigen und schwimmen – je nachdem, wie groß seine Dichte ist: → 5

> Ein Körper …
> - schwimmt auf Wasser, wenn er eine kleinere Dichte als Wasser hat.
> - sinkt im Wasser, wenn er eine größere Dichte als Wasser hat.
> - schwebt im Wasser, wenn er die gleiche Dichte wie Wasser hat.

Schiffe • Ein leeres Schiff ist im Wesentlichen ein Hohlkörper aus Stahl. → 6 7 Das Volumen des Schiffs ist so groß, dass die Dichte des gesamten Schiffs kleiner ist als die Dichte von Wasser. Deshalb schwimmt das Schiff auf dem Wasser.

Wenn der Hohlraum aber mit Wasser vollgelaufen ist, ist die Dichte des gesamten Schiffs größer als die Dichte von Wasser. Deshalb liegt das vollgelaufene Schiff auf dem Grund des Gewässers.

7 Schiffsrumpf aus Eisen

Die Dichte …		Der Würfel aus …
von Holz ist kleiner als die Dichte von Wasser.	0,6 $\frac{g}{cm^3}$	Holz schwimmt auf dem Wasser.
von Wasser ist gleich der Dichte von Wasser.	1,0 $\frac{g}{cm^3}$	Wasser schwebt im Wasser.
von Stahl ist größer als die Dichte von Wasser.	7,9 $\frac{g}{cm^3}$	Stahl sinkt auf den Boden.

5 Schwimmen – Schweben – Sinken

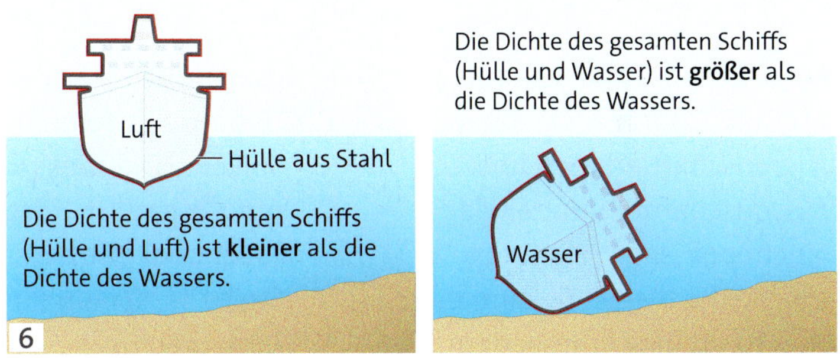

6

Aufgaben

1 Ersetze im Heft:
$1\,\frac{g}{cm^3} = 1000\,\frac{kg}{?} = \frac{?}{dm^3} = \frac{?}{l}$. → 4

2 Sandra atmet tief ein – und treibt auf dem See, ohne sich zu bewegen. Erkläre, wie das möglich ist.

3 Die Masse einer geschlossenen Blechdose beträgt 60 g, das Volumen 300 cm^3.

a Berechne die Dichte der Dose.

b Würde die Dose im Wasser untergehen? Begründe deine Antwort.

4 Vergleiche die Dichte der Kupfermünzen mit der Dichte der Bäume. → 1 2 Begründe dein Ergebnis.

Sinken – Schweben – Schwimmen

Material A

Schwimmen alle Luftballons?

Materialliste: 3 Luftballons, Becken mit Wasser, Kochsalz

1 Fülle einen Ballon mit Wasser, einen mit Salzwasser und einen mit Luft. Alle Ballons müssen gleich groß sein. Lege die Ballons dann in das gefüllte Becken.

2 Beschreibe, was passiert.

3 Vermute eine Erklärung für die Beobachtung. Diskutiere sie mit deinem Nachbarn oder deiner Nachbarin.

Material B

Auf und ab im Wasser

Wissenschaftlerinnen und Wissenschaftler nutzten das Tauchboot „Jago" zur Erforschung der Meere. Es kann mit zwei Besatzungsmitgliedern bis zu 400 m tief tauchen.

1 Lies den Text. → 1

a Ergänze in deinem Heft:
- Sinken: „Die Tanks werden mit ◈ gefüllt – das Tauchboot wird ◈."
- Steigen: „◈ wird in die Tanks gedrückt – das Tauchboot wird ◈."

b Erkläre die Tauchvorgänge deinem Gegenüber – am besten mithilfe einfacher Zeichnungen.

2 Erkläre, warum Tauchende Gürtel mit Gewichten zum Abtauchen verwenden.

Bewegung unter Wasser

Das Tauchboot „Jago" ist mit mehreren Tanks ausgestattet. Diese Tanks können mit Wasser oder mit Luft gefüllt werden. Das Tauchboot kann so im Wasser sinken, schweben und wieder aufsteigen:
- Sinken: Mit Luft in den Tanks schwimmt das Tauchboot auf dem Wasser (1). Zum Sinken pumpt der Pilot Wasser in einige Tanks. Das Boot wird dadurch schwerer. Das bedeutet: Die Dichte des Tauchboots wird größer als die Dichte von Wasser – es taucht unter die Wasseroberfläche. Wenn der Pilot Wasser in weitere Tanks lässt, geht es noch weiter abwärts (2).
- Steigen: Das Tauchboot führt Behälter mit Pressluft mit. Der Pilot oder die Pilotin drückt mit der Pressluft das Wasser wieder aus den Tanks heraus. Das Boot wird leichter und steigt auf (3).

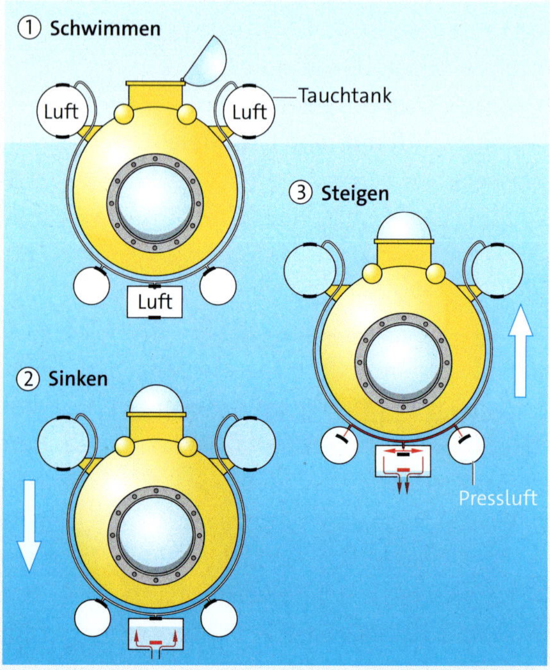

1

Material C

Ein Lastkahn aus Alufolie

Materialliste: Wasserbecken, 2 Stücke Aluminiumfolie (jeweils 40 cm lang)

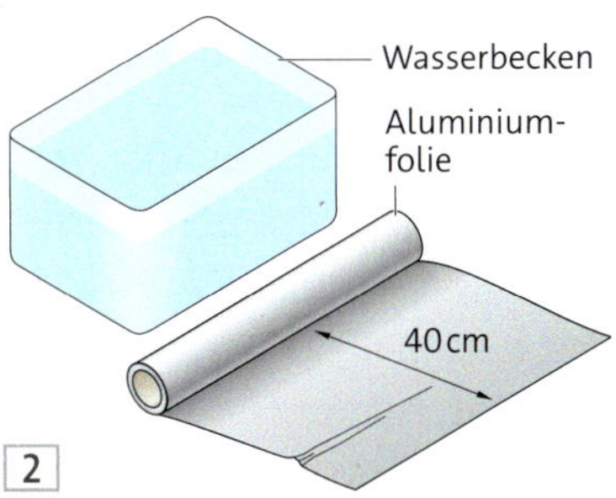

2

1 Baue aus der Alufolie einen Lastkahn: → 2

a Falte ein Stück Folie so klein wie möglich fest zusammen. Fertige aus dem anderen Stück ein „Boot".

b Setze zuerst das kleine, gefaltete Stück auf die Wasseroberfläche.

c Lass vorsichtig dein „Boot" auf das Wasser gleiten.

d Belaste das „Boot" jetzt mit kleinen Gegenständen (zum Beispiel Radiergummi, Büroklammern).

e Beschreibe deine Beobachtung.

f Die Gegenstände aus Aluminium sind gleich schwer. Dennoch verhalten sie sich unterschiedlich. Vermute eine Erklärung. Diskutiere sie mit anderen in der Klasse.

Material D

Welche Dosen schwimmen, welche sinken?

Materialliste: Wasser, großes Wasserbecken, kleine gleiche Dosen mit dünnen Wänden (z. B. Filmdosen); Sand, Salz, Zucker, Watte, Linsen, Holzspäne, Kügelchen aus Hartschaum und Eisen ...; Waage, Messzylinder, fester Draht → 3

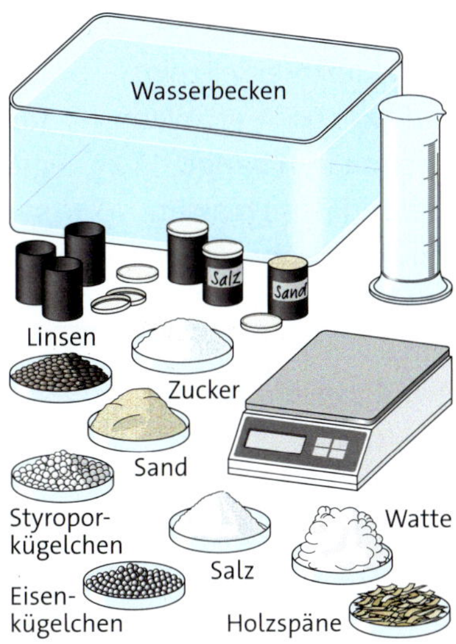

3 Materialien

	Dose 1
Füllung	?
Vermutung	?
Beobachtung	?
Masse in g	?
Volumen in cm^3	?
Dichte in $\frac{g}{cm^3}$	?

4 Beispieltabelle

1 Gieße Wasser in das Wasserbecken (nicht ganz voll). Fülle die kleinen Dosen randvoll mit den verschiedenen Materialien, beschrifte sie und verschließe sie gut.

a Vermute, welche Dosen untergehen bzw. schwimmen werden. Schreibe die Vermutungen auf. → 4

b Tauche die Dosen unter und lass sie dann los. Notiere deine Beobachtungen in der Tabelle und vergleiche sie mit den Vermutungen.

c Bestimme die Masse und das Volumen der Dosen mit ihren verschiedenen Füllungen. → 4 Trage die Messwerte in die Tabelle ein.

d Berechne die Dichte der Dosen. Runde die Rechenergebnisse sinnvoll.

e Formuliere Ergebnissätze: „Dose 1 geht unter, weil die Dichte von ◇ kleiner/größer ist als die Dichte von ◇."

2 Du sollst eine Dose so füllen, dass sie im Wasser schwebt – du hast aber nur einen Versuch!

a Überlege dir vorher, mit welchen Füllungen das Schweben gelingen kann.

b Berechne, welche Masse die gefüllte Dose haben muss.

c Fülle die Dose und teste sie.

Auftriebskraft in Flüssigkeiten

1 Den Ball treibt es nach oben.

Materialien zur Erarbeitung: A, B

Unterwasserbasketball? Es ist schon mal gar nicht so leicht, den mit Luft gefüllten Ball unter Wasser zu halten.

Auftriebskraft • Ein Kraftmesser zeigt eine Gewichtskraft von 9,8 N an, wenn ein 1-kg-Wägestück an ihm hängt. → 2 Die Gewichtskraft ändert sich nicht, wenn das Wägestück im Wasser untertaucht – aber es wird nur noch eine Kraft von 8,7 N angezeigt. → 3 Das Wasser übt eine Auftriebskraft nach oben auf das Wägestück aus. → 4 Sie ist so groß wie die Differenz aus der Gewichtskraft und der Kraft, die den Kraftmesser dehnt: 9,8 N – 8,7 N = 1,1 N.

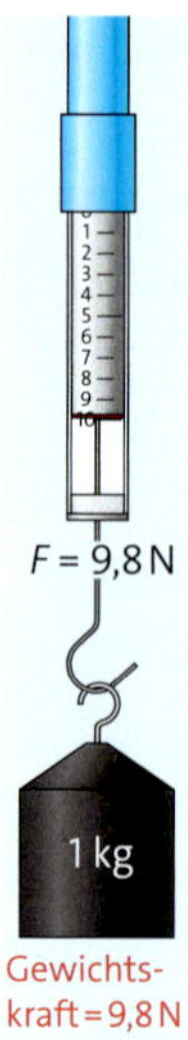

2

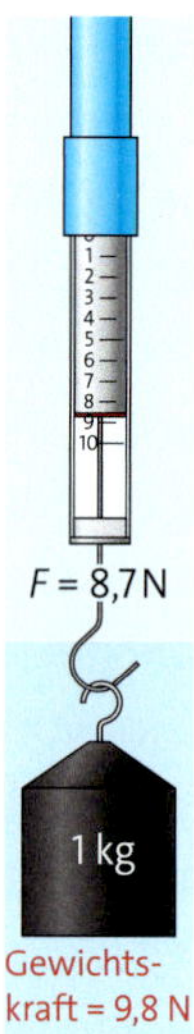

3

In Flüssigkeiten wirkt auf Körper eine Auftriebskraft nach oben.

Archimedisches Prinzip • Statt eines Wägestücks tauchen wir jetzt eine 1-l-PET-Flasche unter Wasser. Sie verdrängt 1 l Wasser.

Wenn die Flasche mit 1 l Wasser gefüllt ist, schwebt sie unter Wasser. Die resultierende Kraft am Kraftmesser ist praktisch gleich null. → 5 Die Auftriebskraft auf 1 l Wasser ist so groß wie die Gewichtskraft auf 1 l Wasser.

Ist die Flasche mit 1 l Sand gefüllt, verändern sich die Gewichtskraft und die resultierende Kraft – nur die Auftriebskraft bleibt gleich. → 6 Das gilt auch bei anderen Füllungen. → 7 8

Die Auftriebskraft auf die untergetauchte 1-l-Flasche ist stets genauso groß wie die Gewichtskraft auf 1 l Wasser – oder anders gesagt: Die Auftriebskraft ist genauso groß wie die Gewichtskraft auf das verdrängte Wasser. Dieser Zusammenhang wird nach dem griechischen Wissenschaftler Archimedes (287–212 v. Chr.) benannt:

Die Auftriebskraft auf Körper in einer Flüssigkeit ist genauso groß wie die Gewichtskraft auf die verdrängte Flüssigkeit. Wir sprechen vom archimedisches Prinzip.

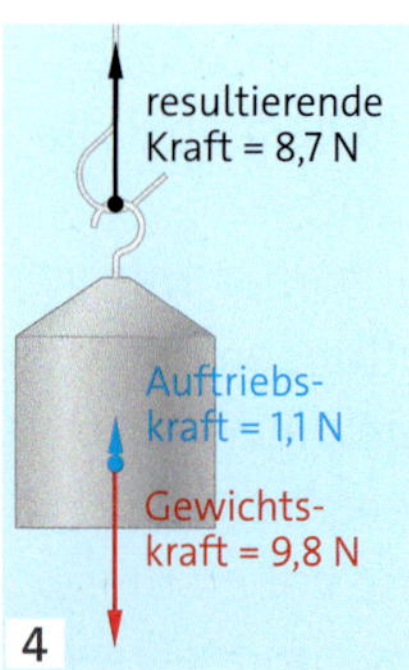

4

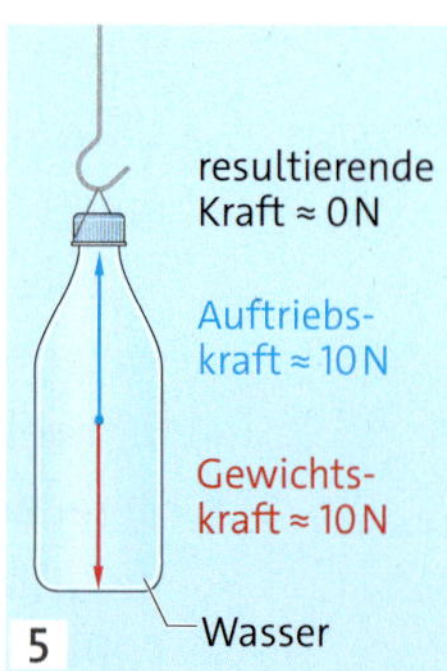

5

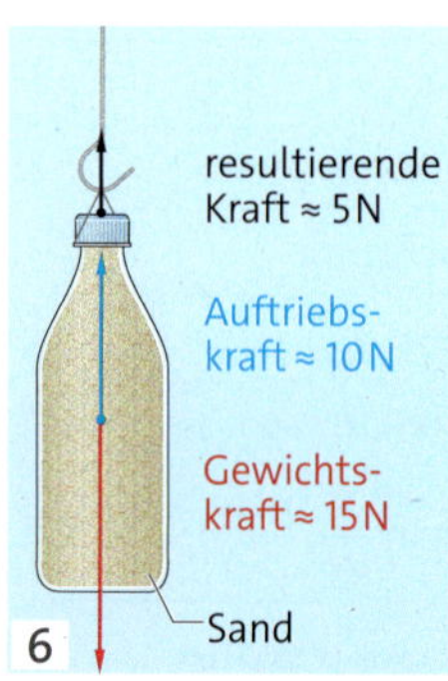

6

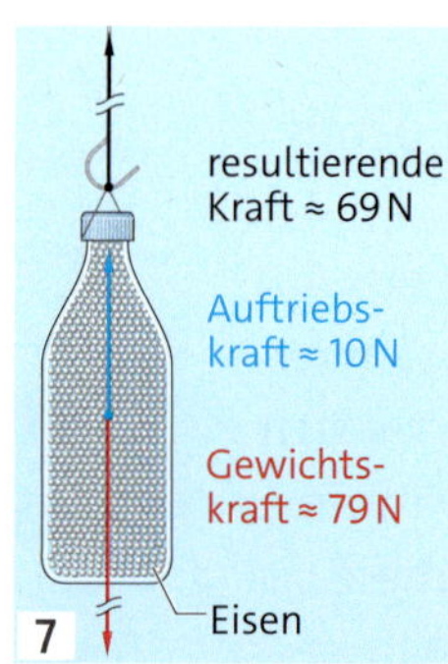

7

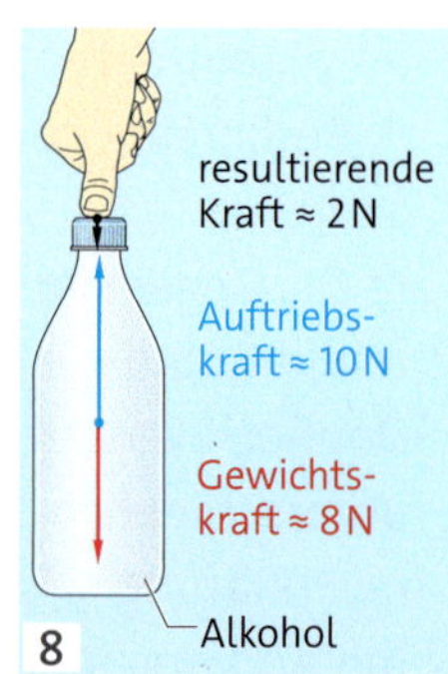

8

die Auftriebskraft
das archimedische Prinzip

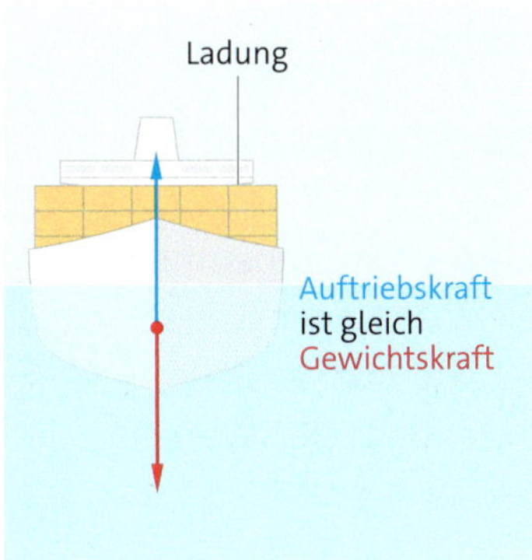

9 10 Auftriebs- und Gewichtskraft

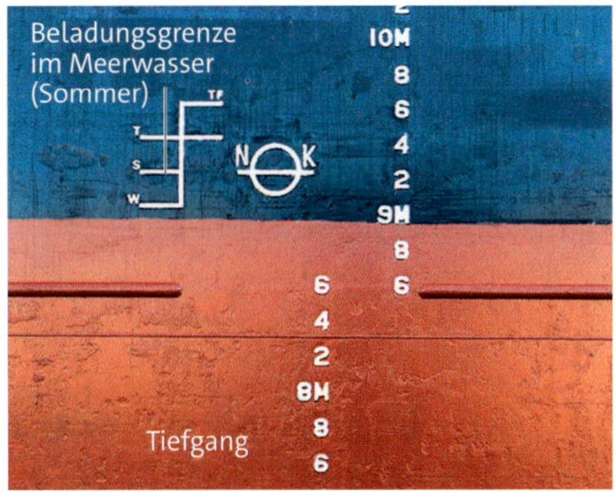

11 Lademarken an einem Schiffsrumpf

Auftriebskraft bei Schiffen • Die Auftriebskraft auf einen 1-dm^3-Stahlwürfel in Wasser ist mit etwa 10 N viel kleiner als die Gewichtskraft von 79 N. Deshalb sinkt der Stahlwürfel.
Ein Schiff aus Stahl schwimmt dagegen auf dem Wasser: Die Auftriebskraft auf das Schiff ist genauso groß wie die Gewichtskraft. → 9 Das schwimmende Schiff verdrängt gerade so viel Wasser, dass die Gewichtskraft auf das verdrängte Wasser genauso groß ist wie die Gewichtskraft auf das Schiff.
Frachtschiffe verdrängen durch ihre Form viel Wasser. Beim Beladen sinken sie tiefer ins Wasser ein und verdrängen mehr Wasser. → 10 Dies erhöht die Auftriebskraft, sodass das Schiff trotz Ladung nicht untergeht.
Lademarken auf dem Rumpf des Schiffs zeigen den maximal zulässigen Tiefgang an. → 11

Ein schwimmendes Schiff verdrängt gerade so viel Wasser, dass die Auftriebskraft genauso groß ist wie die Gewichtskraft auf das Schiff.

Aufgaben

1 Im Schwimmbecken bist du leichter als an Land. Erkläre es.

2 Zur Entdeckung des archimedischen Prinzips gibt es eine Legende. Recherchiere dazu im Internet und erstelle eine kurze Präsentation.

3 Ein Frachtschiff hat ohne Ladung eine Masse von 5000 t. Wenn es voll beladen ist, verdrängt das Schiff beim maximal zulässigen Tiefgang insgesamt 8600 t Wasser.
Berechne, wie viel Ladung es höchstens aufnehmen darf:
a Zementsäcke zu je 40 kg
b Kubikmeter Holzpellets ($\varrho = 0{,}6\,\frac{g}{cm^3}$)

4 „Wasser in Wasser wiegt nicht.“ Erkläre diese Aussage deinem Nachbarn oder deiner Nachbarin.

5 Es erfordert eine große Kraft, um einen leeren Eimer (Öffnung nach oben) ins Wasser zu drücken.
Erkläre diese Beobachtung.

Auftriebskraft in Flüssigkeiten

Material A

Eingetauchte Muttern (1)

Materialliste: Schraubenmuttern (z. B. M12), Gummiring, Trinkglas, Wasser

1 Hänge die Muttern an den Gummiring. → 1

a Vergleiche die Länge l des Gummirings:
- Muttern in Luft (l_1)
- Muttern im Wasser (l_2)

b Versuche, den Unterschied mithilfe von Kräften zu erklären.

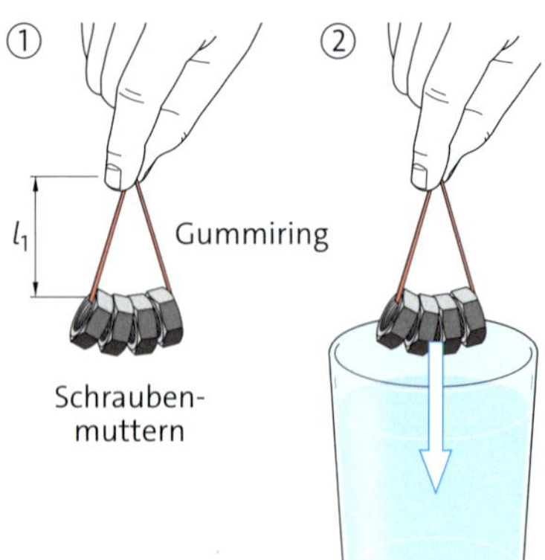

1

Material B

Eingetauchte Muttern (2)

Materialliste: Schraubenmuttern (z. B. M12), Gegenstände „schwerer als Wasser", Kraftmesser, Messzylinder, Wasser, Bindfaden

1 Gegenstände sind im Wasser scheinbar leichter. Das Wasser übt eine Auftriebskraft nach oben auf sie aus. Wie groß ist die Auftriebskraft?

a Miss bei einer Mutter die Gewichtskraft F_G. → 2
Tipp: Binde mehrere Muttern mit einem Faden zusammen, wenn die Gewichtskraft zu klein für den Kraftmesser ist. Notiere F_G (Mutter) in einer Tabelle. → 3 Ergänze darin die Messwerte und Rechenergebnisse, die gleich folgen.

b Tauche die Mutter unter und miss die Kraft F. → 4

c Miss das Volumen V_{Wasser} des Wassers, das von der Mutter verdrängt wird. → 5

d Berechne die Auftriebskraft F_A auf die Mutter:
$F_A = F_G - F$.

e Berechne die Masse m_{Wasser} des verdrängten Wassers. Tipp: $\varrho_{Wasser} = 1{,}0\,\frac{g}{cm^3}$

f Berechne die Gewichtskraft F_G auf das verdrängte Wasser.

g Vergleiche die Auftriebskraft auf die Mutter mit der Gewichtskraft auf das verdrängte Wasser.

h Überprüfe, ob derselbe Zusammenhang auch für die anderen Gegenstände gilt.

i Beantworte die Frage vom Anfang dieses Versuchs.

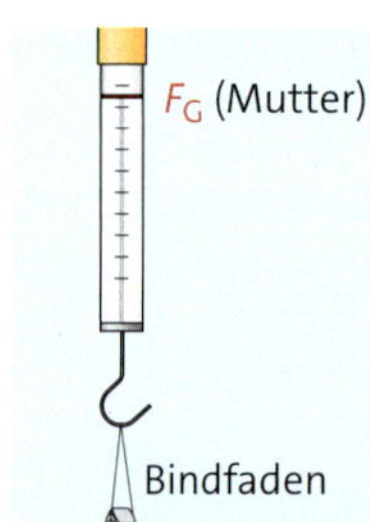

2

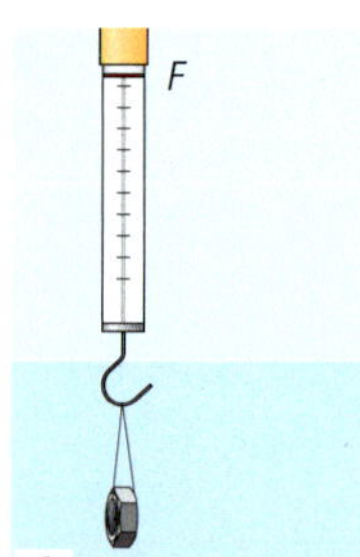

4

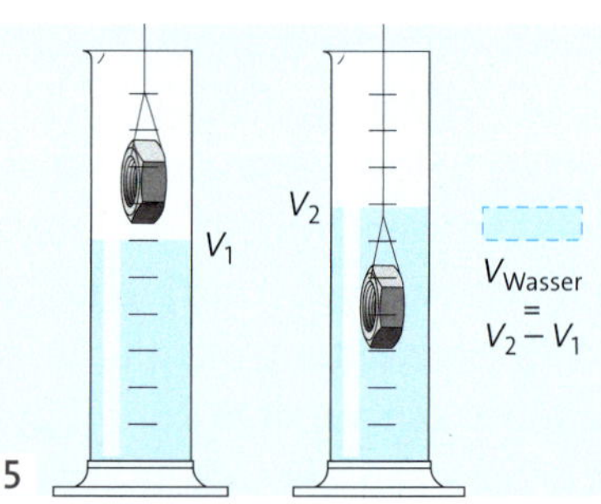

5

F_G (Mutter) in N	?	a
F in N	?	b
F_A in N	?	d

V_{Wasser} in ml	?	c
m_{Wasser} in g	?	e
F_G (Wasser) in N	?	f

3 Beispieltabelle

Material C

Auftrieb spüren

Materialliste: Wanne, Wasser, verschiedene Hohlformen: Boote, Kunststoffschüsseln ...

1 Fülle die Wanne zur Hälfte mit Wasser.
Versuche, die verschiedenen Formen unter Wasser zu drücken.

2 Beschreibe, was du spürst.

3 Erkläre deine Beobachtung.

Material D

Schwimmen oder sinken?

Materialliste: Eisenkugel, Holzquader, Kieselstein, Tischtennisball, Gefäß mit Wasser, Waage, große Schale

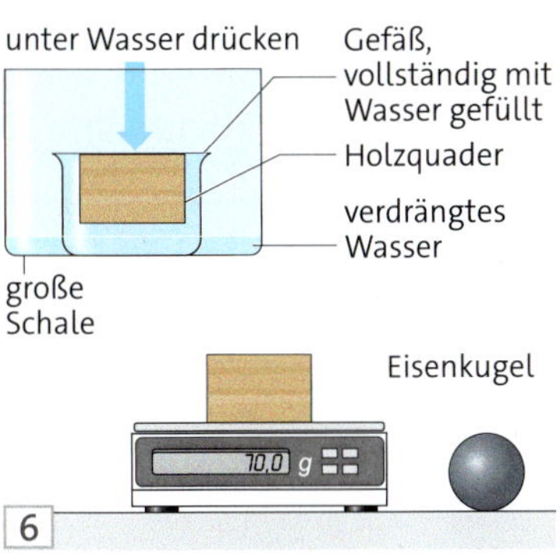

6

1 So gehst du vor: → 6

a Fülle das Gefäß ganz mit Wasser. Stelle es dann in die große Schale. Drücke mit dem Finger den Holzquader vorsichtig und vollständig unter Wasser. Das überlaufende Wasser sammelt sich in der großen Schale.

b Bestimme die Masse des Holzquaders und die Masse des von ihm verdrängten Wassers. Überlege vorher: Die große Schale hat eine Masse. Was ist also zu tun? Notiere die Messwerte.

2 Wiederhole die Teile 1 a und b mit den anderen Gegenständen. Notiere deine Beobachtungen. Beschreibe deine Vorgehensweise.

3 Ergänze folgende Sätze in deinem Heft:

- „Wenn ein eingetauchter Gegenstand schwerer ist als das Wasser, das er verdrängt, ⟨?⟩."
- „Wenn ein eingetauchter Gegenstand leichter ist als das Wasser, das er verdrängt, ⟨?⟩."

Material E

Auftrieb im Toten Meer

1 Im Toten Meer kann man die Zeitung lesen, ohne dass sie nass wird. → 7 Erkundige dich nach den Eigenschaften des Toten Meers. Erkläre deinem Gegenüber, warum die Frau nicht absinkt.

7

Schweredruck beim Tauchen

1

Materialien zur Erarbeitung: A, B

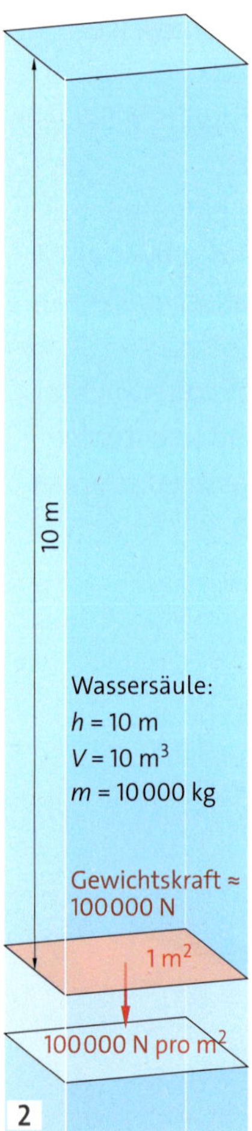

2

Bist du schon einmal tief getaucht? Was konntest du dabei alles spüren?

Druckgefühl beim Tauchen • Wenn du tief tauchst, spürst du ein unangenehmes Druckgefühl auf den Ohren. Das Wasser biegt nämlich deine Trommelfelle nach innen. Wenn du jetzt versuchst, bei geschlossener Nase auszuatmen, werden die Trommelfelle spürbar entlastet.

Schweredruck im Wasser • Wieso übt das Wasser beim Tauchen Kräfte auf dich aus? Für die Antwort betrachten wir eine Wasserschicht in 10 m Tiefe. → 2 Die Wassersäule darüber ist 10 m hoch, sie hat ein Volumen von 10 m^3 und eine Masse von 10 000 kg. Sie drückt daher mit einer Gewichtskraft von ca. 100 000 N auf die Wasserschicht in 10 m Tiefe und presst sie zusammen. Das zusammengepresste Wasser in der Tiefe übt wiederum Kräfte von allen Seiten auf eingetauchte Körper aus. → 3 Diese Kräfte verbiegen zum Beispiel deine Trommelfelle beim Tauchen.

Das Zusammenpressen durch die schwere Wassersäule verändert den Zustand des Wassers in der Tiefe. Man sagt: Im zusammengepressten Wasser herrscht ein großer Schweredruck.

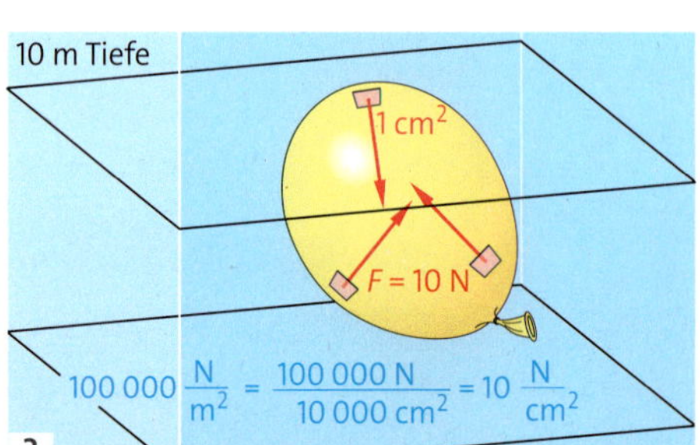

3

Die Gewichtskraft auf eine Wassersäule verursacht einen Schweredruck in der Wasserschicht darunter. In der tiefen Wasserschicht wirken Kräfte in alle Richtungen auf eingetauchte Körper.

Der Druck p (engl. pressure) gibt an, wie groß die Kräfte pro m^2 sind:

$$\text{Druck} = \frac{\text{Kraft}}{\text{Fläche}}; \quad p = \frac{F}{A}.$$

Die Einheit des Drucks ist 1 Pascal (1 Pa):

$$1\,\text{Pa} = 1\,\frac{\text{N}}{\text{m}^2}.$$

Aufgaben

1 ☑ Erkläre, wie es beim tiefen Tauchen zum Druckgefühl auf den Ohren kommt.

2 ☒ Begründe den Schweredruck im Wasser.

der Schweredruck
das Pascal (Pa)

Material A

Wasserstrahlenflasche

Gleich werden die Löcher in der Flasche geöffnet. → 4
Was wird geschehen?

Materialliste: große PET-Flasche, Nagel, Zange, Flamme, Klebestreifen, Wasser, große Wasserwanne

1 Bereite den Versuch vor und führe ihn durch.

a Halte den Nagel mit der Zange und erhitze ihn in der Flamme. Bohre mit dem heißen Nagel in die Seite der Flasche 5 Löcher in gleichen Abständen übereinander. Verschließe die Löcher von oben nach unten mit einem einzigen Klebestreifen. Fülle die Flasche voll Wasser und stelle sie in die Wanne.

b ☒ Öffne alle Löcher gleichzeitig (Klebestreifen abreißen). Beobachte genau, was geschieht. Skizziere die Flasche und die Wasserstrahlen.

c ☒ Vermutet und diskutiert, warum die Wasserstrahlen so unterschiedlich sind.

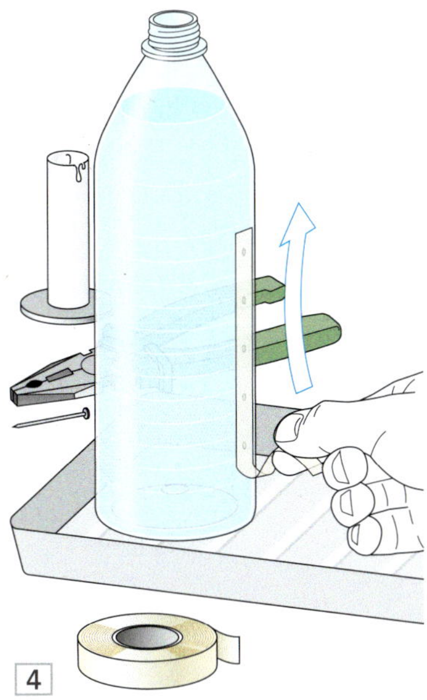

4

Material B

Druck in der Flüssigkeit

1 Der Kolben ist zunächst im Zylinder weit nach oben herausgezogen. → 5 Dann wird er langsam nach unten geschoben.

a ☒ Skizziere im Heft, wie sich der luftgefüllte Miniballon verändert. Beschreibe, wie sich sein Volumen und seine Form ändern.

b ☒ Erkläre die Veränderungen.

c ☒ Vermute, was mit dem Miniballon geschieht, wenn der Kolben wieder herausgezogen wird.

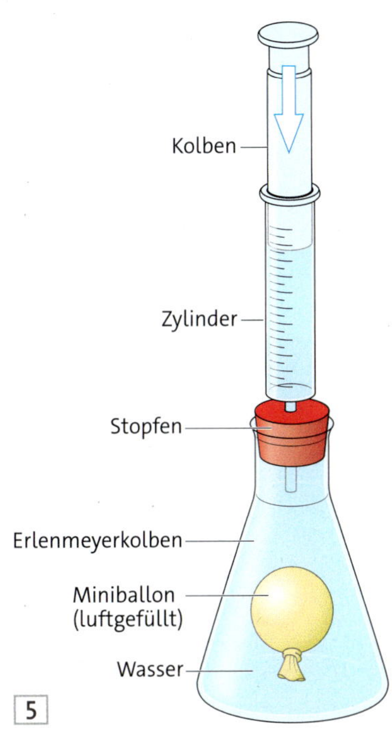

5

2 MK Hydraulische Maschinen erlauben es, mit Flüssigkeiten Kräfte zu verstärken.

a ☒ Suche nach verschiedenen hydraulischen Maschinen in Handwerk und Industrie. Ordne jeder Maschine den Beruf der Person zu, die die Maschine bedient.

b ☒ Viele Autos haben einen hydraulischen Wagenheber im Kofferraum. Suche Videos über hydraulische Wagenheber. Erkläre anhand einer Skizze, wie eine Person mit dem Gerät ein Auto anheben kann. Tipp: Nutze die Begriffe Druck und Fläche.

Zusammenfassung

Was Kräfte bewirken • Auf einen Gegenstand wirkt eine Kraft, wenn er schneller oder langsamer wird, wenn er umgelenkt oder verformt wird.

Kräfte messen • Wir messen Kräfte über die Dehnung einer Schraubenfeder. → 1 Die Einheit der Kraft F ist 1 Newton (1 N). Wir zeichnen Kräfte als Pfeile.

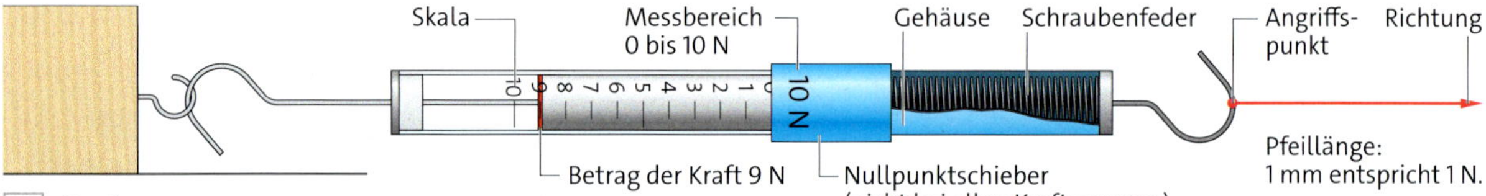

1 Kraftmesser

Große Wirkung – mit kleiner Kraft • Je länger der Kraftarm bei einem Hebel ist, desto geringer ist die erforderliche Kraft zum Drehen. → 2

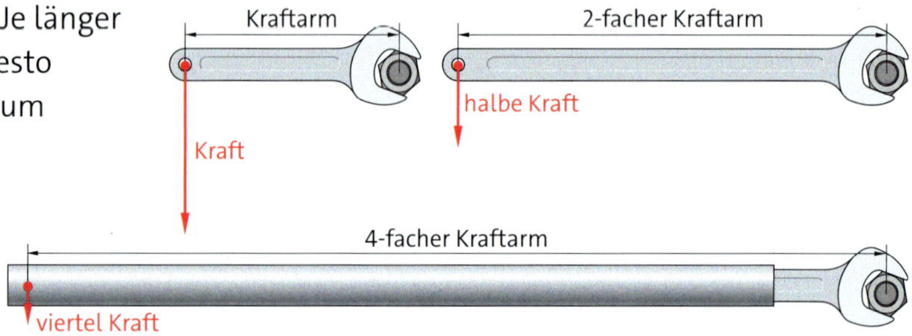

2 Doppelter Kraftarm – halbe Kraft, vierfacher Kraftarm – Viertel Kraft

Auf dem Mond ist alles leichter • Die Gewichtskraft F_G auf einen Gegenstand hängt vom Ort ab. → 3 4 Mithilfe des Ortsfaktors g kann man sie berechnen: $F_G = m \cdot g$.

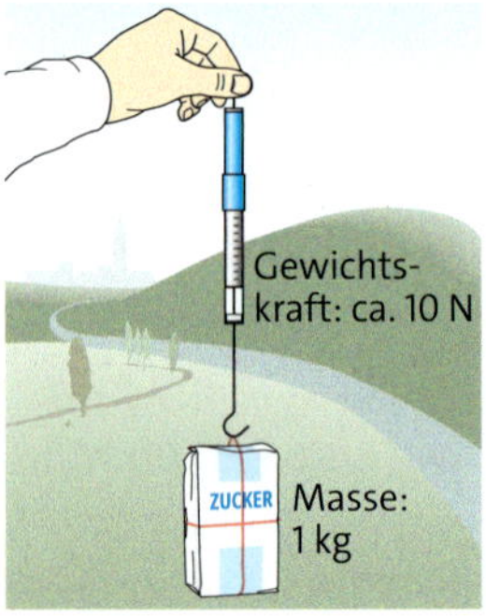

3 Auf der Erde

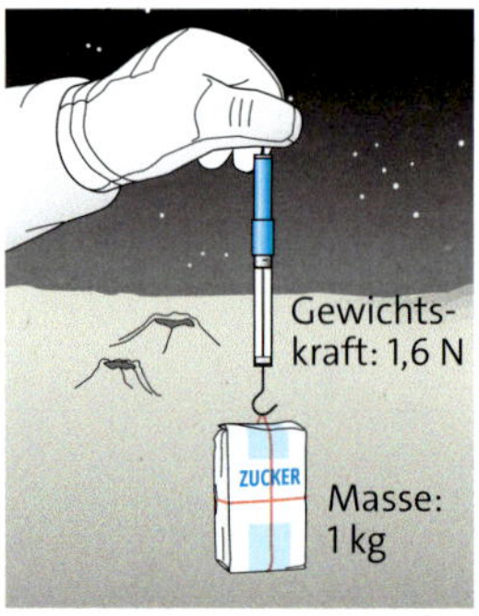

4 Auf dem Mond

Reibungskraft • Wenn Gegenstände gegeneinander verschoben werden, treten Reibungskräfte auf. → 5 6 Reibungskräfte haben große Bedeutung im Straßenverkehr.

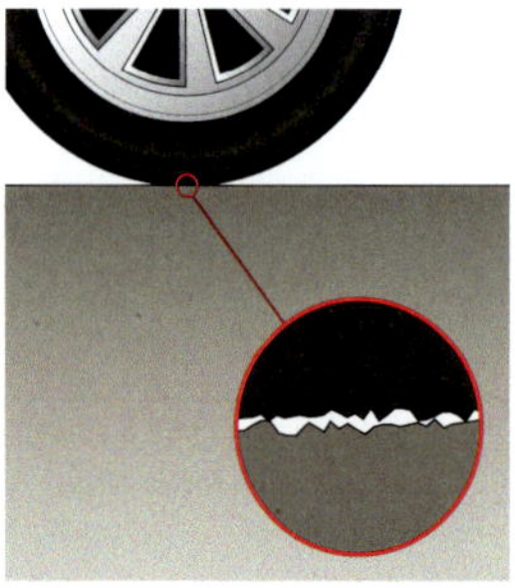

5 Raue Oberflächen verhaken sich.

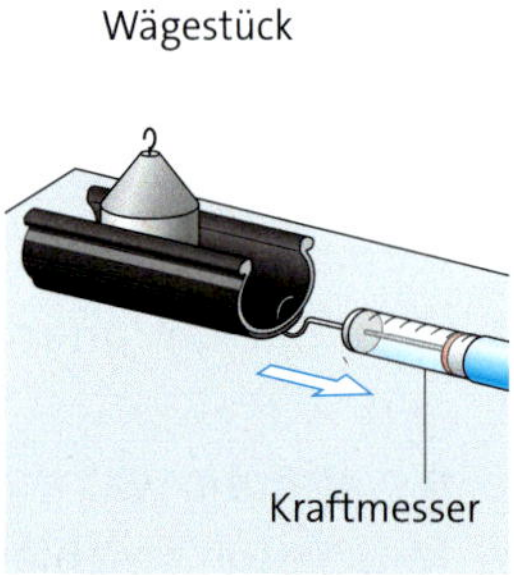

6 Die Reibungskraft wird gemessen.

Wenn mehrere Kräfte wirken • Kräfte mit gleicher Richtung addieren sich zur resultierenden Kraft. → 7
Bei zwei Kräften mit entgegengesetzter Richtung ist die resultierende Kraft so groß wie die Differenz der Kräfte. → 8 Sie hat dieselbe Richtung wie die größere Kraft.

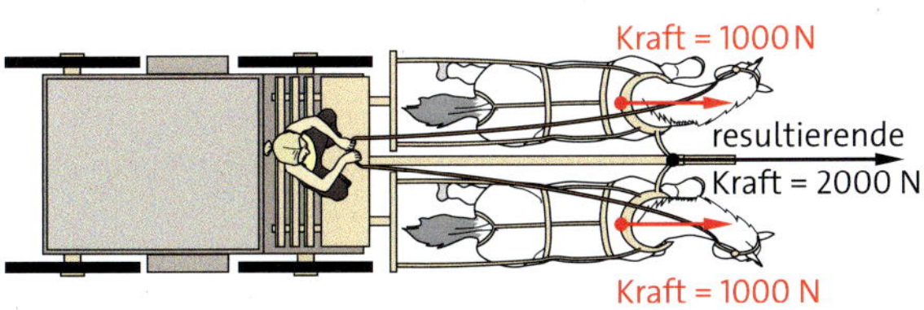

7 Kräfte in gleicher Richtung

Gleich große Kräfte mit entgegengesetzten Richtungen heben sich in ihren Wirkungen auf. Der Körper ist im Kräftegleichgewicht. → 9

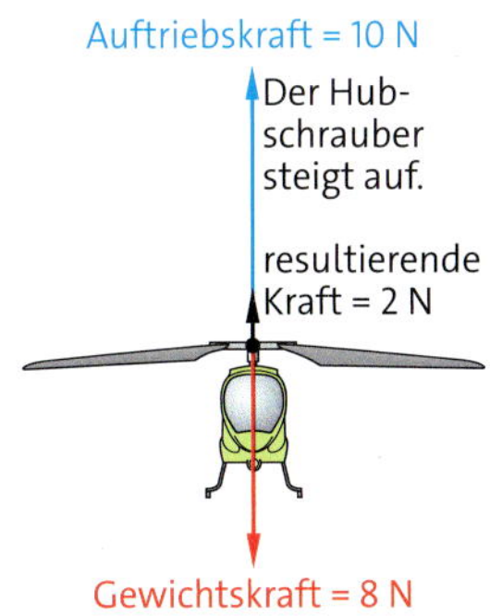

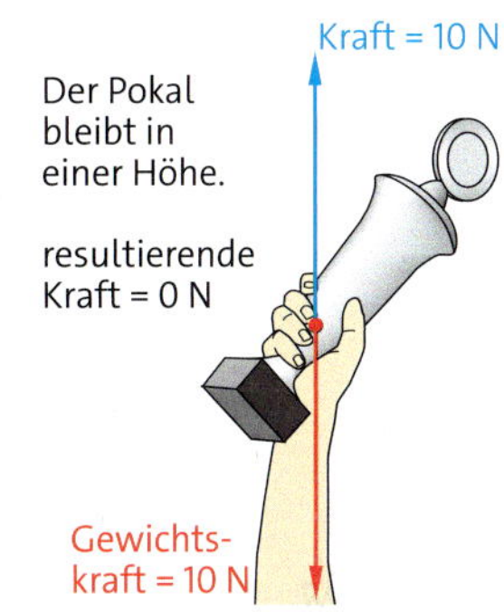

8 9 Entgegengesetzt gerichtete Kräfte

Sinken – schweben – schwimmen • Die Dichte gibt an, wie viel ein Körper mit dem Volumen 1 cm^3 wiegt.

$$\text{Dichte} = \frac{\text{Masse}}{\text{Volumen}};\ \varrho = \frac{m}{V}$$

Wasser hat eine Dichte von $1{,}0 \frac{g}{cm^3}$. Körper mit einer geringeren Dichte schwimmen in Wasser. Körper mit einer größerer Dichte gehen unter. → 10

10 Welche Körper schwimmen in Wasser?

Auftriebskraft in Flüssigkeiten • In Wasser wirkt auf Körper eine Kraft, die der Gewichtskraft entgegenwirkt. → 11 Diese Auftriebskraft ist so groß wie die Gewichtskraft auf das verdrängte Wasser.

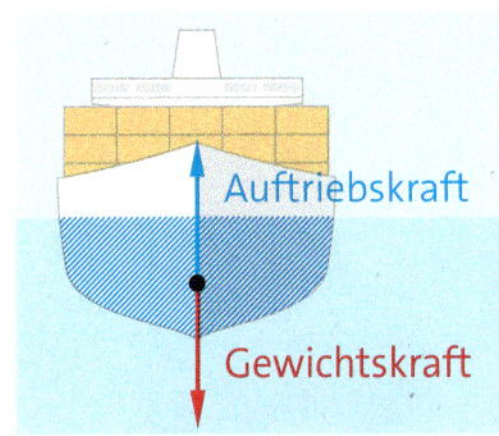

11 Auftriebskraft und Gewichtskraft

Schweredruck beim Tauchen • Die Gewichtskraft auf eine Wassersäule verursacht einen Schweredruck in der Wasserschicht darunter. → 12 In der tiefen Wasserschicht wirken Kräfte in alle Richtungen auf eingetauchte Körper.

$$\text{Druck} = \frac{\text{Kraft}}{\text{Fläche}};\ p = \frac{F}{A}$$

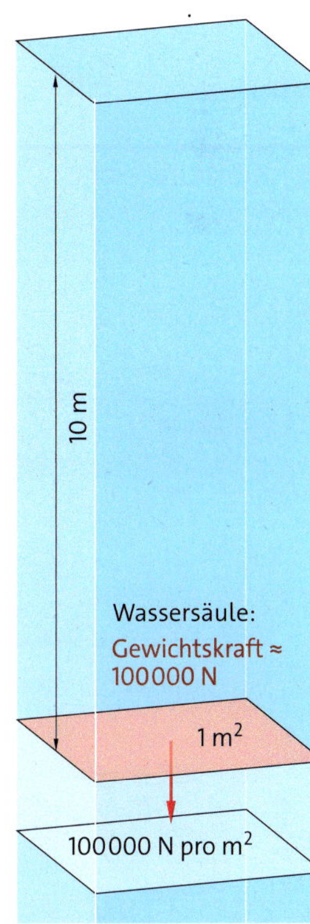

12 Schweredruck

Teste dich! (Lösungen auf Seite 254 f.)

Was Kräfte bewirken

1 Gib an, welche Wirkungen eine Kraft haben kann. Beschreibe jeweils ein Beispiel.

Kräfte messen

2 Lies die Kräfte richtig ab. → 1

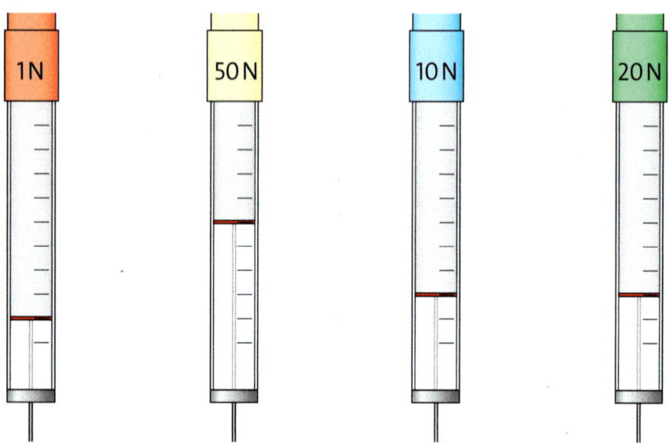

1 Kräfte ablesen

2 Nussknacker

3 Verschiedene Gegenstände

Große Wirkung – mit kleiner Kraft

3 Mit einer Kneifzange soll ein Nagel durchtrennt werden. Deine Kraft reicht dafür aber nicht aus. Beschreibe, wie du es trotzdem schaffst.

4 Hebel am Nussknacker → 2

a Übertrage das Bild in dein Heft. Beschrifte Drehpunkt, Lastarm und Kraftarm.

b Wenn die Nuss weiter rechts liegt, wird es dann leichter oder schwerer?
Begründe und nutze dazu die Begriffe aus Aufgabenteil a.

c Erkläre, wie der Nussknacker funktioniert. → S. 265

d Schätze ab, um wie viel die Kraft zum Knacken der Nüsse verringert wird.

Auf dem Mond ist alles leichter

5 Bilde einen Je-desto-Satz mit den Begriffen: Himmelskörper, Gewichtskraft, Masse.

6 Sieh dir das Bild an. → 3

a Nenne den Gegenstand, der auf der Erde mit einer Kraft von rund 10 N angezogen wird.

b Gib den Gegenstand an, der auf dem Mond mit rund 10 N angezogen werden würde.

c Begründe jeweils deine Auswahl.

Reibungskraft

7 Nenne Teile an deinem Fahrrad, bei denen Reibung eine wichtige Rolle spielt.

8 Nenne eine Sportart, bei der Reibung unerwünscht ist.

Wenn mehrere Kräfte wirken

9 Bei diesem Aufzug übt das „Gegengewicht" rechts am Seil eine große Kraft aus. → 4

a Berechne die Kraft, mit der die Seilwinde die Kabine hält.

b Beschreibe, welchen Vorteil das „Gegengewicht" bringt.

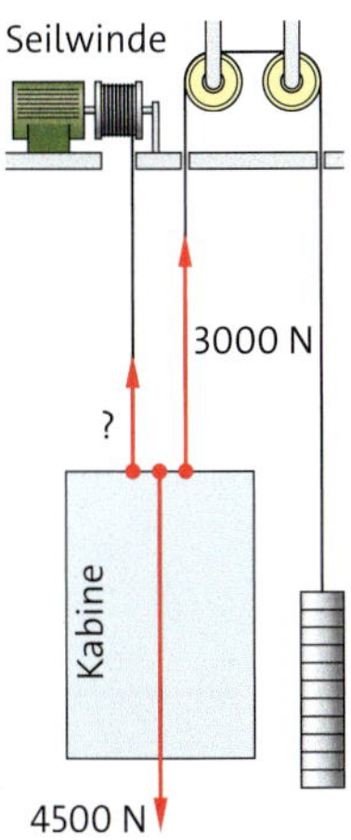

4 Aufzug

5 Hantel in Ruhe

10 Die Hantel bewegt sich nicht. → 5 Mate sagt: „Auf die Hantel wirken keine Kräfte." Nimm Stellung dazu. Fertige eine Skizze an.

11 Eine Drohne steigt, obwohl die Gewichtskraft sie nach unten zieht. Erkläre es. → S. 265

Sinken – schweben – schwimmen

12 In einem 100-cm^3-Plastikbecher befindet sich Sand. Das Ganze wiegt 50 g.

a Ermittle, ob der Becher mit dem Sand im Wasser schwimmt.

b Bestimme das Gewicht, bei dem der Becher mit dem Sand im Wasser untergeht.

Auftriebskraft in Flüssigkeiten

13 Ein Tauchboot wiegt 3000 kg und verdrängt 1,5 m^3 Wasser. Auf 1 dm^3 Wasser wirkt eine Gewichtskraft von rund 10 N. Ermittle die Auftriebskraft, die auf das Tauchboot wirkt.

14 Welcher der folgenden Gegenstände wäre besonders gut geeignet, um unter Wasser Ball zu spielen:
- Kugelstoßkugel (besteht aus Metall)
- Wasserball (aufgeblasen)
- Wassermelone (besteht zu mehr als 90 % aus Wasser)

Wähle einen Gegenstand aus und begründe mit den Begriffen Gewichtskraft und Auftriebskraft.

Schweredruck beim Tauchen

15 Beim Tauchen fühlst du einen „Druck" im Ohr.

a Erkläre das Druckgefühl.

b Gib den Schweredruck in 2 m Wassertiefe an.

16 Roberto bläst beim Tauchen eine kleine Luftblase ins Wasser. Erkläre, warum die Luftblase

a kugelförmig ist.

b beim Aufsteigen immer größer wird.

17 Wenn ein Auto ins Wasser stürzt, so lassen sich die Türen anfangs nicht öffnen. Die Insassen können sich erst befreien, wenn auch der Innenraum des Autos mit Wasser gefüllt ist. Erkläre.

Bewegungen

Im Straßenverkehr ändert sich häufig die Geschwindigkeit. Besonders wichtig ist es, jederzeit bremsen zu können – zur Sicherheit aller Beteiligten.

Diese Zusatzrakete hat geholfen, ein Raumschiff in die Umlaufbahn zu bringen. Nun landet sie so sanft, dass man sie wieder benutzen kann – dank Wechselwirkung.

Roboter wie der amerikanische „Perseverance" erforschen bereits den Mars. Wird es irgendwann bemannte Missionen zum roten Planeten geben?

Schneller werden – langsamer werden

1 Kräftiger Antritt

Wenn du kräftig in die Pedale trittst, wirst du schneller. Spätestens bei der nächsten Talfahrt musst du bremsen, um anhalten zu können.

Beschleunigen – verzögern • „Von 0 auf 100 in 10 s.“ Sicher kennst du solche Angaben aus der Werbung für Autos. Diese Angabe bedeutet: Das Auto beschleunigt aus dem Stand in 10 s auf eine Geschwindigkeit von 100 $\frac{\text{km}}{\text{h}}$. Moderne Elektroautos brauchen oft 6 s oder weniger, um 100 $\frac{\text{km}}{\text{h}}$ zu erreichen. Ihre Geschwindigkeit ändert sich viel schneller. Die Elektroautos haben eine größere Beschleunigung.

Du erreichst mit dem Fahrrad aus dem Stand nach 10 s eine Geschwindigkeit von 36 $\frac{\text{km}}{\text{h}}$. Berechne deine Beschleunigung.

Gegeben: $\Delta v = 36\,\frac{\text{km}}{\text{h}} = 10\,\frac{\text{m}}{\text{s}}$ *und* $\Delta t = 10\,\text{s}$

Berechnung: $a = \frac{\Delta v}{\Delta t}$; $a = \frac{10\,\frac{\text{m}}{\text{s}}}{10\,\text{s}} = 1\,\frac{\text{m}}{\text{s}^2}$

Deine Beschleunigung beträgt $1\,\frac{\text{m}}{\text{s}^2}$.

2 Beispielaufgabe: Berechnung der Beschleunigung

Wichtig wäre auch eine Angabe, wie schnell ein Fahrzeug seine Geschwindigkeit wieder verringert. Sie könnte zum Beispiel so lauten: „Von 100 auf 0 in 10 Sekunden.“ Das heißt: Die Geschwindigkeit des Autos nimmt in 10 s von 100 $\frac{\text{km}}{\text{h}}$ bis zum Stand (0 $\frac{\text{km}}{\text{h}}$) ab.

Bei einer beschleunigten Bewegung nimmt die Geschwindigkeit zu.
Bei einer verzögerten Bewegung nimmt die Geschwindigkeit ab.

Beschleunigung berechnen • Kannst du mit dem Fahrrad aus dem Stand so kräftig beschleunigen wie ein Auto? Das ist schwer zu vergleichen, denn 100 $\frac{\text{km}}{\text{h}}$ erreichst du mit dem Fahrrad nicht. Zum Vergleich benötigen wir die physikalische Größe Beschleunigung (Formelzeichen: *a*). Sie gibt an, wie schnell sich die Geschwindigkeit *v* eines Körpers ändert. → 2

$$\text{Beschleunigung} = \frac{\text{Geschwindigkeitsänderung}}{\text{Zeitänderung}}$$

$$a = \frac{\Delta v}{\Delta t}$$

Die Beschleunigung wird in $\frac{\text{m}}{\text{s}^2}$ angegeben.

Beschleunigung im Diagramm • In einem Geschwindigkeit-Zeit-Diagramm (*v*-*t*-Diagramm) werden gleichmäßig beschleunigte und verzögerte Bewegungen als Geraden dargestellt. → 3 Eine Gerade zeigt immer einen direkt proportionalen Zusammenhang an. Die Geschwindigkeit *v* ist hier direkt proportional zur Zeit *t*. Diesen Zusam-

die beschleunigte Bewegung
die verzögerte Bewegung
die Beschleunigung

menhang kann man mathematisch so beschreiben: $v(t) = a \cdot t$.

Beschleunigung im Diagramm ermitteln • Im v-t-Diagramm steigen die Geraden von gleichmäßig beschleunigten Bewegungen nach rechts an. Je steiler die Gerade ansteigt, desto größer ist die Beschleunigung. → 3
Die Geraden von gleichmäßig verzögerten Bewegungen fallen nach rechts ab. Je steiler die Gerade abfällt, desto größer ist die Verzögerung.
Mit einem Steigungsdreieck kann man die Beschleunigung a aus einem Diagramm ermitteln. → 3 Dazu teilt man die Geschwindigkeitsänderung Δv durch die Änderung der Zeit Δt.
$a = \frac{\Delta v}{\Delta t}$.
Im Weg-Zeit-Diagramm (s-t-Diagramm) erkennt man für gleichmäßig beschleunigte Bewegungen einen quadratischen Zusammenhang: → 4
- doppelte Zeit → vierfacher Weg
- dreifache Zeit → neunfacher Weg

Der quadratische Zusammenhang zwischen Weg und Zeit lässt sich mathematisch wie folgt beschreiben:
$s(t) = \frac{1}{2} \cdot a \cdot t^2$.

Aufgaben

1 Ergänze die Aussagen mit den folgenden Begriffen: größer/kleiner, beschleunigt/verzögert.
a Wenn ein Läufer schneller wird, ist seine Bewegung ◈.
b Wenn ein Auto bremst, ist seine Bewegung ◈.
c Die Beschleunigung eines Lkw ist viel ◈ als die Beschleunigung eines Elektroautos.

2 Berechne die Beschleunigungen des Pkw und des Elektroautos. → 3

3 Ein Fahrzeug beschleunigt aus dem Stand mit $a = 3\,\frac{\text{m}}{\text{s}^2}$. Berechne die Geschwindigkeit nach 10 s.

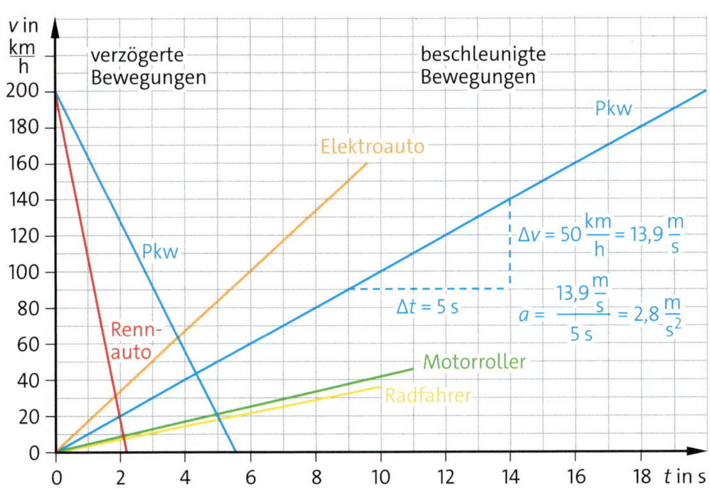

3 v-t-Diagramm

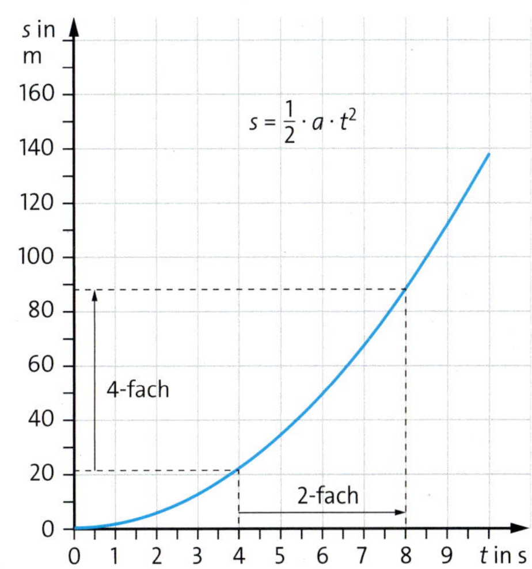

4 s-t-Diagramm (beschleunigte Bewegung)

Schneller werden – langsamer werden

Material A

Beschleunigt – verzögert

1 ☒ Ordne die Bewegungen in beschleunigt und verzögert. → 1 – 4

2 ☒ Nenne drei weitere Beispiele für beschleunigte Bewegungen und drei weitere Beispiele für verzögerte Bewegungen.

1

2

3

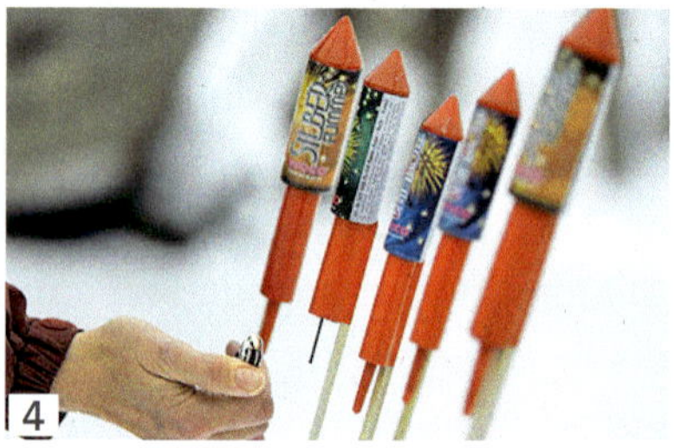
4

Material B

Wer beschleunigt stärker?

Materialliste: Fahrrad mit Tacho, Stoppuhren

1 Auf dem Schulhof beschleunigen zwei Personen mit dem Fahrrad aus dem Stand. Ihr stoppt und notiert die Zeiten, bis der Tacho jeweils $10\,\frac{km}{h}$ ($20\,\frac{km}{h}$) anzeigt.

2 ☒ Übertragt die Werte in ein *v*-*t*-Diagramm. Lest ab, wer schneller beschleunigt hat.

3 ☒ Ermittelt die Beschleunigungen mit Steigungsdreiecken. Tipp: Rechnet die Geschwindigkeiten in $\frac{m}{s}$ um.

Material C

Bewegung in Diagrammen

1 ☒ Ordne den beiden Wagen die Bewegungen zu: beschleunigt, verzögert. → 5 Begründe deine Zuordnungen.

2 ☒ Gib an, welcher Wagen die größere Beschleunigung hat. → 6 Begründe deine Entscheidung.

3 ☒ Bestimme die Beschleunigungen der beiden Wagen. → 6
Tipp: Rechne die Geschwindigkeiten in $\frac{m}{s}$ um.

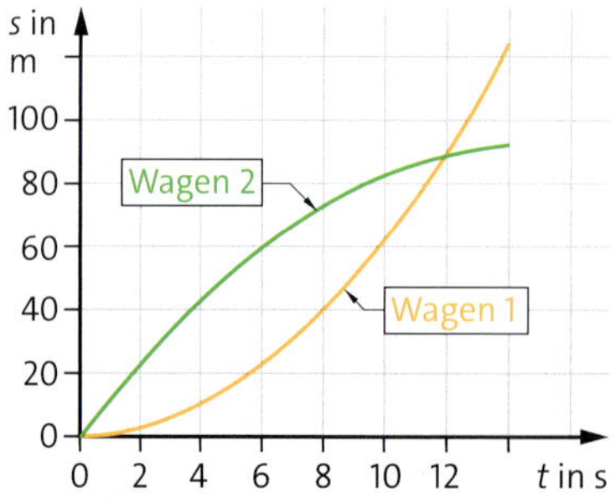

5 Bewegungen zuordnen

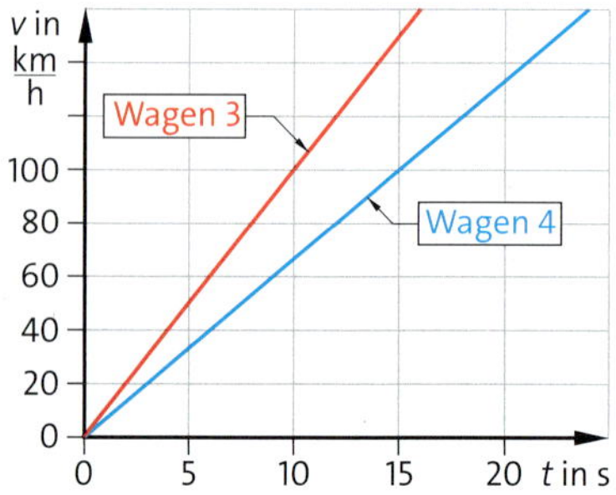

6 Beschleunigung vergleichen

Material D

Beschleunigung berechnen

1 Das Diagramm wurde aus einer Messreihe erstellt. → 7 Lege die Messwerttabelle dazu an. Lies die Messwerte im Abstand von 2 s aus dem Diagramm ab (nicht ins Buch zeichnen!). Trage sie in die Tabelle ein.

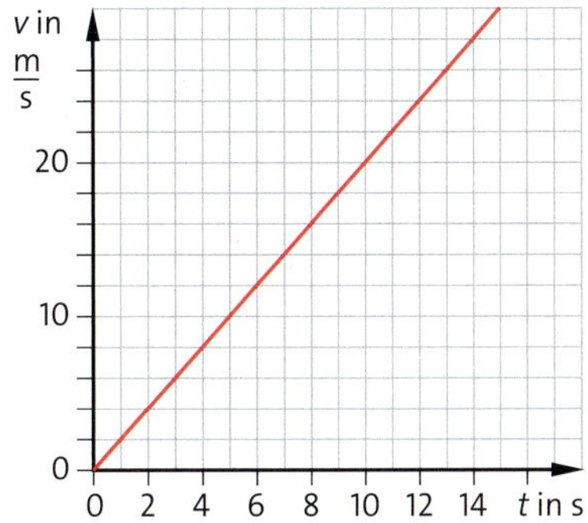

7 *v*-*t*-Diagramm

2 Beschreibe eine mögliche Durchführung für diesen Messversuch.

3 Berechne die Beschleunigung *a* mithilfe des Steigungsdreiecks (nicht ins Buch zeichnen!).

Material E

Rechnen mit Beschleunigungen

Du kannst mit der Gleichung $a = \frac{\Delta v}{\Delta t}$ die Beschleunigung, die Geschwindigkeitsänderung und die Zeitänderung berechnen, nicht aber die Strecke. Dafür hilft diese Gleichung: $s = \frac{1}{2} \cdot a \cdot t^2$. → 8

Eine Lok beschleunigt aus dem Stand gleichmäßig mit $0{,}5\,\frac{m}{s^2}$.
A Wie lange dauert es, bis sie $100\,\frac{km}{h}$ erreicht?
B Welchen Weg hat sie dann zurückgelegt?

A $a = \frac{\Delta v}{\Delta t}$; $\Delta v = 100\,\frac{km}{h} = 27{,}8\,\frac{m}{s}$

$0{,}5\,\frac{m}{s^2} = \frac{27{,}8\,\frac{m}{s}}{\Delta t} \quad | \cdot \Delta t$

$0{,}5\,\frac{m}{s^2} \cdot \Delta t = 27{,}8\,\frac{m}{s} \quad | : 0{,}5\,\frac{m}{s^2}$

$\Delta t = \frac{27{,}8\,\frac{m}{s}}{0{,}5\,\frac{m}{s^2}} = 55{,}6\,s$

Die Lok benötigt 55,6 s, bis sie $100\,\frac{km}{h}$ erreicht.

B $s = \frac{1}{2} \cdot a \cdot t^2$

$s = \frac{1}{2} \cdot 0{,}5\,\frac{m}{s^2} \cdot (55{,}6\,s)^2 = 773\,m$

Nach 55,6 s hat die Lokomotive einen Weg von 773 m zurückgelegt.

8 Beispielaufgabe

1 Ein Flugzeug beschleunigt gleichmäßig aus dem Stand in 35 s auf eine Geschwindigkeit von $300\,\frac{km}{h}$. Dann hebt es ab.

a Berechne die Beschleunigung bis zum Abheben.

b Welche Strecke legt das Flugzeug beim Starten zurück? Berechne sie.

2 Sandra beschleunigt mit ihrem Mofa aus dem Stand über eine Zeit von 4 s gleichmäßig mit $1{,}5\,\frac{m}{s^2}$.

a Berechne Sandras Geschwindigkeit nach 4 s.

b Berechne den Weg, den sie beim Beschleunigen zurückgelegt hat.

3 Radprofis beschleunigen mit $2\,\frac{m}{s^2}$ doppelt so stark wie „normale" Radler. Berechne:

a Wie lange brauchen Profis, um $30\,\frac{km}{h}$ zu erreichen?

b Wie lange braucht ein „normaler" Radfahrer dafür?

Bremsen und Bremswege

1 Rollerfahrer

Mit 45 $\frac{km}{h}$ durch die Innenstadt. Hält der Fahrer bei Gefahr rechtzeitig an?

Anhalten • Wenn wir im Verkehr eine Gefahr wahrnehmen, reagieren wir und betätigen die Bremsen. Von der Wahrnehmung bis zur Reaktion vergeht eine kurze Zeit. Während dieser Reaktionszeit t_R fahren wir ungebremst weiter und legen einen Reaktionsweg s_R zurück. → 2 Nach der Betätigung der Bremsen vergeht noch mehr Zeit, bevor das Fahrzeug zum Stehen kommt. Dabei legt das Fahrzeug den Bremsweg s_B zurück. Er berechnet sich aus der Anfangsgeschwindigkeit v_A und der Bremsverzögerung a_B. → 2

Der Anhalteweg eines Fahrzeuges setzt sich aus dem Reaktionsweg s_R und dem Bremsweg s_B zusammen:
Anhalteweg
= Reaktionsweg + Bremsweg

Sicherheitsabstand • Wenn man auf das Bremspedal eines Autos tritt, leuchten seine Bremslichter auf. Jetzt beginnt die Reaktionszeit der Person am Steuer des Autos dahinter. In dieser Zeit fährt das hintere Auto mit unverminderter Geschwindigkeit weiter. Das vordere Auto wird aber bereits langsamer. Der Abstand zwischen den Autos verringert sich. Es kommt zum Unfall, wenn zwischen den Autos kein Sicherheitsabstand eingehalten wurde.

Bremsverzögerung • Ein Geschwindigkeit-Zeit-Diagramm zeigt das Abbremsen eines Pkw und eines Mopeds. → 3 Beide Fahrzeuge werden bei einer An-

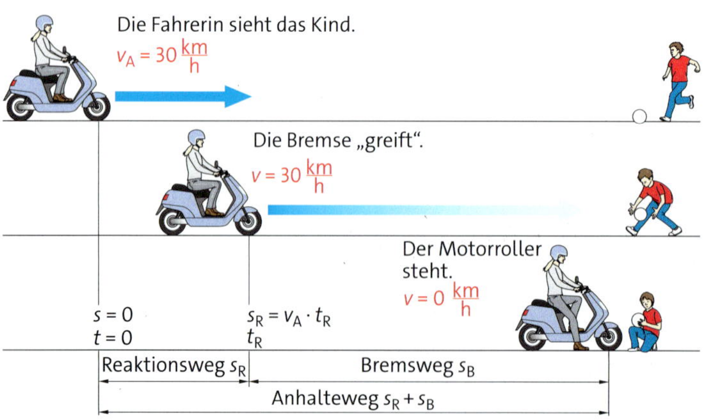

2 Anhalteweg = Reaktionsweg + Bremsweg

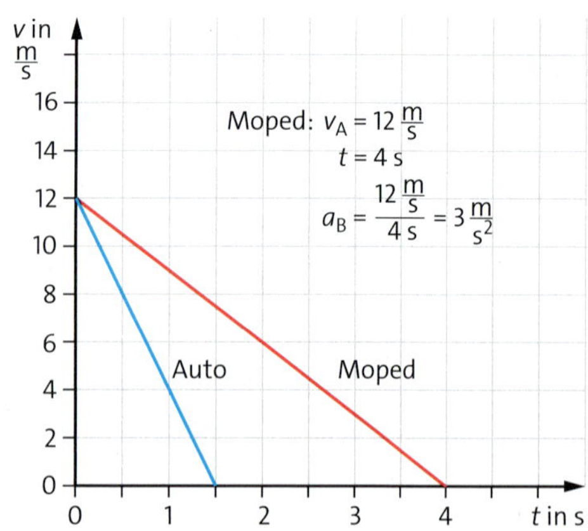

3 Bremsverzögerung

die Reaktionszeit
der Reaktionsweg
der Bremsweg
der Sicherheitsabstand
die Bremsverzögerung
der Anhalteweg

fangsgeschwindigkeit von $v_A = 12\,\frac{m}{s}$ gleichmäßig abgebremst. Die Geschwindigkeit des Mopeds nimmt in jeder Sekunde um $3\,\frac{m}{s}$ ab, die des Pkw um $8\,\frac{m}{s}$. Somit beträgt die Bremsverzögerung beim Moped $3\,\frac{m}{s^2}$ und beim Pkw $8\,\frac{m}{s^2}$. Weil der Bremsvorgang beim Moped länger dauert als beim Pkw, ist auch der Bremsweg länger.

Die Bremsverzögerung hängt von den Reibungskräften ab. Je größer die Reibung ist, desto größer ist die Bremsverzögerung. Gute Bremsen bewirken eine große Reibung zwischen den Bremsbelägen und den Bremsscheiben. Gute Reifenprofile und eine griffige Fahrbahn sorgen zusätzlich für eine große Reibung zwischen Reifen und Straße. Eine nasse oder vereiste Fahrbahn mindert die Reibung und damit die Bremsverzögerung stark. → 4

Bremsweg berechnen • In der Fahrschule wirst du vielleicht eine Faustformel kennenlernen, mit der du Bremswege abschätzen kannst. → 5

Wenn die Anfangsgeschwindigkeit v_A und die Bremsverzögerung a_B bekannt sind, lässt sich der Bremsweg s_B sogar exakt berechnen:

Wir nehmen an, dass beim Bremsen die Geschwindigkeit gleichmäßig abnimmt. Dann ist die Durchschnittsgeschwindigkeit v_D während des Bremsvorgangs halb so groß wie die Anfangsgeschwindigkeit: $v_D = \frac{1}{2} \cdot v_A$.

Daraus folgt für den Bremsweg:

$s_B = v_D \cdot t = \frac{1}{2} \cdot v_A \cdot t$.

Um die Dauer des Bremsvorgangs zu berechnen, stellen wir die Gleichung

Fahrzeug	Fahrbahnzustand	Max. Bremsverzögerung a_B
Pkw	Asphalt, trocken	ca. $8{,}0\,\frac{m}{s^2}$
Pkw	Asphalt, nass	ca. $6{,}5\,\frac{m}{s^2}$
Pkw	Kopfsteinpflaster, trocken	ca. $6{,}0\,\frac{m}{s^2}$
Pkw*	Schnee	ca. $2{,}5\,\frac{m}{s^2}$
Pkw*	Glatteis	ca. $1{,}5\,\frac{m}{s^2}$
Moped	trocken	ca. $3{,}0\,\frac{m}{s^2}$
Fahrrad	trocken	ca. $2{,}5\,\frac{m}{s^2}$

4 Maximale Bremsverzögerungen (*mit Sommerreifen)

$a_B = \frac{v_A}{t}$ nach t um: $t = \frac{v_A}{a_B}$.

Wir setzen die letzte Formel für t in die Gleichung $s_B = \frac{1}{2} \cdot v_A \cdot t$ ein:

$$s_B = \frac{1}{2} \cdot v_A \cdot \frac{v_A}{a_B} = \frac{1}{2} \cdot \frac{v_A^2}{a_B}.$$

Für den Bremsweg gilt:

$$s_B = \frac{1}{2} \cdot v_A \cdot t \text{ und } s_B = \frac{1}{2} \cdot \frac{v_A^2}{a_B}.$$

Tipp: Gib bei allen Rechnungen die Geschwindigkeiten immer in $\frac{m}{s}$ an.

Aufgaben

1 Bremsweg und Anhalteweg → 2

a Schätze den Bremsweg mit der Faustformel für den Bremsweg ab.

b Rechne dann genau nach.

c Bewerte die Faustformel.

d Bestimme den Anhalteweg bei einer Reaktionszeit von 1 s.

2 Ein Pkw fährt mit $80\,\frac{km}{h}$. Berechne und vergleiche, nach wie vielen Metern der Pkw zum Stand kommt:

a auf trockener Fahrbahn

b auf nasser Fahrbahn

$$s_B = \left(\frac{\text{Tachoanzeige}}{10}\right)^2 \text{m}$$

Beispiel: Bei $80\,\frac{km}{h}$ beträgt der Bremsweg:

$$s_B = \left(\frac{80}{10}\right)^2 \text{m} = 64\,\text{m}.$$

5 Faustformel für den Bremsweg s_B

Bremsen und Bremswege

Material A

Bremswege bestimmen

In einem Versuch wurden die Bremswege eines Motorrollers bei verschiedenen Geschwindigkeiten bestimmt. → 1

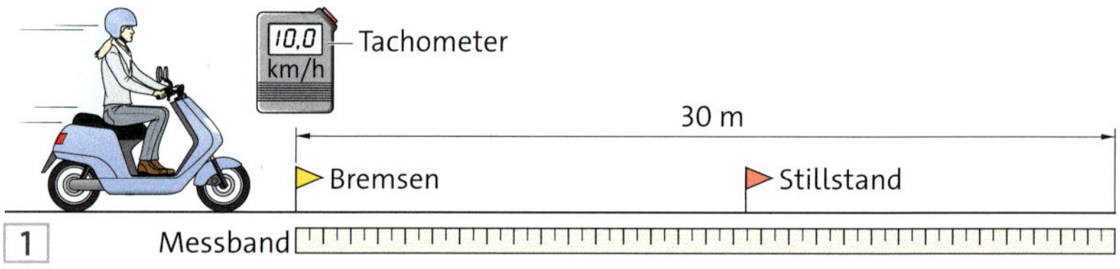

1

Geschwindigkeit	Fahrbahn	Gemessener Bremsweg	Berechneter Bremsweg
$10\,\frac{km}{h}$	trocken	1,3 m	?
$15\,\frac{km}{h}$	trocken	3,2 m	?
$20\,\frac{km}{h}$	trocken	5,5 m	?
$30\,\frac{km}{h}$	trocken	12,0 m	?
$20\,\frac{km}{h}$	nass	7,8 m	

2 Messtabelle

1 ☒ Auswertung des Versuchs

a Übernehmt die Messtabelle in euer Heft. → 2
Berechnet die Bremswege für die Messungen auf trockener Fahrbahn und ergänzt sie in der Tabelle.

b Vergleicht die berechneten und die gemessenen Bremswege. Vermutet und diskutiert Ursachen für die Abweichungen.

c Übertragt die Messwerte in ein Diagramm: Bremsweg in Abhängigkeit von der Geschwindigkeit.

d Wertet das Diagramm aus. Sind Geschwindigkeit und Bremsweg direkt proportional zueinander? Formuliert einen Zusammenhang.

e Bestimmt die Bremsverzögerung für die nasse Fahrbahn.

2 ☒ Überlegt euch, wie ihr den Versuch durchführen könntet. Welche Materialien braucht ihr? Welche Sicherheitsvorkehrungen sind zu treffen? Darf der Versuch auf eurem Schulhof durchgeführt werden?
Bereitet ein vollständiges Versuchsprotokoll vor.
Wenn es erlaubt und zeitlich möglich ist, führt den Versuch durch.

Material B

Wer bremst am besten?

1 ☒ Bremsverzögerungen → 1

a Ordne den Geraden Fahrzeugtypen zu: Fahrrad, Pkw und Moped.

b Berechne die Bremsverzögerung für jeden Fahrzeugtyp.

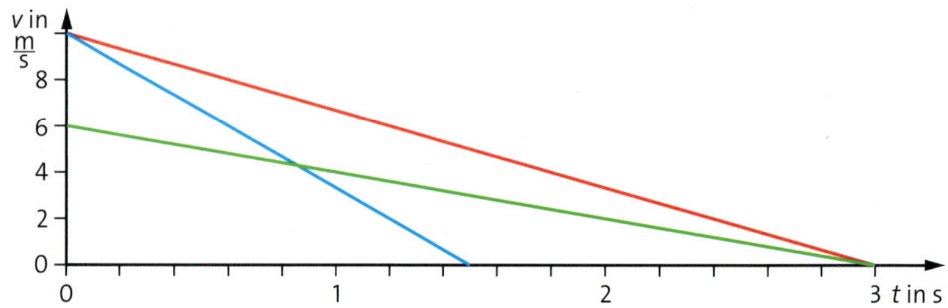

3 *v*-*t*-Diagramm

Material C

Bremswege bei verschiedenen Geschwindigkeiten

Wie verändert sich der Bremsweg mit zunehmender Geschwindigkeit?

Materialliste: App zur Messung der Reaktionszeit, Handy

1 Übertrage die Tabelle in dein Heft. Berechne die Bremswege für Autos auf trockener Fahrbahn (2. Spalte in der Tabelle). → 4

2 Formuliere einen Zusammen zwischen Geschwindigkeit und Bremsweg:
- doppelte Geschwindigkeit → ◈ Bremsweg
- dreifache Geschwindigkeit → ◈ Bremsweg

Geschwindigkeit	Berechneter Bremsweg (Auto, trocken)	Berechneter Bremsweg (Faustformel)	Reaktionsweg	Anhalteweg
$20\,\frac{km}{h}$	?	?	?	?
$40\,\frac{km}{h}$	?	?	?	?
$60\,\frac{km}{h}$	?	?	?	?
$80\,\frac{km}{h}$	?	?	?	?

4 Bremswege und Reaktionswege

3 Berechne die Bremswege mit der Faustformel (3. Spalte in der Tabelle) und vergleiche sie mit der 2. Spalte.

4 Persönliche Reaktionszeit
a Ermittle deine Reaktionszeit mit der App. Konzentriere dich voll auf den Bildschirm und miss mehrfach. Notiere die beste Zeit.
b Wiederhole Teil a, während du dich unterhältst oder Musik hörst.
c Vergleiche die Werte. Bewerte sie im Hinblick auf die Verkehrssicherheit.

5 Berechne die Reaktionswege und die Anhaltewege. Nutze dafür die Bremswege aus der 2. Spalte der Tabelle.

Material D

Sicherheit geht vor

1 Lies den Text. → 5
a Beschreibe die Situationen, in denen Herr Huber sich nicht richtig verhält.
b Formuliere Tipps, die Markus seinem Vater geben kann.

2 Gestalte ein Plakat zu Sicherheitsregeln im Verkehr.

Herr Huber fährt mit seinem Sohn Markus über die Autobahn. Ihre Geschwindigkeit beträgt $130\,\frac{km}{h}$. Zum Pkw vor ihnen haben sie einen Abstand von 50 m. Im Radio spielt die Lieblingsmusik von Herrn Huber und er singt begeistert mit. Nun beginnt es zu regnen und sie fahren mit gleicher Geschwindigkeit weiter. Plötzlich sieht Markus die roten Bremslichter des vor ihnen fahrenden Autos und ruft erschrocken: „Mensch Papa, pass auf!" – Herr Huber lenkt das Fahrzeug auf die Überholspur. Zum Bremsen hätte es nicht gereicht! Glücklicherweise ist alles gut gegangen.

5 Gefährliche Situation

Vorsicht beim Bremsen und Kurvenfahren

1 Festhalten, sonst wird es schmerzhaft!

Materialien zur Erarbeitung: A–B

Wenn du dich im Bus nicht festhältst, kommst du ganz schön ins Schlingern.

Gegenstände sind träge • Laura steht im Bus und hält sich fest. → 2 Der Bus übt beim Beschleunigen über die Haltestange eine Kraft auf sie aus (sie spürt es in ihren Armen). Dadurch kann Laura alle Bewegungsänderungen ausgleichen. Stefan steht im selben Bus, hält sich aber nicht fest:

- Der Bus fährt ruckartig an. → 2 Auf Stefan wirkt keine Kraft über die Haltestange. Er wird nicht mitbeschleunigt und fällt im Bus nach hinten.
- Der Bus bremst heftig. → 3 Stefan wird nicht mitgebremst, weil keine Kraft über die Haltestange auf ihn wirkt. Er fällt im Bus nach vorne.
- Der Bus fährt plötzlich nach links. Stefan bewegt sich geradeaus weiter. Seine Bewegungsrichtung ändert sich nicht, weil keine Kraft auf ihn wirkt.

Jeder Gegenstand ist träge. Er bleibt in Ruhe oder bewegt sich geradeaus mit gleicher Geschwindigkeit weiter, solange keine Kraft auf ihn wirkt.

Trägheit und Masse • Ein voller Mattenwagen lässt sich viel schwerer anschieben als ein leerer Mattenwagen.

Je größer die Masse eines Gegenstands ist, desto träger ist er.

Aufgaben

1 Laura hält sich im Bus fest. → 2 Beschreibe, wann das wichtig ist.

2 Gib an, was träger ist: ein voller Einkaufswagen oder ein leerer. Erläutere dies an einem Beispiel.

3 Wie bewegen sich Stefan und Laura, wenn der Bus plötzlich nach rechts fährt? Skizziere es.

2 Der Bus beschleunigt ruckartig.

3 Der Bus bremst heftig.

Material A

Die eigensinnige Kugel

Materialliste: Brett (weiches Holz, 10 cm × 20 cm), Faden, Haken, Stahlkugel, Hammer

Legt die Kugel auf das Brett. Schlagt mit dem Hammer leicht auf die Kugel, sodass eine kleine Mulde im Brett entsteht.

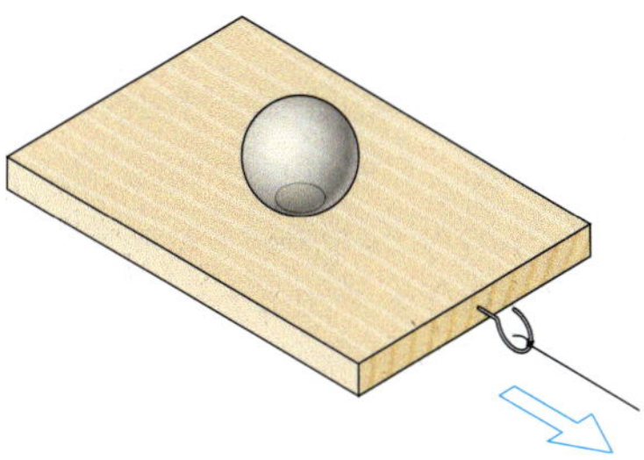

4 Wohin bewegt sich die Kugel?

1 Ihr sollt das Brett mit der Kugel auf verschiedene Weise ziehen: → 4
- langsam und gleichmäßig geradeaus
- schnell und ruckartig geradeaus
- erst langsam, dann etwas schneller und dann plötzlich abstoppen
- erst langsam, dann schneller und dann plötzlich um die Kurve

a Diskutiert immer erst und sagt voraus, wie sich die Kugel bewegen wird. Zieht dann und beobachtet.

b Beschreibt und erklärt die Beobachtungen.

Material C

Die rollende Flasche

1 Im Zugabteil liegt eine Flasche auf dem Boden. → 6 Immer wenn der Zug anhält oder anfährt, rollt sie weg.

a Gib jeweils an, in welche Richtung die Flasche rollt.

b Erkläre, warum sie rollt.

6 Warum rollt die Flasche?

Material B

Der träge Turm

Materialliste: 20 gleiche Münzen (50 Cent oder 1 Euro), dünnes Lineal, glatte Tischplatte

1 Stapelt die Münzen auf dem Tisch zu einem Turm. → 5

a Baut den Turm Münze für Münze mit dem Lineal ab – ohne ihn anzufassen! Beschreibt eure Beobachtung.

b Erklärt eure Beobachtung. Tipp: Wie verändert sich die Trägheit des Turms?

5 Wie baust du den Turm ab?

Material D

Raumsonde Voyager

1 Die Sonde fliegt mit über $60\,000\,\frac{km}{h}$ durchs leere All – ganz ohne Treibstoff! → 7 Erkläre, wie das möglich ist.

7 Voyager 1

Gefahren vermeiden im Straßenverkehr

1 Wer hat recht?

Materialien zur Erarbeitung: A–B

Helme helfen, die Verletzungsgefahr bei einem Aufprall zu mindern. Welche Gefahren bestehen noch?

2 Aufpassen!

Augen und Ohren auf! • Im Straßenverkehr musst du bei Gefahr schnell reagieren können. Deshalb solltest du stets aufmerksam sein. Wenn du dich von Musik oder deinem Handy ablenken lässt, lebst du gefährlich, weil der Reaktionsweg länger ist. → 2

Sehen und gesehen werden • Auch wenn du aufmerksam bist: Nur bei guter Sicht kannst du schnell reagieren. Eine tief stehende Sonne, Dunkelheit, Regen, Nebel sowie unübersichtliche Verkehrssituationen können die Sicht auf wenige Meter verkürzen. Wer vorausschauend fährt, gute Sicht hat und sich selbst gut sichtbar macht, vermindert Gefahren für sich und andere.

Trägheit und Bremsweg • Der Bremsweg hängt von der Geschwindigkeit, dem Zustand der Bremsen und dem Zustand der Fahrbahn ab. Nässe und Eis verlängern den Bremsweg eines Fahrzeugs im Vergleich zur trockenen Straße um das Vielfache. Wenn auf einen Körper keine Kraft wirkt, bewegt er sich einfach weiter. Wer bei Glätte heftig bremst oder in die Kurve geht, rutscht weg und stürzt. Die Reibung mit der Straße ist zu gering. Es kann keine Kraft angreifen, um das Rad zu bremsen oder zu lenken. Wer vorausschauend fährt, genügend Sicherheitsabstand hält und seine Geschwindigkeit den Verhältnissen anpasst, mindert die Gefahren.

Einem harten Aufprall vorbeugen • Ein ungeschützter Kopf „fliegt" bei einem Unfall weiter, bis er auf ein Hindernis trifft. Je härter das Hindernis und je größer die Geschwindigkeit ist, desto größer ist die Kraft auf den Kopf. Im Fahrradhelm ist eine dicke Schaumstoffschicht. Sie bremst beim Unfall den Kopf etwas ab, wenn er auf das Hindernis prallt. Die Kraft auf den Kopf und damit die Verletzungsgefahr wird verringert.

Unaufmerksamkeit und schlechte Sicht- und Straßenverhältnisse können Gefahren hervorrufen. Wer seinen Körper schützt und sein Verhalten der Situation anpasst, mindert die Gefahr.

Aufgabe

1 Du fährst mit dem Rad an einem nassen Herbstmorgen zur Schule.

a Beschreibe Gefahren im Straßenverkehr und wie du sie vermeidest.

b Begründe deine Maßnahmen.

Material A

Der Schutzhelmtest

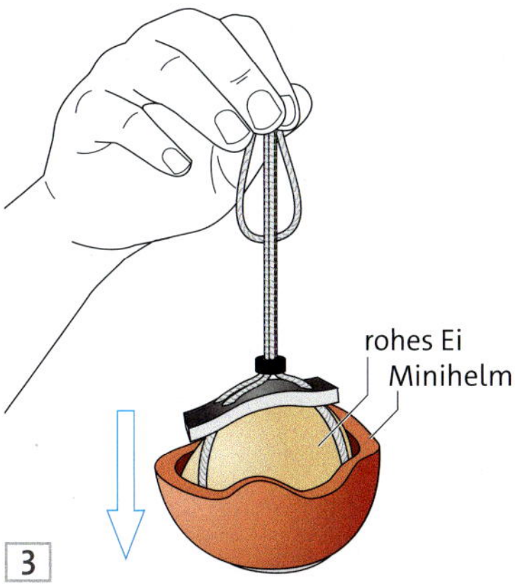

3

Materialliste: nicht zu großes rohes Ei (Raumtemperatur), „Eiertesthelm" aus dem Handel, Schüssel

1 Stellt die Schüssel auf den Boden.

a Befestigt das Ei im Helm und zieht die Bänder gleichmäßig fest. → 3

b Haltet den Helm mit dem Ei etwa 1 m über die Schüssel. Die Oberseite des Helms zeigt nach unten. Lasst dann das Ei fallen.

c Wiederholt den Versuch ohne den Helm.

d Beschreibt jeweils eure Beobachtungen.

e Gebt eine Erklärung.

2 Melanie sagt: „Fahrradhelme stören nur."
Sammelt Argumente für und gegen Fahrradhelme. Bewertet die Aussage.

Material B

Helm tragen – oder nicht?

In einem Internetportal bist du auf eine Frage nach dem Sinn von Schutzhelmen beim Fahrradfahren gestoßen.

1 Lies die Beiträge. → 4

a Nenne Gründe, warum sich der Post von Antihelmet0899 überzeugend anhört.

b Recherchiere im Internet, ob die Argumente von Antihelmet0899 stimmen. Dokumentiere die Quellen.

c Verfasse einen Post, in dem du auf die Argumente von Antihelmet0899 eingehst. Nenne die Quellen für deine Aussagen.

BikerIn_2006
vor 47 Minuten
4

Was meint ihr? Sollte man beim Fahrradfahren einen Helm tragen? Ist eine Helmpflicht also sinnvoll?

Antihelmet0899
vor 19 Minuten
7

Ganz klar nein!!! Helme rutschen unangenehm. Studien zeigen, dass eine Helmpflicht Menschen vom Radfahren abhält. Was dazu führt, dass sie unsportlich sind, übergewichtig werden und früher sterben. Außerdem fahren die Leute dann mehr Auto, stoßen mehr CO_2 aus und schaden der Umwelt. Eine Helmpflicht sorgt für mehr Verkehrstote: Statistiken belegen, dass es in den USA viel mehr tödliche Fahrradunfälle gibt als in Dänemark. In den USA gilt eine Helmpflicht – in Dänemark nicht.

4 Aus einem Frageportal

Gefahren vermeiden im Straßenverkehr

Methode

Quellen im Internet bewerten und dokumentieren

Egal, ob du aus privaten Gründen oder für die Schule eine Recherche durchführst: Im Internet findest du Informationen aus vielen unterschiedlichen Quellen: von Online-Medien, auf Frageportalen, in sozialen Medien oder in Erklärvideos auf Videoplattformen. Wenn du zum Beispiel die Suchbegriffe „Anschnallpflicht", „Schulbus" und „Klassenfahrt" eingibst, stößt du rasch auf eine Vielzahl unterschiedlicher Meinungen. → 1 In Zeiten, in denen Fake News und Verschwörungstheorien immer stärker verbreitet sind, musst du Informationen im Internet immer kritisch hinterfragen und prüfen. Es bietet sich ein Faktencheck an.

So gehst du vor:

1. Autorin oder Autor prüfen Handelt es sich um Personen, die zu diesem Thema seriösen Journalismus oder wissenschaftliche Forschung betreiben? Oder handelt es sich um Personen, die andere mit ihren Beiträgen bewusst mani-

1 Video – stimmen die Fakten?

pulieren wollen, um ihre Meinung weiterzuverbreiten? Oft findet man nicht heraus, wer einen Beitrag verfasst hat. In diesem Fall solltest du vorsichtig sein.

2. Quellen überprüfen Du solltest nie Informationen für wahr halten, wenn sie nur auf einer Website oder nur in einem Video genannt werden. Recherchiere immer auch in anderen, verlässlichen Quellen, zum Beispiel bei staatlichen Einrichtungen oder in Online-Fachzeitschriften.

3. Zitate checken Häufig werden verlässliche Quellen auf Websites oder in Videos genannt, um die eigene Meinung zu untermauern. Dabei wird nicht immer korrekt vorgegangen:

- Manchmal lässt man Teile von Zitaten weg, die nicht zur erwünschten Aussage passen. So heißt es zum Beispiel in der Straßenverkehrsordnung: „Vorgeschriebene Sicherheitsgurte müssen während der Fahrt angelegt sein. [...] Das gilt nicht für [...] Fahrten in Kraftomnibussen, bei denen die Beförderung stehender Fahrgäste zugelassen ist.“ → 1
- Auch werden Studienergebnisse nicht selten so interpretiert, dass sie zur gewünschten Meinung passen. Prüfe daher nach Möglichkeit immer die Originalquellen darauf, ob sie mit den genannten Aussagen und Zitaten übereinstimmen. Dies gilt für alle Quellen, egal, ob sie nur indirekt erwähnt oder in einem Quellenverzeichnis genannt werden.

4. Physikkenntnisse nutzen Gerade bei der Recherche zu physikalischen Themen bietet es sich immer an, deine Physikkenntnisse zu nutzen. Passen die Aussagen zu deinen Kenntnissen aus dem Physikbuch und dem Physikunterricht? Kannst du die Aussagen gegebenenfalls mithilfe eines Experiments oder einer Berechnung überprüfen? Frage auch deine Lehrkraft um Rat.

5. Eine Meinung bilden Bilde dir deine Meinung erst, nachdem du die Schritte 1–4 durchgeführt hast. Mache dir immer bewusst, dass nicht wenige Beiträge im Internet die Aufgabe haben, dir eine Meinung aufzudrängen.

Eigene Texte und Videos • Deine eigenen Beiträge für die Schule oder das Internet sollten auch immer einem Faktencheck standhalten können. Recherchiere vorab in verschiedenen seriösen Quellen. Mache in deinem Beitrag deutlich, wo du keine Fakten wiedergibst, sondern deine persönliche Meinung. Nutze dazu Formulierungen wie zum Beispiel „Meiner Meinung nach ...“. Nenne immer deine Quellen.

Aufgaben

1 ◩ Recherchiere im Internet nach verschiedenen Möglichkeiten, um Quellen zu zitieren und korrekt aufzuschreiben.

2 Stimmen die Argumente im Video? → 1

a ⊠ Recherchiere im Internet, ob die Aussagen im Video richtig sind. Dokumentiere deine Quellen.

b ⊠ Schreibe einen Kommentar zu dem Video. Nenne deine Quellen korrekt.

Der freie Fall

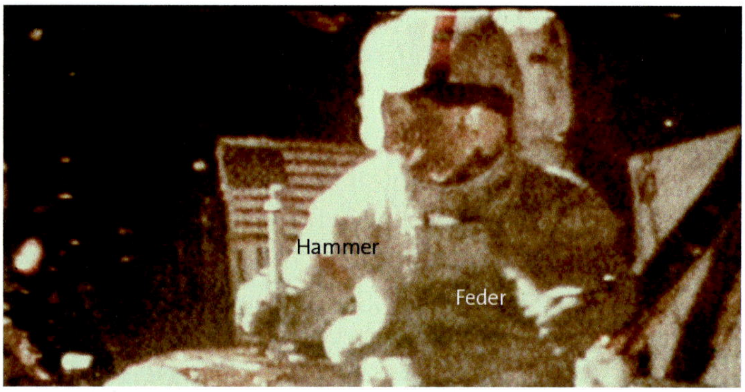

1 Was passiert, wenn der Astronaut die Gegenstände loslässt?

Material zur Erarbeitung: A

Der Astronaut David Scott führte im Jahr 1971 ein Experiment auf dem Mond durch. Er ließ einen Hammer und eine Feder aus gleicher Höhe gleichzeitig los.

Fallversuche • In der Erdatmosphäre wäre das Ergebnis klar. Der schwere Hammer schlägt zuerst auf dem Boden auf – die leichte Feder sinkt langsam hinterher. Liegt das an der Masse der fallenden Körper?
Anders auf dem Mond: Die Feder erreicht gleichzeitig mit dem Hammer den Boden. Ähnliches kann man auf der Erde bei Körpern beobachten, die in einem luftleeren Rohr fallen. Die Masse der fallenden Körper spielt also keine Rolle. In dem luftleeren Rohr und auf dem Mond gibt es keine Luftreibung. Sie bremst in der Erdatmosphäre den Fall der Feder viel stärker als den Fall des Hammers.

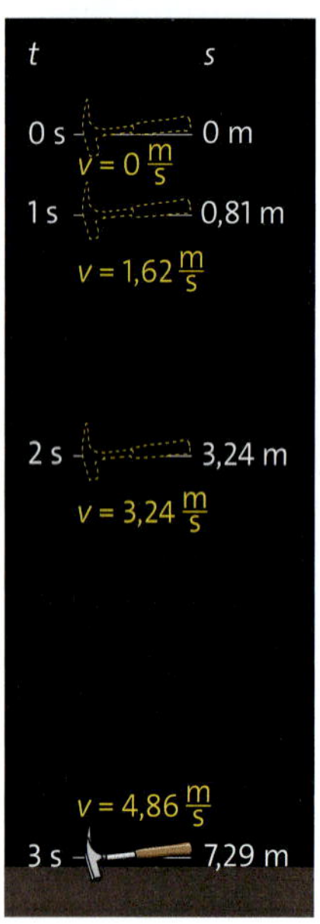

2 Freier Fall auf dem Mond

Warum spielt die Masse keine Rolle?
Einerseits wird ein massereicher Körper von der Gewichtskraft stärker beschleunigt als ein massearmer Körper. Andererseits wird aufgrund der Trägheit eine größere Kraft benötigt, um den massereichen Körper so stark zu beschleunigen wie den massearmen Körper. Beide Effekte gleichen sich aus.

Basiskonzept
Wechselwirkung
→ Seite 266 f.

Freier Fall • Wenn auf einen Körper nur die Gewichtskraft wirkt, ist er im freien Fall. Während des Fallens nimmt seine Geschwindigkeit zu. → 2 Es gilt: doppelte Zeit → doppelte Geschwindigkeit, dreifache Zeit → dreifache Geschwindigkeit. Der freie Fall ist eine gleichmäßig beschleunigte Bewegung.

Fallbeschleunigung • Die Geschwindigkeit von Hammer und Feder auf dem Mond nimmt je Sekunde um den gleichen Faktor zu: $g_{\text{Mond}} = 1{,}62\,\frac{m}{s^2}$. → 2
Die Fallbeschleunigung auf der Erde beträgt $g_{\text{Erde}} = 9{,}81\,\frac{m}{s^2}$.
Der Wert der Fallbeschleunigung entspricht immer dem Ortsfaktor.
Allgemein gilt: $g = \frac{\Delta v}{\Delta t}$.

Der freie Fall ist eine gleichmäßig beschleunigte Bewegung.
Die Fallbeschleunigung g_{Erde} auf der Erde beträgt $9{,}81\,\frac{m}{s^2}$.
Ohne Reibung fallen alle Körper gleich schnell zu Boden.

Aufgaben

1 ☒ Fülle die Lücke: Beim freien Fall gilt: fünffache Zeit → ◈ Geschwindigkeit. Begründe deine Antwort.

2 ☒ Im luftleeren Raum fallen alle Körper gleich schnell. Erkläre es.

Material A

Fallversuche

1 Sieh dir ein Video des Fallversuchs von David Scott 1971 auf dem Mond an.

a Beschreibe deine Beobachtungen.

b Einen ähnlichen Versuch kann man auch auf der Erde mit einem Fallrohr durchführen. → 3 Vermute, unter welchen Bedingungen man jeweils diese Ergebnisse beobachtet. → 4 5

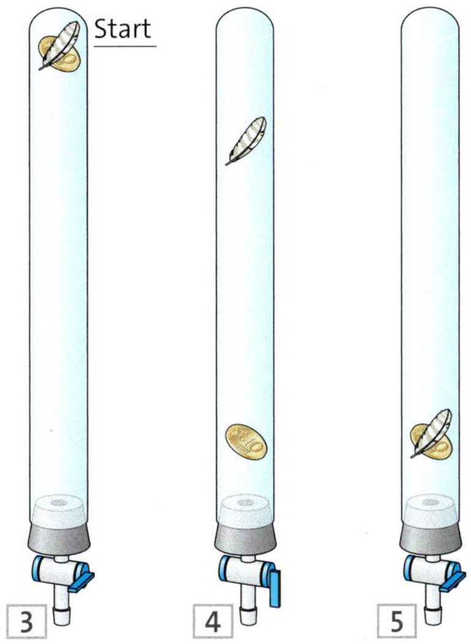

Material B

Freefalltower

Die Attraktion im Freizeitpark sorgt für Nervenkitzel. In 55 m Höhe werden die Fahrgäste ausgeklinkt und fallen 20 m tief in 2 s. → 6

1 Bevor die Bremse greift, erreichen die Fahrgäste eine Geschwindigkeit von $20\,\frac{m}{s}$ (= $72\,\frac{km}{h}$). Berechne die Beschleunigung während des freien Falls.

2 Bis zum Stillstand der Gondel benötigen die Bremsen 3 s.
Berechne die Verzögerung durch die Bremsen.

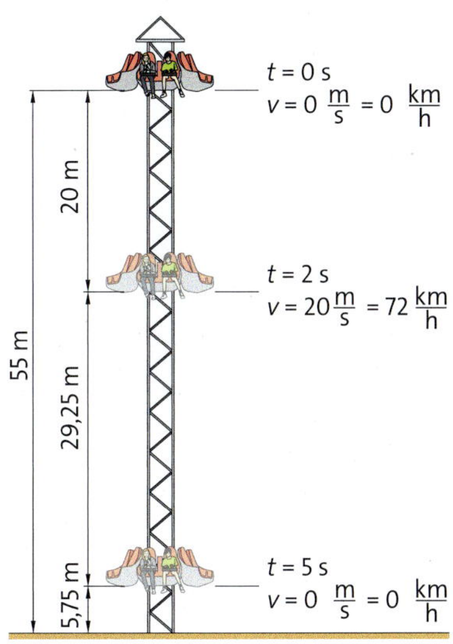

6 Freefalltower

3 Planmäßig hält die Gondel nach weiteren 29,25 m – 5,75 m über dem Boden. Vermute einen Grund dafür.

Material C

Tennisball im freien Fall?

Materialliste: Maßband, Handy oder Stoppuhr, Tennisball

1 Sucht euch einen Platz im Obergeschoss, von dem aus ihr gefahrfrei den Tennisball aus dem offenen Fenster oder durch das Treppenhaus fallen lassen könnt. → 7
Achtung • Passt auf, dass niemand von dem Ball getroffen wird!

a Ermittelt mit dem Maßband die Höhe der Abwurfstelle über dem Boden.

b Lasst nun den Ball mehrfach fallen und stoppt die Zeit. Erfasst eure Ergebnisse in einer Tabelle.

c Berechnet die Geschwindigkeit, die der Ball beim Aufprall auf den Boden hat. Stellt dazu die Gleichung $g_{Erde} = \frac{\Delta v}{\Delta t}$ um.

7 Versuchsanordnung

Der freie Fall

Material D

Freier Fall im Video

Bewegungen lassen sich sehr gut mithilfe einer Videoaufnahme untersuchen. Zur Auswertung könnt ihr auch eine Videoanalyse-App benutzen.

Materialliste: Meterstab oder Gliedermaßstab, Tischtennisball, Tablet oder Smartphone, dunkle Pappe oder Papier, Klebeband, Tonnenfuß, Videoschnittsoftware; eventuell Videoanalyse-App, Stoppuhr oder zweites Handy

1 Video aufnehmen

a Baut das Experiment auf. → 1 Die Fallstrecke sollte etwa 1 m lang sein.

b Startet die Stoppuhr und die Videoaufzeichnung. Eine Person lässt dann den Tischtennisball fallen.

2 Auswertung ohne Videoanalyse-App

a Entnehmt eurem Video 6 Wertepaare, indem ihr zu verschiedenen Zeiten die Höhe des Balls am Maßstab ablest (in m). → 2 – 4 Notiert die Messwerte in einer Tabelle.

b Zeichnet ein geeignetes Weg-Zeit-Diagramm und tragt die Messwerte ein. → 5

c Beschreibt den Verlauf der Messkurve.

3 Auswertung mit Videoanalyse-App

a Importiert das Video in die Videoanalyse-App.

b Folgt den Anweisungen in der App, um ein Weg-Zeit-Diagramm zu erzeugen.

c Beschreibt den Verlauf der Messkurve.

4 Vergleicht die beiden Wege zur Auswertung in den Aufgaben 2 und 3. Diskutiert jeweils Vorteile und Nachteile.

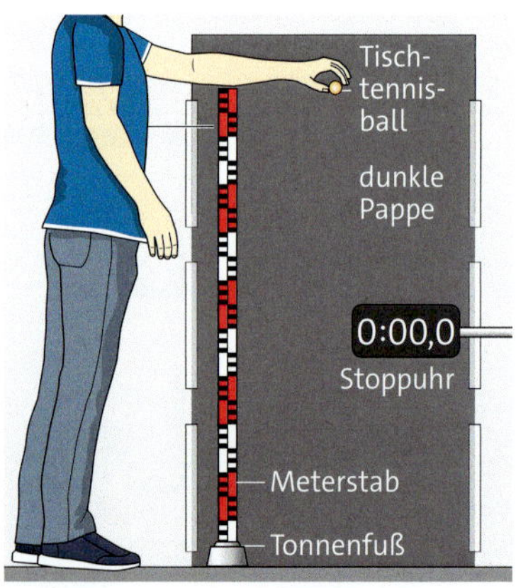

1 Versuchsaufbau

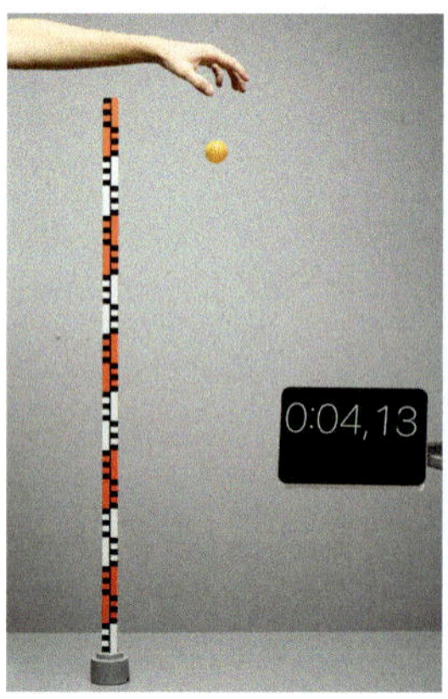

2 $t = 0{,}05$ s

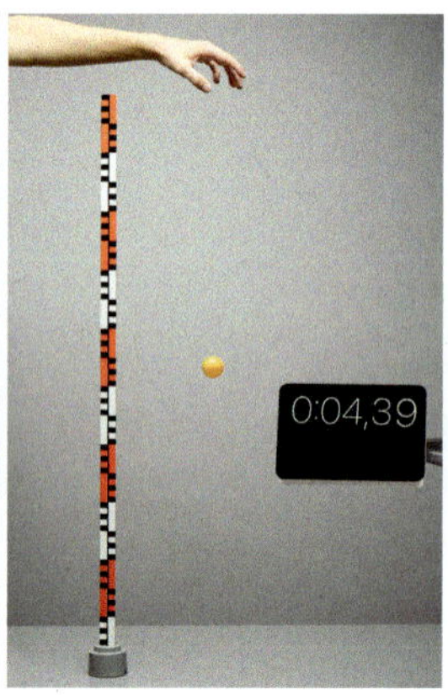

3 $t = 0{,}31$ s

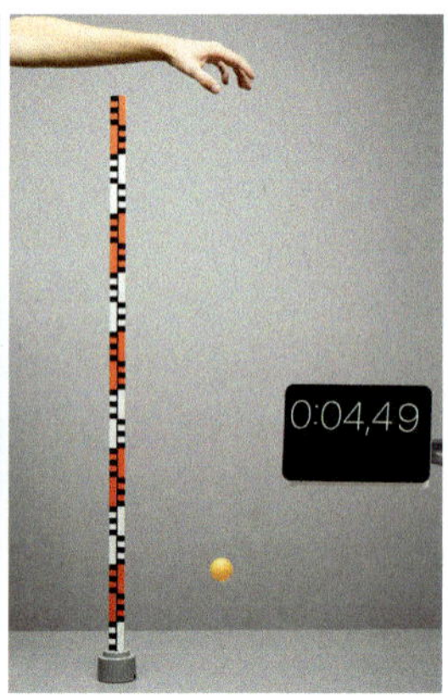

4 $t = 0{,}41$ s

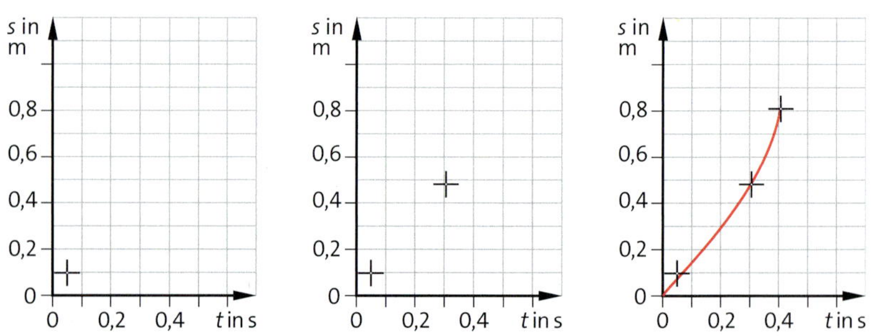

5 Beispieldiagramme

Erweitern und Vertiefen

Wird man mit dem Fallschirm immer schneller?

Auf den Mond fallen • Fällt ein Körper auf die Oberfläche, wird er bis zum Auftreffen immer schneller. Auf den Körper wirkt nur die Gewichtskraft. Es liegt ein freier Fall vor. In der Erdatmosphäre ist das anders.

Auf die Erde fallen • Beim Fall aus großer Höhe mit der Fallbeschleunigung g_{Erde} könnte man riesige Geschwindigkeiten erreichen – wenn es die Atmosphäre nicht gäbe. Der Fallschirmspringer von Bild 6 wird nicht nur durch die Gewichtskraft beschleunigt, sondern gleichzeitig durch Luftreibung gebremst. Die bremsende Reibungskraft nimmt mit steigender Geschwindigkeit zu, bis ein Gleichgewicht mit der beschleunigenden Gewichtskraft erreicht ist. Danach wird der Springer nicht mehr schneller. Seine Geschwindigkeit kann je nach der Körperhaltung mehr als 200 $\frac{\text{km}}{\text{h}}$ betragen. Für eine sichere Landung muss der Springer bremsen. Dafür öffnet er den Fallschirm, um die Luftreibung zu vergrößern. Er landet dann nur noch mit ca. 15 $\frac{\text{km}}{\text{h}}$. Das entspricht einem Sprung aus etwa 1 m Höhe.

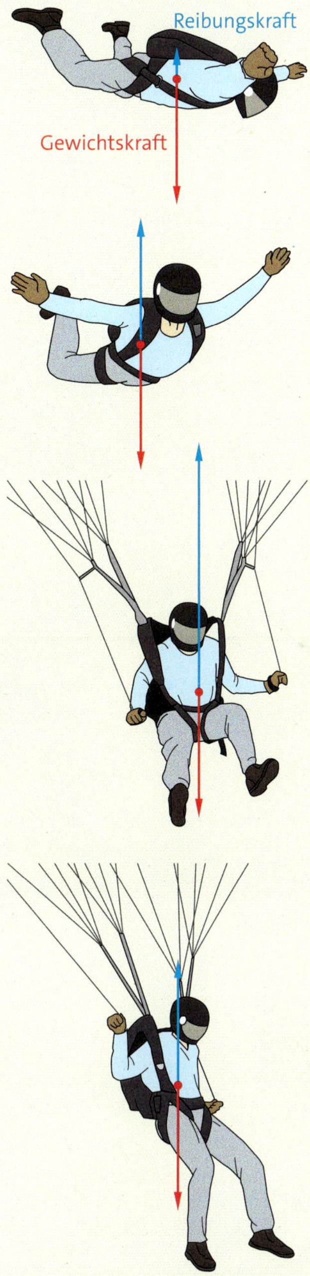

① **Absprung (0 s)**
Der Fallschirmspringer verlässt das Flugzeug. Die Gewichtskraft beschleunigt ihn. Die Reibungskraft der Luft steigt mit wachsender Fallgeschwindigkeit.

② **Nach 10 s; $v = 200\ \frac{\text{km}}{\text{h}}$**
Die Reibungskraft ist so groß wie die Gewichtskraft. Es besteht ein Kräftegleichgewicht.

③ Öffnen des Fallschirms
Wenn der Fallschirmspringer seinen Fallschirm öffnet, wird die Reibungskraft der Luft plötzlich sehr groß. Der Springer wird stark abgebremst.

④ **2 s später; $v < 15\ \frac{\text{km}}{\text{h}}$**
Jetzt herrscht wieder ein Kräftegleichgewicht zwischen der Reibungskraft der Luft und der Gewichtskraft.

6 Phasen eines Fallschirmsprungs

Aufgabe

1 Fallschirmspringen → 6

a Wann ist die Bewegung beschleunigt, verzögert ...? Beschreibe die Bewegung des Springers vom Absprung bis zur Landung.

b Begründe die verschiedenen Geschwindigkeitsänderungen.

c Stelle die Bewegung des Springers in einem Geschwindigkeit-Zeit-Diagramm dar.

Bewegung durch Wechselwirkung

1 Start einer Schwerlastrakete

Material zur Erarbeitung: A

2 Tims Experiment zur Wechselwirkung

Die Rakete wiegt beim Start 1400 t – so viel wie zwei ICEs. Wie ist es möglich, dass sie sich in den Himmel erhebt?

Wechselwirkungsprinzip • Tims Experiment hilft zu verstehen, wieso sich die tonnenschwere Rakete bewegt. → 2 Tim wirft den Ball nach rechts. Er übt eine Kraft auf den Ball aus, die den Ball beschleunigt. Gleichzeitig wird Tim nach links in Bewegung versetzt – also in die Gegenrichtung. Von alleine geht das nicht: Irgendetwas muss eine Kraft auf Tim ausüben. Dieses Etwas ist der Ball! Solche paarweise auftretenden Kräfte nennt man Wechselwirkungskräfte. Anders als beim Kräftegleichgewicht greifen die Kräfte hier immer an unterschiedlichen Körpern an – zum Beispiel an Tim und an dem Ball.

Wechselwirkungsprinzip:
Wenn du eine Kraft auf einen Gegenstand ausübst, übt dieser Gegenstand eine gleich große Kraft in die entgegengesetzte Richtung auf dich aus. Die beiden Wechselwirkungskräfte greifen immer an unterschiedlichen Körpern an.

Raketenantrieb • Wechselwirkungskräfte nutzt man auch zum Start von Raketen: Beim Zünden reagieren Brennstoff und Sauerstoff in der Brennkammer. → 3 Die entstehenden Verbrennungsgase werden beschleunigt und durch die Düse nach unten ausgestoßen. Auf sie wirkt somit eine Kraft. Gleichzeitig wirkt eine gleich große Wechselwirkungskraft nach

das Wechselwirkungsprinzip
die Wechselwirkungskraft
die Rakete

oben auf die Rakete. Diese Kraft beschleunigt die Rakete in Richtung Himmel.

Wechselwirkungsprinzip für die Fortbewegung • Düsentriebwerke, Rotoren und Flügel sehen verschieden aus – sie nutzen aber jeweils Wechselwirkungskräfte zum Antrieb:

- Im Düsentriebwerk rotiert ein großer „Ventilator“. Er übt eine Kraft auf die Luft aus, sodass diese nach hinten beschleunigt wird. Die Luft übt ihrerseits eine Wechselwirkungskraft aus, die Triebwerk und Flugzeug nach vorn beschleunigt. → 4
- Der Rotor des startenden Hubschraubers übt eine Kraft auf die Luft aus, sodass diese nach unten bewegt wird. → 5 Die Luft übt eine Kraft aus, die den Rotor mit dem Hubschrauber nach oben bewegt.
- Beim Flügelschlagen übt ein abhebender Vogel eine Kraft auf die Luft aus, sodass diese nach unten bewegt wird. → 6 Die Luft übt ihrerseits eine Kraft aus, die Flügel und Vogel nach oben bewegt.

Raketen, Düsentriebwerke, Rotoren, Flügel ... nutzen Wechselwirkungskräfte zum Antrieb.

Basiskonzept

Wechselwirkung
→ Seite 266 f.

Aufgaben

1 Schreibe in eigenen Worten auf, was man unter dem Wechselwirkungsprinzip versteht.

2 Erkläre deinem Nachbarn oder deiner Nachbarin in eigenen Worten, wie eine Rakete beim Start beschleunigt werden kann. → 3

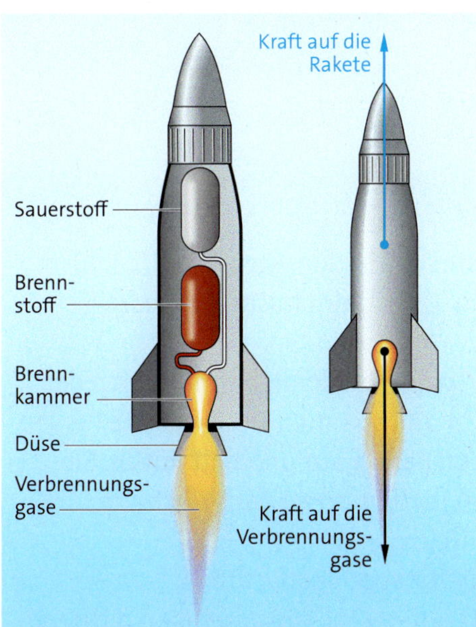

3 Beschleunigende Rakete

4 Beschleunigendes Düsenflugzeug

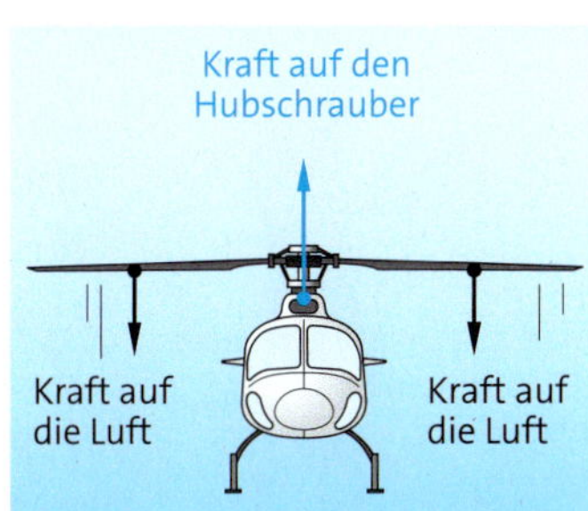

5 Abhebender Hubschrauber

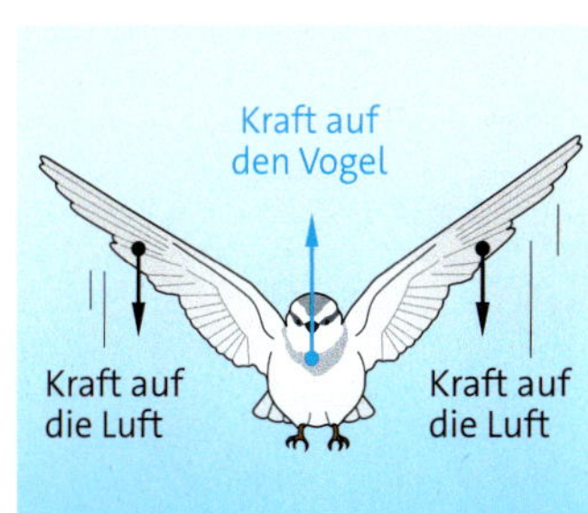

6 Abhebender Vogel

Bewegung durch Wechselwirkung

Material A

Antrieb durch Wegstoßen

Materialliste: Rollbrett, verschieden schwere Bälle

1 Setze dich auf das Rollbrett und nimm einen Ball in die Hände. → 1

a Stoße den Ball geradeaus weg. Beschreibe, in welche Richtung du dich selbst in Bewegung setzt.
Achtung • Der Ball darf nicht auf Personen oder Gegenstände treffen. Stoße beim Rollen nirgends an.

1

b Skizziere, wie du auf dem Rollbrett sitzt und den Ball gerade wegstößt. Zeichne die beiden Kräfte ein.

c Stoße verschieden schwere Bälle etwa gleich schnell weg. Beschreibe deine Beobachtung. Fasse das Ergebnis in einem Je-desto-Satz zusammen.

2 Führt einen Wettbewerb durch: Gewonnen hat, wer mit dem Rollbrett am weitesten kommt.
Bildet dazu Gruppen aus 4 oder 5 Personen. Jeweils ein Gruppenmitglied muss sich auf das Rollbrett setzen und einen beliebigen Ball wegstoßen. Besprecht euer Vorgehen – jede Gruppe hat nur einen Versuch!

Material B

Weiche Landung

1 Diese Rakete landet sicher und weich wieder auf der Erde. → 2 Dabei wurden jedoch kein Fallschirm genutzt, sondern die Triebwerke der Rakete.
Erkläre, warum die Rakete auf diese Weise sicher landen konnte.

2

Material C

Luftballonrakete

3

Materialliste: Luftballon, Klebeband, ca. 10 m Nylonschnur, Trinkhalm (nicht knickbar)

1 Zwei Personen fädeln die Schnur durch den Trinkhalm und spannen sie. Die dritte Person pustet den Ballon auf und hält ihn zu. Sie klebt den Luftballon an den Trinkhalm und lässt dann los. → 3

a Beschreibt eure Beobachtung.

b Erklärt euren Klassenkameraden die Beobachtung mit dem Wechselwirkungsprinzip.

Material D

Filmdosenrakete

Materialliste: Filmdose, Pappe, Klebeband, Becherglas, Wasser, Brausetablette

1 So gehst du vor: → 4
a Bastle aus Pappe eine Spitze für die Filmdosenrakete.
b Befestige die Spitze auf dem Boden der Dose.
c Gehe nach draußen.
Jetzt muss es schnell gehen: Fülle etwas Wasser und anschließend eine Brausetablette in die Filmdose. Verschließe die Dose mit dem Deckel und stelle die Dose mit dem Deckel nach unten auf den Boden.
d Beschreibe deine Beobachtungen.

2 Erkläre deine Beobachtungen mit dem Wechselwirkungsprinzip. Beachte, dass beim Auflösen der Brausetablette das Gas Kohlenstoffdioxid entsteht.

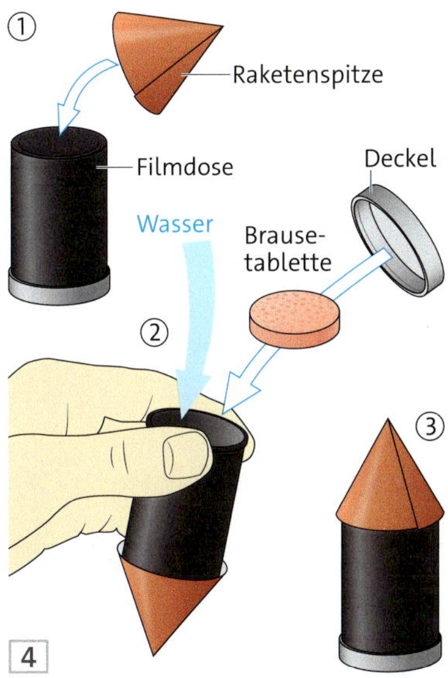

4

Material E

Wie gelingt die Rettung?

In einem Kinofilm spielt sich die folgende Szene ab: Eine Astronautin schwebt frei im All und versucht verzweifelt, zum Raumschiff zu gelangen. Sie wird es verfehlen, wenn sie nicht in die richtige Richtung beschleunigt. Ihr prall mit Luft gefüllter Raumanzug hat keine Navigationsdüsen. Sie sieht auf ihren Handschuh. Da hat sie die rettende Idee ...

1 Diskutiert, wie die Astronautin in Richtung Raumschiff beschleunigen kann.

2 Vermutet, welche Schwierigkeiten bei diesem Vorgehen aufgetreten könnten.

Material F

Flyboard

1 Jetskis stoßen Wasser mit großer Kraft aus. Man kann es mit einem Schlauch zu einem Flyboard leiten, um damit über dem Wasser zu schweben. → 5 Erkläre, warum man auf dem Flyboard nach oben beschleunigt wird, wenn die Person auf dem Jetski „Gas gibt“.

5 Jetski und Flyboard

Schwerelosigkeit

1 Der Astronaut Alexander Gerst auf der ISS

Material zur Erarbeitung: A

Die Menschen auf der Internationalen Raumstation (ISS) erleben Schwerelosigkeit. Dabei herrscht 400 km über der Erde noch immer die Schwerkraft.

Schwerelosigkeit • Um die Schwerelosigkeit zu verstehen, bietet sich ein Experiment an. → 2 In einer durchsichtigen Kiste steht eine Waage. Ein Apfel ist locker auf ihr befestigt. Ein Smartphone an der Kiste filmt die Anzeige der Waage. Wenn man die Kiste (auf ein Kissen) fallen lässt, zeigt das Video etwas Erstaunliches: Die fallende Waage misst während des Falls für den Apfel eine deutlich geringere Masse als zuvor! → 3 4

Basiskonzept

Wechselwirkung
→ Seite 266 f.

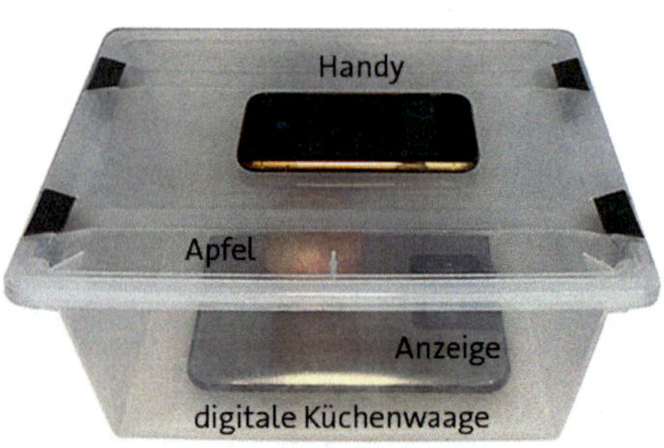

2 Ein Modell für die ISS

3 Apfel steht.

4 Apfel fällt.

Schwerelosigkeit auf der ISS • Die Schwerkraft der Erde wirkt auch in 400 km Entfernung, sodass Menschen auf der ISS ständig zusammen mit der Raumstation frei zur Erde fallen – ähnlich wie der Apfel mit der Waage. Daher sind sie schwerelos wie der Apfel. Die Raumstation stürzt aber nicht auf die Erde, weil sie ständig zwei Bewegungen zugleich ausführt: → 5

- Sie fällt frei zur Erde (blaue Pfeile).
- Sie bewegt sich mit konstanter Geschwindigkeit geradeaus (rote Pfeile).

Beide Bewegungen zusammen bewirken, dass die ISS um die Erde kreist.

Objekte und Menschen im freien Fall sind schwerelos.

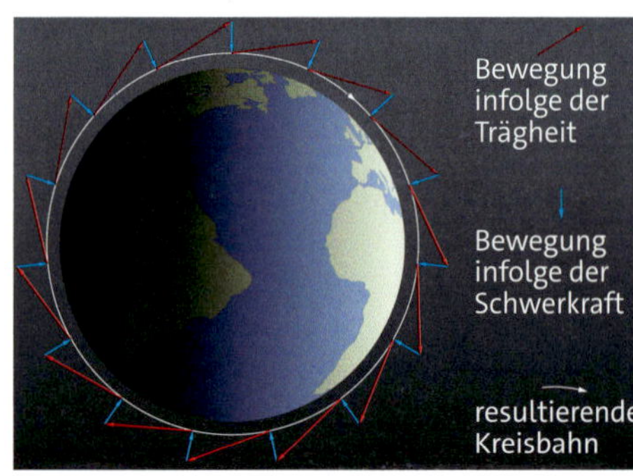

5 Entstehung der Kreisbahn

Aufgaben

1 Erkläre, warum sich Menschen auf der ISS schwerelos fühlen.

2 Max behauptet: „Ein Astronaut auf der ISS ist schwerelos, weil die Schwerkraft der Erde dort nicht wirkt." Bewerte die Aussage.

Material A

Fallkiste

Mit einer „Fallkiste" könnt ihr Gegenstände im freien Fall untersuchen. → 6

Materialliste: durchsichtige Kiste mit Deckel, Klebeband, Smartphone, Kissen oder Schaumstoff als Unterlage, Küchenwaage, Gegenstand (z. B. ein Apfel)

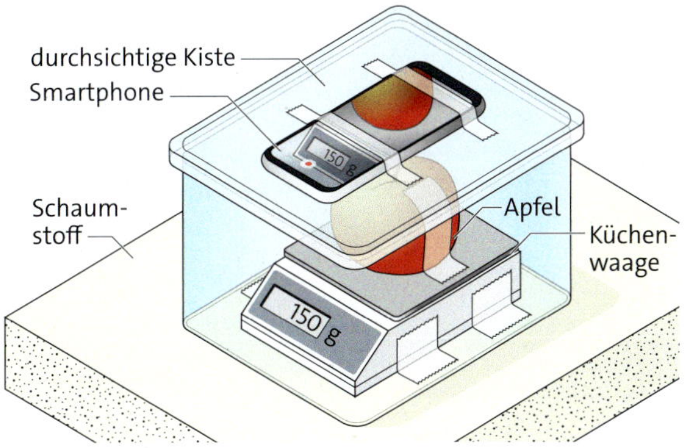

6 „Fallkiste"

1 So geht ihr vor:
a Klebt die Waage auf den Boden der Kiste und den Gegenstand (Apfel) auf die Waage. Verschließt die Kiste.
b Befestigt das Smartphone mit Klebeband außen an der Kiste. Wählt eine Position, von der aus die Handykamera die Anzeige der Waage möglichst gut erfassen kann.
c Macht eine Testaufnahme. Ist die Anzeige gut zu erkennen?
d Startet die Videoaufnahme. Lasst die Kiste aus einer Höhe von 1,5 m auf die Unterlage fallen und beendet die Aufnahme danach wieder.

2 Schaut euch das Video an.
a Beschreibt eure Beobachtungen.
b Erklärt mithilfe eurer Beobachtung, warum Gegenstände im freien Fall schwerelos sind.

Material B

Parabelflug

Um sich vor dem Flug ins All auf die Schwerelosigkeit vorzubereiten, trainieren die Astronautinnen und Astronauten bei Parabelflügen. In bestimmten Phasen eines Parabelflugs ist man wirklich schwerelos.

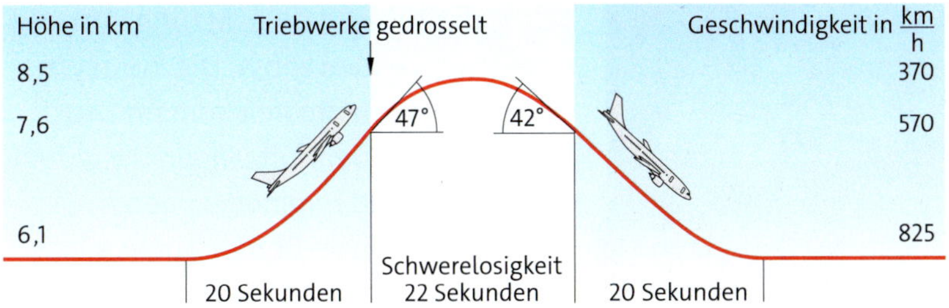

7 Parabelflug

1 Bei einem Parabelflug wird das Flugzeug steil nach oben gezogen. Im Anschluss werden die Triebwerke stark gedrosselt. Das Flugzeug fliegt auf einer Parabel. → 7
Begründe, dass die Menschen im Flugzeug im gekennzeichneten Bereich schwerelos sind.
Tipp: Wie bei der ISS im Erdorbit spielen hier zwei Bewegungen eine Rolle.

Bemannte und unbemannte Raumfahrt

1 Ein Höhepunkt der bemannten Raumfahrt: Astronaut Eugene A. Cernan am 11.12.1972 im Mondauto

Bei der Planung von Raumfahrtmissionen muss man überlegen, ob Astronautinnen und Astronauten dafür benötigt werden.

Raumflugkörper • Man unterscheidet verschiedene Raumflugkörper:

- Raumfähren sind bemannte Raumflugkörper. Sie nehmen Astronauten und Astronautinnen mit ins All und bringen sie wieder zur Erde zurück.
- Raumsonden sind unbemannte Raumflugkörper. Sie werden zu anderen Planeten oder sogar über die Grenzen unseres Sonnensystems hinausgeschickt. Raumsonden sammeln mithilfe von verschiedenen wissenschaftlichen Instrumenten Daten über unser Universum und senden sie zur Erde. → 2
- Auch Satelliten haben keine Besatzung. Sie umkreisen die Erde und dienen zum Beispiel der Wetterüberwachung, der Navigation oder der Forschung. → 3
- Raumstationen sind bemannte Raumflugkörper. Auf Raumstationen können Astronautinnen und Astronauten leben und forschen.

2 JUICE soll 2023 zu den Jupitermonden starten (Grafik).

3 Sentinel 6 misst die Höhe des Meeresspiegels (Grafik).

Bemannt oder unbemannt? • Vorteile von bemannten Raumfahrtmissionen liegen zum Beispiel darin, dass Menschen sich schnell auf unbekannte Situationen und Herausforderungen einstellen können. Das ist besonders bei sehr weit entfernten Raumfahrtmissionen wichtig: Ein Marsrover kann zwar von der Erde aus gesteuert werden. Die Funkbefehle brauchen aber jedes Mal mehrere Minuten für die Strecke Erde–Mars: Zu lang, um plötzliche Probleme zu lösen. Auch kann es sein, dass sich der Marsrover im Funkschatten befindet.

Ein Nachteil bemannter Raumfahrtmissionen sind die viel höheren Kosten. Dies liegt unter anderem daran, dass das Leben der Besatzung aufrechterhalten werden muss. Die Bordsysteme müssen für ausreichenden Druck, genügend Sauerstoff, angenehme Temperaturen und Hygiene sorgen.

Die Menschen an Bord brauchen Wasser und Nahrung sowie genügend Treibstoff für die Rückkehr zur Erde.

die Raumfähre
die Raumsonde
der Satellit
die Raumstation

Zudem ist erst teilweise erforscht, welche gesundheitlichen Folgen ein langer Aufenthalt im All auf Menschen hat:

- Anhaltende Schwerelosigkeit führt zum Abbau von Knochen und Muskulatur. Die Raumfahrenden müssen deshalb an Bord täglich trainieren.
- Das Kreislaufsystem wird beeinträchtigt. Im All können bis zu 50 % der roten Blutkörperchen verloren gehen.
- Menschen sind im Weltraum außerhalb des Erdmagnetfelds viel stärker der sogenannten kosmischen Strahlung ausgesetzt. Das führt zum Beispiel zu einem höheren Krebsrisiko.

Der Weltraum wird mit bemannten und unbemannten Raumfahrzeugen erforscht. Bemannte Missionen können in Echtzeit gesteuert werden, benötigen aber aufwendige Lebenserhaltungssysteme.

Erforschung des Planeten Mars • Derzeit sind viele Raumfahrtmissionen geplant. Dabei steht unser Nachbarplanet Mars im Fokus. Er wurde bereits von vielen unbemannten Sonden untersucht. Beispiele aus dem Jahr 2021:

- Der Rover „Perseverance“ landet auf der Oberfläche des roten Planeten. Er sucht nach Spuren von Leben. → 4
- Die Sonde „al-Amal“ (arabisch für Hoffnung) erreicht die Umlaufbahn des Mars als erste arabische Mission. Sie soll ein vollständiges Bild der Marsatmosphäre liefern.
- Die chinesische Sonde Tianwen-1 („Himmelsfrage-1“) setzt ein Fahrzeug auf der Oberfläche ab.

4 Gegenwart: Rover „Perseverance“ und Drohne „Ingenuity“

5 Zukunftsvision: Raumschiff auf dem Weg ins All

In ferner Zukunft könnte es auch bemannte Marsmissionen geben. Neben den USA, Russland und China plant eine private Firma, Menschen zum Mars zu schicken. → 5

Aufgaben

1 Recherchiere mindestens vier weitere Marsmissionen in Vergangenheit oder Zukunft. Nenne jeweils Namen und Zweck der Mission.

2 Nimm an, du sollst in der Zukunft eine Marsmission zur Untersuchung von Gesteinsproben planen. Begründe, ob du dich für oder gegen eine bemannte Mission aussprichst.

Bemannte und unbemannte Raumfahrt

Material A

Für die Erde ins All

1 Die Bundesregierung hat im Jahr 2010 eine Raumfahrtstrategie veröffentlicht.

a ☒ Recherchiere im Internet nach dieser Raumfahrtstrategie. Sichte das Inhaltsverzeichnis und nenne die Ziele der deutschen Raumfahrt.

b ☒ Für die deutsche Bundesregierung gilt der Raumfahrt-Slogan „Für die Erde ins All“. Begründe, ob die Ziele aus Aufgabenteil 1a diesen Slogan erfüllen.

c ☒ Begründe, inwiefern du die Ziele der Raumfahrtstrategie für sinnvoll hältst.

Material B

One-Way-Ticket zum Mars?

Ein niederländischer Unternehmer wollte im Rahmen einer TV-Show vier Menschen zum Mars schicken – ohne Rückflugticket. Hunderttausende Menschen sollen sich für den Flug beworben haben. Aus Kostengründen wurde das Projekt jedoch nie realisiert.

1 ☒ Hättet ihr euch beworben? Diskutiert und begründet eure Standpunkte.

Material C

Gibt es weiteres Leben im Weltall?

1 ☒ Derzeit sind mehrere Satelliten-Teleskope in Planung oder im All, die diese Frage beantworten sollen.

a Wähle eine Mission aus und informiere dich im Internet. → 1 – 4 Dokumentiere deine Quellen sorgfältig.

b Erstelle zu „deiner“ Mission einen Sachtext von mindestens 20 Zeilen. Nenne ihre Ziele, Fragestellungen und Untersuchungen.

c Gestalte eine Präsentation zu dieser Mission mit einem Präsentationsprogramm.

1 James-Webb-Teleskop (Grafik)

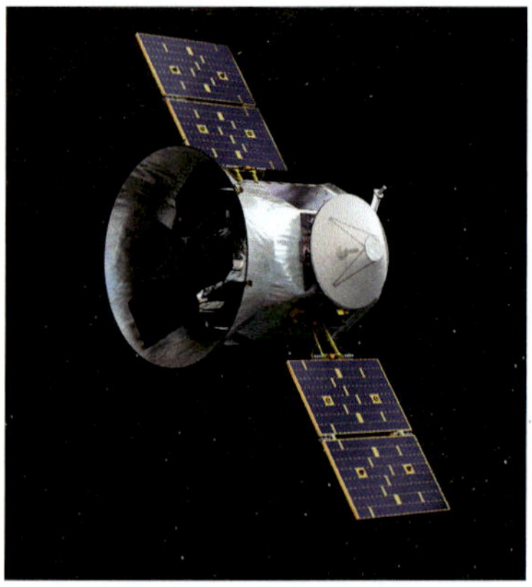

2 TESS (Transiting Exoplanet Survey Satellite; Grafik)

3 Nancy Grace Roman Space Telescope (Grafik)

4 PLATO (Planetary Transits and Oscillation of stars)

Material D

Soll die Menschheit den Mars besiedeln?

Es gibt Pläne, nach denen in zehn Jahren Menschen auf dem Mars landen sollen. Ein fernes Ziel ist die Besiedlung des Planeten. → 5 Menschen in Technik und Forschung sind sich über den Sinn dieses Ziels nicht einig. → 6

1 Ordne die Argumente in einer Tabelle in Pro und Kontra. → 6

2 Sammle im Internet weitere Argumente für und gegen die bemannte Raumfahrt.

3 Diskutiert anschließend in der Klasse: „Bemannte Raumfahrt – ja oder nein?“

5 Besiedlung des Planeten Mars – eine Vision

- Eine Marsmission mit Menschen schafft viele Arbeitsplätze.
- Der Mars ist die neue Welt. Die Menschheit braucht Ziele für die Zukunft.
- Roboter können die Arbeiten auf dem Mars besser ausführen, sie kennen keine Pause und es stören sie keine kalten Nächte.
- Roboter müssen nicht zur Erde zurückfliegen.
- Der Mars steckt voller Rohstoffe, die geborgen werden müssen.
- Menschen im All kosten bis zu 100-mal so viel wie Roboter.
- Eine Besiedlung des Mars wird neue Werkstoffe und Technologien hervorbringen, so wie es bei der Monderforschung war.
- Roboter können mit viel mehr und besseren Sensoren ausgestattet werden als die menschlichen Sinne.

6

Material E

Eine aktuelle Marsmission

1 Im Februar 2021 landete der amerikanische Marsrover „Perseverance“ auf dem roten Planeten. → 7

a Informiere dich im Internet über diese Marsmission:
- Welche Ziele hat die Mission?
- Welche Fragen soll die Mission beantworten?
- Welche Untersuchungen finden statt?
- Welche technische Besonderheiten hat die Ausstattung von „Perseverance“?

b Erstelle dann einen Sachtext von mindestens 20 Zeilen. Dokumentiere die Quellen.

7 Marsrover „Perseverance“

Bemannte und unbemannte Raumfahrt

Erweitern und Vertiefen

Leben in der Raumstation

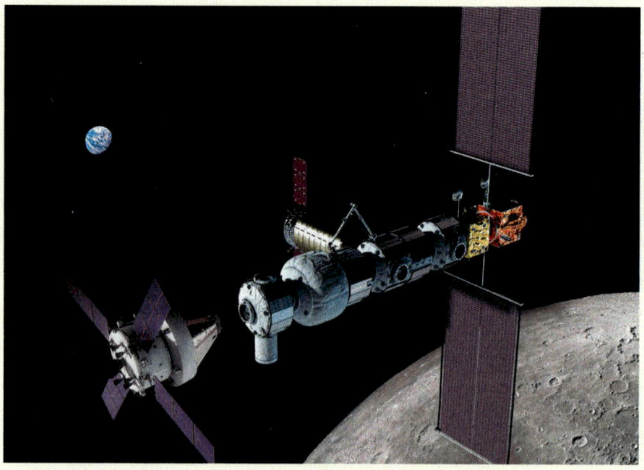

1 Lunar Orbital Platform-Gateway

Versorgung von Raumstationen • So wie Menschen auf der Erde benötigen Menschen auf Raumstationen Wasser, Sauerstoff, elektrische Energie, Lebensmittel und Kleidung. Die ersten Raumstationen waren nicht weit von der Erde entfernt und auf eine begrenzte Nutzungsdauer ausgelegt. Bereits beim Start wurde alles mitgenommen, was zum Forschen und Überleben nötig war.
Auch die internationale Raumstation ISS wird immer wieder mit Transportflügen versorgt. Für die Zukunft sind weitere Raumstationen geplant, zum Beispiel „Lunar Orbital Platform-Gateway“ in der Mondumlaufbahn. → 1 Sie soll Zwischenstation auf dem Weg zu Mond und Mars sein. Damit Menschen lange Zeit auf weit von der Erde entfernten Stationen leben können, müssen bei der Planung bestimmte Aspekte beachtet werden.

Elektrische Energie • Solarzellen wandeln die Energie des Sonnenlichts in elektrische Energie um und versorgen so die Raumstation. Wenn sie sich im Schatten befindet, kommen Akkus zum Einsatz. Auf diese Weise lässt sich aber nur eine begrenzte Menge an Energie bereitstellen. Deshalb tüfteln viele Ingenieure und Ingenieurinnen, damit alle Prozesse und Geräte mit möglichst wenig Energie auskommen.

Sauerstoff • Im Weltraum gibt es keinen Sauerstoff. Damit Menschen auf den Raumstationen atmen können, wird Sauerstoff an Bord produziert. Verantwortlich ist das Lebenserhaltungssystem, das einen Elektrolyseur enthält. → 2

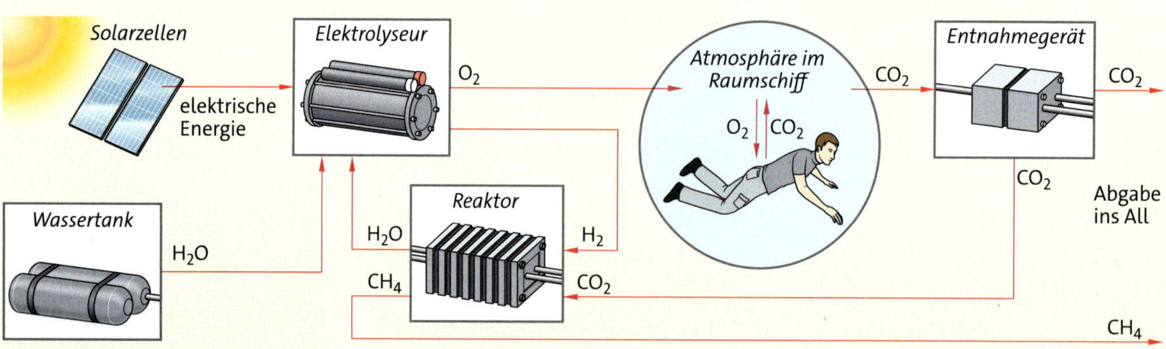

2 Das Lebenserhaltungssystem liefert etwa 50 % des Wassers für die Sauerstoffproduktion.

In dem Gerät wird unter Zufuhr elektrischer Energie Wasser (H_2O) zerlegt. Dabei entstehen Wasserstoff (H_2) und Sauerstoff (O_2). Der Sauerstoff wird der Atemluft zugeführt, der Wasserstoff dagegen wird noch für einen anderen Prozess gebraucht.

Kohlenstoffdioxid • Beim Ausatmen gelangt Kohlenstoffdioxid (CO_2) in die Luft. Dort darf es einen bestimmten Anteil nicht übersteigen. Deshalb entzieht ein weiteres Gerät des Lebenserhaltungssystems der Luft das CO_2. → 2 Es gelangt anschließend in den dritten Teil des Lebenserhaltungssystems, wo es mit Wasserstoff reagiert, der bei der Elektrolyse entstanden ist. Wasser (H_2O) und Methan (CH_4) werden gebildet.

Trinkwasser aus der Toilette? • Wasser kann auch noch auf andere Weise in einer Raumstation recycelt werden. Eine Weltraumtoilette funktioniert mit Unterdruck. → 3 Die Ausscheidungen werden in einen Tank gesogen. Ein Wasserrückgewinnungssystem nutzt spezielle Filter und chemische Reaktionen, um aus dem Urin wieder Trinkwasser zu machen.

3 Toilette auf der ISS

Müllverbrennung • Auch auf einer Raumstation fällt Müll an. Diesen Müll kann man nicht einfach aus der Raumstation befördern, da er in der Nähe der Raumstation bleiben würde. Er würde eine Gefahr für ankommende bzw. wegfliegende Raumschiffe darstellen. Der größte Teil des Mülls wird daher in spezielle Raumtransporter verladen. Diese Raumtransporter verglühen beim Eintritt in die Erdatmosphäre.

Sicherheit • Sicherheit wird auf Raumstationen groß geschrieben. Es gibt mehrere Sicherheitssysteme. Für den äußersten Notfall sollten sich immer Rettungskapseln an den Raumstationen befinden, sodass die Menschen schnell evakuiert werden können.

Aufgaben

1 Eine Nacht auf dem Mond dauert etwa 14 Erdtage.

a ◩ Beschreibe, welche Schwierigkeiten sich dadurch für die Energieversorgung einer Mondbasis mit Solarzellen ergeben.

b ☒ Recherchiere im Internet, wie sich diese Schwierigkeiten lösen lassen.

2 ☒ Plane und zeichne eine Mondbasis für Astronautinnen und Astronauten. Beschreibe, worauf du bei deiner Planung achten musst.

Zusammenfassung

Schneller werden – langsamer werden • Viele Bewegungen sind nicht gleichförmig:
- Wenn die Geschwindigkeit zunimmt, sprechen wir von einer beschleunigten Bewegung.
- Bei einer verzögerten Bewegung nimmt die Geschwindigkeit ab.

Beschleunigung • Die Beschleunigung a gibt an, wie schnell sich die Geschwindigkeit v ändert. Bei verzögerten Bewegungen ist die Beschleunigung negativ.

$$a = \frac{\Delta v}{\Delta t}$$

Geschwindigkeit-Zeit-Diagramm • Man kann gleichmäßig beschleunigte und gleichmäßig verzögerte Bewegungen in einem Geschwindigkeit-Zeit-Diagramm (v-t-Diagramm) als Geraden darstellen. Je größer die Beschleunigung ist, desto steiler ist die Gerade. Bei beschleunigten Bewegungen steigt die Gerade nach rechts an, bei verzögerten Bewegungen fällt sie nach rechts ab. Die Beschleunigung wird mit einem Steigungsdreieck ermittelt. → 1

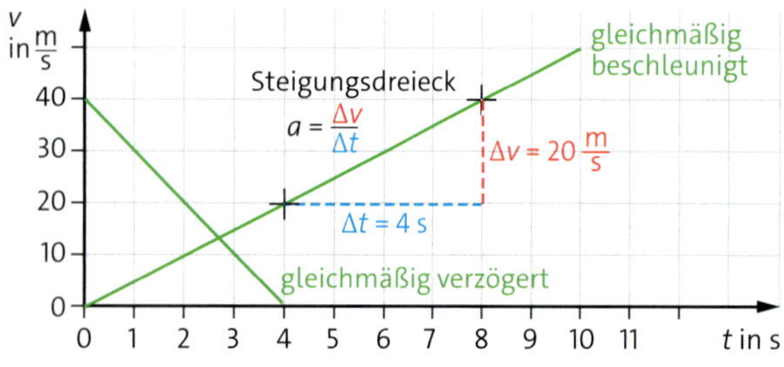

1 Bewegungen im v-t-Diagramm

Weg s und Zeit t stehen bei der gleichmäßig beschleunigten Bewegungen und bei der gleichmäßig verzögerten Bewegung in einem quadratischen Zusammenhang:
$s(t) = \frac{1}{2} a \cdot t^2$.

Bremsen und Bremswege • Beim Bremsen legt ein Fahrzeug den Anhalteweg zurück, der aus Reaktionsweg s_R und Bremsweg s_B besteht: → 2
- Reaktionsweg: Während der Reaktionszeit t_R bewegt sich das Fahrzeug mit der Anfangsgeschwindigkeit v_A weiter. Es gilt: $s_R = v_A \cdot t_R$.
- Bremsweg: Nach dem Betätigen der Bremsen wird das Fahrzeug mit der Bremsverzögerung a_B verlangsamt.
  Es gelten: $s_B = \frac{1}{2} \cdot v_A \cdot t$ und $s_B = \frac{1}{2} \cdot \frac{v_A^2}{a_B}$

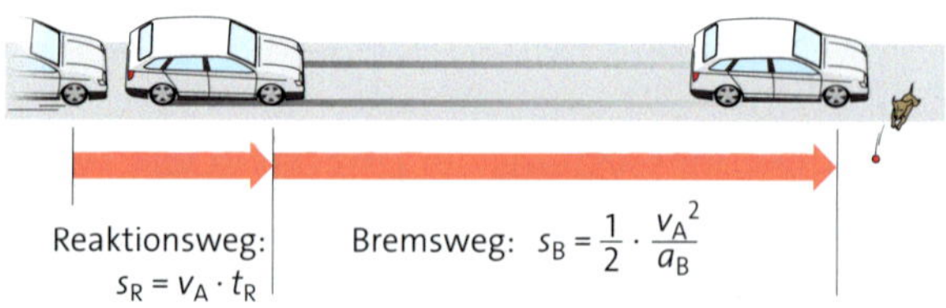

2 Anhalteweg = Reaktionsweg + Bremsweg

Vorsicht beim Bremsen und Kurvenfahren • Jeder Gegenstand bleibt in Ruhe oder bewegt sich geradeaus mit gleicher Geschwindigkeit weiter, solange keine Kraft auf ihn wirkt. → 3 Das nennt man Trägheit. Je größer die Masse eines Gegenstands ist, desto träger ist er.

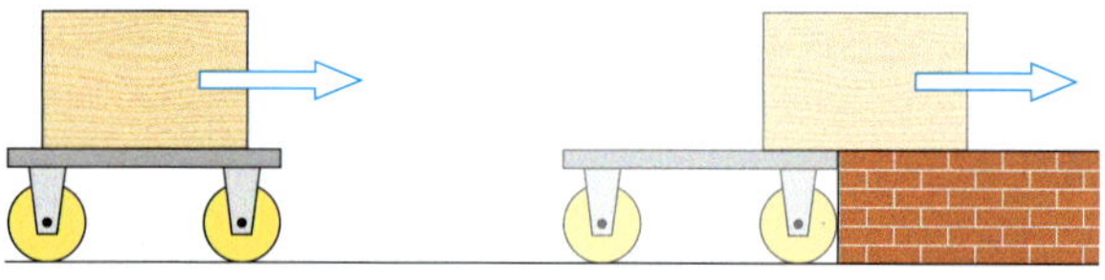

3 Der Klotz ist träge, er rutscht weiter.

Gefahren vermeiden im Straßenverkehr • Sicht- und Straßenverhältnisse haben großen Einfluss auf den Straßenverkehr. Um die Gefahren zu vermindern, sollte man ein verkehrssicheres Fahrzeug bewegen, jederzeit bremsbereit sein, passiv und vorausschauend fahren und seine Geschwindigkeit der Situation anpassen.

Der freie Fall • Ein fallender Körper wird von der Gewichtskraft beschleunigt:

- Auf der Erde beträgt die Fallbeschleunigung $g_{Erde} = 9{,}81\,\frac{m}{s^2}$.
- Auf dem Mond beträgt die Fallbeschleunigung $g_{Mond} = 1{,}62\,\frac{m}{s^2}$.

Man spricht vom freien Fall, wenn nur die Gewichtskraft auf den Körper wirkt. Der freie Fall ist eine gleichmäßig beschleunigte Bewegung. → 4

Beim freien Fall werden alle Körper unabhängig von ihrer Masse gleich stark beschleunigt. → 5

Reibungskräfte bremsen • Beim Fall durch Luft wird ein Körper nicht nur durch die Gewichtskraft beschleunigt, sondern gleichzeitig durch die Reibung mit den Luftteilchen gebremst. → 6 Beim Fallschirmspringen erreicht man deshalb eine maximale Fallgeschwindigkeit.

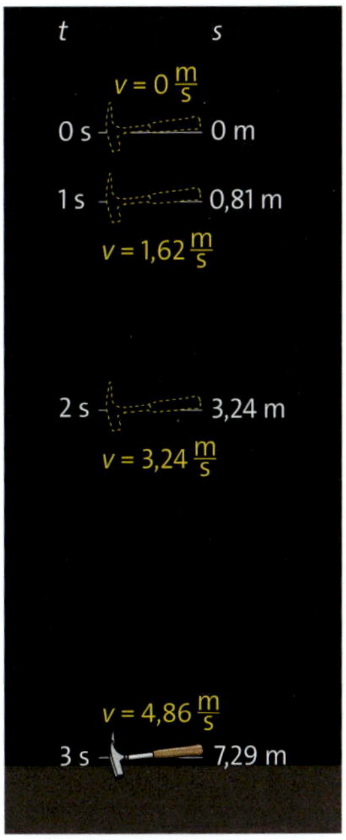

4 Freier Fall bei $g_{Mond} = 1{,}62\,\frac{m}{s^2}$

5 Freier Fall

6 Fall in Luft

Bewegung durch Wechselwirkung • Eine Kraft gibt es nie allein. Wenn ein Körper eine Kraft auf einen anderen ausübt, übt dieser Körper umgekehrt eine Kraft auf den ersten Körper aus. Die Kräfte sind entgegengesetzt gerichtet. → 7

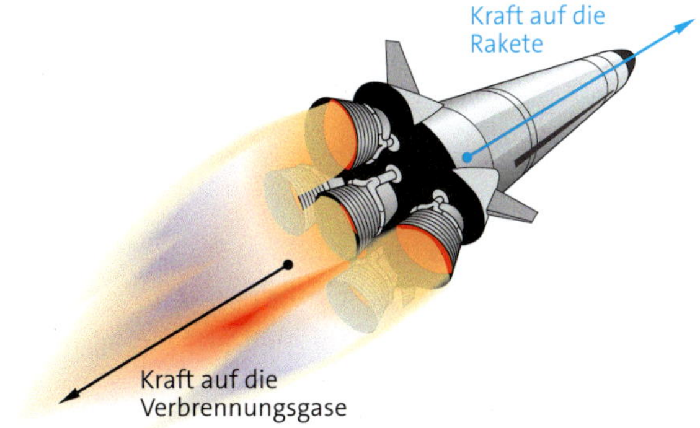

7 Wechselwirkungsprinzip

Schwerelosigkeit • Körper im freien Fall sind schwerelos. Das gilt auch für Raumstationen, die um die Erde kreisen. Die Kreisbahn entsteht, weil die Raumstation im Orbit nicht nur fällt, sondern auch eine Bewegung geradeaus vollzieht.

Bemannte und unbemannte Raumfahrt • Raumfahrzeuge mit und ohne Besatzung erforschen das Weltall und die Erde.

Bemannte Raumfahrtmissionen kann man in Echtzeit steuern, sie brauchen aber aufwendige Lebenserhaltungssysteme. Unbemannte Raumfahrzeuge sind kostengünstiger, lassen sich aber schwerer steuern.

Forschungsschwerpunkte der Missionen sind der Planet Mars, die Suche nach Leben im Weltall sowie der Ursprung des Universums.

Teste dich! (Lösungen auf Seite 255 f.)

Schneller werden – langsamer werden

1 Bewegungen auf der Straße:

- Ein Lkw fährt mit 80 $\frac{km}{h}$ auf der Autobahn. Er wird weder schneller noch langsamer.
- Ein Mofa beschleunigt, als die Ampel Grün anzeigt. Nach 10 s fährt es mit 20 $\frac{km}{h}$.
- Ein Pkw bremst scharf. Er braucht 5 s, um von 80 $\frac{km}{h}$ zum Stillstand zu kommen.

a Zeichne jeweils das v-t-Diagramm.

b Bestimme jeweils die Beschleunigung mithilfe des Steigungsdreiecks.

2 Ein sportlicher Radfahrer beschleunigt aus dem Stand gleichmäßig mit $a = 1{,}5\ \frac{m}{s^2}$.

a Berechne die Geschwindigkeit, die er nach 7 s erreicht hat.

b Berechne den Weg, den er dabei zurückgelegt hat.

Bremsen und Bremswege

3 Die Bremsverzögerung eines Mopeds beträgt auf trockener Fahrbahn 3 $\frac{m}{s^2}$ und auf nasser Fahrbahn nur 2 $\frac{m}{s^2}$. → 1

a Berechne die Bremswege, wenn das Moped jeweils von einer Anfangsgeschwindigkeit von 45 $\frac{km}{h}$ abbremst.

b Vergleiche die Wegstrecken. Formuliere eine Verhaltensregel für verkehrssicheres Fahren.

1

4 Oleg fährt konzentriert mit 30 $\frac{km}{h}$ auf seinem Moped. Er hat dabei eine Reaktionszeit von 0,8 s. Die gleich schnelle Luna hört beim Mopedfahren Musik. Sie hat deshalb eine Reaktionszeit von 1,5 s.

a Die Bremsverzögerung beträgt 3 $\frac{m}{s^2}$. Berechne jeweils die Anhaltewege.

b Gib Luna Tipps für verkehrssicheres Fahren.

5 An der Landstraße hat sich ein Unfall mit einem Pkw ereignet. Das Unfallfahrzeug hat eine Notbremsung gemacht. An der Unfallstelle misst die Polizei einen Bremsweg von 40 m. Aufgrund der Daten des Unfallfahrzeugs wird eine Bremsverzögerung von 7 $\frac{m}{s^2}$ ermittelt.
Berechne die Geschwindigkeit des Pkw zu Beginn des Bremsvorgangs.

Vorsicht beim Bremsen und Kurvenfahren – Gefahren vermeiden im Straßenverkehr

6 Auf einem Experimentierwagen ist eine Metallkugel frei beweglich aufgehängt. → 2
Skizziere in deinem Heft, wie die Kugel hängt, wenn:

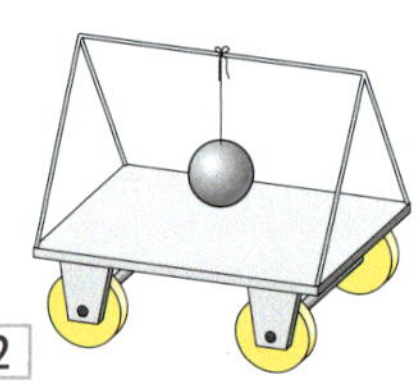
2

a der stehende Wagen in Längsrichtung angestoßen wird.

b der Wagen mit gleich bleibender Geschwindigkeit geradeaus geschoben wird.

c der rollende Wagen plötzlich auf ein Hindernis prallt.

d der rollende Wagen auf einmal nach links um eine Kurve gelenkt wird.

7 ☒ Bei einem Crashtest fliegt der Dummy über das Auto. → 3 Erkläre seine Bewegung.

3 Crashtest

Der freie Fall

8 ☒ Eine Kugel im annähernd freien Fall trifft nach 2 Sekunden auf den Erdboden. Berechne die Geschwindigkeit, mit der die Kugel aufschlägt.

9 ☒ Erkläre, warum auf dem Mond alle Gegenstände gleich schnell zu Boden fallen.

Bewegung durch Wechselwirkung

10 ☒ Plane einen Versuch zum Wechselwirkungsprinzip. → S. 265 Verwende beim Versuch einen Magneten, eine Eisenschraube und zwei kleine Wagen.

11 ☒ Um sich zu bewegen, ziehen Quallen ihren Schirm zusammen. Dabei wird Wasser in Richtung der Tentakeln ausgestoßen. → 4 Erkläre, warum sich die Qualle auf diese Weise nach vorne bewegen kann.

Schwerelosigkeit

12 ☒ In Bremen steht ein sogenannter Fallturm. → 5 Der Turm ist 110 Meter hoch und innen hohl.
Beschreibe, wie in dem Turm Schwerelosigkeitsexperimente durchgeführt werden können.

13 ☒ Bewerte die Aussage: „Die Menschen auf der ISS sind schwerelos, weil die Hülle der Raumstation die Schwerkraft abschirmt."

Bemannte und unbemannte Raumfahrt

14 ☒ Nenne jeweils zwei Vorteile und zwei Nachteile der bemannten und der unbemannten Raumfahrt.

15 ☒ Beschreibe mindestens zwei Typen von Raumflugkörpern.

4 Qualle

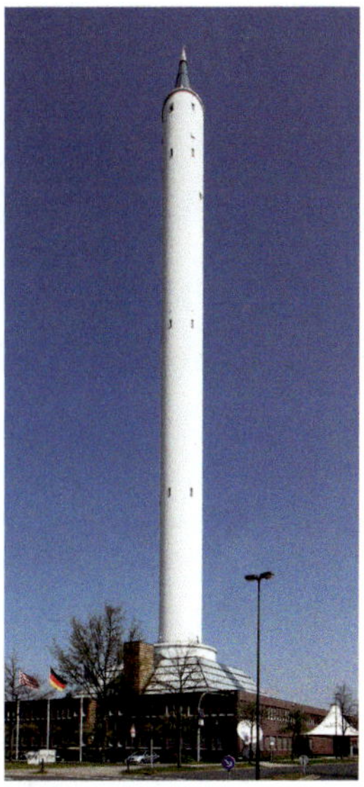

5 Fallturm in Bremen

Energie, Leistung, Wirkungsgrad

Viele Male müssen die Kräne Container heben, bis das Schiff beladen ist. Wie viel Energie wird dafür benötigt?

Die Kletterin hat viel Energie gefrühstückt, um den Felsen erklimmen zu können. Ihre Leistung hängt davon ab, wie schnell sie klettert – und wie viel sie wiegt!

Ob dem Roller Energie an der Tankstelle oder an der Steckdose zugeführt wurde – welchen Anteil davon überträgt er in Bewegung?

Energie in Zahlen

1

Basiskonzept

Energie
→ Seite 266 f.

Nahrung gibt Energie zum Leben. Um gesund zu bleiben, sollte es die passende Menge und Zusammensetzung sein.

Ein Maß für die Energie • Ohne Energie bewegt sich nichts – auch nicht dein Körper. Täglich musst du neue Energie mit der Nahrung aufnehmen. Überschüssige Energie wird als Fett gespeichert. Zu wenig Nahrung kann Mangelerscheinungen zur Folge haben. Der Brennwert gibt an, wie viel Energie ein Nahrungsmittel enthält. → 2

Energiewerte auf Nahrungsmitteln werden in Joule (J) angegeben.

1 Joule ist sehr wenig Energie. Wenn du 100 g Schokolade 1 m hochhebst, speichert sie rund 1 Joule Energie als Lageenergie. → 3 Beim Essen der Schokolade nimmst du z. B. 2,3 Millionen Joule zu dir! Energie wird daher oft in Millionen Joule (Megajoule, MJ) oder in tausend Joule (Kilojoule, kJ) angegeben. 1 MJ = 1 000 000 J; 1 kJ = 1000 J. → 4

Täglicher Energiebedarf • Dein Körper braucht täglich 4000–6000 kJ für seine „Heizung“ und die inneren Organe. Jede Bewegung benötigt weitere Energie. In der Wachstumsphase brauchst du daher täglich 9000–11 000 kJ Energie.

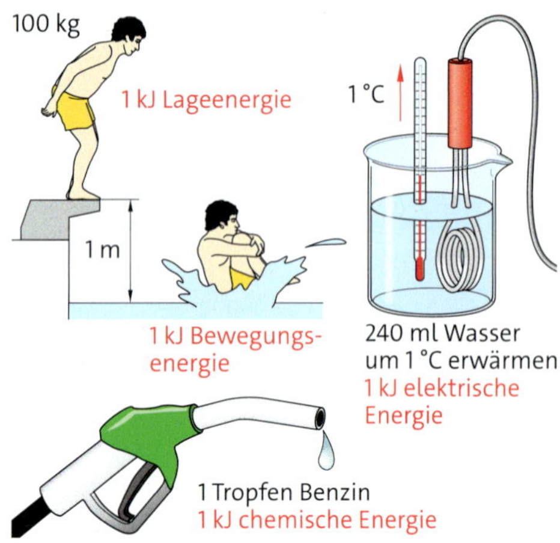

4 Beispiele für 1 Kilojoule

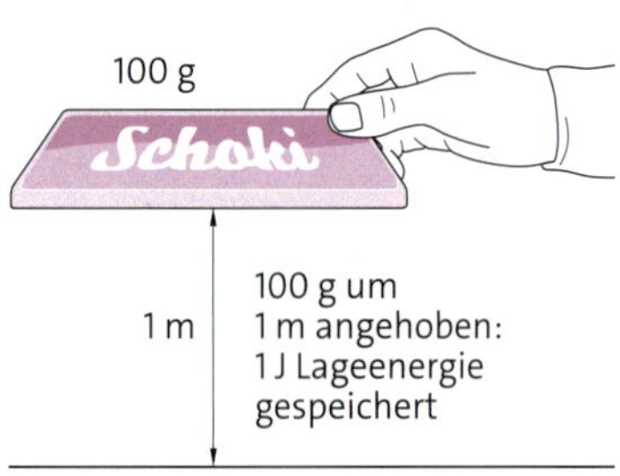

2 3 Chemische Energie und Lageenergie in 100 g Schokolade

Aufgabe

1 Ben nimmt täglich 12 000 kJ Energie mit seiner Nahrung auf.

a Berechne, wie viele Tafeln Schokolade so viel Energie haben.

b Gib Ben einen Ernährungstipp. Begründe ihn.

der Brennwert
das Joule (J)

Material A

Tägliche Energieaufnahme

Materialliste: Smartphone, Ernährungs-App, Küchenwaage

1 Wie viel Energie nimmst du zu dir?

a Wiege alles, was du an einem Tag isst und trinkst. Notiere die Werte. → 5

b Ermittle mit einer Ernährungs-App für alle Tabelleneinträge die Energie in Kilojoule (kJ).

c Berechne deine gesamte Energieaufnahme an einem Tag.

Nahrungsmittel	Masse	Energie
Ei	60 g	388 kJ
Apfelsaft	250 g	?
...	...	...
	Summe	?

5 Beispieltabelle

Material B

Kilokalorien (kcal)

1 Die Energie von Nahrungsmitteln wird oft in Kilokalorien (kcal) statt in Joule (J) angegeben. → 2 Gib eine Umrechnungsregel an:
1 kcal = ◇ J.

Material C

Energie und Sport

Als 13- bis 15-Jähriger Junge benötigst du etwa 11 000 kJ Energie täglich, als gleichaltriges Mädchen 9000 kJ.

1 Leon ist 15 Jahre alt. Am Morgen frühstückt er zwei Käsebrötchen. In der Schule isst er 2 Schokoriegel, zum Mittag 1 Teller Nudeln mit Soße, am Nachmittag 1 Stück Käsekuchen und am Abend 2 Bratwürste mit Pommes frites. Dazwischen nascht er noch eine halbe Tafel Schokolade und trinkt 3 kleine Cola.

a Berechne, wie viel Energie Leon an diesem Tag aufnimmt. → 6

b Leon möchte die überschüssige Energie des Tages durch Sport wieder loswerden. Mache ihm drei Vorschläge. → 7

2 Tarek hat eine Tafel Schokolade gegessen. Er sagt: „Ich radle 5 km zur Schule. Da verbrauche ich die Energie wieder.“
Beurteile Tareks Aussage.

Nahrungsmittel	Energie
Vollmilch (0,5 l)	1300 kJ
Cola (0,33 l)	1200 kJ
Apfelsaft (0,2 l)	400 kJ
Hamburger	1100 kJ
Schokolade (Tafel)	2300 kJ
Schokoriegel	1000 kJ
Pommes frites (200 g)	1800 kJ
Döner Kebap	3200 kJ
Nudeln mit Soße	2000 kJ
Käsekuchen (Stück)	1600 kJ
Käsebrötchen	1500 kJ
Bratwurst	900 kJ
Müsli (Portion)	1000 kJ
Banane (170 g)	400 kJ
Paprika (200 g)	200 kJ
Schlagsahne (50 g)	600 kJ

6 Energie in Nahrungsmitteln

Tätigkeit	Energie
Bergsteigen	4800 kJ
Skilanglauf	3800 kJ
Fußballspielen	3000 kJ
Jogging	2500 kJ
Schwimmen	1800 kJ
Tanzen	1800 kJ
Radfahren (Flachland)	1200 kJ
Gymnastik	1200 kJ
Spazierengehen	400 kJ
Stehen	100 kJ
Sitzen	100 kJ

7 Energiebedarf, jeweils für eine Stunde Bewegung

Energie zum Bewegen und Heben

1 Hopp, hopp! – Kraftvoll wird der Zweierbob beschleunigt.

Wie groß ist die Energie, die dem Bob beim Anschieben zugeführt wird?

Beschleunigen • Beim Anschieben wirkt eine Kraft auf den Bob, die ihn beschleunigt. → 2 Die Sportler führen dem Bob umso mehr Energie zu:
- je größer der Betrag F der Kraft ist.
- je länger der Anschiebeweg s ist.

Heben • Beim Gewichtheben wirkt eine Kraft auf die Hantel, die die Hantel anhebt. → 3 Die Sportlerin führt der Hantel umso mehr Energie zu:
- je größer der Betrag F der Kraft ist.
- je höher die Höhe h ist, um die die Hantel gehoben wird.

Energie E wird beim Beschleunigen und beim Heben zugeführt, wenn eine Kraft F auf einen Gegenstand wirkt und er dadurch auf einem Weg s bewegt wird. Bei konstanter Kraft in Wegrichtung gilt:
Energie = Kraft mal Weg

$$E = F \cdot s$$

Wir geben diese Energie oft in Newtonmeter (Nm) an:
1 Newtonmeter = 1 Joule; 1 Nm = 1 J.

Basiskonzept

Energie
→ Seite 266 f.

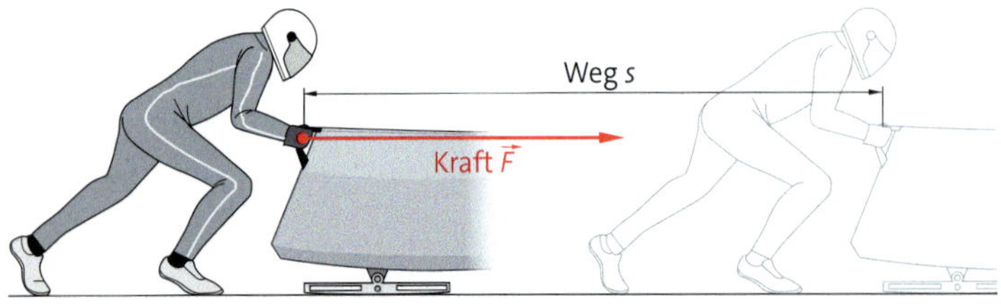

2 Energie beim Beschleunigen = Kraft mal Weg

3 Energie beim Heben = Kraft mal Weg

Arbeit • Die Energie, die einem Körper mithilfe einer Kraft F auf einem Weg s zugeführt wird, wird in der Physik gelegentlich als Arbeit W (engl. work) bezeichnet. Bei konstanter Kraft in Wegrichtung gilt wieder: $W = F \cdot s$.

Energie berechnen • Zur Berechnung der zugeführten Energie benötigst du:

- die Kraft, die auf den Körper wirkt. Beispiel: Zum Anschieben des Bobs wird eine Kraft von 500 N eingesetzt.
- den Weg, auf dem die Kraft wirkt. Beispiel: Der Bob wird auf einem Weg von 30 m angeschoben.

Damit beträgt die zugeführte Energie:
$E = 500\,\text{N} \cdot 30\,\text{m} = 15\,000\,\text{Nm}$
$E = 15\,\text{kJ}$

Lageenergie • Eine Kiste wird in das untere Regalfach auf die Höhe h gehoben. → 4 Die Kraft F zum Heben ist so groß wie die Gewichtskraft F_G auf die Kiste:
$F = F_G$.
Für die zugeführte Energie gilt:
$E = F \cdot s = F_G \cdot h$.
Beim Heben ins obere Fach wird der Kiste die doppelte Energie zugeführt, weil die Höhe doppelt so groß ist.
Die Kiste speichert die zugeführte Energie jeweils als Lageenergie. Die Kiste besitzt im oberen Fach doppelt so viel Lageenergie wie im unteren Fach.

Nach dem Heben eines Körpers ist die zugeführte Energie als Lageenergie E_{Lage} gespeichert. Es gilt:
Lageenergie = Kraft mal Höhe
$$E_{Lage} = F_G \cdot h$$

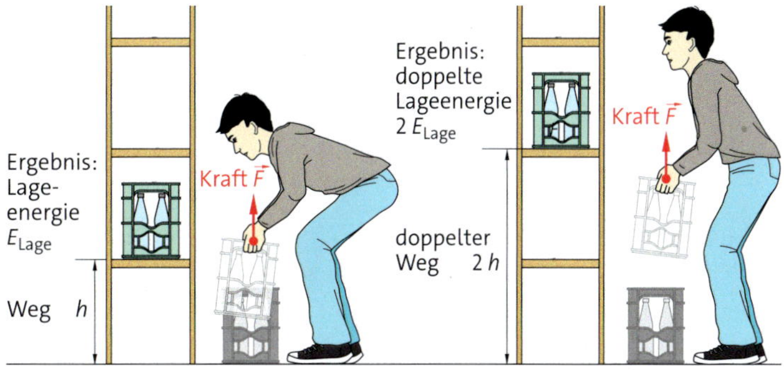

4 Energie wird zugeführt und als Lageenergie gespeichert.

Eine 15 kg schwere Kiste wird um 0,5 m angehoben. Berechne die Lageenergie, die danach in der Kiste gespeichert ist. Rechne zur Vereinfachung mit $g = 10\,\frac{\text{N}}{\text{kg}}$.

Gegeben:
Höhe: $h = 0{,}5\,\text{m}$
Masse der Kiste: $m = 15\,\text{kg}$
Gewichtskraft: $F_G = 15\,\text{kg} \cdot 10\,\frac{\text{N}}{\text{kg}} = 150\,\text{N}$
Die Kraft zum Heben ist so groß wie die Gewichtskraft.

Berechnung:
Lageenergie = Kraft mal Höhe
$E_{Lage} = F_G \cdot h$
$E_{Lage} = 150\,\text{N} \cdot 0{,}5\,\text{m}$
$E_{Lage} = 75\,\text{Nm} = 75\,\text{J}$
Beim Heben wird der Kiste eine Energie von 75 J zugeführt. Diese Energie ist als Lageenergie in der Kiste gespeichert.

5 Beispiel: Lageenergie berechnen

Aufgabe

1 Berechne die zugeführte Energie:
a Im Laden werden 10 Kisten von je 8 kg auf 2 m Höhe gehoben. → 5
b Ein defektes Auto wird mit der Kraft von 500 N über 200 m geschoben.

Energie zum Bewegen und Heben

Material A

Wie viel Energie wird eingesetzt?

1 Schätze ab, in welchem Beispiel die Energie zum Bewegen bzw. Heben am größten ist. → 1 – 3

2 Berechne für jedes Beispiel die Energie. Überprüfe deine Abschätzung.

3 Zeichne in gleicher Weise weitere Situationen, in denen Energie zum Heben und Bewegen eingesetzt wird.

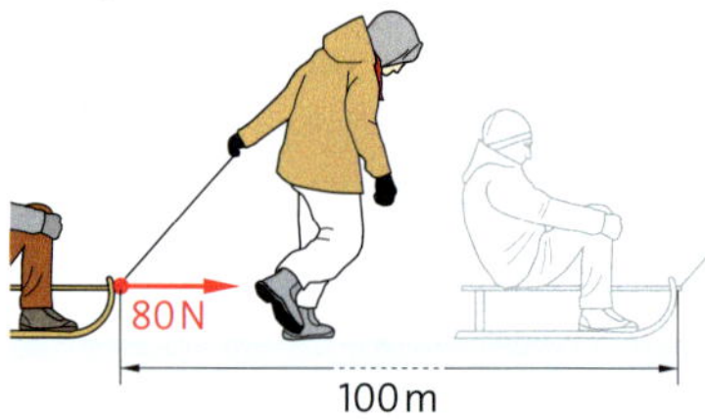

1 Schlitten ziehen

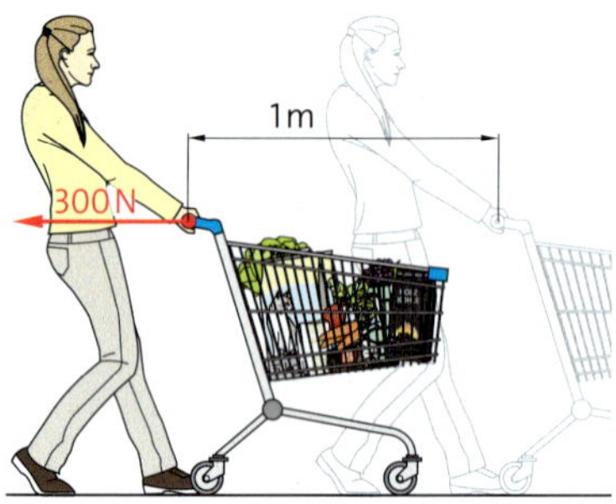

2 Einkaufswagen abbremsen

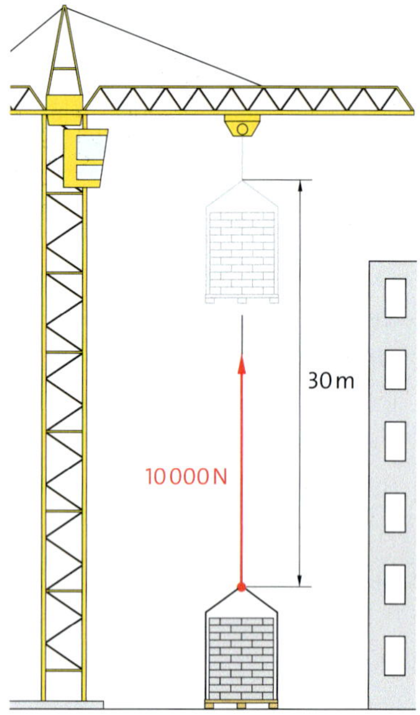

3 Bausteine heben

Material B

Energievergleich

1 Mirko und Miriam arbeiten eine Stunde im Supermarkt. Sie räumen Regale ein. → 4

a Schätze ab, wer von beiden mehr Energie zum Heben aufwenden muss.

b Berechne und vergleiche die Energie zum Heben.

c Jeder bekommt 12 Euro. Ist das gerecht? Begründe deine Meinung.

d Diskutiert, wie die Bezahlung oder die Arbeit gerechter werden könnte.

4

Material C

Energie zum Heben und Bewegen

1 In den Bildern spielt Energie eine Rolle. → 5 – 10
Gib jeweils an,
a ob die zugeführte Energie zum Heben oder Bewegen eingesetzt wird.
b in welche Richtung und auf welchem Weg die Kraft wirkt.

2 Der Gabelstapler hebt die Palette (200 kg) 4 m an. → 9
a Berechne die Energie, die er zuführt. Tipp: $g = 10\,\frac{\text{N}}{\text{kg}}$
b Führt der Gabelstapler mehr Energie zu, wenn er zweimal eine Palette mit 100 kg auf 4 m hebt? Rechne nach.

3 Die Kugel wird mit einer Kraft von 100 N auf einem Weg von 1,5 m beschleunigt. Berechne die zugeführte Energie. → 10

5

6

7

8

9

10

Material D

Energie zum Heben

Materialliste: Wägestück, Waage, Kraftmesser

Masse	Gewichtskraft	Höhe	zugeführte Energie
? kg	? N	? m	? Nm

11 Zugeführte Energie berechnen

1 Bestimme für ein Wägestück die Masse und die Gewichtskraft. Notiere die Werte in einer Tabelle. → 11
Berechne die zugeführte Energie, wenn das Wägestück um 0,5 m, 1 m und 2 m gehoben wird. Tipp: $g = 10\,\frac{\text{N}}{\text{kg}}$
Trage die Ergebnisse ebenfalls in die Tabelle ein.

2 Wiederhole die Berechnungen für zwei und vier gleiche Wägestücke.

3 Vergleiche die Energien bei unterschiedlichen Höhen. Vervollständige die Regel in deinem Heft: Die zugeführte Energie ist gleich groß, wenn bei zweifacher (vierfacher) Gewichtskraft ⟨?⟩.

Was leistest du?

1 Sina und Leon: Treppenlauf zum Ziel in 12 m Höhe

Sina kommt vor Leon oben an. Der Sportlehrer gratuliert zu ihrer Leistung. Die Physiklehrerin meint: „Leon ist schwerer. Seine Leistung war größer!“

Leistung • Im Wettlauf kommt es nur darauf an, wer zuerst oben ist. In der Physik geht es nicht nur um die Zeit: Leon muss mehr chemische Energie in Lageenergie umwandeln, weil er schwerer ist. Je mehr Energie er pro Sekunde umwandelt, desto größer ist seine physikalische Leistung.

> Die physikalische Leistung P (engl. power) gibt an, wie viel Energie pro Sekunde in die neue Energieform umgewandelt wird.
> Die Leistung wird in Watt (W) angegeben: $1\,\text{W} = 1\frac{\text{J}}{\text{s}}$.

Kleine Leistungen gibt man in Milliwatt (mW) an, große in Kilowatt (kW) oder Megawatt (MW): 1 mW = 0,001 W; 1 kW = 1000 W; 1 MW = 1 000 000 W.

Leistung berechnen • Um die Leistung zu berechnen, teilt man die umgewandelte Energie (in J) durch die Zeit (in s):

> $$\text{Leistung} = \frac{\text{Energie}}{\text{Zeit}}; \quad P = \frac{E}{t}.$$

Leon wiegt 65 kg. Er braucht 25,0 s für die 12 m hohe Treppe. Berechne die Leistung von Leon. Rechne mit $g = 10\,\frac{\text{N}}{\text{kg}}$.

Gegeben:

$m = 65\,\text{kg}$; $F_G = 65\,\text{kg} \cdot 10\,\frac{\text{N}}{\text{kg}} = 650\,\text{N}$

$h = 12\,\text{m}$

$t = 25{,}0\,\text{s}$

Berechnung der umgewandelten Energie:

$E_{Lage} = F_G \cdot h$

$E_{Lage} = 650\,\text{N} \cdot 12\,\text{m} = 7800\,\text{Nm} = 7800\,\text{J}$

Berechnung der Leistung:

$P = \frac{E_{Lage}}{t}$

$P = \frac{7800\,\text{J}}{25{,}0\,\text{s}} = 312\,\text{W}$

Leons Leistung beträgt 312 W.

2

Basiskonzept

Energie
→ Seite 266 f.

Aufgaben

1 Rechne in Watt um: 2,5 kW; 75 kW; 1,2 MW; 50 mW.

2 Sina (57 kg) braucht 23,2 s für die Treppe. Berechne ihre Leistung. → 2

die Leistung
das Watt (W)

Material A

Station: Treppenlauf

Materialliste: Messband, Stoppuhr, Personenwaage

1 Die Gruppe geht (leise) in das Treppenhaus der Schule.
a Jede Person bestimmt ihre Masse mit der Waage. Tragt die Werte in eine Tabelle ein. → 3
b Messt die senkrechte Höhe der Treppe vom Erdgeschoss bis in den 2. Stock.
c Lauft einzeln möglichst schnell die Treppe hinauf. Die anderen stoppen jeweils die Zeit.
d ☒ Berechnet für jede Person die beim Treppenlauf „gewonnene" Lageenergie.
e ☒ Berechnet für jede Person die Leistung.

Name	Masse in kg	Höhe in m	Zeit in s	Lageenergie in J	Leistung in W
?	?	?	?	?	?

3 Beispieltabelle

Material C

Station: Heben

Materialliste: Medizinball (4 kg), Messband, Stoppuhr

1 So wird's gemacht:
a Jede Person misst den Höhenunterschied: den Ball mit herunterhängenden Armen halten, dann über dem Kopf.
b Hebt einzeln den Ball möglichst schnell 10-mal von der tiefsten in die höchste Lage. Die anderen messen die Zeit.
c ☒ Berechnet die auf den Ball übertragene Energie.
d ☒ Berechnet die Leistung.

Material B

Station: Liegestütze

Materialliste: Personenwaage, Messband, Stoppuhr

4

1 So wird's gemacht:
a Jede Person misst die Masse, die die Waage im Liegestütz anzeigt. → 4 Tipp: Wer keine Liegestütze schafft, stützt sich auf den Knien ab. Notiert die Werte in einer Tabelle. → 3
b Bestimmt mit dem Messband jeweils an der Schulter den Höhenunterschied beim Liegestütz.
c Jede Person macht möglichst schnell 10 Liegestütze (auf dem Boden, nicht auf der Waage). Die anderen stoppen die Zeit.
d ☒ Berechnet die „gewonnene" Lageenergie bei den Liegestützen.
e ☒ Berechnet jeweils die Leistung.

Material D

Station: Kniebeugen

Materialliste: Messband, Stoppuhr, Personenwaage

1 So wird's gemacht:
a Jede Person bestimmt ihre Masse.
b Jede Person misst an ihrer Schulter den Höhenunterschied beim Kniebeugen.
c Macht einzeln möglichst schnell 10 Kniebeugen. Die anderen stoppen die Zeit.
d ☒ Berechnet die „gewonnene" Lageenergie.
e ☒ Berechnet die Leistung.

Was leistest du?

Erweitern und Vertiefen

So viel kann ein Mensch leisten

1 3000 W: Höchstleistung beim Absprung

2 400 W: hohe Dauerleistung beim Radrennen

Höchstleistung • Die Leichtathletin springt bei einem Sportfest über 185 cm. → 1 Die Muskeln der Sportlerin wandeln die Energie dafür in knapp 0,2 s um. Die Leistung beträgt beim Absprung mehr als 3000 W. Solche Höchstleistungen sind aber nur für sehr kurze Zeit möglich.

Dauerleistung • Unser Körper kann normalerweise etwa 75 W über längere Zeit leisten. Wenn die Muskelmasse durch Training vergrößert wird, erhöht sich die Leistungsfähigkeit des Körpers. Die besten Rennradfahrer erreichen über längere Zeit Leistungen von mehr als 400 W. → 2

Tätigkeit	Leistung
Spazierengehen	30–40 W
Hausarbeit, Radfahren	75–120 W
Fußballspielen, Sprinten	220 W
Skilanglauf, Schwimmen	250 W

3 Leistung der Muskeln

Leistung und Energiebedarf • Beim Fußballspielen wandeln deine Muskeln chemische Energie in Bewegungsenergie um. Die Leistung der Muskeln beträgt dafür ungefähr 220 W. → 3 Das sind aber nur etwa 25 % ihrer Gesamtleistung: 75 % der zugeführten Energie wandeln die Muskeln in thermische Energie um. → 4 Dazu benötigen die Muskeln Sauerstoff. Bei hohen Leistungen atmet man daher häufiger und das Herz schlägt schneller.

Aufgabe

1 Beschreibe, wie körperliche Leistung, Herzschlag und Atmung zusammenhängen.

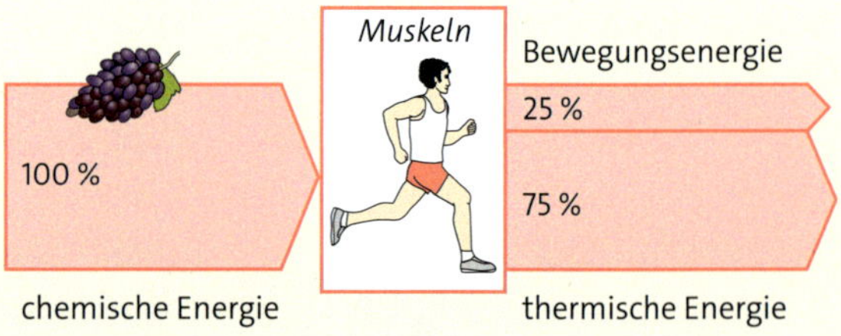

4 Energiekette: Muskeln

Wie viel leisten Motoren?

Verbrennungsmotoren • Viele Autos fahren noch mit Verbrennungsmotoren. Der Verbrennungsmotor wandelt chemische Energie zum Teil in Bewegungsenergie um. Die Leistung der Motoren hängt von ihrem Hubraum und der Drehzahl ab. Bei voller Leistung beschleunigt ein Verbrennungsmotor zum Beispiel einen 1500 kg schweren Pkw in 10–15 s auf 100 $\frac{km}{h}$. Motoren von normalen Pkws haben Leistungen von 50 bis 150 kW. → 5 Sportwagen sollen stärker beschleunigen. Sie haben deshalb Motoren, die bis zu 500 kW leisten. Lkws transportieren schwere Güter und müssen große Massen beschleunigen. Die Leistung ihrer Motoren beträgt 300–500 kW. → 5

Elektromotoren • Zukünftig werden uns immer öfter Elektromotoren bewegen. Sie wandeln elektrische Energie zum großen Teil in Bewegungsenergie um. Elektroautos haben Motoren, die je nach Fahrzeuggröße 50–200 kW leisten. → 6 Der Elektromotor im E-Bike leistet dagegen nur 0,5 kW. Das reicht aber aus, weil der Motor die Leistung des Radfahrenden nur unterstützen soll und die zu beschleunigende Masse recht klein ist.
Die Bahn nutzt schon seit Langem Elektromotoren. Ein ICE4 hat gleich mehrere Motoren und kann dadurch die Fahrgäste mit einer Leistung von 9,9 MW beschleunigen! → 6

Aufgaben

1 Gib an, wovon die Leistung eines Verbrennungsmotors abhängt.

2 Vergleiche die Motorenleistung der Zugmaschine und des ICE4. → 5 6

5 Fahrzeuge mit Verbrennungsmotoren

6 Fahrzeuge mit Elektromotoren

Kraft verringert = Energie gespart?

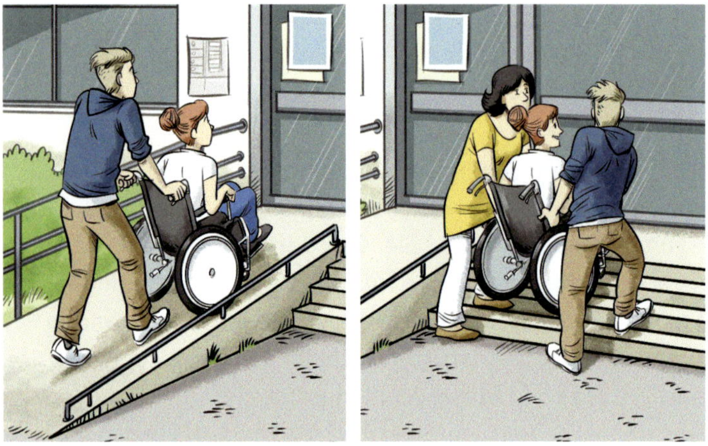

1 Spart man mit der Rampe Energie?

Material zur Erarbeitung: A

Das Hochrollen geht auf der Rampe viel leichter. Warum baut man sie nicht so kurz wie die Treppe?

Rampe • Der Rollstuhl wiegt zusammen mit der Rollstuhlfahrerin 60 kg. Es ist sehr anstrengend, beide die Treppe hochzuheben. Man braucht dazu eine Kraft von rund 600 N. Die Rampe macht es leichter. Je kleiner die Kraft zum Schieben sein soll, desto länger muss die Rampe sein: → 2
- halbe Kraft → 2-facher Weg
- ein Viertel der Kraft → 4-facher Weg

Flaschenzug • Der Flaschenzug ist eine einfache Maschine, mit der man Kräfte verringern kann. → 3 Zum direkten Anheben der Sackkarre benötigt man rund 600 N, mit dem Flaschenzug nur rund 150 N. Jedoch muss man 4 m Seil ziehen, um die Karre 1 m hochzuheben. Bei allen Flaschenzügen gilt: Je geringer die Kraft zum Hochziehen ist, desto mehr Seil muss man ziehen (für die gleiche Höhe).

Hebel • Dicke Äste kannst du mit kleiner Kraft schneiden, wenn deine Astschere lange Griffe hat. → 4 Dafür wird der Weg sehr lang, auf dem du die Kraft ausüben musst. Auch für Zangen, Schraubenschlüssel und andere Hebel gilt: Kleine Kraft → langer Weg.

Basiskonzepte

Energie
System
→ Seite 266 f.

Kraft F	Weg s	$F \cdot s$
600 N	1 m	600 Nm
300 N	2 m	600 Nm
150 N	4 m	600 Nm

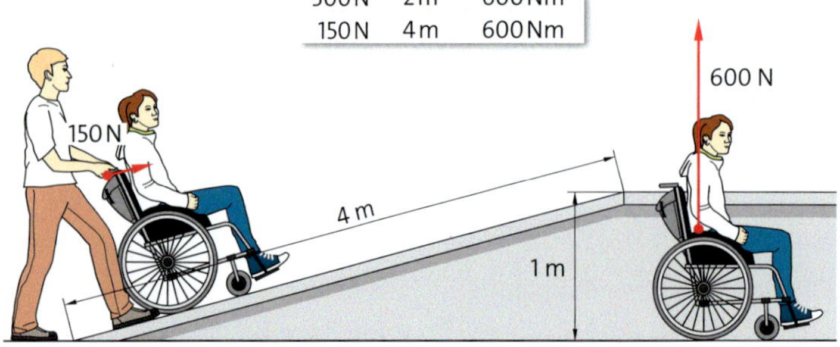

2 Rampe: Kraft und Weg

Kraft F	Weg s	$F \cdot s$
600 N	1 m	600 Nm
150 N	4 m	600 Nm

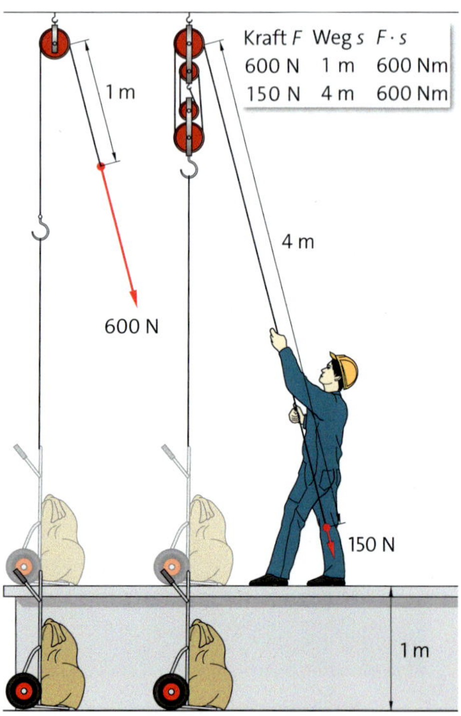

3 Flaschenzug: Kraft und Weg

die Rampe
der Hebel
der Flaschenzug
die einfachen Maschinen
die Goldene Regel

Kraft, Weg, Energie • Einfache Maschinen wie Hebel, Flaschenzüge und Rampen verringern die erforderliche Kraft. Und was ist mit der Energie?

> Bei einfachen Maschinen gilt: Je kleiner die Kraft, desto länger der Weg (Goldene Regel der Mechanik). Das Produkt „Kraft mal Weg" – also die zugeführte Energie – bleibt stets gleich groß. Man kann Kraft verringern, aber keine Energie einsparen.

Gangschaltung • Hat dein Fahrrad auch eine Kettenschaltung? → 5 Beim Fahren kannst du die Tretkraft verringern, indem du einen kleinen Gang wählst („Berggang"). Dann wird vorne ein kleines Zahnrad genutzt und hinten ein großes. Nun ist die Tretkraft gering, aber du musst auf 100 m sehr oft treten. In einem großen Gang („Schnellgang") ist es umgekehrt: vorne großes Zahnrad, hinten kleines. Du brauchst nun für 100 m nur wenige Pedalumläufe, musst aber eine viel größere Kraft einsetzen. Das Produkt aus Kraft und Pedalweg – also die zugeführte Energie – ist in beiden Gängen auf 100 m gleich groß.

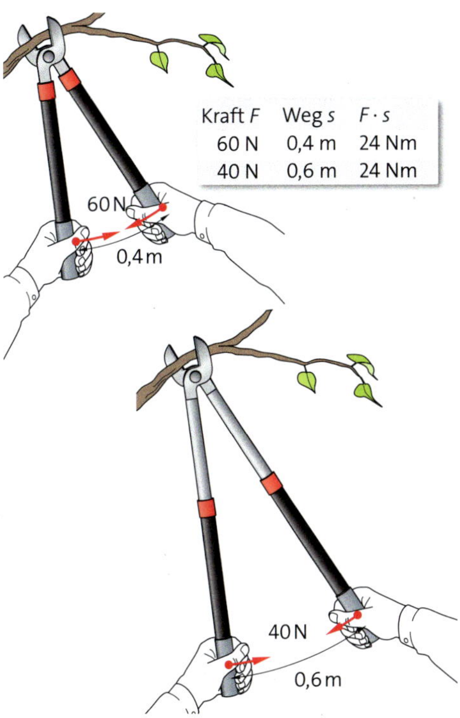

Kraft F	Weg s	$F \cdot s$
60 N	0,4 m	24 Nm
40 N	0,6 m	24 Nm

4 Hebel Astschere: Kraft und Weg

5 Zahnräder und Kette am Fahrrad

Aufgaben

1 Nenne Hilfsmittel zum Heben schwerer Gegenstände.

2 Gib den eingelegten Gang an: „Berggang" oder „Schnellgang". → 5

3 Eine Schubkarre (60 kg) soll über eine 6 m lange Rampe auf eine Höhe von 1 m geschoben werden. Berechne die nötige Kraft. Tipp: $g = 10\ \frac{\text{N}}{\text{kg}}$

4 Zum Schneiden eines dicken Asts stehen eine Astschere mit 30 cm und eine mit 60 cm Armlänge zur Verfügung. Begründe deine Auswahl.

Kraft verringert = Energie gespart?

Material A

Rampe: Weg, Kraft und Energie beim Heben

Materialliste: Wagen, Wägestücke, Kraftmesser, Holzklotz (10 cm hoch), glatte Bretter (20 cm, 40 cm lang), Messband

1 Hebt den Wagen auf verschiedene Weise um 10 cm an. → 1 – 3

a Messt jeweils die Kraft und notiert sie. → 4

b Ergänzt: Je länger der Weg ist, desto ◇? die Kraft.

c Berechnet jeweils die Energie, die dem beladenen Wagen beim Heben oder Ziehen zugeführt wird. → 4

d Vergleicht gemeinsam die Ergebnisse. Beschreibt, was euch auffällt.

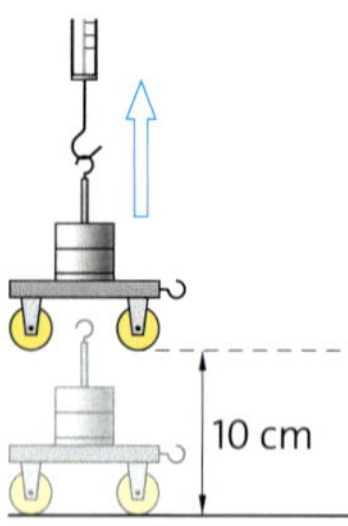

1 Heben

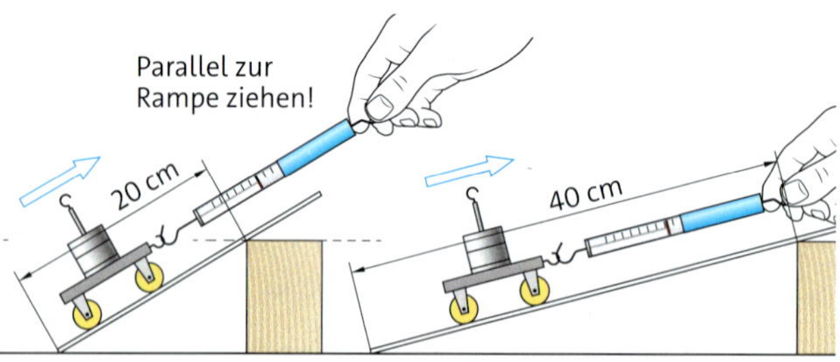

2 3 Ziehen auf steiler und flacher Rampe

	Weg in m	Kraft in N	Energie in Nm
Heben	0,10	?	?
Ziehen	0,20	?	?
Ziehen	0,40	?	?

4 Beispieltabelle

Material B

Flaschenzug: Weg, Kraft und Energie beim Heben

Materialliste: Wägestück, Kraftmesser, feste Rolle, lose Rolle, Flaschenzug (4 Rollen), Faden, Stativmaterial, Messstab

1 Welchen Einfluss haben die Rollen und der Flaschenzug auf die Zugkraft?

a Hebt das Wägestück mit verschiedenen Anordnungen jeweils um 10 cm an. → 5 – 7

b Messt jeweils die Zugkraft und notiert sie. → 8

c Ergänzt im Heft: Je länger der Zugweg ist, desto ◇? ist die Zugkraft.

d Berechnet jeweils die zugeführte Energie. → 8

e Vergleicht gemeinsam die Ergebnisse. Beschreibt, was euch auffällt.

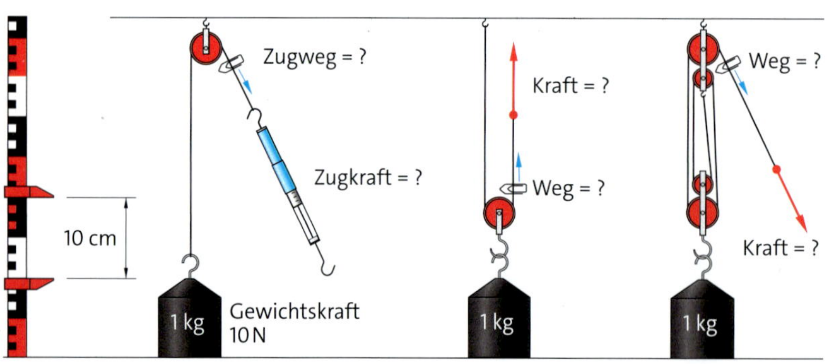

5 Feste Rolle   6 Lose Rolle   7 Flaschenzug

	Zugweg	Zugkraft	Energie
Feste Rolle	? m	? N	? Nm
Lose Rolle	? m	? N	? Nm
Flaschenzug	? m	? N	? Nm

8 Beispieltabelle

Material C

Gangschaltung richtig einsetzen

1 Tim muss kräftig strampeln, er hat einen großen Gang eingestellt („Schnellgang"). → 9 Fenja hat es leichter, weil sie einen kleinen Gang gewählt hat („Berggang"). Erkläre, warum die Kraft zum Treten im „Berggang" kleiner ist als im „Schnellgang". → 10 Tipp: 2-facher Pedalweg → ◈ Kraft

9 „Tim, du hast den falschen Gang drin!"

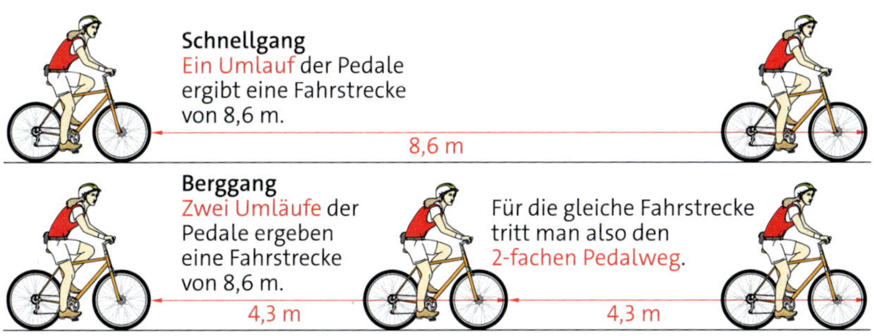

10 Je kleiner der Gang, desto länger der Pedalweg für die gleiche Strecke

Material D

Serpentinen

1 Die Straße „Via Krupp" auf der Mittelmeerinsel Capri ist rund 1350 m lang. → 11 Sie schlängelt sich in 8 Serpentinenschleifen vom Meer 100 m nach oben. Ohne Kurven wäre der direkte Weg nach oben nur 350 m lang. Erkläre, welchen Vorteil die viel längere Serpentinenstraße bei der Fahrt vom Meer nach oben gegenüber dem direkten Weg hat. Tipp: verschiedene Rampen

11

Material E

Schraubengewinde

1 Welche Aufgabe hat das Gewinde einer Schraube?

Für die Antwort wickeln wir ein schmales Papierdreieck auf einen Holzstab und erhalten ein Modell des Gewindes. → 12

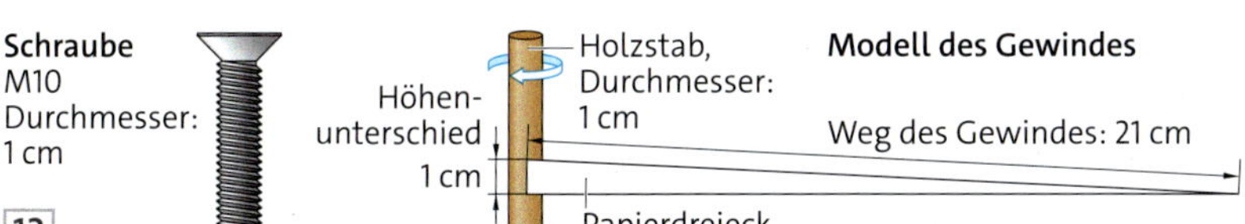

12

a Ergänze: Der Weg des Gewindes ist ◈-mal so lang wie der Höhenunterschied.

b Beantworte die Frage vom Anfang der Aufgabe. Tipp: Das Gewinde ◈ den Weg, der beim Drehen der Schraube zurückgelegt werden muss. → Die Kraft ◈

Wo bleibt die Energie?

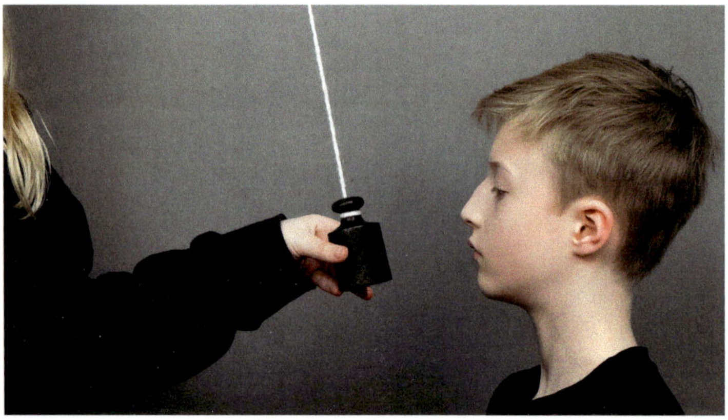

1 Gleich wird das Pendel losgelassen ...

Wie weit wird das Pendel ausschlagen? Ist die Nase in Gefahr?

Energie beim Pendel • Das Pendel kann nicht weiter ausschlagen und damit höher steigen als beim Start. Es steigt stattdessen immer weniger weit hoch, weil ein Teil seiner Bewegungsenergie ständig durch Reibung in thermische Energie umgewandelt wird. → 2 Diese Energie ist für die Bewegung verloren. Sie ist nicht nutzbar und verteilt sich in der Umgebung. Wir sprechen von Energieentwertung. Die Summe der Energien am Pendel und in der Umgebung bleibt aber immer gleich groß.

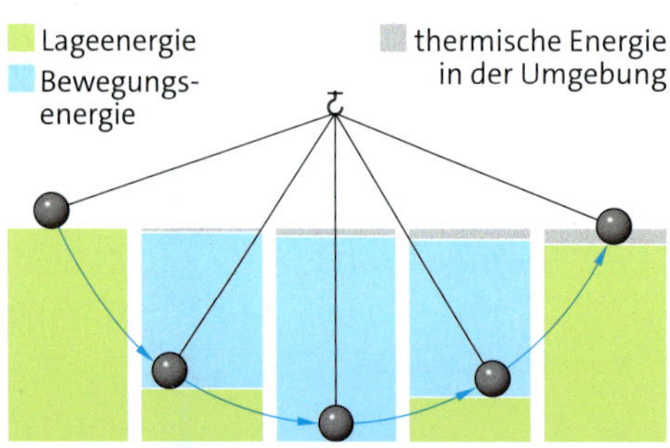

2 Beim Pendeln bleibt die Summe der Energien immer gleich groß.

Basiskonzept

Energie
→ Seite 266 f.

Unbrauchbare Energie • Beim Bremsen wird ein Auto langsamer, seine Bewegungsenergie nimmt ab. → 3 Dabei werden die Bremsscheiben heiß, ihre thermische Energie nimmt zu. → 4 Die thermische Energie der Bremsscheiben kann nicht mehr für die Bewegung des Autos genutzt werden, sie verteilt sich unbrauchbar in der Umgebung. Die Summe aus Bewegungsenergie und thermischer Energie bleibt aber immer gleich groß.

Bei allen Energieumwandlungen bleibt die Gesamtenergie erhalten. Ein Teil der Energie wird aber stets unbrauchbar (Energieentwertung).

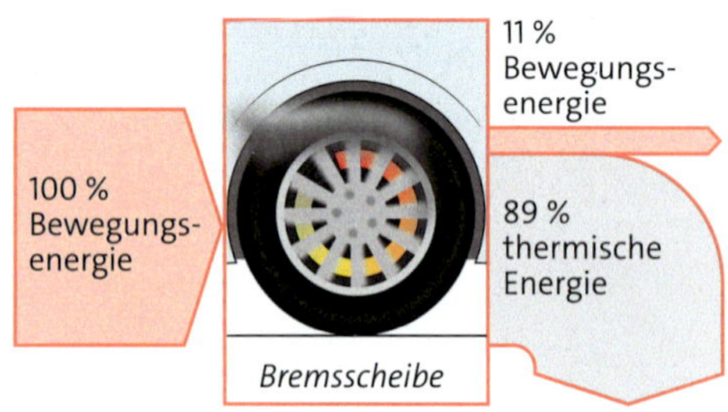

3 Abbremsen von 30 $\frac{km}{h}$ auf 10 $\frac{km}{h}$

4 Rennwagen: glühende Bremsscheibe

Aufgabe

1 ☒ Das Pendel erreicht beim Zurückschwingen nicht mehr die Starthöhe. → 1 Erkläre die Beobachtung.

Material A

Flummi

Materialliste: Flummi

1 Lass den Flummi aus verschiedenen Höhen auf einen harten Boden fallen.
a Notiere, wie viele Sprünge der Flummi jeweils schafft.
b Am Start hat der Flummi Lageenergie. Vermute, was aus ihr wird. Beschreibe die anschließenden Energieumwandlungen.

Material B

Draht biegen

Materialliste: Draht (10 cm lang, 1 mm dick)

1 Biege den Draht in der Mitte 20-mal schnell hin und her.
a Beschreibe, was du an der Biegestelle danach fühlst.
b Erkläre deinem Gegenüber die Beobachtung. Verwende die Begriffe Bewegungsenergie und thermische Energie.

Material C

Fahrrad bremsen

Materialliste: Fahrrad mit Tacho und Felgen- oder Scheibenbremse am Hinterrad, Thermometer, Fahrradhelm

Achtung • Sturzgefahr! Auf dem Fahrrad Helm tragen!

1 So geht ihr vor:
a Messt vor dem Versuch die Temperatur am Hinterrad, an der Felge oder an der Bremsscheibe. → 5
b Eine Person fährt mit dem Rad auf dem Schulhof mit höchstens $15\,\frac{km}{h}$.
c Die Person betätigt die Hinterradbremse, bis das Fahrrad steht. Das Hinterrad darf dabei nicht blockieren!
d Messt wieder die Temperatur an der Bremse.

2 Auswertung
a Zeichnet für den Bremsvorgang eine Energiekette.
b Vergleicht die Messwerte. Erklärt das Ergebnis.
c Vermutet, warum die Bremsscheibe Löcher hat.

5 Felgen- und Scheibenbremse

Material D

„Pendeln“ in der Halfpipe

6 Ronja rollt in die Halfpipe.

1 Kann Ronja die Starthöhe wieder erreichen, ohne neuen Schwung zu holen? → 6 Begründe deine Antwort.

2 Nach einem Durchgang (hin und zurück) erreicht Ronja nur noch 70 % der Lageenergie beim Start.
a Zeichne für den gesamten Durchgang ein Diagramm wie beim Pendel: → 2 Lageenergie, Bewegungsenergie, thermische Energie und Gesamtenergie.
b Ronja „pendelt“ ein zweites Mal hin und her, die Lageenergie nimmt wieder genauso stark ab wie beim ersten Durchgang. Berechne, wie viel Prozent der Lageenergie vom Anfang noch erreicht werden.

Bewegungsenergie und Bremsen

1 Golden Retriever

2 Wanderfalke

Schnelle Tiere – in welcher Bewegung „steckt“ mehr Energie?

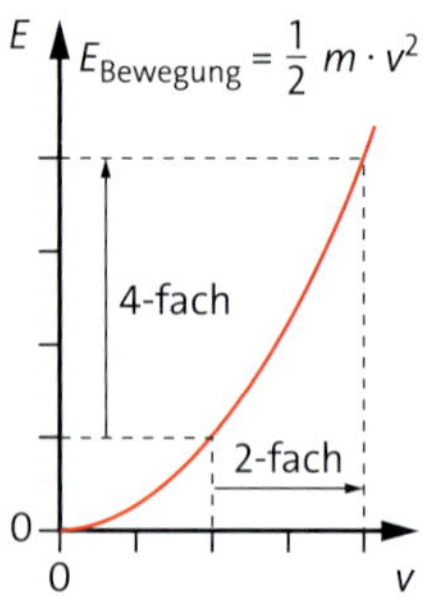

3 2-fache Geschwindigkeit → 4-fache Bewegungsenergie

Bewegungsenergie berechnen • Die Bewegungsenergie eines Körpers hängt nicht einfach nur von seiner Geschwindigkeit ab. Es gilt vielmehr:

> Die Bewegungsenergie eines Körpers wächst mit seiner Masse m und dem Quadrat der Geschwindigkeit v: $E_{Bewegung} = \frac{1}{2} \cdot m \cdot v^2$. → 3

Doppelte Geschwindigkeit bedeutet also die 4-fache Bewegungsenergie. Bei 3-facher Geschwindigkeit erhöht sich die Energie sogar auf das 9-Fache!

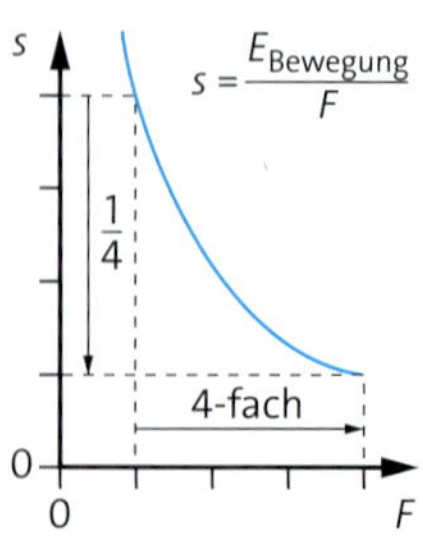

4 4-fache Bremskraft → $\frac{1}{4}$ Bremsweg

Abbremsen • Wenn du dein Fahrrad mit kleiner Kraft F abbremst, ist der Bremsweg s sehr lang, bis du stehst. Bei großer Bremskraft ist der Bremsweg viel kürzer. → 4 Die umgewandelte Bewegungsenergie ist jeweils gleich groß.

> Beim Abbremsen wird Bewegungsenergie umgewandelt. Je größer die Bremskraft ist, desto kleiner ist der Bremsweg. Aus $E_{Bewegung} = F \cdot s$ folgt: $s = \frac{E_{Bewegung}}{F}$ und $F = \frac{E_{Bewegung}}{s}$.

Sicherheitsgurt und Knautschzone • Wenn du vorne im Auto nicht angeschnallt bist, prallst du bei einem Frontalunfall mit großer Geschwindigkeit gegen das Armaturenbrett. Dein Bremsweg ist nur so lang, wie sich das Armaturenbrett eindrückt – ein paar Millimeter. Der kleine Bremsweg bedeutet, dass die Bremskraft auf dich sehr groß ist. Sie kann schwere Verletzungen bewirken.

Wenn du angeschnallt bist, ist dein Bremsweg so lang, wie sich der Gurt dehnt und wie das Auto zusammengeknautscht wird. → 5 Zusammen kann das mehr als 1 m ergeben. Der längere Bremsweg bedeutet, dass die Bremskraft auf dich kleiner ist, sodass die Verletzungsgefahr sinkt. Durch einen Airbag wird sie weiter verringert.

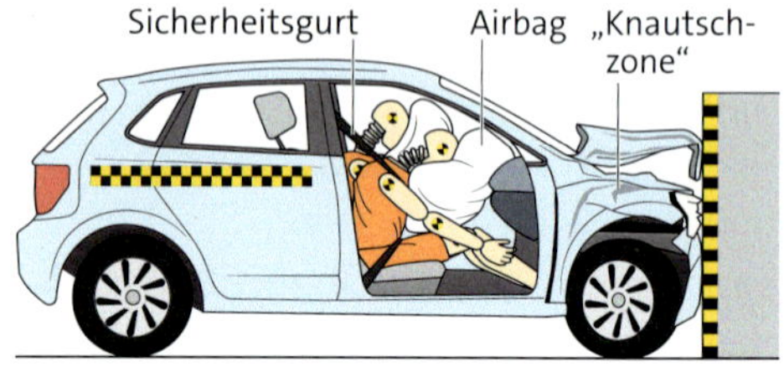

5

Aufgabe

1 Der Golden Retriever wiegt 32 kg und erreicht eine Geschwindigkeit von $40 \frac{km}{h}$. → 1 Der Wanderfalke wiegt 0,7 kg und kann im Sturzflug bis zu $320 \frac{km}{h}$ erreichen. → 2
☒ Berechne und vergleiche die Bewegungsenergie der beiden Tiere. Tipp: Rechne die Geschwindigkeit jeweils in $\frac{m}{s}$ um.

Material A

Bewegungsenergie, Bremskraft und Bremsweg

1 Ein Elektroauto wiegt mit Fahrer 2200 kg.

a ◩ Berechne und vergleiche die Bewegungsenergie bei $100\,\frac{km}{h}$ und bei $200\,\frac{km}{h}$.

b Das Auto beschleunigt in 3,6 s auf $100\,\frac{km}{h}$ und in 16,2 s auf $200\,\frac{km}{h}$. Es braucht also von 100 bis $200\,\frac{km}{h}$ viel länger als von 0 bis $100\,\frac{km}{h}$.
☒ Diskutiere mit deinem Nachbarn oder deiner Nachbarin Ursachen für die unterschiedlichen Zeiten.

2 Ein Radfahrer fährt mit $18\,\frac{km}{h}$.

a ☒ Berechne die Bewegungsenergie. Fahrrad und Fahrer haben zusammen eine Masse von 60 kg.
Tipp: Rechne $18\,\frac{km}{h}$ in $\frac{m}{s}$ um.

b ◩ Gib die Bewegungsenergie bei $36\,\frac{km}{h}$ an.

c ☒ Berechne jeweils den Bremsweg bei einer Bremskraft von 100 N. → 6

3 Ein Radfahrer stürzt und schlägt mit dem Kopf auf der Straße auf – zum Glück trägt er einen Helm! Das Polster im Helm wird beim Aufprall vom Kopf um rund 1 cm eingedrückt.
☒ Erkläre deinem Partner oder deiner Partnerin, wie der Helm den Kopf beim Aufprall schützt. Verwende dabei physikalische Größen.

4 Bei einem Crashtest fährt ein Auto frontal gegen eine Mauer.

a ☒ Der Kopf (m = 5 kg) des Dummys im Auto prallt mit einer Geschwindigkeit von $6\,\frac{m}{s}$ auf das Lenkrad. Das Lenkrad wird um 5 cm eingedrückt. Berechne die Bremskraft auf den Kopf. → 7

b ◩ Durch einen Airbag erhöht sich der Bremsweg des Kopfs auf 40 cm. Gib die Bremskraft auf den Kopf an.

c ☒ Beurteile die unterschiedlichen Kräfte im Hinblick auf das Verletzungsrisiko.

d ☒ Verdoppeln sich die Kräfte bei doppelter Aufprallgeschwindigkeit? Begründe deine Antwort.

Eine Frau bremst mit ihrem Motorroller von $36\,\frac{km}{h}$ bis zum Stand ab. Zusammen wiegen sie 200 kg, die Bremskraft beträgt 500 N. Berechne den Bremsweg. Tipp: $1\,N = 1\,kg \cdot \frac{m}{s^2}$

Gegeben: $v = 36\,\frac{km}{h} = 10\,\frac{m}{s}$; $m = 200\,kg$
$F = 500\,N = 500\,kg \cdot \frac{m}{s^2}$

Gesucht: Bremsweg s

Berechnung: $E = F \cdot s = \frac{1}{2} \cdot m \cdot v^2$

$500\,N \cdot s = \frac{1}{2} \cdot 200\,kg \cdot 10^2\,\frac{m^2}{s^2} \quad |:500\,N$

$$s = \frac{\frac{1}{2} \cdot 200\,kg \cdot 10^2\,\frac{m^2}{s^2}}{500\,N} = \frac{\frac{1}{2} \cdot 200\,kg \cdot 10^2\,\frac{m^2}{s^2}}{500\,kg \cdot \frac{m}{s^2}} = 20\,m$$

Der Bremsweg beträgt 20 m.

6

Beim Crash trifft der Kopf (m = 5 kg) eines Dummys mit $18\,\frac{km}{h}$ auf den Airbag. Der Airbag wird 30 cm eingedrückt. Berechne die Bremskraft auf den Kopf. Tipp: $1\,N = 1\,kg \cdot \frac{m}{s^2}$

Gegeben: $m = 5\,kg$; $v = 18\,\frac{km}{h} = 5\,\frac{m}{s}$
$s = 30\,cm = 0{,}30\,m$

Gesucht: Bremskraft F

Berechnung: $E_{Bewegung} = F \cdot s = \frac{1}{2} \cdot m \cdot v^2$

$F \cdot 0{,}30\,m = \frac{1}{2} \cdot 5\,kg \cdot 5^2\,\frac{m^2}{s^2} \quad |:0{,}30\,m$

$$F = \frac{\frac{1}{2} \cdot 5\,kg \cdot 5^2\,\frac{m^2}{s^2}}{0{,}30\,m} = 208\,kg\,\frac{m}{s^2} = 208\,N$$

Auf den Kopf wirkt eine Bremskraft von 208 N.

7

Bewegungsenergie und Bremsen

Material B

Bewegungsenergie und Lageenergie

1 ☒ Ein Handy fällt aus 1,5 m auf den Boden. Berechne die Geschwindigkeit, mit der es aufschlägt. Tipp: Die Bewegungsenergie des Handys ist beim Aufschlag genauso groß wie seine Lageenergie in 1,5 m Höhe.

2 „Wenn ein Auto frontal mit einer Geschwindigkeit von 50 $\frac{km}{h}$ gegen eine Mauer fährt, wirkt es ungefähr wie ein Aufprall bei einem Sturz aus 10 m Höhe."

a ☒ Begründe diese Aussage durch eine Rechnung.

b ☒ „Ein Crash bei 100 $\frac{km}{h}$ ist wie ein Aufprall aus 20 m Höhe." Diskutiere diese Aussage mit deinem Nachbarn oder deiner Nachbarin.

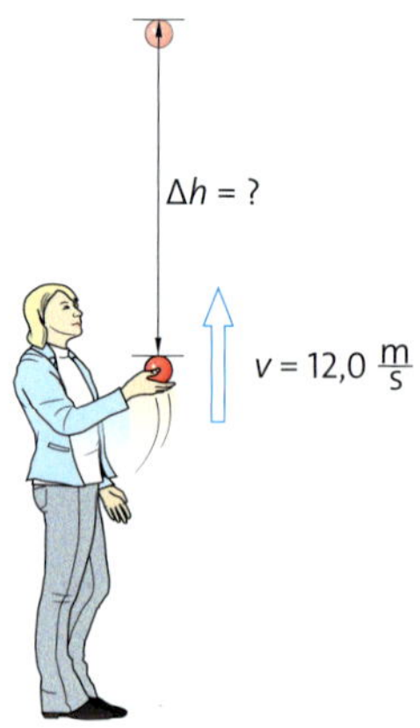

1

3 Lena wirft einen Ball senkrecht nach oben. → 1

a ☒ Beschreibe die Energieumwandlungen des Balls nach dem Abwurf.

b ☒ Der Ball verlässt die Hand mit v = 12,0 $\frac{m}{s}$. Berechne den Höhenunterschied Δh. Tipp: Die Lageenergie ist im obersten Punkt so groß wie ⟨?⟩.

Material C

Masse, Geschwindigkeit, Bewegungsenergie

1 Im Experiment A wurde die Abhängigkeit der Bewegungsenergie eines Körpers von seiner Masse untersucht. → 2 Die Geschwindigkeit war jeweils gleich groß.

m in kg	$E_{Bewegung}$ in J
0,130	1,03
0,230	1,84
0,330	2,65
0,430	3,45
0,530	4,24

2 Experiment A

☒ Übertrage die Messwerte in ein Tabellenkalkulationsprogramm. Erstelle mit dem Programm ein Diagramm. Begründe mithilfe des Diagramms, dass die Bewegungsenergie direkt proportional zur Masse ist: $E_{Bewegung} \sim m$.

v in $\frac{m}{s}$	$E_{Bewegung}$ in J
1,20	0,38
2,51	1,67
3,49	3,23
4,40	5,13
5,79	8,89

3 Experiment B

2 Im Experiment B wurde die Abhängigkeit der Bewegungsenergie von der Geschwindigkeit untersucht. → 3 Die Masse war jeweils gleich groß.

a ☒ Übertrage die Messwerte in ein Tabellenkalkulationsprogramm. Berechne mit dem Progamm jeweils den Wert für v^2.

b ☒ Erstelle mit dem Programm ein Diagramm. Begründe damit, dass die Bewegungsenergie direkt proportional zum Quadrat der Geschwindigkeit ist. $E_{Bewegung} \sim v^2$.

Erweitern und Vertiefen

Energie und Reibung beim Bremsen

Energie abgeben • Beim Bremsen eines Fahrzeugs wird seine Bewegungsenergie in thermische Energie umgewandelt und abgegeben. Dazu werden z. B. Bremsklötze mit großer Kraft gegen Bremsscheiben gepresst, damit die Reibung zwischen beiden möglichst groß wird. → 4 Die Bremsscheiben können dabei viele Hundert Grad Celsius heiß werden. → 5
Bei langen Talfahrten sollte andauerndes Bremsen vermieden werden. Es besteht die Gefahr, dass die Energie nicht schnell genug von den Bremsscheiben abgegeben werden kann. Sie überhitzen, die Bremsflüssigkeit beginnt zu sieden und die Bremsen versagen.

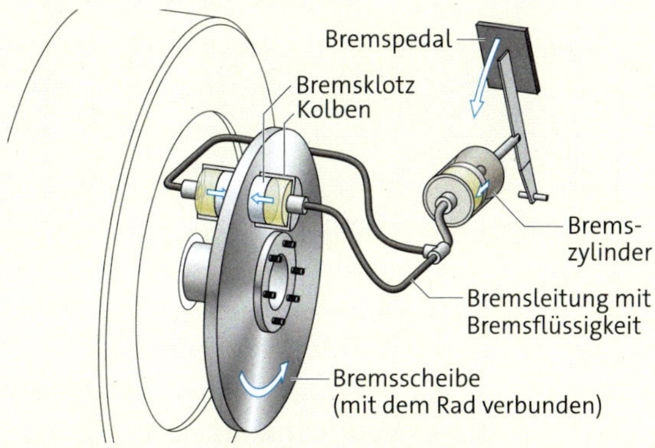

4 Scheibenbremse bei einem Auto

5 Glühend heiße Bremsscheibe beim Rennwagen

Blockierende Räder • Wenn das Bremspedal sehr kräftig getreten wird, können die Räder blockieren. Bremsscheiben und -beläge haften dann so fest aufeinander, dass sie sich nicht mehr gegeneinander bewegen: Die Räder rutschen über die Straße und drehen sich nicht. Dann wandeln die Bremsen keine Energie mehr um. Die Bewegungsenergie des Autos wird nun durch die Reibung zwischen Reifen und Straße umgewandelt und abgegeben. Weil die Reibungskraft dabei geringer ist als die Reibungskraft zwischen Bremsscheiben und Bremsbelägen, wird der Bremsweg länger.

Antiblockiersystem • Mit blockierenden Rädern lässt sich das Fahrzeug nicht mehr lenken. Um das zu verhindern, verfügen z. B. Autos über ein Antiblockiersystem (ABS). Die Drehzahlen der Räder werden ständig gemessen und an den Bordcomputer gemeldet. Wenn die Drehzahl eines Rads beim Bremsen zu schnell sinkt, verringert der Computer den Druck in der Bremsleitung dieses Rads für kurze Zeit. Das Rad dreht sich wieder schneller – und wird erneut stärker gebremst. Dieses Wechselspiel läuft bis zu 10-mal pro Sekunde ab.

Aufgabe

1 Gib an, an welchen Stellen Bewegungsenergie umgewandelt und abgegeben wird:
- Das Auto bremst mit blockierten Rädern.
- Die Räder des Autos haften beim Bremsen auf der Straße.

Vergleiche die Bremswirkungen.

Wie gut wird die Energie genutzt?

1 Elektroroller

Nutzen Elektroroller die zugeführte Energie besser als Benzinroller mit Verbrennungsmotor?

Roller im Energievergleich • Der Elektroroller wandelt die zugeführte elektrische Energie zu 60 % in Bewegungsenergie um. → 2 Ein Benzinroller wandelt dagegen nur 20 % der zugeführten chemischen Energie in Bewegungsenergie um. → 3 Der Elektroroller nutzt die zugeführte Energie also besser als der Benzinroller. Man sagt: Der Elektroroller hat einen höheren Wirkungsgrad als der Benzinroller.

Basiskonzept

Energie
→ Seite 266 f.

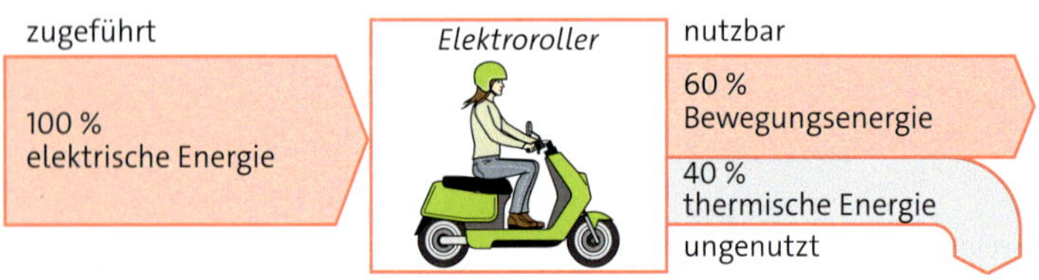

2 Roller mit Elektromotor: Wirkungsgrad 60 %

3 Roller mit Verbrennungsmotor: Wirkungsgrad 20 %

Wirkungsgrad berechnen • Alle Geräte wandeln nur einen Teil der zugeführten Energie in nutzbare Energie um. Der andere Teil der Energie verteilt sich überwiegend als thermische Energie in der Umgebung und ist damit entwertet. Der Wirkungsgrad eines Geräts gibt an, wie groß der nutzbare Anteil der Energie nach der Energieumwandlung ist. Er liegt zwischen 0 % und 100 %.

Der Wirkungsgrad einer Energieumwandlung gibt an, wie groß der Anteil der nutzbaren Energie ist:

$$\text{Wirkungsgrad} = \frac{\text{nutzbare Energie}}{\text{zugeführte Energie}}.$$

Beispiel: Ein Gerät wandelt 100 kJ zugeführte Energie in 40 kJ nutzbare Energie um. Der Wirkungsgrad beträgt:

$$\frac{40\,\text{kJ}}{100\,\text{kJ}} = 0{,}4 = 0{,}4 \cdot 100\,\% = 40\,\%.$$

Aufgaben

1 „Die LED-Lampe hat einen Wirkungsgrad von 25 %."

a Nenne zugeführte, nutzbare und ungenutzte Energieform.

b Erkläre die Aussage.

c Zeichne die Energiekette.

2 Ein Flummi fällt aus 1 m Höhe. Er springt wieder auf 80 cm Höhe.

a Berechne den „Wirkungsgrad".

b Berechne, welche Höhe der Flummi beim zweiten Sprung erreicht. Tipp: Der „Wirkungsgrad" des Flummis bleibt gleich groß.

Material A

Nutzbare und ungenutzte Energie

1 Zeichne Energieketten für die Geräte und Anlagen in der Tabelle. → 4
Schreibe Prozentsätze und Energieformen an die Energiepfeile.

Gerät/Anlage	Wirkungsgrad
Wasserkocher	90–95 %
Elektromotor	50–90 %
Zentralheizung	bis 85 %
Nabendynamo	60 %
Verbrennungsmotor (Auto)	25–35 %
LED-Lampe	25 %

4

Material B

Fahrrad oder Roller?

1 Kim beginnt bald ihre Lehre in einer Bank. Sie überlegt, ob sie sich für den 10 km weiten Weg ein Fahrrad, einen Elektroroller oder einen Benzinroller kauft.

a Nenne jeweils mehrere Gründe, die in Kims Fall für oder gegen die einzelnen Fahrzeuge sprechen könnten.

b Vergleiche die Wirkungsgrade beim Roller- und Radfahren. → 2 3 Schätze dazu den Wirkungsgrad beim Radfahren so ab:
- Lies den Wirkungsgrad des „Motors Mensch" im Bild 4 auf S. 90 ab.
- Die Energie, die dem Fahrrad zugeführt wird, wird zu 50 % in Bewegungsenergie umgewandelt.

c Recherchiere, wie viele Liter Benzin oder kWh elektrische Energie Roller mit $45 \frac{km}{h}$ Höchstgeschwindigkeit auf 10 km benötigen.

d Berechne, wie viel man dafür beim „Tanken" zahlt. Recherchiere aktuelle Preise.

e Berechne den „CO_2-Fußabdruck" für die beiden Roller. Nutze folgende Werte:
- 2,78 kg CO_2 pro l Benzin
- 0,48 kg CO_2 pro kWh

f Berate Kim ausführlich mithilfe deiner Ergebnisse aus den Aufgabenteilen a–e.

Material C

Wirkungsgrad einer elektrischen Anlage

Materialliste: 2 Handgeneratoren, 2 Seilrollen, 2 Kabel, 2 Wägestücke (500 g), Stativmaterial

1 Lasst Wägestück 1 los. → 5

a Beschreibt, was ihr beobachtet.

b Wägestück 1 sinkt um die Höhe h_1 ab. Wägestück 2 wird um die Höhe h_2 gehoben. Vergleicht beide Höhen.

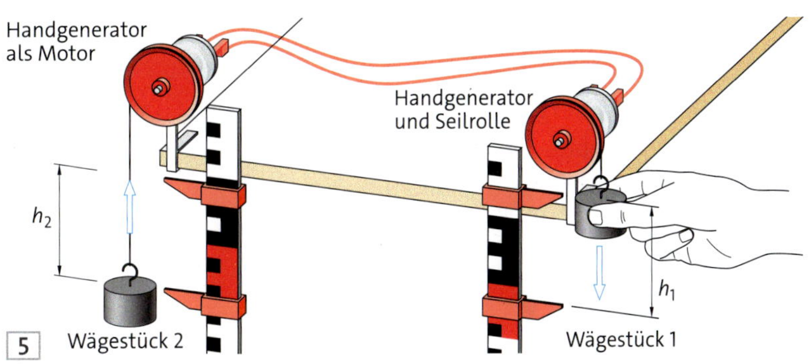

5

c Berechnet den Wirkungsgrad der Anlage.

d Zeichnet die Energiekette der Anlage.

e „Ein Teil der Energie wird bei jedem Vorgang unbrauchbar." Erläutert dies am Beispiel der Anlage.

Energie, Leistung, Wirkungsgrad

Zusammenfassung

Energie in Zahlen • Die Energie *E* wird in Joule angegeben. Die Einheit ist 1 Joule (1 J). → 1
Weitere Einheiten der Energie sind 1 Newtonmeter (1 Nm) und 1 Wattsekunde (1 Ws):
1 J = 1 Nm = 1 Ws.

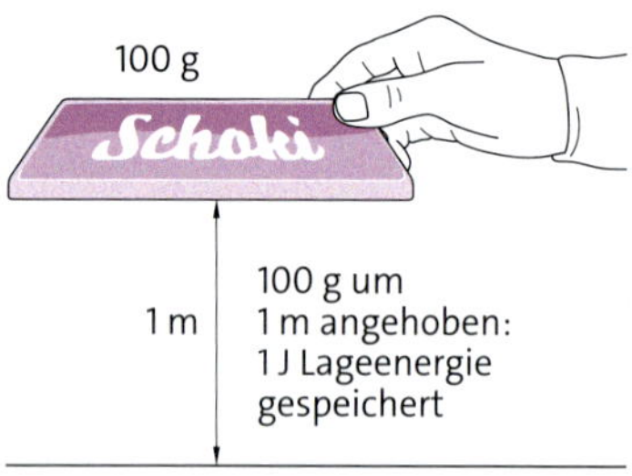

1 Einheit der Energie: 1 Joule (1 J)

Energie zum Bewegen und Heben • Einem Körper wird Energie zugeführt, wenn man auf ihn eine Kraft über den Weg ausübt. → 2
Bei konstanter Kraft gilt:
Energie = Kraft mal Weg; $E = F \cdot s$
Lageenergie = Kraft mal Höhe; $E_{Lage} = F_G \cdot h$

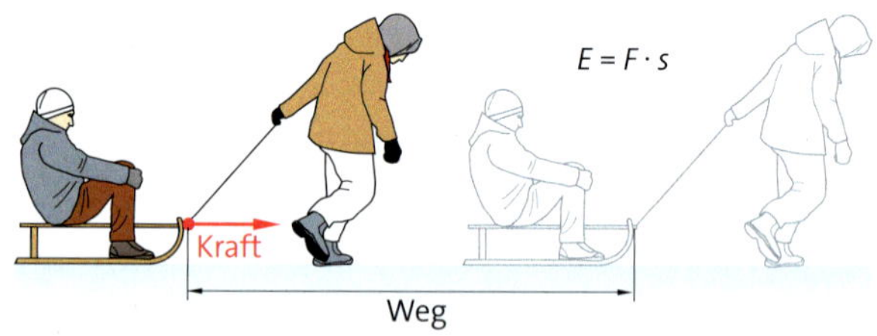

2 Energie zum Bewegen: Schlitten ziehen

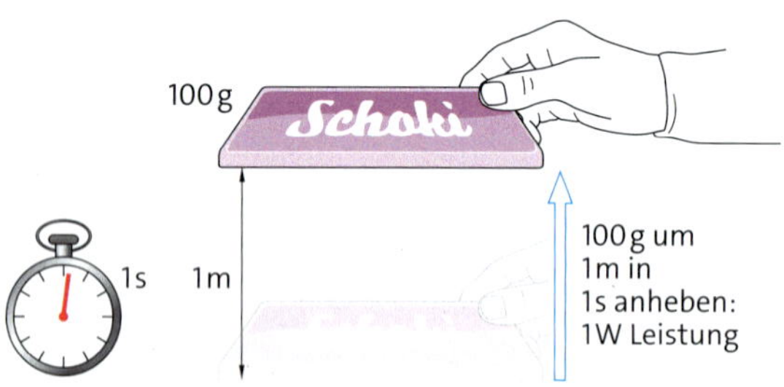

3 Einheit der Leistung: 1 Watt (1 W)

Was leistest du? • Die Leistung *P* gibt an, wie viel Energie pro Sekunde umgewandelt wird.

$$\text{Leistung} = \frac{\text{Energie}}{\text{Zeit}}; \; P = \frac{E}{t}$$

Die Einheit der Leistung ist 1 Watt (1 W):
$1\,\text{W} = 1\frac{\text{J}}{\text{s}}$. → 3

Kraft verringert = Energie gespart? • Einfache Maschinen wie Hebel, Flaschenzüge und Rampen verringern die Kräfte, die wir zum Heben, Schneiden, Drehen ... einsetzen müssen.

Dafür gilt: Je kleiner Kraft die Kraft, desto länger der Weg. Die zugeführte Energie bleibt stets gleich groß. → 4

Kraft	Weg	Energie
300 N	1 m	300 Nm
50 N	6 m	300 Nm

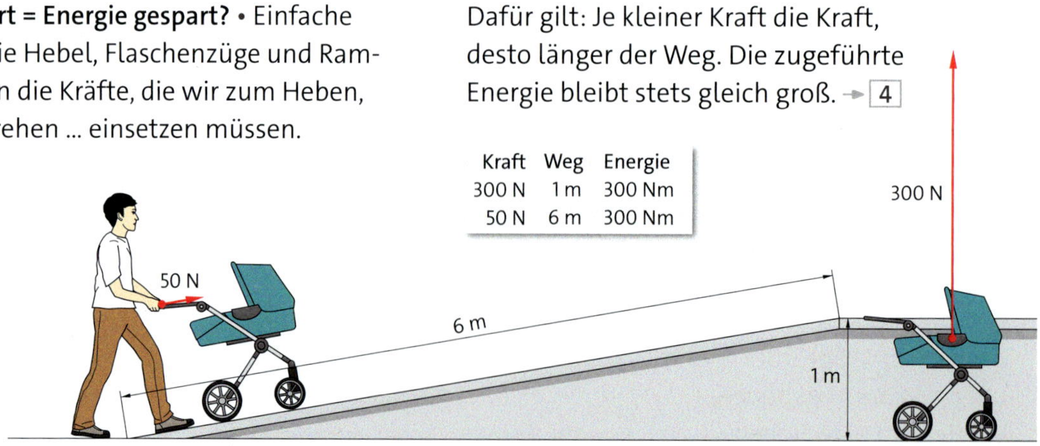

4 Rampe: Kraft und Weg

Wo bleibt die Energie? • Die Gesamtenergie bleibt bei allen Vorgängen stets gleich groß (Energieerhaltung).
Ein Teil der Energie wird aber bei jedem Vorgang unbrauchbar für uns (Energieentwertung). So wird zum Beispiel bei der Pendelbewegung Bewegungsenergie zum Teil in thermische Energie umgewandelt, die die Umgebung erwärmt. → 5 Diese Energie steht für die weitere Bewegung des Pendels nicht mehr zur Verfügung.

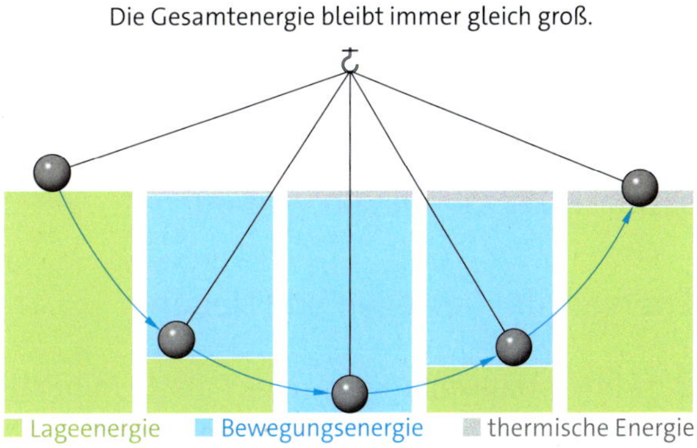

5 Die thermische Energie der Umgebung nimmt zu.

Bewegungsenergie und Bremsen • Die Bewegungsenergie eines Körpers wächst mit der Masse m und dem Quadrat der Geschwindigkeit v:
$E_{Bewegung} = \frac{1}{2} \cdot m \cdot v^2$. → 6
Doppelte Geschwindigkeit → 4-fache Bewegungsenergie

Beim Abbremsen bis zum Stillstand wird die Bewegungsenergie ganz in thermische Energie umgewandelt. Je größer die Bremskraft F ist, desto kleiner ist der Bremsweg s. → 7 Es gilt:
$s = \frac{E_{Bewegung}}{F}$ und $F = \frac{E_{Bewegung}}{s}$.

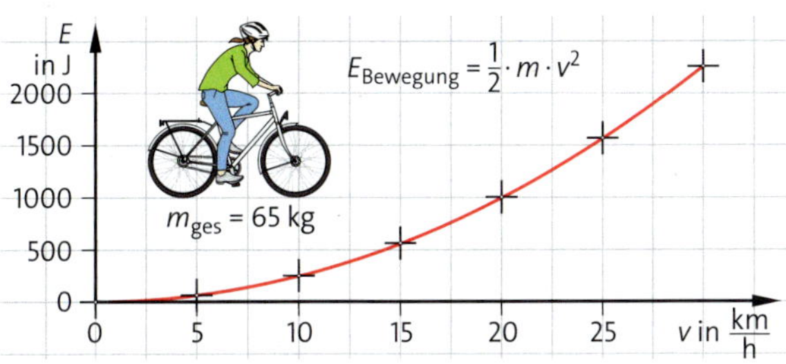

6 Bewegungsenergie beim Radfahren

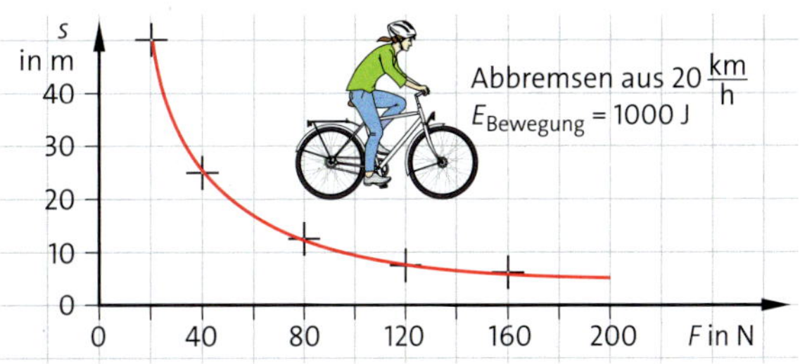

7 Bremskraft und Bremsweg

Wie gut wird die Energie genutzt? • Alle Geräte nutzen nur einen Teil der zugeführten Energie. Der Wirkungsgrad gibt an, wie groß der nutzbare Anteil ist. Er liegt zwischen 0 und 100 %. → 8

$$\text{Wirkungsgrad} = \frac{\text{nutzbare Energie}}{\text{zugeführte Energie}}$$

Je höher der Wirkungsgrad ist, desto besser nutzt ein Gerät die zugeführte Energie.

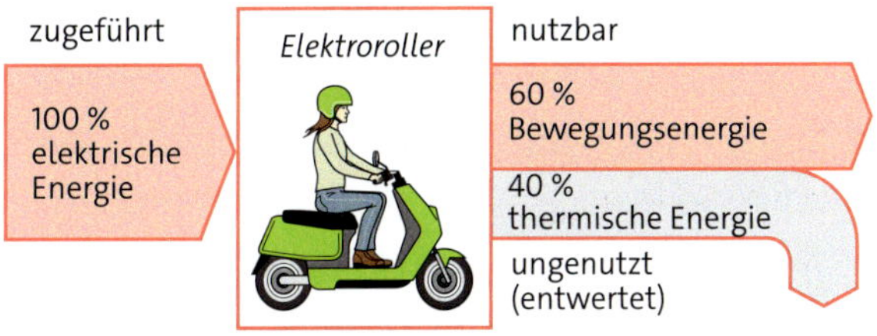

8 Wirkungsgrad: 60 %

Energie, Leistung, Wirkungsgrad

Teste dich! (Lösungen auf Seite 256 ff.)

Energie in Zahlen

1 Rechne die folgenden Energiewerte in Kilojoule (kJ) um:
230 J – 0,67 MJ – 98 000 J – 56 MJ.

Energie zum Bewegen und Heben

2 Im Getränkemarkt soll eine Palette Mineralwasser bewegt werden. Herr Schulze schiebt sie mit einer Kraft von 250 N über 30 m durch die 4 m hohe Tür bis zum Standplatz.

a Berechne die Energie, die Herr Schulze für den Transport benötigt.

b Herr Schulze hebt noch zwei Kisten (je 17 kg) von der Palette in das 50 cm höhere Regal. Berechne die Energie, die er ihnen zuführt.

Was leistest du?

1

3 Vor über hundert Jahren wurden mechanische Staubsauger eingesetzt. → 1

a Gib die Dauerleistung des „Motors" an.

b Ein moderner elektrischer Staubsauger darf nicht mehr als 900 W leisten. Vergleiche diese Leistung mit der Leistung des mechanischen Staubsaugers.

4 Martin (56 kg) und Tobias (53 kg) klettern 5 m lange Seile hoch. Nach 7,0 s sind beide oben.

a Gib an, wer physikalisch mehr leistet.

b Begründe deine Antwort.

c Berechne jeweils die Lageenergie oben.

d Berechne jeweils die Leistung.

Kraft verringert = Energie gespart?

5 „Die lange Astschere hat einen Vorteil und einen Nachteil." → 2 Begründe die Aussage.

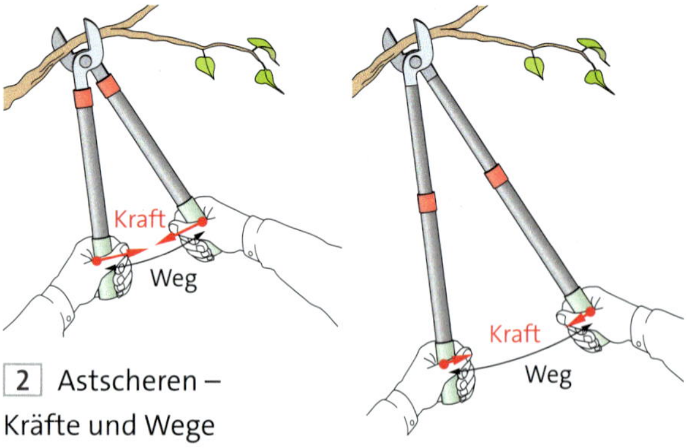

2 Astscheren – Kräfte und Wege

6 Der Arbeiter rollt ein schweres Fass eine lange Rampe hoch. → 3

a Gib an, welchen Vorteil die Rampe bringt.

b Ergänze: Die Kraft zum Heben des Fasses ist ⟨?⟩ so groß wie die Kraft zum Hochrollen.

c Berechne die beiden Kräfte.

d Berechne und vergleiche die zugeführte Energie.

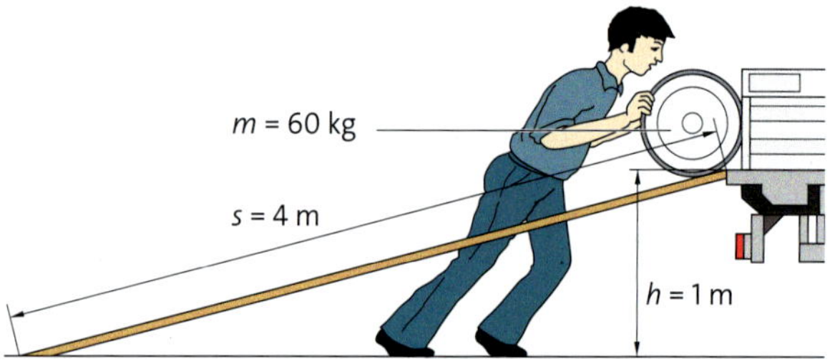

3 Mit der Rampe geht es leichter.

7 „Lass uns nicht den geschlängelten Wanderweg nehmen, sondern direkt zum Gipfel steigen!" – Nenne physikalische und nicht physikalische Gründe, die gegen diesen Vorschlag sprechen.

Wo bleibt die Energie?

8 ☒ Peter fährt mit seinem Mountainbike einen steilen Berg hinunter. Dabei muss er ständig bremsen. Unten am Berg kommt er zum Stehen. Die gesamte Lageenergie ist „verschwunden". Erkläre, was aus ihr geworden ist. Tipp: Die Gesamtenergie ⟨?⟩.

9 Das Modellauto startet. → 4

a ☒ Gib an, bis zu welchem Punkt das Auto auf der rechten Seite kommt: 1, 2 oder 3.

b ☒ Begründe deine Auswahl.

c ☒ „Das Auto kommt bis Punkt 2. Die Energie bleibt ja erhalten." Nimm Stellung dazu.

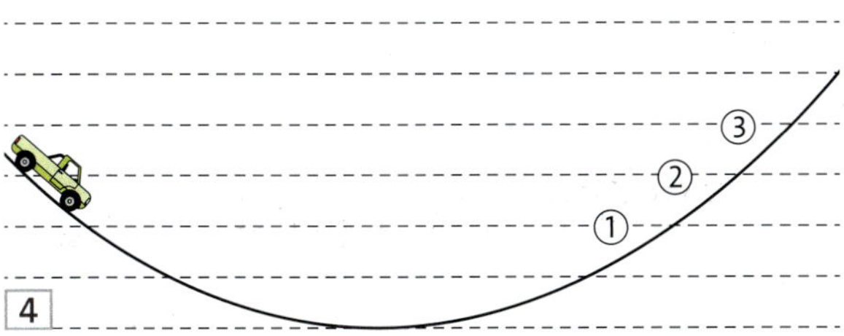

4

Bewegungsenergie und Bremsen

10 ☒ Ein Tischtennisball (m = 2,7 g) wird mit einer Geschwindigkeit von 180 $\frac{km}{h}$ geschmettert. Ein Elfmeterschütze schießt den Fußball (m = 430 g) mit einer Geschwindigkeit von 120 $\frac{km}{h}$ auf das Tor.
Welcher Ball hat die größere Bewegungsenergie? Begründe deine Antwort rechnerisch.

11 ☒ Bei einem Verkehrsunfall wird für einen Pkw (m = 1200 kg) eine 12 m lange Bremsspur gemessen. Die Sachverständige ermittelt eine Bremskraft von 6,8 kN. Berechne, ob der Pkw schneller als 50 $\frac{km}{h}$ fuhr.

Wie gut wird die Energie genutzt?

12 Der Ball springt immer weniger hoch. → 5

a ☒ Erkläre diese Beobachtung mithilfe der Energie.

b ☒ Ermittle den „Wirkungsgrad" des Balls. Beschreibe, wie du vorgehst.

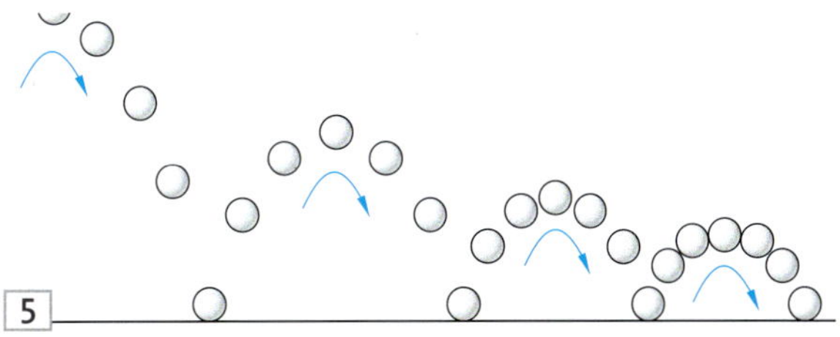
5

13 ☒ Motorroller

a Ein Benzinroller mit einem Wirkungsgrad von 20 % wandelt chemische Energie in eine Bewegungsenergie von 1 MJ um. Berechne, wie viel chemische Energie ihm dafür zugeführt werden muss.

b Berechne, wie viel elektrische Energie einem Elektroroller (Wirkungsgrad: 60 %) für eine Bewegungsenergie von 1 MJ zugeführt werden muss.

14 Unsere Muskeln haben bei Bewegungen einen Wirkungsgrad von höchstens 25 %.

a ☒ Beschreibe, was damit gemeint ist. Gib die zugeführte und die genutzte Energieform an. Zeichne die Energiekette.

b ☒ Jan steht mit seinem Fahrrad vor einem 200 m hohen Berg. „Das kostet mich 150 kJ. Wie viel Schokolade muss ich dafür essen?" Hilf ihm durch eine kleine Rechnung.
Tipp: Rechne mit einem Wirkungsgrad von 25 %. Jan muss also nicht nur 150 kJ zu sich nehmen, sondern ⟨?⟩.

Kraftwerke

Alles grün – oder? Wie setzt sich der „Strommix" heute zusammen? Lässt sich elektrische Energie in Zukunft klimaneutral bereitstellen?

Die Energieträger für Kraftwerke können fossil oder erneuerbar sein. Was ist damit gemeint? Welchen Energieträgern gehört die Zukunft?

Die Energiewende wird in Deutschland heiß diskutiert. Was ist damit gemeint und was soll sie bewirken?

Energieumwandlung in Kraftwerken

1 Wärmekraftwerk und Solarkraftwerk (Fotovoltaikanlage)

Viele verschiedene Kraftwerkstypen versorgen uns mit elektrischer Energie.

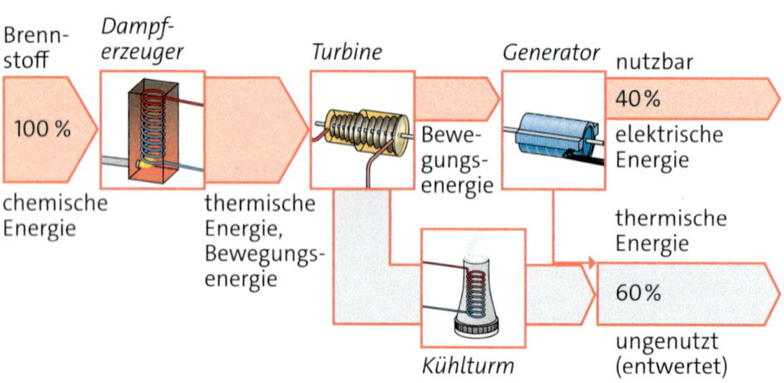

2 Energiekette eines Wärmekraftwerks

Wärmekraftwerke • In vielen Kraftwerken wird Gas oder Kohle verbrannt, um heißen Wasserdampf mit hohem Druck zu erzeugen. → 1 Die chemische Energie der Brennstoffe wird in thermische Energie und Bewegungsenergie des Dampfs umgewandelt. → 2 Er treibt eine Turbine an und diese einen Generator, der Bewegungsenergie in elektrische Energie umwandelt. Rund 40 % der zugeführten Energie werden in elektrische Energie umgewandelt, der Wirkungsgrad liegt bei 40 %.

Wärmekraftwerke wandeln thermische in elektrische Energie um.

Fossile Energieträger • Erdgas, Erdöl und Kohle sind fossile Energieträger (lat. fossilis: ausgegraben). Bei ihrer Verbrennung entsteht klimaschädliches Kohlenstoffdioxid (CO_2).

Fossile Energieträger sind vor vielen Hundert Millionen Jahren entstanden. Sie sind nicht erneuerbar.

Windkraftwerke • Winde wehen von Gebieten mit hohem Luftdruck zu Gebieten mit tiefem Luftdruck. In Windkraftwerken drehen die Winde große Rotoren, die Generatoren antreiben. → 3 4 Windkraftwerke nutzen dabei bis zu 50 % der Windenergie. Für größere Leistungen baut man immer höhere Anlagen, die die Landschaft verändern. Vögel, Fledermäuse und Insekten können beeinträchtigt und Menschen durch die Schatten und Geräusche der rotierenden Flügel gestört werden.

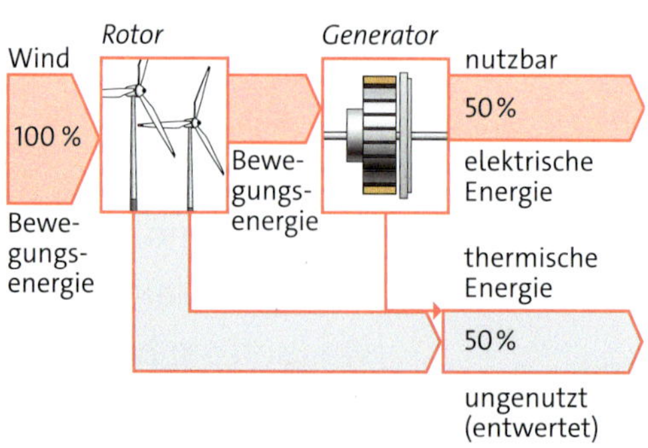

3 4 Windkraftwerke und Energiekette

das Wärmekraftwerk
die Fotovoltaikanlage
der Energieträger
das Windkraftwerk
das Wasserkraftwerk

Wasserkraftwerke • Das Wasser großer Flüsse hat viel Bewegungsenergie. Auch wenn man Wasser aus Talsperren herunterströmen lässt, ist seine Bewegungsenergie groß. → 5 In Wasserkraftwerken strömt das Wasser durch Turbinen, die Generatoren antreiben. Der Wirkungsgrad von Wasserkraftwerken liegt bei 90 %. → 6

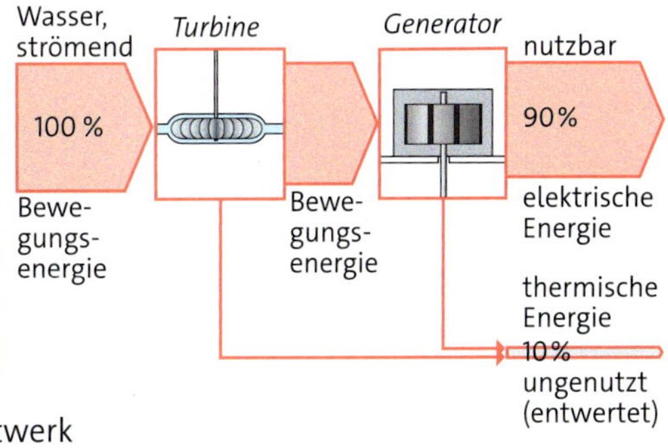

5 6 Wasserkraftwerk

Viele Kraftwerke wandeln Bewegungsenergie von Wasser und Wind in elektrische Energie um.

Fotovoltaikanlagen • Sonnenlicht transportiert viel Strahlungsenergie zur Erde. Solarzellen wandeln sie direkt in elektrische Energie um. → 7 Ihr Wirkungsgrad liegt bei 20 %.

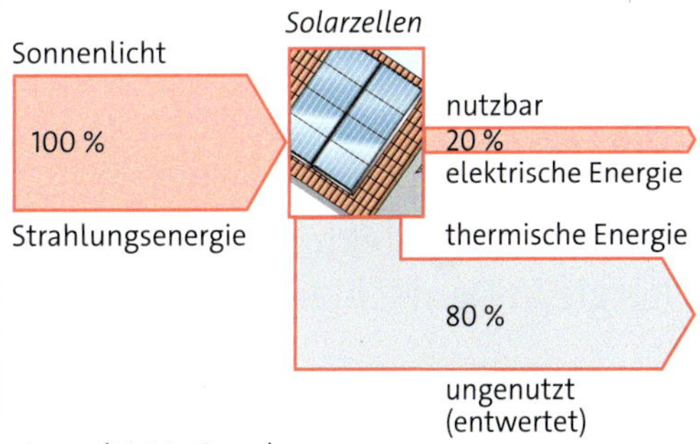

7 8 Fotovoltaikanlage (PV-Anlage)

Solarzellen wandeln die Strahlungsenergie des Sonnenlichts direkt in elektrische Energie um (Fotovoltaik).

Erneuerbare Energieträger • Sonnenlicht, Wind und Wasser stehen immer wieder neu zur Verfügung. Sie sind erneuerbare Energieträger. Man spricht auch von regenerativen Energieträgern. Dazu gehören ebenfalls die Brennstoffe Holz und Biogas. Biogas entsteht zum Beispiel, wenn pflanzliche Reste unter Sauerstoffabschluss zersetzt werden. Beim Verbrennen von Holz und Biogas entsteht nur so viel CO_2, wie die Pflanzen zuvor beim Wachsen aufgenommen haben.

Erneuerbare Energieträger stehen immer wieder neu zur Verfügung.

Kernkraftwerke • In diesen Wärmekraftwerken entsteht die thermische Energie zum Verdampfen von Wasser bei der Kernspaltung von Uran. → S. 188 Der Energieträger Uran ist weder fossil noch erneuerbar.

Aufgaben

1 Beschreibe, wie ein Kohlekraftwerk funktioniert. → 2

2 Vergleiche, wie Wind- und Wasserkraftwerke sowie Fotovoltaikanlagen funktionieren.

3 Erkläre, warum man Wind und Wasser als erneuerbare Energieträger bezeichnet.

Basiskonzepte

Energie
System
→ Seite 266 f.

Energieumwandlung in Kraftwerken

Material A

Wie hoch ist der Anteil der nutzbaren Energie?

Die verschiedenen Kraftwerkstypen wandeln die zugeführte Energie nicht hundertprozentig in nutzbare elektrische Energie um. → 1

Kraftwerkstyp	Wirkungsgrad
Braunkohlekraftwerk	bis 43 %
Steinkohlekraftwerk	bis 46 %
Wasserkraftwerk	bis 90 %
Windkraftwerk	bis 50 %

1 Anteile elektrischer Energie

1 ◪ Vergleiche die Wirkungsgrade bei Wasser- und Kohlekraftwerken.

2 ⊠ Zeichne die Energieketten für ein Wasserkraftwerk und für ein Windkraftwerk. Achte auf die Dicke der Pfeile.

Material B

Bereitstellung elektrischer Energie in Deutschland

1 Die Anteile der Energieträger an der Bereitstellung unserer elektrischen Energie verändern sich. → 2 3

a ◪ Nenne die erneuerbaren Energieträger.

b ⊠ Stelle die Anteile der erneuerbaren Energieträger an der Bereitstellung elektrischer Energie in den Jahren 2000 und 2020 in einem Balkendiagramm dar.

c ⊠ Der Strommix zeigt eine Entwicklung. Beschreibe sie. Gib an, welche Vorteile die Entwicklung mit sich bringt.

2 MK ⊠ Informiere dich aus verschiedenen Quellen über den Strommix in Deutschland im vergangenen Jahr. Dokumentiere deine Quellen. Stelle den Strommix im Diagramm dar (verwende z. B. ein Tabellenkalkulationsprogramm). Vergleiche ihn mit dem Jahr 2020.

3 ⊠ Vermute, wie sich unser Strommix in den nächsten Jahrzehnten verändern wird. Gehe dabei auf die einzelnen Energieträger ein.

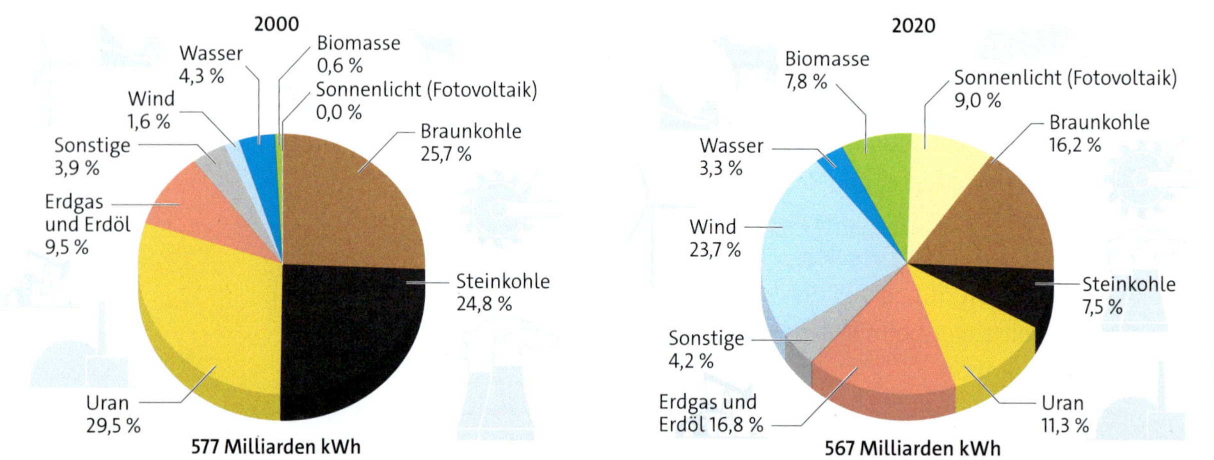

2 3 Bereitstellung elektrischer Energie nach Energieträgern („Strommix") in den Jahren 2000 und 2020

Material C

Schwankende Leistung

Das Windkraftwerk eines Dorfs hat eine maximale Leistung von 3,0 MW. → 4

4

1 Das Diagramm zeigt, wie die Leistung des Kraftwerks von der Windgeschwindigkeit abhängt. → 5

a Nenne die Windgeschwindigkeit, bei der die maximale Leistung erreicht wird.

b Gib an, wie hoch jeweils die Leistung bei Windgeschwindigkeiten von 6 und 10 $\frac{m}{s}$ ist.

2 In einem Windpark liefern 80 Kraftwerke dieses Typs elektrische Energie ins Netz.

a Berechne die gelieferte elektrische Energie des Windparks in Kilowattstunden (kWh) für einen
- windschwachen Monat (durchschnittliche Windgeschwindigkeit 8 $\frac{m}{s}$)
- windstarken Monat (durchschnittliche Windgeschwindigkeit 12 $\frac{m}{s}$)

Gehe jeweils von 28 Betriebstagen aus.

b Berechne die Vergütung für die elektrische Energie, die vom Windpark in einem Jahr geliefert wird. Gehe von einer mittleren Windgeschwindigkeit von 10 $\frac{m}{s}$ und 300 Betriebstagen aus. Rechne mit einer Vergütung für von 0,08 € pro kWh.

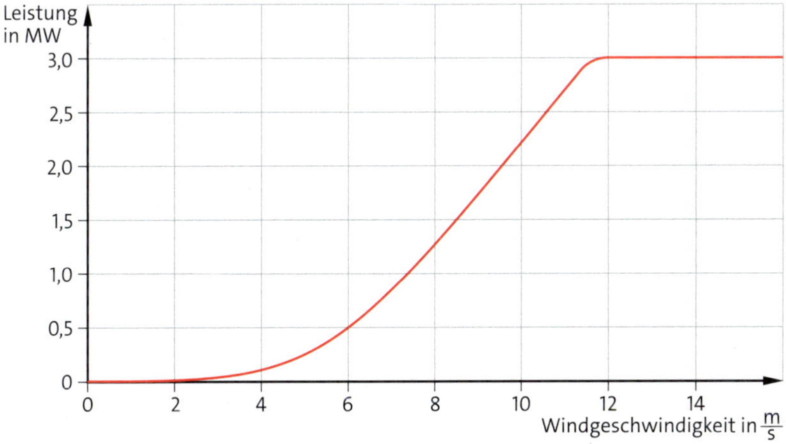

5 Leistungen des Windkraftwerks

Material D

Projekt: Nutzung erneuerbarer Energie in unserer Nachbarschaft

1 Informiert euch, wo in eurer Nähe Kraftwerke stehen, die erneuerbare Energieträger nutzen. Teilt euch in Gruppen für die einzelnen Kraftwerke auf.

a Beschreibt den Standort der Anlagen.

b Gebt die auftretenden Energieformen an und zeichnet die Energieketten.

c Sammelt aus geeigneten Quellen technische Daten der Anlagen, zum Beispiel Leistung und Kosten pro kWh elektrischer Energie.

d Befragt Anwohnende der Anlagen. Sammelt ihre Argumente für und gegen diese Form, erneuerbare Energieträger zu nutzen.

2 MK Stellt euch eure Ergebnisse mit kurzen Videos, Computerpräsentationen oder Plakaten vor.

3 Gebt euch gegenseitig ein konstruktives Feedback zu euren Präsentationen. Sind die Ergebnisse verständlich, übersichtlich und richtig dargestellt? Würdigt besonders gut gelungene Punkte.

Stauseen als Energiespeicher

1 Wasserkraftwerk am Fuß eines Staudamms

Viele Wasserkraftwerke liegen an Stauseen oder haben hoch gelegene Speicherbecken. Welche Vorteile bringt das?

Elektrische Energie aus Lageenergie • Stauseen speichern aufgrund des Höhenunterschieds zum Kraftwerk und der großen Wassermenge sehr viel Lageenergie. → 2 Wenn das Wasser durch die Rohre nach unten strömt, wandelt sich seine Lageenergie in Bewegungsenergie um. Es treibt im Kraftwerk Turbinen mit angekoppelten Generatoren an. Die Bewegungsenergie wird in elektrische Energie umgewandelt. Der Wirkungsgrad ist mit rund 90 % sehr hoch. Ein weiterer Vorteil ist, dass diese Wasserkraftwerke schnell eingeschaltet werden können, wenn viel elektrische Energie benötigt wird. Und bei geringem Energiebedarf können sie rasch abgeschaltet werden.

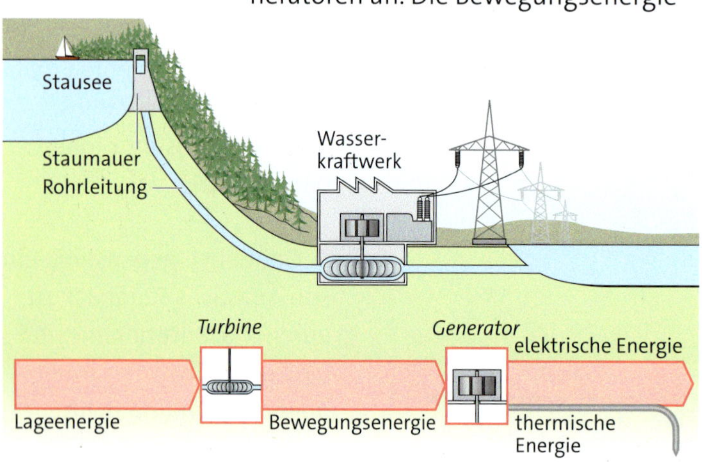

2 Wasserkraftwerk mit Stausee

Lageenergie aus elektrischer Energie • Manchmal wird mehr elektrische Energie bereitgestellt als nötig:

- Bei starkem Wind und hoher Sonneneinstrahlung können Windkraftwerke und Fotovoltaikanlagen zu viel elektrische Energie erzeugen.
- Nachts wird oft nur sehr wenig elektrische Energie benötigt.

Einige Wasserkraftwerke nutzen die überschüssige elektrische Energie, um Wasser in ein hoch gelegenes Speicherbecken zu pumpen. → 4 Wenn man wieder elektrische Energie benötigt, lässt man das Wasser durch die Turbinen nach unten strömen.

Wasserkraftwerke mit Speicherseen haben einen sehr hohen Wirkungsgrad. Ihre Leistung lässt sich schnell an den Bedarf anpassen.

Aufgaben

1 Nenne Vorteile von Wasserkraftwerken mit Speicherseen.

2 Vermute Gründe, warum in Deutschland nicht noch mehr Wasserkraftwerke gebaut werden.

Material A

Energieumwandlungen Möhnetalsperre

3 Möhnetalsperre

1 Der Stausee an der Möhnetalsperre (Nordrhein-Westfalen) hat eine Wasserhöhe von 32 m über den Turbinen des Wasserkraftwerks. → 3 Es stürzen pro Sekunde 12 000 Liter Wasser auf die Turbinen.

a Berechne, wie viel Lageenergie pro Sekunde umgewandelt wird. Rechne zur Vereinfachung damit, dass auf 1 Liter Wasser eine Gewichtskraft von 10 N wirkt.

b Der Generator im Kraftwerk hat einen Wirkungsgrad von 90 %. Bestimme seine elektrische Leistung.

c Diskutiert, was geändert werden könnte, um die elektrische Leistung um 20 % zu erhöhen.

Material B

Wasserkraftwerk mit Pumpbetrieb

1 Beschreibe die Vorgänge im Kraftwerk beim Herunterfließen und beim Hinaufpumpen des Wassers. → 4 Zeichne die Energieketten.

2 Erkläre die Bezeichnung Pumpspeicherkraftwerk.

3 Vergleiche die Vorgänge im Kraftwerk mit den Vorgängen beim Laden und Nutzen von Akkus. → 5 6

4 „Erst wird das Wasser im Kraftwerk mühsam hochgepumpt, um es später wieder runterlaufen zu lassen. Das ist doch Unsinn.“ Nimm Stellung dazu.

4 Wasserkraftwerk in Geesthacht (Schleswig-Holstein)

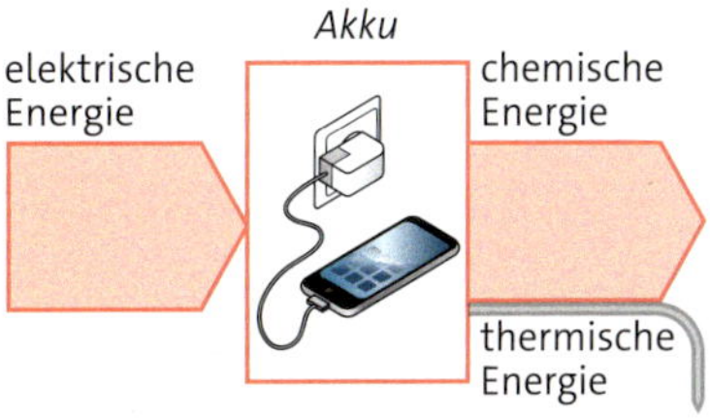

5 Handyakku aufladen

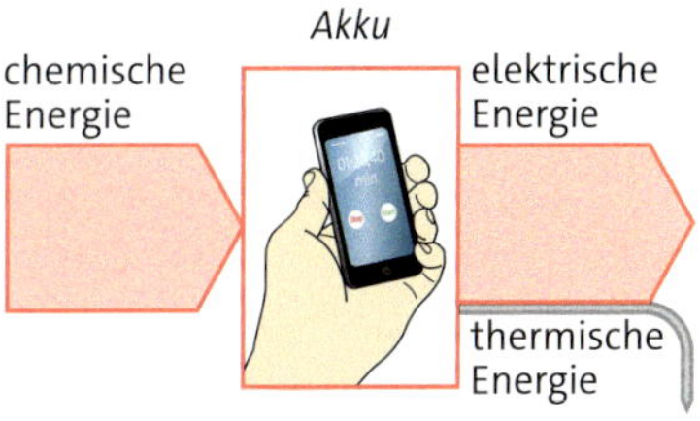

6 Handyakku nutzen

Einige Kraftwerke im Überblick

	Wärmekraftwerke	Biogasanlagen mit Wärmekraftwerk
Wirkungsgrad	35–60 %	ca. 30 %
Energieträger	Kohle, Erdgas, Biogas, Müll, Holzabfälle, Uran	Pflanzliche und tierische Abfälle
Standort	an Gewässern (Kühlung erforderlich) Eine günstige Verkehrsanbindung (Eisenbahn, Schifffahrt), Lagerflächen und Kühlmöglichkeiten sind nötig.	in der Nähe von landwirtschaftlichen Betrieben, wo die Energieträger (pflanzliche und tierische Abfälle) zur Verfügung stehen
Beeinflussung der Umwelt	Abwärme heizt die Umwelt auf. Kohle und Erdgas: Ausstoß großer Mengen CO_2 mit Folgen für das Klima (Klimawandel) Biogas, Holzabfälle: Ausstoß von CO_2, aber klimaneutral, da Teil eine CO_2-Kreislaufs Uran: im Betrieb kein Ausstoß von CO_2; Umwelt muss vor Radioaktivität geschützt werden.	Es wird meist Mais als Energieträger nur für die Biogasanlagen angebaut: Veränderung der Landschaft, intensive Bodennutzung mit starker Düngung nötig; Geruchsbelästigung in der Nähe der Anlagen.
Aussichten für die Zukunft in Deutschland	Wärmekraftwerke mit Verbrennung werden in Zukunft weniger zum Einsatz kommen. Auf die klimaschädlichen Kohlekraftwerke soll bald ganz verzichtet werden. Kernkraftwerke sind in Deutschland nur noch für eine kurze Übergangszeit in Betrieb.	Ein verstärkter Ausbau in der Zukunft ist wenig wahrscheinlich. Großer Flächenbedarf und intensive Bodennutzung stehen dem entgegen. Sinnvoll sind nur Anlagen, die das Gas auch zum Heizen nutzen und damit die Nutzung der Energie steigern.
CO_2 pro kWh elektrischer Energie (inklusive Bau, Betrieb und Abriss der Kraftwerke)	Erdgas: 400–550 g Kohle: 750–1200 g Uran: 4–110 g	200–250 g

1 Vergleich von Kraftwerken bei der Bereitstellung elektrischer Energie

Aufgaben

1 Ordne die Fotos den Kraftwerkstypen zu. → 2 – 6

2 Ordne die Kraftwerke nach dem Anteil der zugeführten Energie, die als elektrische Energie nutzbar wird.

3 Vergleiche, wie stark die Kraftwerke die Umwelt mit CO_2 belasten.

2

3

Wasserkraftwerke	Windkraftwerke	Solarkraftwerke (Fotovoltaik)
70–96 %	30–50 %	15–20 %
Wasser kein Bedarf an Brennstoffen	Wind kein Bedarf an Brennstoffen	Sonnenlicht kein Bedarf an Brennstoffen
Stauseen im Bergland, Staustufen von Flüssen	Der Standort muss windreich sein (volle Leistung bei Windstärke 6–7): Bau vor allem im Meer, an Küsten, auf Bergen und Anhöhen.	Montage auf allen Hausdächern mit Südlage, freie Felder
Beim Bau von Stauseen und Staustufen wird erheblich in das Landschaftsbild und in die Natur eingegriffen (Beispiel: Fischwanderung wird behindert).	Lärm durch Rotorblätter, Beeinträchtigung des Landschaftsbilds, flimmernder Schatten durch bewegte Rotorblätter Gefährdung von Vögeln, Fledermäusen und Insekten	Während des Betriebs wird die Umwelt nicht belastet, dafür aber bei der Herstellung und Entsorgung der Anlagen. Die Anlagen bedecken eine große Fläche.
Die existierenden Wasserkraftwerke werden weiter genutzt werden. Wasserkraft ist in Deutschland mit bisherigen Anlagen aber kaum noch ausbaubar, nur der Bau von kleineren Kraftwerken ist möglich.	Die Aussichten sind gut. Im Meer und und an Küsten gibt es noch Ausbaumöglichkeiten. Zur Versorgungssicherheit ist der Ausbau des Verbundnetzes (Leitungen von Nord- nach Süddeutschland) und eine Zwischenspeicherung an windreichen Tagen nötig.	Die Aussichten sind gut, insbesondere bei zunehmender Ausnutzung der Strahlungsenergie und geringeren Herstellungskosten. Zur Versorgungssicherheit ist der Ausbau des Verbundnetzes und eine Zwischenspeicherung an sonnenscheinreichen Tagen nötig.
10–40 g	10–40 g	50–100 g

4

5

6

Energie in Kraftwerken besser nutzen

1 Wärmekraftwerk mit Kraft-Wärme-Kopplung (Heizkraftwerk)

Das Heizkraftwerk wandelt 40 % der zugeführten Energie in elektrische Energie um. Trotzdem hat es einen Wirkungsgrad von 88 %. Wie ist das möglich?

Wirkungsgrad von Wärmekraftwerken • Viele Wärmekraftwerke wandeln chemische Energie von Brennstoffen in elektrische Energie um. → 2 Die Umwandlung erfolgt nicht zu 100 %. Es wird auch viel thermische Energie erzeugt. Wenn sie ungenutzt in die Umgebung gelangt, beträgt der Wirkungsgrad des Kraftwerks nur etwa 40 %.

Basiskonzept

Energie
System
→ Seite 266 f.

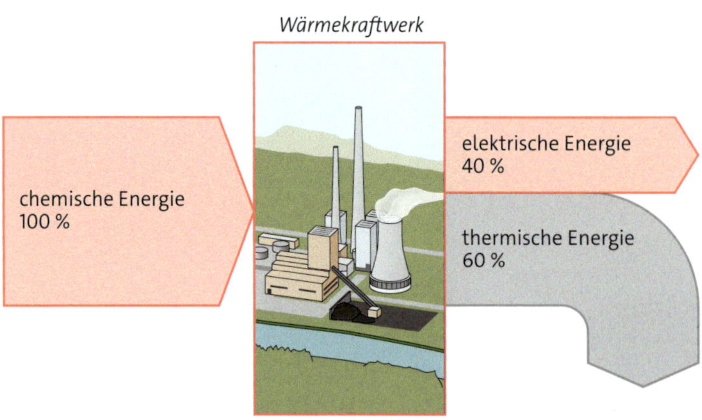

2 Wärmekraftwerk mit einem Wirkungsgrad von 40 %

Prozesse im Wärmekraftwerk • In vielen Wärmekraftwerken werden Brennstoffe verbrannt, um Wasser zu verdampfen und den Wasserdampf zu erhitzen. → 3 A Dadurch steigt die Temperatur des Dampfs über 500 °C und sein Druck liegt bei 18 Millionen Pascal! Zum Vergleich: Der Schweredruck in 10 m Wassertiefe beträgt „nur" 100 000 Pa.
Der heiße Dampf mit hohem Druck treibt Turbinen an und die Turbinen treiben einen Generator an. → 3 B Die Temperatur des Dampfes sinkt durch die Abgabe seiner thermischen Energie auf etwa 40 °C und sein Druck auf ungefähr 5000 Pa.
Danach strömt der Dampf durch den Kondensator. → 3 C Wozu dient dieses Bauteil? Im Wärmekraftwerk strömt die Energie besonders effektiv vom Dampferzeuger durch die Turbine zum Generator, wenn die Druck- und der Temperaturunterschiede des Dampfs vor und nach der Turbine besonders groß sind. Deshalb gibt man dem Dampf in der Turbine Raum, um sich auszudehnen. Und der Dampf wird im Kondensator stark gekühlt. Dabei gibt der Dampf thermische Energie an das Wasser im Kühlkreislauf ab und kondensiert. Das erwärmte Wasser gibt seine thermische Energie schließlich über den Kühlturm ungenutzt an die Umgebung ab.
Je größer der Temperaturunterschied des Dampfs vor und nach der Turbine ist, desto besser wird die zugeführte Energie in elektrische Energie umgewandelt. Es gilt also:

das Wärmekraftwerk
die Kraft-Wärme-Kopplung
das Heizkraftwerk
der Kondensator

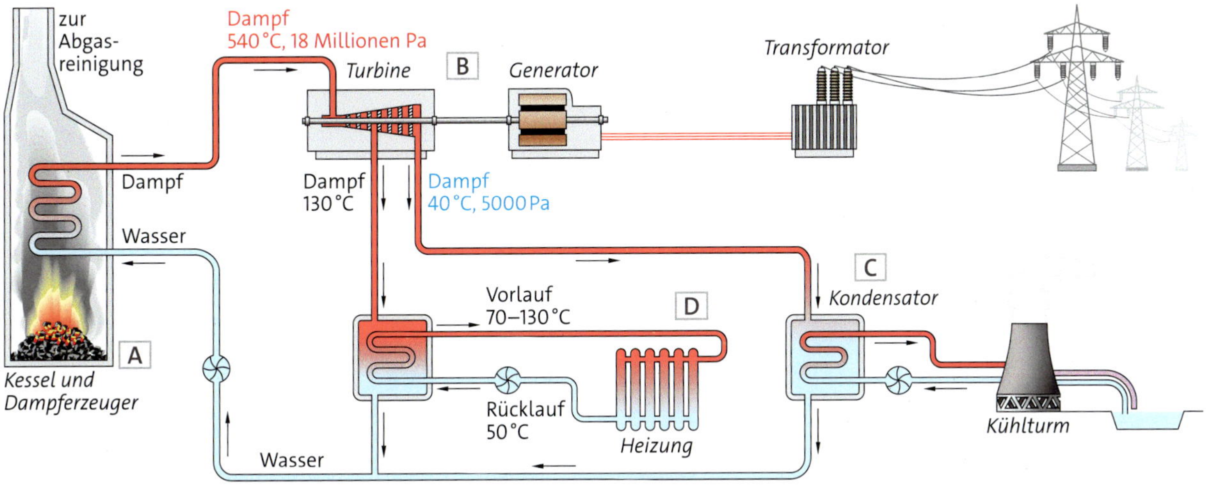

3 Vereinfachter Aufbau eines Wärmekraftwerks mit Kraft-Wärme-Kopplung (Heizkraftwerk)

Der Wirkungsgrad eines Wärmekraftwerks ist umso größer, je mehr sich die Temperaturen vor und nach der Turbine unterscheiden.

Wärmenutzung erhöht Wirkungsgrad • Kraftwerke mit Kraft-Wärme-Kopplung nennt man Heizkraftwerke. Sie geben zusätzlich zur elektrischen Energie auch thermische Energie zum Heizen von Fabriken und Häusern ab. → 3 D Dazu wird ein Teil des heißen Dampfs aus der Turbine abgeleitet. Das spart beim Heizen Rohstoffe und senkt dadurch den Ausstoß von CO_2. Der elektrische Wirkungsgrad nimmt durch das Abzweigen von heißem Dampf etwas ab. Der Gesamtwirkungsgrad des Heizkraftwerks beträgt aber fast 90 %. → 4

Kraftwerke mit Kraft-Wärme-Kopplung (z. B. Heizkraftwerke) nutzen einen Großteil der Energie aus der Verbrennung der Brennstoffe. Ihr Wirkungsgrad beträgt bis zu 90 %.

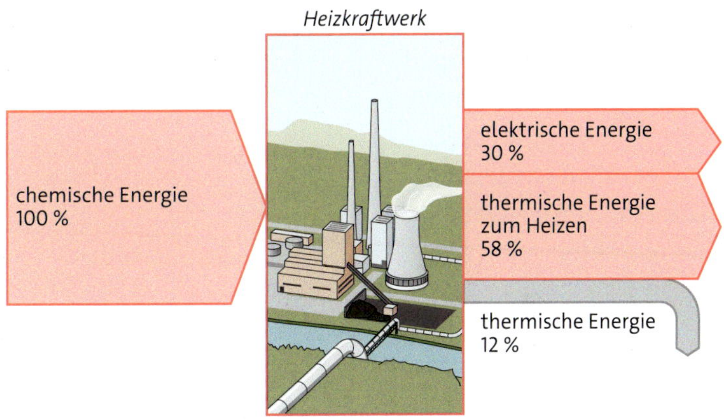

4 Heizkraftwerk mit einem Wirkungsgrad von 88 %

Aufgaben

1 ☒ Beschreibe die Vorgänge im Heizkraftwerk. → 3

2 ☒ Beschreibe, wie man in Wärmekraftwerken einen hohen Wirkungsgrad erzielen kann.

3 ☒ Nenne Gründe, warum eine Steigerung des Wirkungsgrads bei Wärmekraftwerken wichtig ist.

Energie in Kraftwerken besser nutzen

Material A

Thermogenerator

Wie man im Kraftwerk den Wirkungsgrad erhöhen kann, lässt sich am Thermogenerator zeigen. → 1 Das heiße Wasser entspricht dem Dampf vor der Turbine. Das kalte Wasser entspricht dem abgekühlten Dampf nach der Turbine. Der Thermogenerator entspricht Turbine und Generator.

Materialliste: Thermogenerator, Solarmotor mit Propeller, Kabel, kleine Marmeladengläser mit Metalldeckel, Wasser mit verschiedenen Temperaturen, Eiswasser, Thermometer

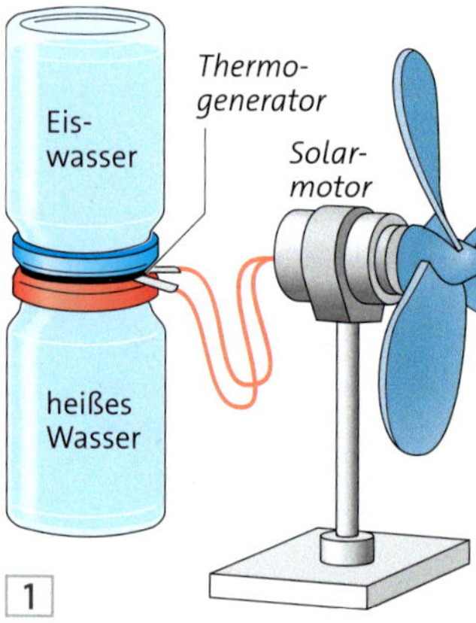

1

Temperatur oben	Temperatur unten	Propeller dreht:
20 °C	20 °C	nicht
20 °C	60 °C	?
0 °C	60 °C	?
?	?	?

2 Beispieltabelle

Achtung • Verwendet bei heißem Wasser Topflappen oder hitzebeständige Handschuhe!

1 Stellt zwei Gläser aufeinander, die mit Wasser unterschiedlicher Temperaturen gefüllt sind. Schiebt den Thermogenerator dazwischen. → 1 Beschreibt eure Beobachtung.

2 Legt eine Tabelle für eure Ergebnisse an. → 2 Ermittelt die Temperaturdifferenz, bei der
a der Propeller gerade noch in Bewegung kommt.
b sich der Propeller besonders schnell dreht.

Material B

Stirlingmotor

1 Notiere die Aussagen des Textes in Kurzform. → 3

2 Zeichne die Energiekette für den Stirlingmotor.

3 Überprüfe die Aussagen durch einen Versuch.

4 Begründe, weshalb der Wirkungsgrad des Stirlingmotors unter 100 % liegt.

Heizt man den Zylinder und kühlt die Kühlrippen, rotieren die Räder schnell. Heizt man auch die Kühlrippen, wird die Drehung langsamer. Ohne Temperaturunterschied bleibt der Motor stehen.

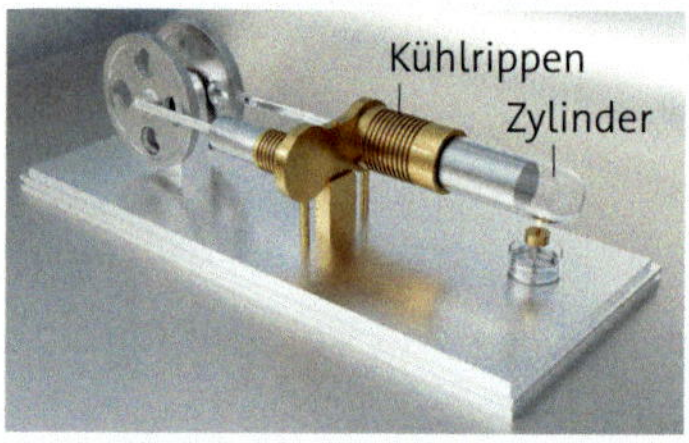

Zylinder	Kühlrippen	Motor dreht sich:
heiß	kalt	?
heiß	warm	?
heiß	heiß	?

3 Stirlingmotor im Einsatz

Erweitern und Vertiefen

Kombinierte Wärmekraftwerke

Gas-und-Dampf-Kraftwerke • Bei GuD-Kraftwerken wird z. B. Erdgas in einer Gasturbine verbrannt. → 4 Das Abgas ist bis zu 1500 °C heiß und steht unter sehr hohem Druck. Es treibt die Gasturbine an und diese einen Generator für elektrische Energie. Das Abgas verlässt die Turbine mit einer Temperatur von 600 °C. Seine thermische Energie wird genutzt, um Wasser zu verdampfen. Der heiße Dampf treibt eine Dampfturbine an und diese einen weiteren Generator. Der Temperaturunterschied vor und nach den Turbinen beträgt rund 1500 °C (Kohlekraftwerk: 500 °C). Der elektrische Wirkungsgrad des GuD-Kraftwerks ist daher mit ca. 60 % besonders hoch.

Blockheizkraftwerke • Diese Kraftwerke erreichen besonders hohe Wirkungsgrade von bis zu 90 %, weil sie auch die Abwärme des Kühlwassers und der Abgase nutzen. Beispielsweise treibt ein Gasmotor einen Generator an, der elektrische Energie bereitstellt. → 5 Das Kühlwasser und die Abgase erwärmen in einem Wärmetauscher Wasser zum Heizen oder für das warme Wasser in Wohnungen. Blockheizkraftwerke werden deshalb oft in der Nähe von Häusern und Fabriken gebaut. Im Vergleich zu Kraftwerken ohne Nutzung der Abwärme und zusätzlichen Heizanlagen nutzen sie die zugeführte Energie besser und erzeugen weniger CO_2.

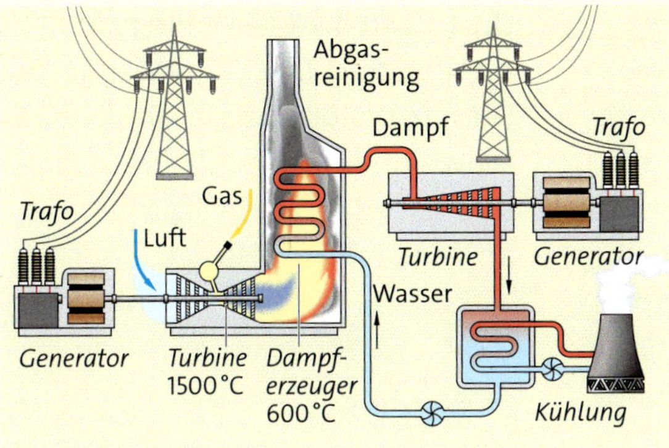

4 Aufbau eines Gas-und-Dampf-Kraftwerks

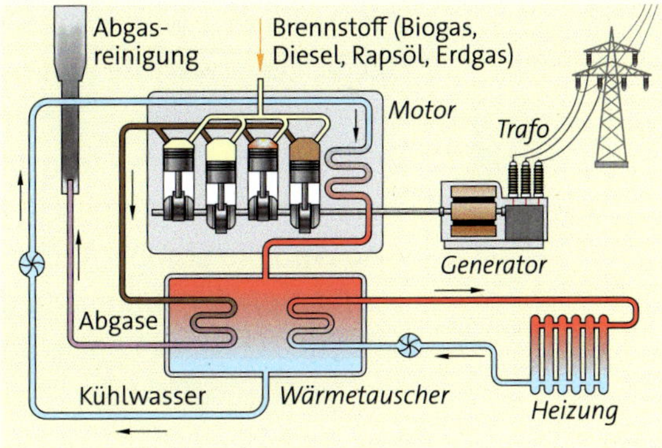

5 Aufbau eines Blockheizkraftwerks

Aufgaben

1 GuD-Kraftwerke

a Erkläre die Bezeichnung GuD-Kraftwerk.

b Beschreibe, wie im GuD-Kraftwerk elektrische Energie bereitgestellt wird. Erkläre den hohen elektrischen Wirkungsgrad.

2 Blockheizkraftwerke

a Erkläre, weshalb der Wirkungsgrad beim Blockheizkraftwerk so hoch ist.

b Erkläre, wieso Blockheizkraftwerke oft in der Nähe von Wohnanlagen gebaut werden.

Treibhauseffekt der Atmosphäre

1 Die Atmosphäre der Erde

Die Atmosphäre liegt wie eine leichte Decke über der Erde. Sie sorgt dafür, dass die Durchschnittstemperatur an der Erdoberfläche bei 15 °C liegt. Ohne Atmosphäre wären es nur –19 °C.

Natürlicher Treibhauseffekt • Das Sonnenlicht transportiert sehr viel Energie zur Erde und erwärmt die Erdoberfläche. Die erwärmte Erdoberfläche erwärmt die Atmosphäre, die über ihr liegt. Die erwärmte Atmosphäre gibt viel thermische Energie zur Erde hin ab. Also wird die Erdoberfläche doppelt erwärmt: von der Sonne und der Atmosphäre. Das ist im Prinzip der natürliche Treibhauseffekt der Atmosphäre.

Verstärkter Treibhauseffekt • Der Treibhauseffekt ist umso stärker, je mehr Kohlenstoffdioxid (CO_2), Methan (CH_4), Lachgas (N_2O) und Wasserdampf in der Atmosphäre enthalten sind. Die Menge dieser Treibhausgase in der Atmosphäre nimmt immer mehr zu:

- Die Menschheit verbrennt Unmengen an Kohle, Öl und Gas. Dabei entsteht sehr viel Kohlenstoffdioxid.
- Methan entsteht unter anderem beim Anbau von Reis und bei der Massentierhaltung.
- Lachgas entsteht bei übermäßigem Einsatz von Stickstoffdünger in der Landwirtschaft.

Berechnungen sagen voraus, dass die Durchschnittstemperatur an der Erdoberfläche durch die Verstärkung des Treibhauseffekts bis zum Jahr 2100 um mehr als 1,5 °C ansteigen wird.

Durch den natürlichen Treibhauseffekt der Atmosphäre liegt die Durchschnittstemperatur an der Erdoberfläche bei 15 °C.
Die Menschheit verstärkt zurzeit den Treibhauseffekt. Dadurch wird die Erde weiter erwärmt.

Die Folgen der Erwärmung können dramatisch sein: Das Klima wandelt sich, Dürren, Waldbrände, Stürme und Überschwemmungen nehmen zu, Gletscher schmelzen ab, Meeresspiegel steigen an, Land wird überflutet ...

Aufgaben

1 Nenne die Treibhausgase.

2 Beschreibe den natürlichen Treibhauseffekt der Atmosphäre.

3 Nenne mögliche Folgen des verstärkten Treibhauseffekts.

4 Schlage Maßnahmen gegen die Verstärkung des Treibhauseffekts vor.

der Treibhauseffekt
der Atmosphäre
die Treibhausgase

Material A

Temperaturanstieg und CO_2

1 Die Durchschnittsgeschwindigkeit bei einem Lauf sagt nichts darüber aus, ob du schnell gestartet bist und dann langsamer wurdest oder ob es umgekehrt war. Bei der Durchschnittstemperatur der Erde ist es ähnlich.

a ☒ Beschreibe, wie sich die Temperatur an der Erdoberfläche von 1880 bis heute verändert hat. → 2

b ☒ Vergleiche die beiden Kurven miteinander. → 2 3 Beschreibe, was dir auffällt.

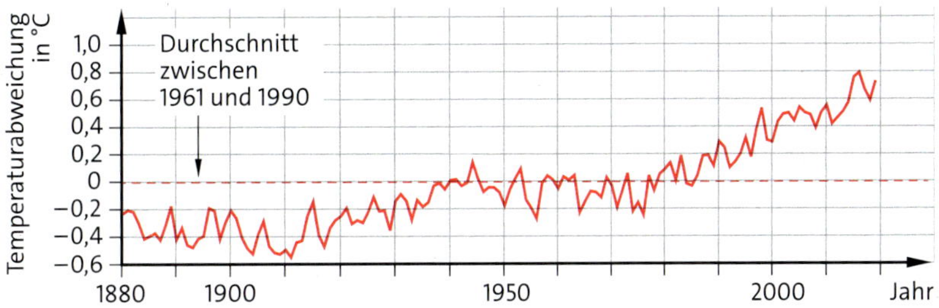

2 Abweichung von der Durchschnittstemperatur auf der Erde

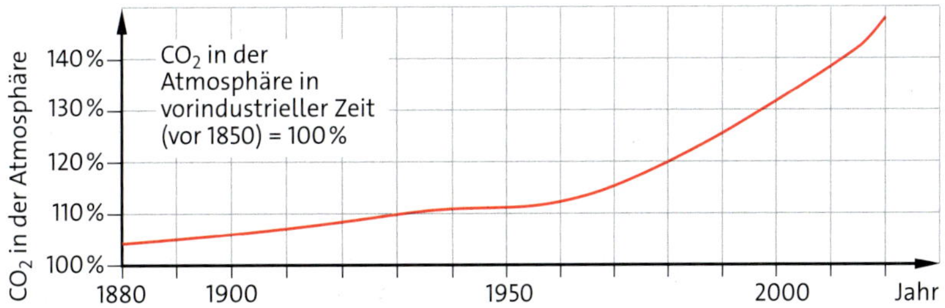

3 Zunahme des Anteils an CO_2 in der Atmosphäre

Material B

Ende des Permafrosts

1 ☒ Erkläre den Begriff Permafrostboden. → 4 Gib die Ursache für das Auftauen an.

2 ☒ Erkläre, warum die aufgetauten Böden Kohlenstoffdioxid und Methan abgeben.

3 ☒ „Methan ist für die Atmosphäre besonders problematisch." Erkläre die Aussage.

4 ☒ Beschreibe, wie sich die Erwärmung der Permafrostböden selbst verstärkt.

Die globale Erwärmung kann sich in manchen Gebieten der Erde sehr stark auswirken. Ein Beispiel sind die ausgedehnten Permafrostböden in weiten Teilen Sibiriens, Nordamerikas und Tibets. Diese Böden waren bis vor Kurzem permanent (ständig) gefroren. Sie enthalten riesige Mengen abgestorbener Pflanzen. Wenn die Permafrostböden auftauen, zersetzen Mikroorganismen dieses kohlenstoffreiche Material. Dabei entstehen Kohlenstoffdioxid und Methan, die in die Atmosphäre entweichen. Methan verstärkt den Treibhauseffekt der Atmosphäre noch viel kräftiger als Kohlenstoffdioxid, sodass die Temperatur noch mehr ansteigt. Die Permafrostböden tauen dann schneller auf und es entweichen immer mehr Treibhausgase in immer kürzerer Zeit. Die Erwärmung verstärkt sich also selbst. Wenn dieser Prozess erst einmal eingesetzt hat, kann er kaum noch rückgängig gemacht werden.

4 Das Auftauen der Permafrostböden und seine Folgen

Treibhauseffekt der Atmosphäre

Material C

Wie wird sich das Klima entwickeln?

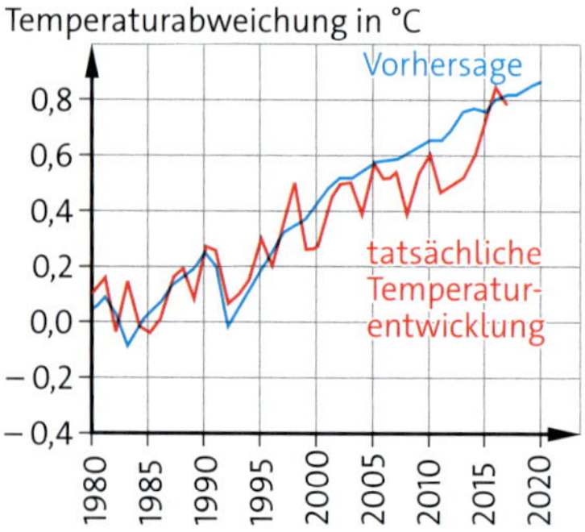

1 Vorhersage und tatsächliche Temperaturentwicklung

Die Wissenschaft versucht, die Veränderungen des weltweiten Klimas vorherzusagen. Sie „füttert" die leistungsstärksten Computer der Welt mit Klimamodellen.

1 ☒ Wie gut können Klimamodelle die Temperaturentwicklung vorhersagen? Vergleiche die rote und die blaue Kurve im Diagramm und ziehe eine Schlussfolgerung. → 1

2 Vorhersagen und Ziele für den Anstieg der Temperatur bis zum Jahr 2100 unterscheiden sich deutlich. → 2

a ☒ Lies den geringsten Wert ab, der derzeit erreichbar ist.

b ☒ Informiere dich über die in Deutschland geplanten Maßnahmen zum Erreichen der Klimaziele.

c ☒ Bewerte die Maßnahmen im Hinblick auf die erwarteten Folgen des Klimawandels. → 3

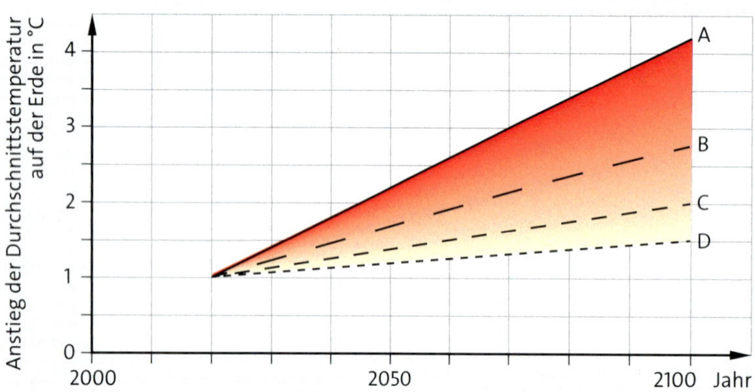

Möglichkeiten der Entwicklung

A Die Treibhausgas-Emissionen bleiben ungebremst. Sollten die Emissionen sogar noch steigen, ist auch ein höherer Anstieg der Durchschnittstemperaturen auf der Erde möglich.

B Alle bislang erfolgten Zusagen von Regierungen weltweit zur Verminderung der Treibhausgasemissionen werden rechtzeitig umgesetzt.

C Minimalziel des Pariser Klimaschutzabkommens 2015

D Ziel des Pariser Klimaschutzabkommens zur Verringerung der Treibhausgasemissionen

2 Vorhersagen und Ziele der Temperaturentwicklung auf der Erde

Die meisten Staaten der Erde haben sich verpflichtet, den Anstieg der Durchschnittstemperatur auf 1,5 bis 2 °C zu begrenzen. Macht das halbe Grad Celsius viel aus? Berechnungen ergeben, dass bei 2 °C Anstieg kaum ein Korallenriff überleben wird, bei 1,5 °C sind es wenigstens noch 10–30 %. Bei 2 °C wird es an der Nordseeküste schwere Sturmfluten 15-mal so häufig geben wie heute, bei 1,5 °C „nur" 5-mal so häufig. Weltweit könnten bei 2 °C doppelt so große Landflächen überschwemmt werden. Bei 2 °C sterben mindestens doppelt so viele Tierarten aus.

3 1,5 °C oder 2 °C?

Erweitern und Vertiefen

Natürlicher Treibhauseffekt – genauer betrachtet

Alle Körper strahlen • Die 5500 °C heiße Oberfläche der Sonne strahlt sehr viel thermische Energie durch Licht ab. Die etwa 600 °C heißen Glühdrähte im Toaster geben thermische Energie zum kleinen Teil als rotes Licht ab und zum großen Teil durch Infrarotstrahlung, die für uns unsichtbar ist. Du hast zwar nur eine Temperatur von rund 37 °C – wenn du aber deine flache Hand dicht neben die Wange hältst, spürst du die leichte Erwärmung durch deine Infrarotstrahlung. Und sogar Körper mit Temperaturen „unter null" geben Infrarotstrahlung ab.

Treibhauseffekt • Die Erdoberfläche wird doppelt erwärmt – vom Sonnenlicht und von der Infrarotstrahlung der Atmosphäre: → 4
- Die Atmosphäre lässt das einfallende Sonnenlicht zum großen Teil durch. ①
- Das durchgelassene Licht wird von der Erdoberfläche absorbiert. ② Die absorbierte Energie erwärmt die Erdoberfläche.
- Die erwärmte Erdoberfläche gibt viel Infrarotstrahlung ab. ③
- Die Atmosphäre absorbiert einen Großteil dieser Infrarotstrahlung. ④ Die absorbierte Energie erwärmt die Atmosphäre.
- Die erwärmte Atmosphäre sendet viel Infrarotstrahlung aus: in den Weltraum und zur Erdoberfläche. ⑤ Diese Infrarotstrahlung erwärmt die Erdoberfläche zusätzlich zur Erwärmung durch das Sonnenlicht.

Aufgaben

1 Ergänze richtig: Das Sonnenlicht wird von der Atmosphäre zum großen Teil ⟨?⟩, Infrarotstrahlung von der Erde wird dagegen ⟨?⟩.

2 Mond und Erde sind etwa gleich weit von der Sonne entfernt. Die Durchschnittstemperatur an der Mondoberfläche beträgt aber nur –55 °C. Erkläre den Unterschied zur Erde.

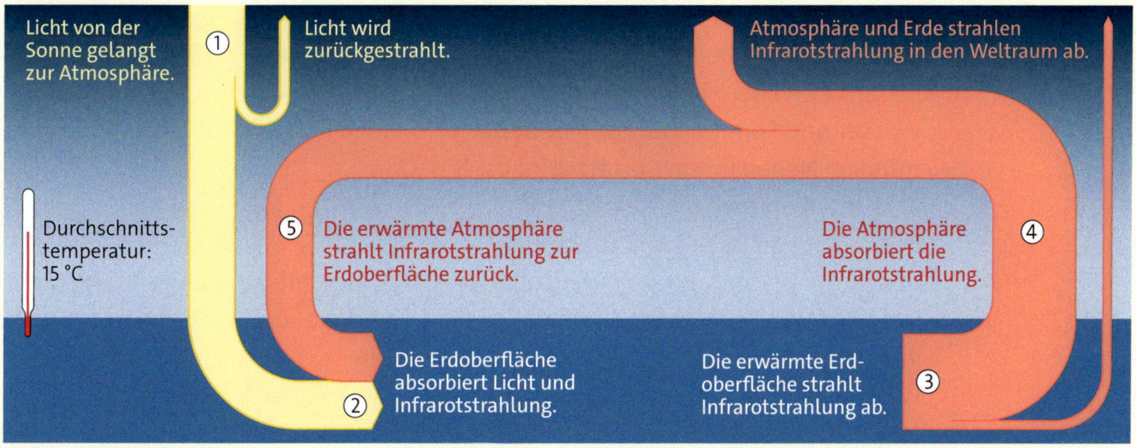

4 Treibhauseffekt der Atmosphäre (vereinfacht)

Klimawandel aufhalten – aber wie?

1 Energie- und Verkehrswende – was spricht dagegen, was dafür?

Um den Klimawandel aufzuhalten, sollen bald alle Kohlekraftwerke abgeschaltet und die Fortbewegungsmittel klimaneutral werden. Was bedeutet das für jeden Einzelnen von uns?

Energiewende • Bis Mitte der 2030er-Jahre sollen in Deutschland alle Kohle- und Gaskraftwerke abgeschaltet sein. Dadurch wollen wir internationale Klimaabkommen erfüllen, die unter anderem vorsehen, dass der klimaschädliche CO_2-Ausstoß stark gesenkt wird. Außerdem werden wir unseren Energiebedarf stärker mit erneuerbaren Energieträgern wie Wind, Wasser und Sonnenstrahlung decken müssen. Neben ihrem Einsatz wird es darauf ankommen, die verfügbare Energie besser zu nutzen. So ist für eine warme Wohnung eine gute Isolierung des Hauses wichtig, damit weniger Energie für die Heizung gebraucht wird. Viele Haushaltsgeräte benötigen bereits heute weniger elektrische Energie als noch vor Jahren – und sie werden immer weiter verbessert.

Verkehrswende • Um den Klimawandel zu verringern, muss sich auch unsere Mobilität verändern. Schon heute sind immer mehr Elektrofahrzeuge auf den Straßen unterwegs. In größeren Städten nehmen Angebote zu, Fahrzeuge zu mieten („Sharing“). Zukünftig werden wir die Fahrt im eigenen Auto überdenken. Der Anteil des Individualverkehrs wird zurückgehen zugunsten von Verkehrskonzepten, die schonender mit Umwelt und Energie umgehen.

Der Klimawandel soll mithilfe der Energie- und Verkehrswende aufgehalten werden.

Aufgaben

1 Beschreibe Maßnahmen, die zur Energie- und Verkehrswende gehören.

2 Wie könnte dein energieschonender Alltag im Jahr 2040 aussehen? Erstelle ein Plakat oder ein Video.

der Klimawandel
die Energiewende
die Verkehrswende

Material A

Energiewende und Verkehrswende – Argumente dafür und dagegen austauschen

2

Um den Klimawandel aufzuhalten, muss der Ausstoß von Treibhausgasen reduziert werden. Da ist jeder von uns gefragt. Was kostet das und was bedeutet es für unseren Alltag in Zukunft?

1 ☒ Beleuchtet das Thema von vielen Seiten in einer Pro-und-Kontra-Debatte. In diesem Buch findet ihr auf den folgenden Seiten Informationen, wie man so eine Debatte vorbereitet und durchführt.
Die Rollenkarten in der Tabelle geben euch erste Ideen für Standpunkte. → 3
Findet für jede Rolle Argumente, die in der Debatte begründet und mit Beispielen vorgetragen werden.
Das Buch und weitere Quellen können euch bei der Vorbereitung helfen.

Pro	Kontra
Eltern Wir machen uns große Sorgen, wie unsere Kinder einmal leben werden. Jedes Jahr gibt es immer mehr Hitze und Trockenheit, aber auch Überschwemmungen. Um das Klima zu schützen, müssen wir mehr Windkraftwerke und Fotovoltaikanlagen bauen.	**Eltern** Wir wohnen ganz nahe an einem großen Windpark. Immer wenn wir aus dem Fenster schauen, ärgern uns die riesigen Türme und das ständige Hell-Dunkel der Rotoren gewaltig. Und jetzt sollen nicht auch noch die Felder mit Solarzellen zugebaut werden.
Politiker/Politikerin Kohlekraftwerke produzieren sehr viel klimaschädliches CO_2 und verstärken so die Erderwärmung. Um den Klimawandel zu stoppen, brauchen wir mehr Windkraftwerke sowie Fotovoltaikanlagen auf jedem Dach. Das schafft neue Arbeitsplätze und Deutschland kann Vorreiter dieser Technikentwicklung werden.	**Politiker/Politikerin** Erneuerbare Energiequellen sind keine Lösung für das Klimaproblem. Die Anlagen sind zu teuer, ihr Strom kostet zu viel und sie verschandeln die Landschaft. Es bleibt nur die Möglichkeit, weiterhin auf Kernenergie und Wärmekraftwerke zu setzen, auch wenn die Kohlekraftwerke zu viel CO_2 produzieren.
Umweltschützer/Umweltschützerin Warum verstehen die Menschen nicht, dass es nur durch ein radikales Umdenken möglich ist, den Klimawandel noch aufzuhalten oder einzudämmen? Wind- und Sonnenenergie ist dazu genauso wichtig wie das Verhalten jedes Einzelnen: mehr Rad fahren, keine Inlandsflüge mehr und Umsteigen auf Bus und Bahn. Wir müssen uns von einigen liebgewonnenen Bequemlichkeiten verabschieden, um das Klima zu retten.	**Konzernchef/Konzernchefin** Ich leite einen wichtigen Stromkonzern. Ich verstehe nicht, wie die Leute gegen Kernenergie und Wärmekraftwerke sein können. Das sind bewährte Kraftwerkstypen, die uns günstig und rund um die Uhr mit Energie versorgen. Windkraftwerke und Fotovoltaikanlagen können das nicht gewährleisten. Zudem können Kernkraftwerke gegen den Klimawandel helfen, sie stoßen ja kein CO_2 aus.

3 Rollenkarten für die Pro-und-Kontra-Debatte

Klimawandel aufhalten – aber wie?

Methode

Eine Pro-und-Kontra-Debatte führen

Windkraftwerke können Kohlekraftwerke ersetzen. Aber nicht alle Standorte sind für Windparks geeignet. Die Menschen der Umgebung werden durch den Lärm belästigt und niemand möchte neue Hochspannungsleitungen vor seiner Haustür haben. Tiere werden gestört, Vögel gefährdet. Soll die Nutzung der Windenergie also bei uns ausgebaut werden? Es ist sehr aufwendig, alle Argumente dafür und dagegen alleine zu finden. Bei einer Pro-und-Kontra-Debatte wird diese Aufgabe auf Gruppen verteilt. Wenn alle Argumente in der Debatte ausgetauscht worden sind, kannst du dir eine fundierte Meinung bilden.

1. Vorbereitung Macht euch mit dem Thema vertraut. Stimmt ab, um ein erstes Meinungsbild zu bekommen: Wie viele sind für den Ausbau der Windenergie, wie viele dagegen?

2. Standpunkte formulieren Für die Debatte braucht ihr verschiedene Rollen mit gegensätzlichen Standpunkten. Bildet für jeden Standpunkt eine Gruppe.

3. Standpunkte festigen Sucht sachliche Argumente für den Standpunkt eurer Gruppe. Argumente, die ihr zum Beispiel im Internet findet, werden oft selbst von Interessengruppen veröffentlicht. Überprüft daher, ob die gefundenen Argumente zutreffen, und dokumentiert die Quellen. Sammelt auch Gegenargumente zu euren Argumenten und überlegt, wie ihr sie widerlegen könnt.
Bestimmt, wer für eure Gruppe spricht.

1 Soll es bei uns mehr Windkraftwerke geben?

4. Debatte führen Die Debatte braucht einen geordneten Rahmen und Ablauf:
- Stellt Tische längs nebeneinander für die Pro-Gruppen auf und weitere Tische direkt gegenüber für die Kontra-Gruppen.
- Die Sprecherinnen und Sprecher der einzelnen Gruppen sitzen jeweils am Tisch, die Gruppenmitglieder dahinter.
- Die Lehrkraft eröffnet und leitet die Debatte. Sie begrüßt das Publikum, nennt das Thema und stellt die Gesprächsbeteiligten vor.
- Die Sprecherinnen und Sprecher halten jeweils einen kurzen Eingangsvortrag (3 min). Danach werden in Rede und Gegenrede die Argumente und Gegenargumente ausgetauscht (ca. 15–20 min).

5. Debatte auswerten Nun sagt das Publikum, welche Argumente es überzeugend findet und welche nicht, was an der Debatte gut gelungen ist und was nicht. Zum Abschluss wird wieder über die Ausgangsfrage abgestimmt. Vergleicht mit dem Meinungsbild zu Beginn der Debatte und diskutiert die Unterschiede.

Methode

Naturwissenschaftliche Argumente formulieren

Um in einer Pro-und-Kontra-Debatte überzeugen zu können, muss man seine Gedanken und Behauptungen als Argumente formulieren. Das gilt auch beim Abwägen, ob man für oder gegen eine Sache ist.
Argumente bestehen in der Regel aus drei Teilen:

1. Behauptung aufstellen Die Behauptung (These) drückt in einem Satz kurz und klar aus, was man sagen möchte.
Beispiel: Der Transport von Erdöl gefährdet die Weltmeere.

2. Begründen Begründungen und Belege stützen die Behauptung und untermauern sie.
Beispiel: Tankerunglücke führen dazu, dass große Mengen Erdöl ins Meer fließen. Durch das auslaufende Erdöl werden Tiere getötet und ganze Ökosysteme auf Jahrzehnte geschädigt.
Als Begründung eignen sich auch Studien oder Untersuchungen, die über die Behauptung durchgeführt wurden.
Beispiel: Forscher und Forscherinnen untersuchten vier Jahre lang die Auswirkungen des Tankerunglücks der „Exxon Valdez“ vor der Küste Alaskas. Sie stellten nicht nur fest, dass Tiere direkt durch das Erdöl geschädigt und getötet wurden. → 2 Auch Langzeitschäden wurden dokumentiert. So wurden beispielsweise Heringe ohne Kiefer geboren, Vögel konnten nicht mehr brüten, Killerwale verloren den Orientierungssinn und Seehunde hatten Hirnschäden.

3. Beispiele liefern Beispiele machen eure Behauptung aussagekräftiger und verdeutlichen sie.
Beispiel: Bei der Havarie des Tankers „Prestige“ im Jahr 2002 vor der spanischen Küste liefen 64 000 t Schweröl ins Meer, 2900 km Küste wurden verschmutzt und 250 000 Seevögel wurden getötet.

Aufgaben

1 ☒ Lies dir die Rollenkarten auf Seite 127 zum Thema „Energie- und Verkehrswende“ genau durch. Notiere Behauptungen, Begründungen und Beispiele.

2 ☒ „Durch den Klimawandel schmelzen Eisschilde und Gletscher ab.“
a Recherchiere Beispiele für die Behauptung. Tipp: Schneeferner, Grönland, Thwaites
b Informiere dich über Untersuchungen zur Eisschmelze durch den Klimawandel. Fasse die Ergebnisse der Untersuchungen in einem Sachtext für deine Klasse zusammen. Gehe auf die Folgen der Eisschmelze ein.

2 Ölverschmutzter Meeresvogel

Zusammenfassung

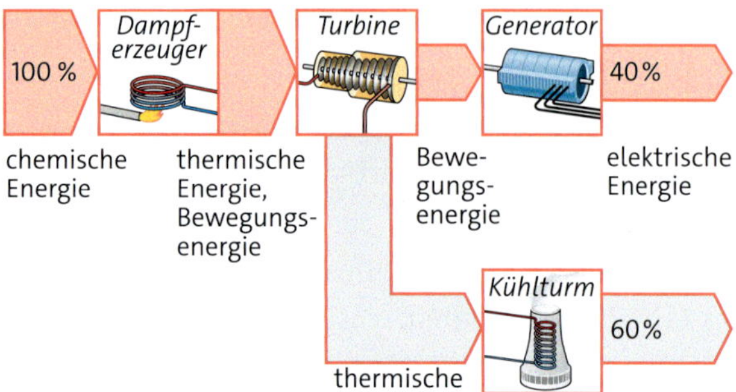

1 Wärmekraftwerk

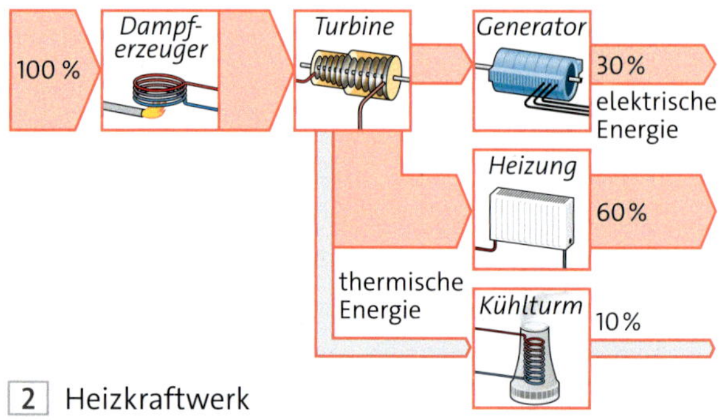

2 Heizkraftwerk

Energieumwandlung in Kraftwerken • Kraftwerke stellen elektrische Energie bereit. In Wärmekraftwerken treibt heißer Wasserdampf Turbinen mit angekoppelten Generatoren an. → 1 Heizkraftwerke geben auch Energie zum Heizen ab. → 2

Auch Wind und Wasser können Turbinen und Generatoren antreiben. → 3 4 Solarzellen wandeln Strahlungsenergie direkt in elektrische Energie um. → 5 Alle Kraftwerke geben thermische Energie ungenutzt ab (entwertete Energie).

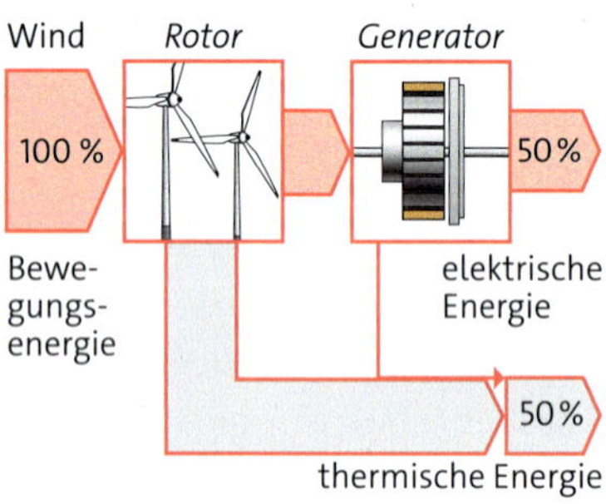

3 Windkraftwerk

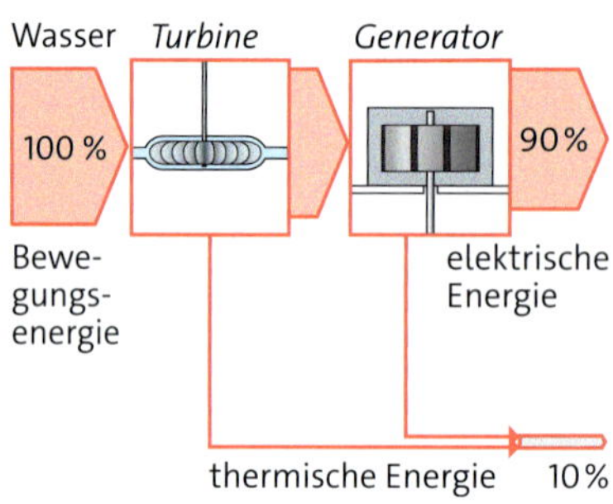

4 Wasserkraftwerk

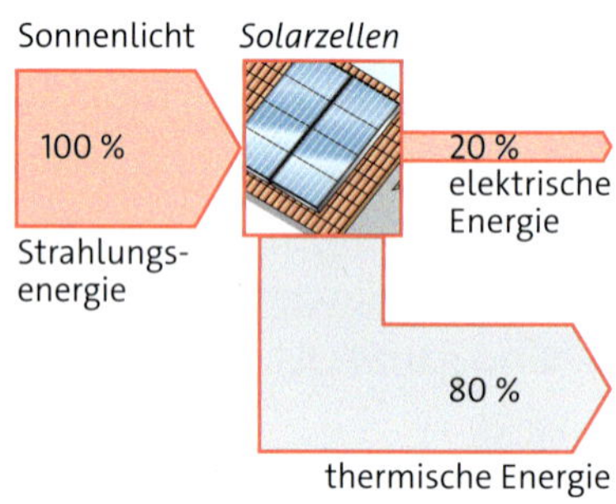

5 Solarkraftwerk (Fotovoltaik)

Treibhauseffekt • Die Erde ist von einer Atmosphäre aus verschiedenen Gasen umgeben. Durch den Treibhauseffekt der Atmosphäre liegt die mittlere Temperatur auf der Erde bisher bei 15 °C. Der Treibhauseffekt wird unter anderem durch das Verbrennen fossiler Energieträger (Kohle, Erdöl, Erdgas) verstärkt, weil dabei große Mengen des Treibhausgases CO_2 entstehen. Berechnungen zufolge wird dadurch die mittlere Temperatur bis ins Jahr 2100 um mindestens 1,5 °C steigen – mit katastrophalen Folgen.

Klimawandel aufhalten – aber wie? • Die Zeit von Wärmekraftwerken mit fossilen Brennstoffen und Fahrzeugen mit Verbrennungsmotoren wird enden. Stattdessen müssen wir erneuerbare Energieträger einsetzen und Energie einsparen. Wind- und Wasserkraftwerke sowie Fotovoltaikanlagen nutzen erneuerbare Energieträger, ohne viel CO_2 in die Atmosphäre abzugeben. Beim Heizen, bei der Nutzung von elektrischen Geräten und bei unserer Mobilität (Auto, Bahn und Flugzeug) lässt sich viel Energie einsparen.

Teste dich! (Lösungen auf Seite 258 f.)

Energieumwandlung in Kraftwerken

1 Verschiedene Energieträger

a Beschreibe, was man unter fossilen und was unter erneuerbaren Energieträgern versteht. Nenne jeweils mindestens drei Beispiele.

b Beschreibe jeweils kurz, wie die elektrische Energie bereitgestellt wird: Windkraftwerk, Wasserkraftwerk, Solarzelle.

c Eine Fotovoltaikanlage hat einen Wirkungsgrad von 15 %, bei einem Windkraftwerk beträgt der Wirkungsgrad 45 %. Erkläre, was diese Angaben bedeuten.

2 Kohlekraftwerk → 6

a Gib den Wirkungsgrad des Kraftwerks an.

b Ergänze: Ein Kohlekraftwerk gibt mehr ◇? Energie als elektrische Energie ab.

c Schreibe die Reihenfolge der gewünschten Energieumwandlungen auf.

d Trage die zugehörigen Energiewandler in eine Tabelle ein. → 7
Ordne den Energiewandlern in der Tabelle zu:
- Die Turbine treibt den Generator an.
- chemische Energie → thermische Energie und Bewegungsenergie
- thermische Energie und Bewegungsenergie → Bewegungsenergie
- Brennstoff wird verbrannt, Wasser verdampft und der Dampf wird auf über 500 °C erhitzt.
- Bewegungsenergie → elektrische Energie
- Der Dampf treibt die Turbine an.

e Ein Kohlekraftwerk hat einen Wirkungsgrad von 40 %, ein Heizkraftwerk hat einen Wirkungsgrad von 85 %. Erkläre den Unterschied.

Treibhauseffekt – Klimawandel aufhalten

3 Treibhauseffekt der Atmosphäre

a Beschreibe den natürlichen Treibhauseffekt und seine Auswirkung für die Erde.

b „Die Menschheit verstärkt den Treibhauseffekt." Begründe den Satz.

c Nenne Folgen, die die Verstärkung des Treibhauseffekts für die Erde haben kann.

d „Im Betrieb verstärken Kohlekraftwerke den Treibhauseffekt, Windkraftwerke dagegen nicht." Erkläre den Unterschied.

4 „Energiesparende Elektrogeräte helfen gegen den Klimawandel." Bewerte diese Aussage. Tipp: Woher kommt die elektrische Energie?

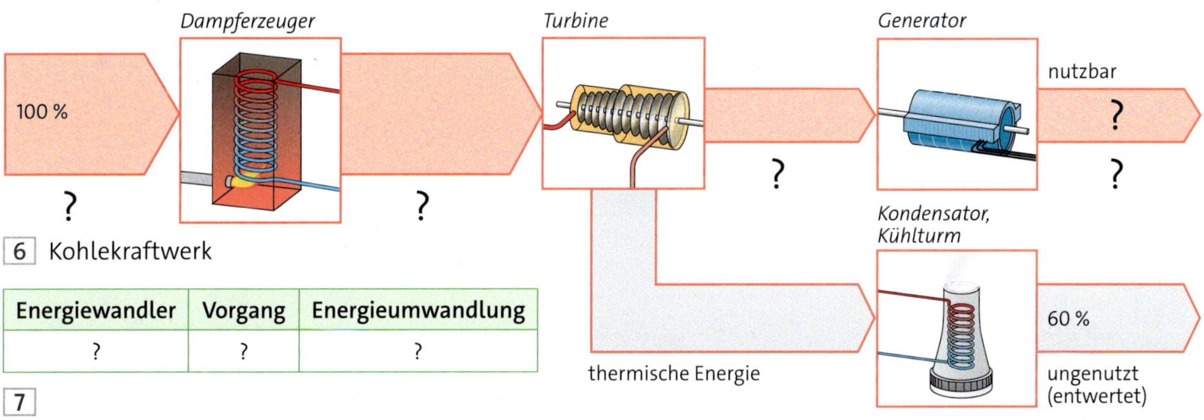

6 Kohlekraftwerk

Energiewandler	Vorgang	Energieumwandlung
?	?	?

7

Motoren, Generatoren und Transformatoren

Eine Auswahl von Küchengeräten: Welche davon haben einen Elektromotor? Wie funktionieren diese Motoren?

Riesige Turbinen drehen sich im Wind – und dabei entsteht elektrische Energie. Wie ist das möglich?

Die schwarze Scheibe mit dem Netzkabel ist das Ladegerät. Das Handy liegt einfach nur darauf – und wird doch aufgeladen!

Elektromagnete und Felder

1 Elektromagnet mit einem „Bart“ aus kleinen Eisenteilen

Materialien zur Erarbeitung: A–C

Der Elektromagnet hält unten viele kleine Eisenteile fest. Weißt du noch, wie so ein Magnet funktioniert?

Elektromagnet • Elektromagnete bestehen im Prinzip aus einem aufgewickelten Draht und einem „Kern“ aus Eisen. → 2 Der aufgewickelte Draht wird Spule genannt. Wenn ein elektrischer Strom durch die Spule fließt, wird sie magnetisch. Der Eisenkern verstärkt die magnetische Wirkung. Der Elektromagnet hat einen Nordpol und einen Südpol. → 3 Die Magnetpole wechseln, wenn man die Stromrichtung umkehrt.
Je größer die Stromstärke ist, desto stärker ist der Elektromagnet. Ohne Strom hat er keine Wirkung. → 4

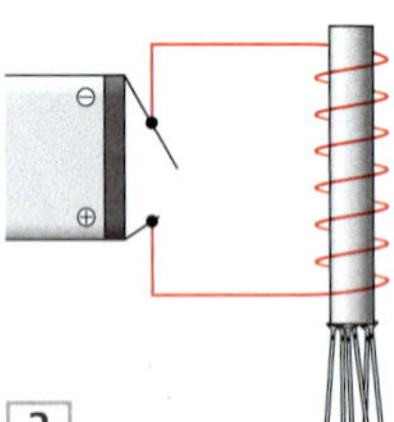

2

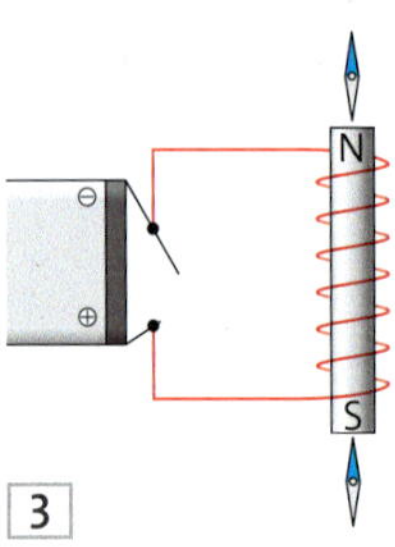

3

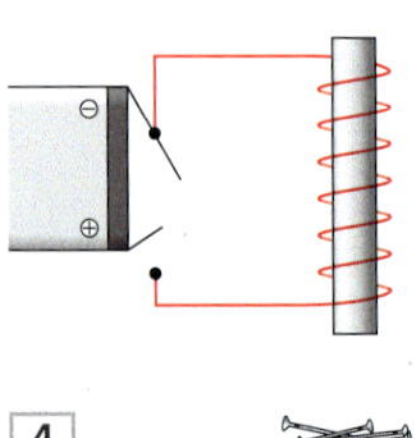

4

Elektromagnete bestehen aus einer Spule mit Eisenkern. Sie wirken nur bei eingeschaltetem Strom wie Magnete aus Eisen. Ihre Magnetpole können vertauscht werden.

Magnetfelder und Feldlinien • In der Umgebung eines Magneten beobachtet man anziehende oder abstoßende Wirkungen auf andere Magnete, Kompassnadeln oder Eisenteile. Diesen Raum, in dem der Magnet Wirkungen zeigt, nennen wir Magnetfeld. Wenn man feine Eisenspäne in der Nähe des Magneten verstreut, verteilen sie sich nicht zufällig. → 5 Ihr Muster aus Linien macht die Struktur des Magnetfelds sichtbar.
Ähnliche Linien lassen sich aufzeichnen, wenn man die Umgebung eines Magneten mit einer Kompassnadel „abtastet“. → 6 7 Wir sprechen von Feldlinien. Mit Pfeilen zeigen wir jeweils an, in welche Richtung sich der Nordpol der Kompassnadel einstellt. Die Feldlinien verlaufen also vom Nordpol zum Südpol des Magneten.
Je stärker die Wirkung des Magneten in einem Bereich ist, desto dichter zeichnen wir dort die Feldlinien. Die Kompassnadel „spürt“ die magnetische Wirkung aber auch zwischen den Feldlinien: Man könnte überall noch viel mehr Feldlinien zeichnen.

Mit Feldlinien zeichnen wir Magnetfelder. Die Feldlinien zeigen an, wie stark und in welche Richtung eine Kompassnadel abgelenkt wird.

Weitere Felder • Neben Magnetfeldern kennst du bereits zwei andere Felder:
- In der Umgebung elektrisch geladener Körper werden andere geladene Körper angezogen oder abgestoßen. Diesen Raum nennen wir elektri-

der Elektromagnet
das Magnetfeld
die Feldlinien
das elektrische Feld
das Gravitationsfeld

5 Stabmagnet und Eisenspäne

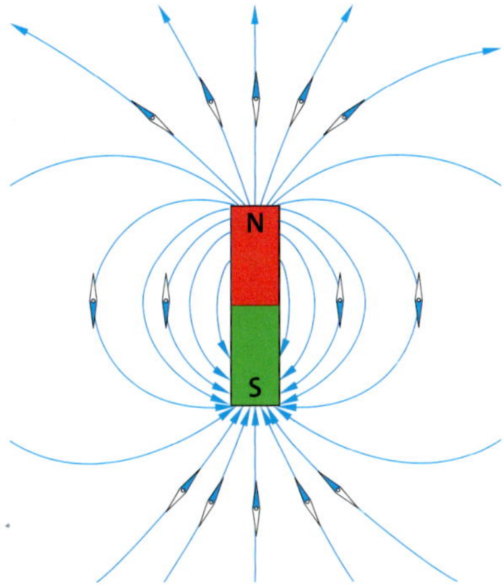

6 Stabmagnet: Feldlinien

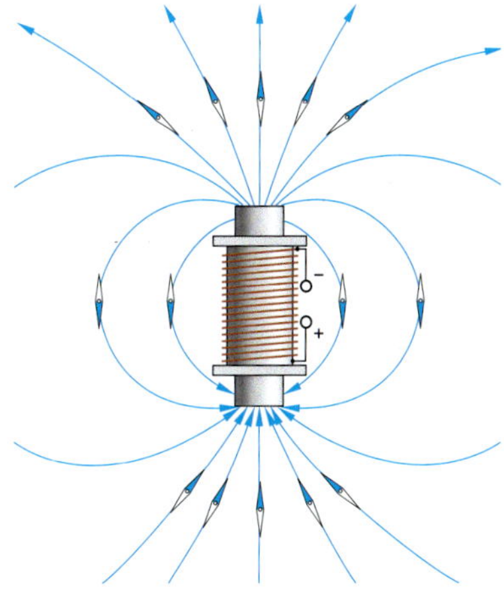

7 Elektromagnet: Feldlinien

sches Feld. Stärke und Richtung der elektrischen Wirkung kann man wieder mit Feldlinien anzeigen. → 8

- In der Umgebung der Erde fallen alle Körper senkrecht zu Boden, weil sie von der Erde angezogen werden. Diesen Raum nennen wir Schwerefeld oder Gravitationsfeld der Erde (lat. gravis: schwer). → 9 Wegen der großen Masse der Erde ist es so stark, dass es sogar den weit entfernten, schweren Mond auf seiner Umlaufbahn hält. Der Mond hat ebenfalls ein Gravitationsfeld. Es ist schwächer als das Feld der Erde, weil der Mond eine kleinere Masse als die Erde hat. Trotzdem ist es stark genug, um Ebbe und Flut auf der Erde zu bewirken. Auch du bist von deinem Gravitationsfeld umgeben. Weil deine Masse so klein ist, ist es nur sehr schwach.

Neben Magnetfeldern gibt es auch elektrische Felder und Gravitationsfelder. Sie haben verschiedene Ursachen.

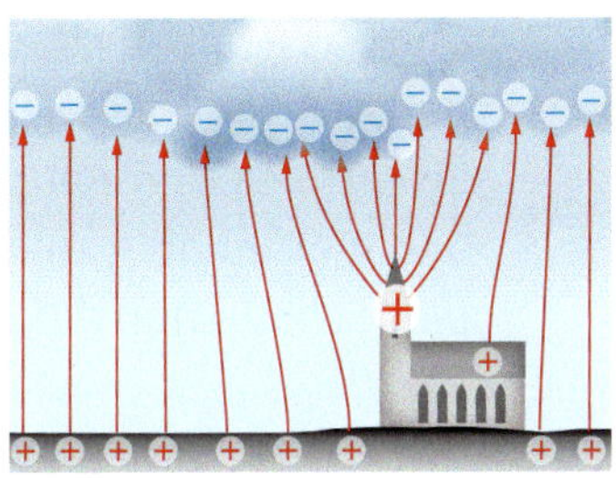

8 Elektrische Feldlinien

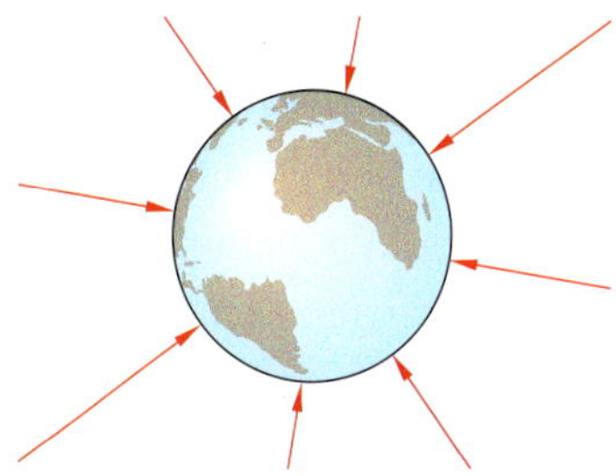

9 Gravitationsfeldlinien

Aufgaben

1 ☑ Nenne die Bestandteile eines Elektromagneten.

2 ☒ Beschreibe zwei Möglichkeiten, wie du das Feld eines Hufeisenmagneten sichtbar machen kannst.

3 ☒ Die Ursache eines Magnetfelds ist ein Magnet. Nenne die Ursachen eines elektrischen Felds und eines Gravitationsfelds.

4 ☒ Erkläre, wie es zu der Form des „Barts" aus Eisenteilen kommt. → 1

Basiskonzept

Wechselwirkung
→ Seite 266 f.

Elektromagnete und Felder

Material A

Einfacher Elektromagnet

Materialliste: lackierter Kupferdraht (1 m lang, 0,2 mm dick), Eisenschraube, Batterie (4,5 V), Nägel oder Büroklammern aus Eisen, Kompassnadel, dünner Klebestreifen, Schleifpapier

1 Umwickle das Gewinde der Eisenschraube erst mit einer Lage Klebestreifen und dann mit dem Draht. → 1 Wickle den Draht dabei immer in gleicher Richtung. Schleife den Lack von den Drahtenden ab. Schließe den Draht kurz an die Batterie an:
a Prüfe, ob du einen Magneten hergestellt hast.
b Prüfe, ob der Magnet zwei Pole hat.
c Tausche die Drahtenden an der Batterie. Wiederhole die Versuche. Formuliere deine Ergebnisse.

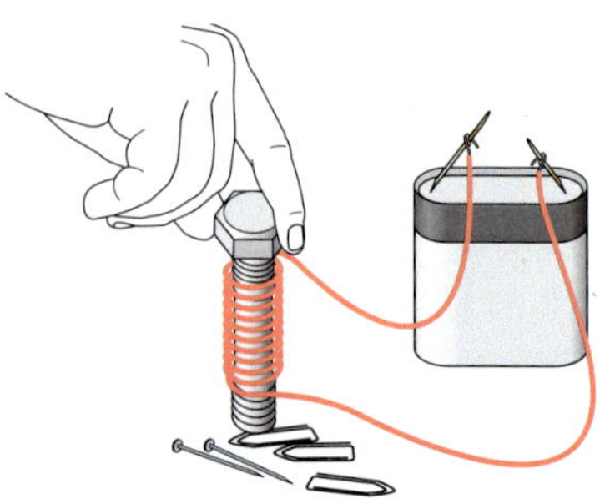

1 Einfacher Elektromagnet

Material B

Magnetfeld einer Spule

Materialliste: Spule, Eisenkern, Netzgerät (6 V, Gleichspannung), Kabel, feine Eisenspäne (im Salzstreuer), Bücher, Pappe, weißes Papier, Smartphone

1 Lege die Spule zwischen die Bücher und verbinde sie mit dem ausgeschalteten Netzgerät. → 2 Lege die Pappe und das Papier dicht über der Spule auf die Bücher. Streue die Eisenspäne dünn und gleichmäßig auf das Papier. Schalte nun das Netzgerät ein. Klopfe leicht gegen die Pappe.
Fotografiere das Bild aus Eisenspänen. Beschreibe es.

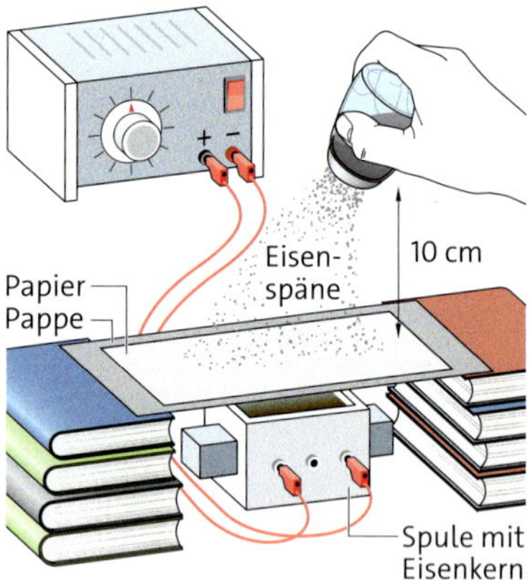

2 Magnetfeld sichtbar machen

Material C

Magnete im Vergleich

1 Ordne die folgenden Eigenschaften einem Dauermagneten und/oder einem Elektromagneten zu:
A Lässt sich ausschalten
B Zieht Gegenstände aus Eisen an
C Hat einen Nordpol und einen Südpol
D Besteht aus zwei Bauteilen
E Lässt sich nicht ausschalten
F Hat ein Magnetfeld
G Besteht nur aus einem Teil
H Die Magnetpole lassen sich vertauschen.

Material D

Magnetfeld eines Drahts

1 Durch den Draht fließen Elektronen von unten nach oben. → 3 4 Zeichne das Magnetfeld des Drahts.

3

4

Material E

Magnetfeld eines Hufeisenmagneten

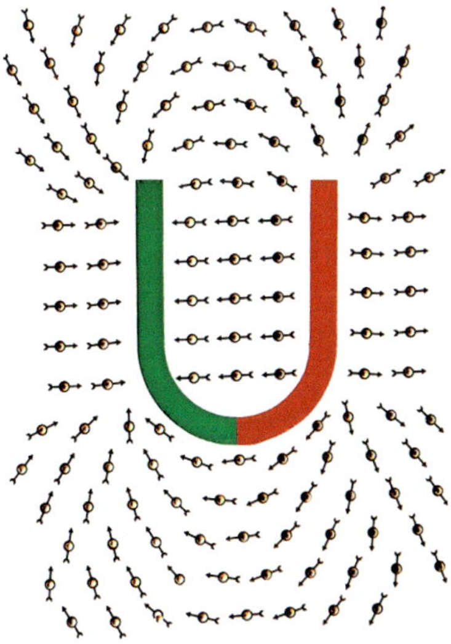

5 Magnet und Kompassnadeln

1 Auf einem Tisch liegt ein Hufeisenmagnet. → 5 Um ihn herum sind ganz viele kleine Kompassnadeln aufgestellt.

a Die Kompassnadeln zeigen nicht alle in dieselbe Richtung. Erkläre, wie es zu ihrer unterschiedlichen Ausrichtung kommt.

b Skizziere in deinem Heft, wie die Feldlinien des Hufeisenmagneten im Bereich mit den Kompassnadeln verlaufen.

c Ergänze im Heft: „Die Feldlinien gehen vom ?pol des Magneten zum ?pol."

Material F

Elektrisches Feld sichtbar machen

Materialliste: Luftballon, Papierschnipsel (z. B. aus einem Locher), Filztuch, Smartphone

1 Verteile die Schnipsel. → 6 Blase den Ballon auf und lade ihn elektrisch auf. Reibe ihn dazu mit dem Filztuch.

a Halte den aufgeladenen Ballon über die Papierschnipsel, ohne sie zu berühren. Beschreibe die Bahnen, auf denen die Schnipsel zum Ballon fliegen.

b Erkläre deine Beobachtung mithilfe von Feldlinien.

c Erstelle ein kurzes Video. Dokumentiere und erkläre darin deine Beobachtungen.

d Zeigt euch die Videos. Gebt jeweils Feedback: Ist das Phänomen gut zu sehen? Stimmt die Erklärung?

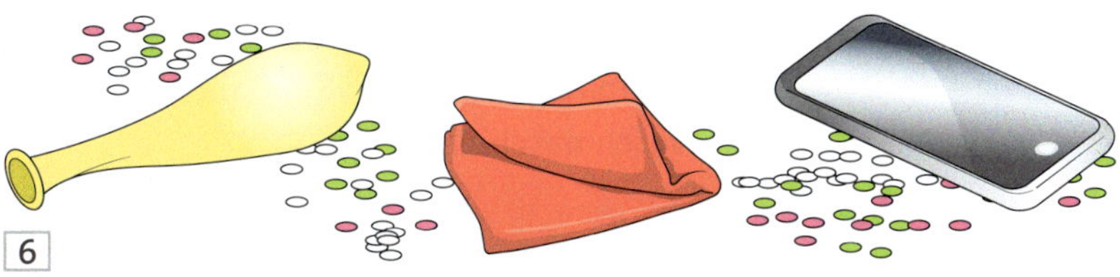

6

Material G

Felder im Vergleich

Magnetfelder, elektrische Felder und Gravitationsfelder haben verschiedene Ursachen und Wirkungen.

1 Übertrage die Tabelle ins Heft. → 7 Fülle die Lücken.

2 Beschreibe für jedes Feld ein Beispiel, in dem die Wirkung des Felds sichtbar wird.

	Magnetfeld	Elektrisches Feld	Gravitationsfeld
Ursache	?	?	?
Wirkt auf	?	?	?
Wirkung	?	?	?
Feldlinienbild (Beispiel)	?	?	?

7 Vergleich von Feldern (Beispieltabelle)

Elektromotoren bewegen

1 Elektromotoren treiben den Rollstuhl an.

Material zur Erarbeitung: A

Elektromotoren sorgen für Bewegung: im elektrischen Rollstuhl, im E-Scooter, im Elektroauto, in der Straßenbahn, in der Waschmaschine ...

Aufbau • Einfache Elektromotoren enthalten zwei Magnete: → 2
- Ein Magnet dreht sich (Rotor).
- Ein Magnet steht fest (Stator).

Mindestens einer der Magnete muss ein Elektromagnet sein. Der Polwender (Kommutator) auf der Drehachse des Motors polt den rotierenden Elektromagneten immer wieder um. → 2

Basiskonzept

Wechselwirkung
→ Seite 266 f.

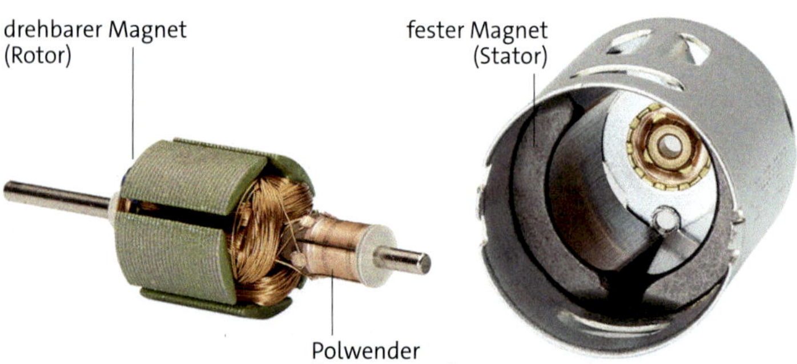

2 Elektromagnet und Dauermagnet – Teile eines Elektromotors

Funktion • Für den Elektromotor sind die Kräfte zwischen beiden Magneten entscheidend: Der drehbare Magnet setzt sich in Bewegung, weil sein Nordpol vom Nordpol des festen Magneten abgestoßen und vom Südpol des festen Magneten angezogen wird (1 und 2 in Bild 3). Gleiches gilt für den Südpol des drehbaren Magneten.
Wenn der Nordpol des drehbaren Magneten an der Mitte des festen Südpols vorbeidreht, wird der drehbare Magnet automatisch umgepolt (3 und 4 in Bild 3). Aus seinem Nordpol wird ein Südpol. Er wird vom festen Südpol abgestoßen – die Drehung geht weiter.

Jeder Elektromotor enthält zwei Magnete. Mindestens ein Magnet muss ein Elektromagnet sein.
Ein Magnet steht fest, einer dreht sich. Die Drehung kommt zustande, weil sich immer wieder aufs Neue ungleichnamige Magnetpole anziehen und gleichnamige Magnetpole abstoßen.

Die Drehung des Magneten wird genutzt, um kleine und große Geräte im Haushalt, in der Technik, im Verkehr und in der Industrie anzutreiben.

Aufgaben

1 Nenne die Bestandteile des einfachen Elektromotors. → 2

2 Begründe, warum der Motor ohne Polwender nicht funktioniert. → 3

der Elektromotor
der Rotor
der Stator
der Polwender
der Kommutator

1 Gleichnamige Pole der beiden Magnete stehen sich gegenüber. Sie stoßen sich gegenseitig ab: **Der drehbare Magnet (Rotor) dreht sich.**

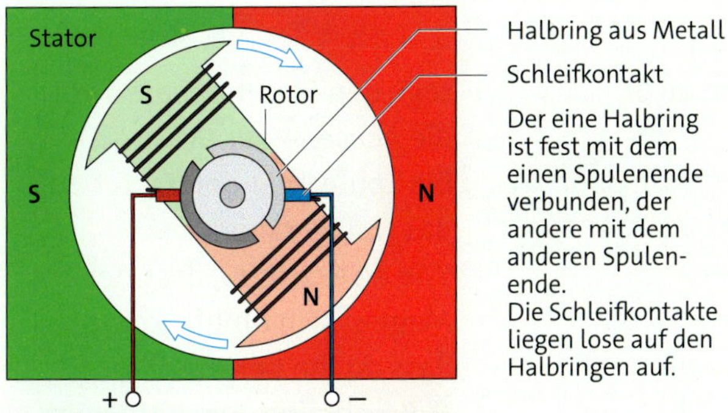

2 Ungleichnamige Magnetpole der beiden Magnete ziehen sich gegenseitig an: **Der drehbare Magnet (Rotor) dreht sich weiter.**

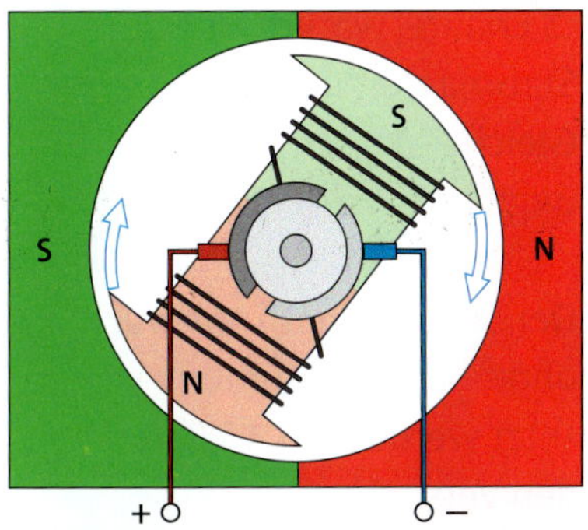

3 Wenn sich Nord- und Südpole gerade gegenüberstehen, wäre ihre Anziehung am größten. Die Drehung würde aufhören. Jetzt genau haben die Schleifkontakte aber keine Verbindung zu den Halbringen. Der Stromkreis ist unterbrochen. Der drehbare Magnet ist unmagnetisch. **Durch den Schwung läuft der drehbare Magnet (Rotor) weiter.**

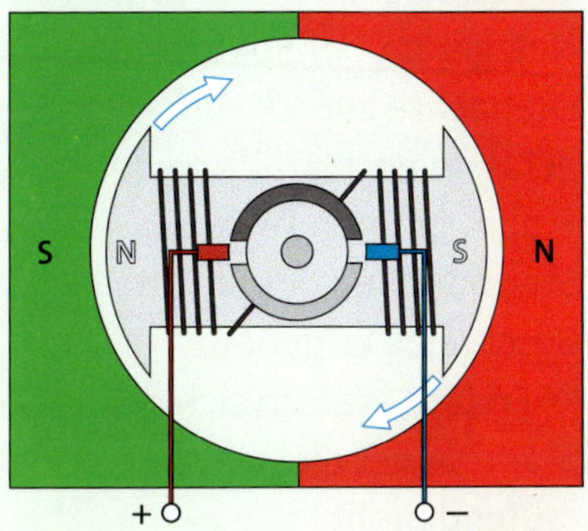

4 Jetzt liegen die Schleifkontakte jeweils am anderen Halbring. Die Anschlüsse an der Spule sind vertauscht. Der Nordpol des drehbaren Magneten ist zum Südpol geworden und umgekehrt. Gleichnamige Pole der beiden Magnete stehen sich gegenüber und stoßen sich ab: **Der drehbare Magnet (Rotor) dreht sich weiter.**

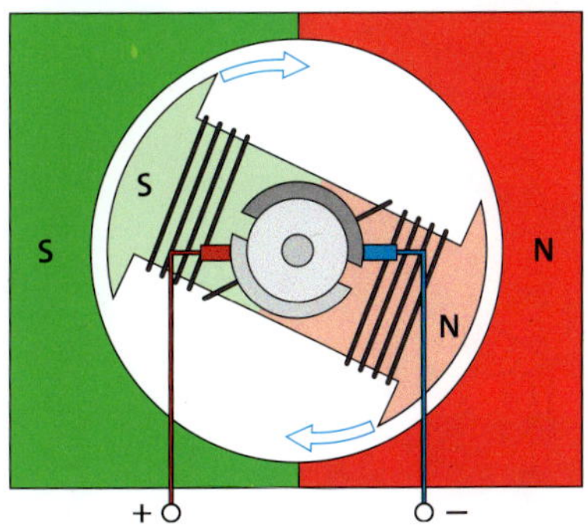

3 So funktioniert ein einfacher Elektromotor (für Gleichstrom).

Elektromotoren bewegen

Material A

Einfacher Elektromotor

Hier bist du als Forscherin oder als Forscher gefragt.

Materialliste: Netzgerät (6 V, Gleichspannung), Kabel, Krokodilklemme, Taster, Spule (400 Windungen) mit Eisenkern, Stabmagnet mit Laufbuchse, Drehachse aus Metall, Klebestreifen

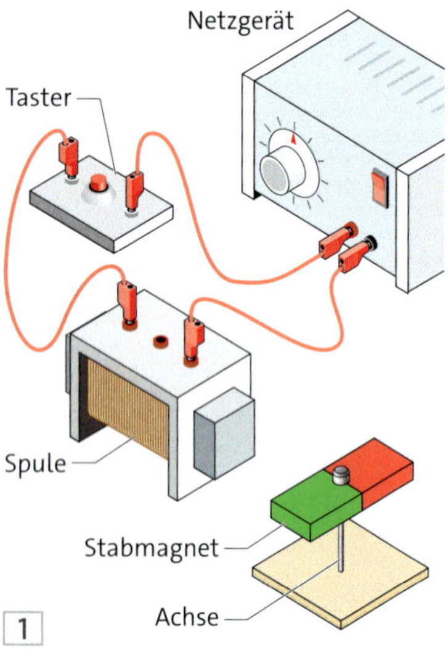

1

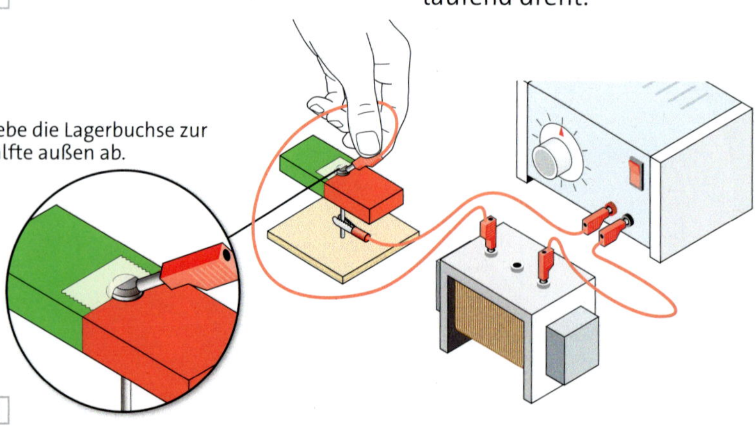

2

1 Lege den Stabmagneten auf die Achse. → 1 Schließe die Spule über den Taster an das Netzgerät an.
Wie erreichst du, dass der Magnet sich dreht – ohne dass du ihn berührst?
a Beschreibe dein Vorgehen.
b Erkläre, warum sich der Stabmagnet dreht. Tipp: Gleiche Magnetpole ⟨?⟩, ungleiche Magnetpole ⟨?⟩.

2 Der Stabmagnet kann auch ohne Taster in Drehung versetzt werden. → 2 Baue den Versuch auf.
a Verfolge die Kabel vom Netzgerät über Spule und Drehachse zurück zum Netzgerät. Je nach Stellung des Stabmagneten kann der Strom fließen oder nicht. Beschreibe es genau.
b Erkläre, warum sich der Stabmagnet diesmal fortlaufend dreht.

Material B

Elektromotoren untersuchen

Materialliste: defekte Elektromotoren, Werkzeug, Aufkleber

1 Ordne den Nummern im Bild die folgenden Begriffe zu: Gehäuse (Nr. 1), Elektromagnet, Dauermagnet, Eisenkern, Polwender. → 3

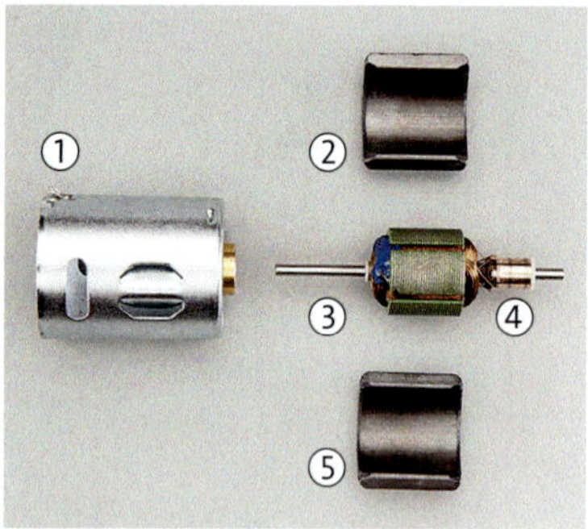

3 Zerlegter Elektromotor

2 Zerlegt defekte Elektromotoren.
Achtung • Verletzt euch nicht dabei!
Findet die wichtigen Bestandteile und beschriftet sie mit Aufklebern.

3 Gestaltet in der Gruppe ein Plakat (ein Lapbook, eine Computerpräsentation) zum Aufbau von Elektromotoren. Präsentiert es vor der Klasse. Gebt euch jeweils ein konstruktives Feedback.

Material C

Elektromobilität

Die Luftverschmutzung und die Zunahme des Treibhausgases Kohlenstoffdioxid (CO_2) in der Atmosphäre haben Fahrzeuge mit Verbrennungsmotoren stark in die Kritik gebracht. Fahrzeuge mit Elektromotoren können eine umweltfreundlichere Lösung sein.

1 ☒ Lies die Texte. → 4 Gib jedem Abschnitt eine Überschrift.

2 ☒ Recherchiere weitere Fakten zu Elektrofahrzeugen: Typen von E-Fahrzeugen, Reichweiten, Kosten, Ladestellen, CO_2-Fußabdruck, Abfallbeseitigung von gebrauchten Akkus ... Dokumentiere dabei deine Quellen und bewerte ihre Zuverlässigkeit.

3 ☒ „Elektrofahrzeuge schonen die Umwelt und das Klima." Bewerte diese Aussage. Beschreibe und erörtere dazu die Vor- und Nachteile von Elektrofahrzeugen in einem eigenen Sachtext. Nutze die Informationen aus dem grauen Kasten und den Quellen, die du ausgewählt hast.

Elektrofahrzeuge haben in den letzten Jahren eine sprunghafte Entwicklung gemacht. Jeder Autohersteller hat heute Elektroautos im Programm. Bei Kleinfahrzeugen ist der Preis (inklusive Förderungen) mit herkömmlichen Fahrzeugen vergleichbar.

Ein Elektrofahrzeug hat für den Antrieb viel weniger Bauteile als ein Fahrzeug mit Verbrennungsmotor. Es ist dadurch zuverlässiger und einfacher zu warten.

Elektroautos kommen mit einer Akkuladung zwischen 200 km und 800 km weit. Das Netz der Ladestationen ist derzeit noch im Aufbau und das Laden dauert viel länger als das Tanken von Benzin. Daher muss eine Langstreckenfahrt mit dem Elektroauto gut geplant werden.

Der größte Kostenfaktor ist bisher der Akku. Für Akkus werden seltene Rohstoffe genutzt. Die Produktion der Akkus benötigt sehr viel Energie. Die Herstellung und spätere Abfallbeseitigung gebrauchter Akkus belastet die Umwelt und ist sehr teuer.

E-Fahrzeuge werden mit elektrischer Energie „betankt". Solange diese zum großen Teil aus Kraftwerken stammt, die z. B. Kohle verbrennen, wird die Umwelt mit viel CO_2 belastet. Elektrofahrzeuge sind erst dann umweltfreundlicher, wenn ihre Akkus mit elektrischer Energie aus Solaranlagen, Wind- oder Wasserkraftwerken aufgeladen werden.

4

Abgelenkte Elektronen

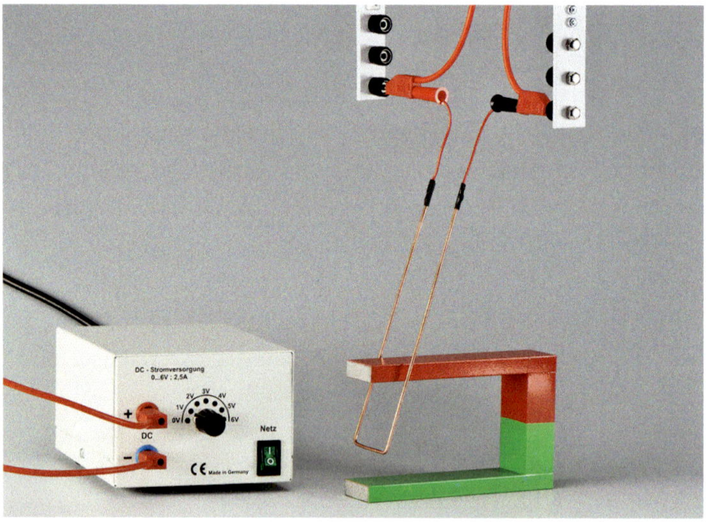

1 Stromdurchflossene Leiterschaukel im Magnetfeld

Material zur Erarbeitung: A

Wir haben die Drehung der Spule im Elektromotor mit magnetischen Kräften erklärt. Es gibt auch noch eine andere Erklärung: Die strömenden Elektronen werden von einer Kraft abgelenkt.

Lorentzkraft • Das untere Drahtstück der Leiterschaukel befindet sich im Magnetfeld. → 1 2 Die Feldlinien verlaufen vom Nordpol zum Südpol. Elektronen strömen durch das Drahtstück senkrecht zu den Magnetfeldlinien. Sie werden durch eine Kraft, die man Lorentzkraft nennt, zur Seite nach links abgelenkt. Wenn sie dabei gegen Drahtatome stoßen, bewegen sie auch diese nach links. Dadurch wird das ganze Drahtstück und damit auch die Leiterschaukel nach links ausgelenkt. Wenn man den Magneten umdreht (Nordpol unten) oder die Stromrichtung umkehrt, werden die Elektronen und damit die Leiterschaukel in die andere Richtung abgelenkt.

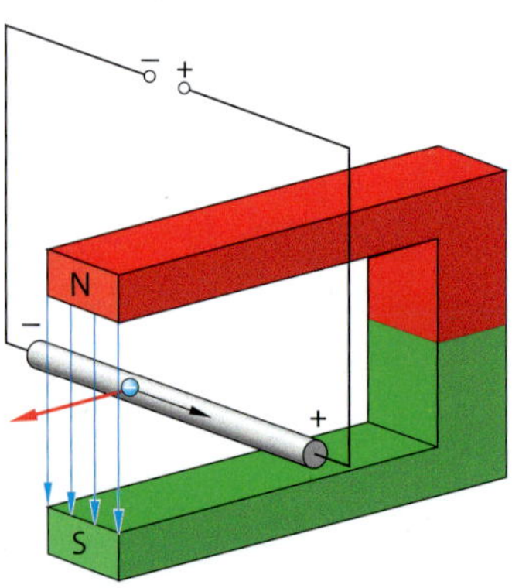

2 Der Leiter wird bewegt.

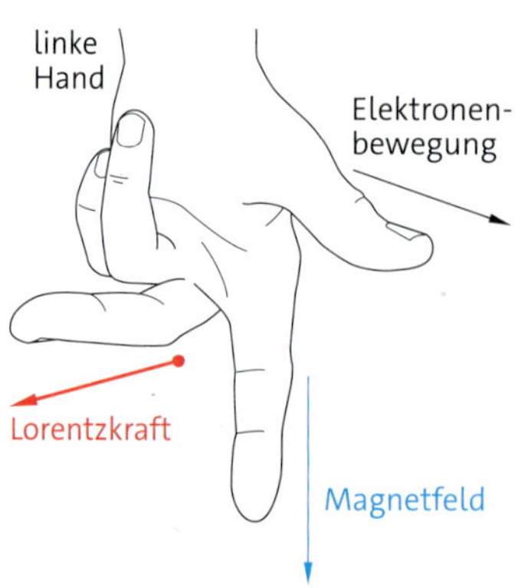

3 Drei-Finger-Regel

Wenn sich Elektronen in einem Magnetfeld senkrecht zu den Feldlinien bewegen, lenkt die Lorentzkraft sie zur Seite ab.

Drei-Finger-Regel • Mit drei Fingern deiner linken Hand kannst du vorhersagen, in welche Richtung die bewegten Elektronen abgelenkt werden: → 3
- Halte den Daumen in Richtung der Elektronenbewegung (von – nach +).
- Spreize den Zeigefinger senkrecht dazu. Halte ihn in die Richtung der Feldlinien vom Nord- zum Südpol.
- Spreize den Mittelfinger senkrecht zu den beiden Fingern. Er zeigt dann die Richtung der Lorentzkraft an.

Aufgaben

1 ◩ Nenne Voraussetzungen für das Auslenken der Leiterschaukel. → 1

2 ◩ Der Magnet wird umgedreht. → 2 Bestimme mit der Drei-Finger-Regel die Richtung der Lorentzkraft.

die Lorentzkraft
die Drei-Finger-Regel

Material A

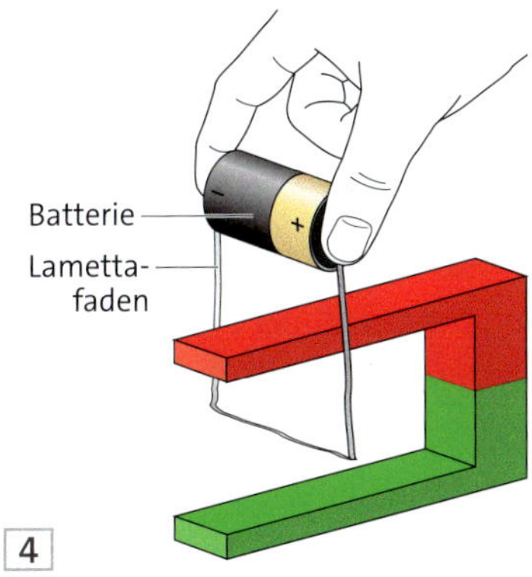

4

Kraft auf einen stromdurchflossenen Leiter

Materialliste: Lamettafaden oder schmaler Alustreifen, Bügelmagnet, 1,5-V-Batterie

1 Der Lamettafaden wird zwischen Nord- und Südpol des Bügelmagneten gehalten. → 4 Die freien Enden des Fadens werden an die Pole der Batterie gedrückt.

a Beschreibe, was passiert, wenn der Stromkreis geschlossen ist.

b Vertausche die Pole der Batterie. Beschreibe, was sich verändert.

Material B

Was bewegt den Elektromotor?

Wir betrachten einen einfachen Elektromotor, der nur eine einzelne Leiterschleife als drehbare Spule (Rotor) hat. → 5 Mit der Lorentzkraft können wir die Drehbewegung der Leiterschleife erklären. Nutze dazu die Drei-Finger-Regel.

1 Übertrage die folgenden Sätze in dein Heft und ergänze sie:
- Im Leiterstück A bewegen sich die Elektronen nach hinten. Die Lorentzkraft auf die Elektronen wirkt nach ⟨?⟩.
- Im Leiterstück B bewegen sich die Elektronen nach ⟨?⟩. Die Lorentzkraft wirkt nach ⟨?⟩.

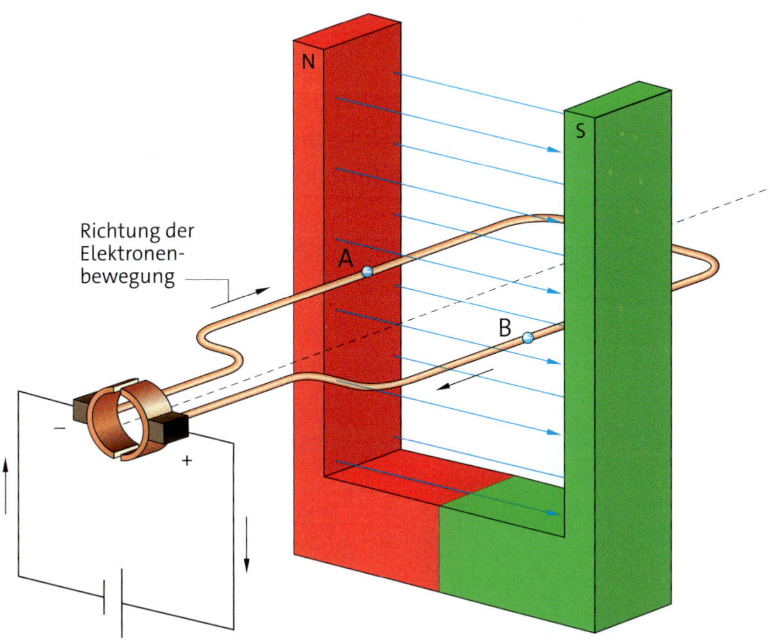

5 Drehbare Leiterschleife im Magnetfeld (einfacher Elektromotor)

2 Übertrage das Bild in dein Heft. → 5

a Zeichne mit roten Pfeilen die Lorentzkräfte auf die Elektronen in den beiden Leiterabschnitten A und B ein.

b Bestimme die Drehrichtung der Leiterschleife und zeichne sie ein.

Generatoren für elektrische Energie

1 Spule im Kraftwerk für eine Großstadt

Materialien zur Erarbeitung: A–B

Mit Spulen und Magneten wird im Kraftwerk elektrische Energie bereitgestellt. Wie funktioniert das?

Induktion • An den Anschlüssen einer Spule entsteht eine Spannung, wenn man einen Magneten in oder vor der Spule dreht oder den Magneten in die Spule hinein- und herausbewegt. → 2 Wir bezeichnen diesen Vorgang als Induktion (lat. inducere: hineinführen, veranlassen). Die Induktionsspannung an der Spule ist umso größer:

- je schneller der Magnet bewegt wird.
- je mehr Windungen die Spule hat.
- je stärker der Magnet ist.

Bei Schüttellampen saust ein Magnet durch eine Spule, sodass es zur Induktion kommt. → 3 Eine Induktionsspannung tritt auch auf, wenn die Spule bewegt wird und der Magnet steht.

Wechselspannung • Wenn der Magnet zur Spule hin bewegt wird, schlägt der Zeiger des Spannungsmessers in die eine Richtung aus. → 2 Bewegt man den Magneten weg, schlägt der Zeiger in die andere Richtung aus. Die Polung der Spannung wechselt. Man spricht von einer Wechselspannung.

Wie die Induktionsspannung entsteht • Das Feld des Magneten ist an seinen Polen am stärksten. → 2 Also ändert sich die Stärke des Magnetfelds in der Spule, wenn der Magnet zur Spule hin- oder von ihr wegbewegt wird. Dadurch werden die Elektronen im Spulendraht

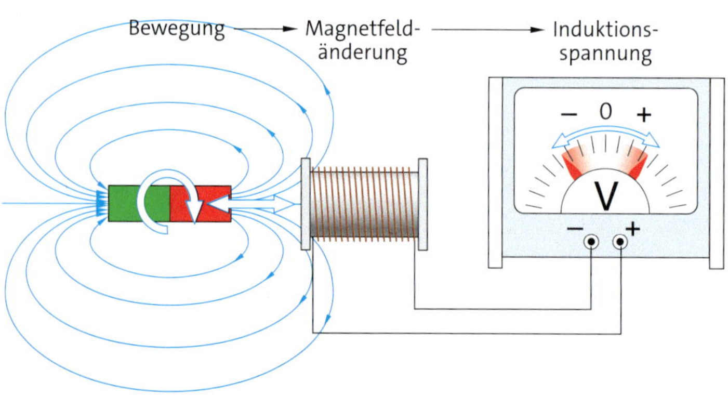

2 Der Magnet wird bewegt – eine Induktionsspannung entsteht.

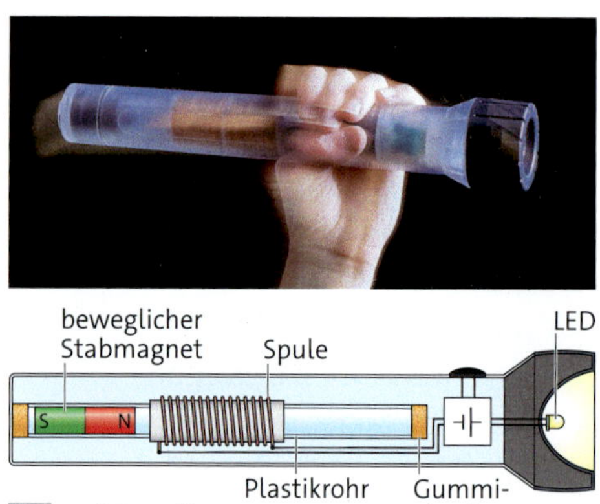

3 Schüttellampe

die Induktion
die Induktionsspannung
die Wechselspannung
der Generator

angetrieben. An den Spulenanschlüssen entsteht eine Spannung.

Immer wenn sich ein Magnetfeld in einer Spule ändert, entsteht eine Induktionsspannung an den Anschlüssen der Spule.

Generator • Die elektrischen Energiequellen in Kraftwerken funktionieren ähnlich wie der Dynamo am Fahrrad oder wie ein Handgenerator zum Kurbeln. Sie werden als Generatoren bezeichnet (lat. generare: erzeugen). Beim Generator von Bild 4 wird eine Spule in einem Magnetfeld gedreht. Durch Induktion entsteht eine Wechselspannung an der Spule. Sie bewirkt einen Wechselstrom, der elektrische Energie zur Lampe überträgt.
Die Induktionsspannung beträgt beim Fahrraddynamo rund 6 V, beim Kraftwerk z. B. 20 000 V.

Generatoren stellen elektrische Energie durch Induktion bereit.

Generator und Elektromotor • Beide Geräte sind sehr ähnlich aufgebaut. → 4 5 Eine elektrische Spannung ist einmal die Voraussetzung und einmal die Folge der Energieübertragung:

- Beim Motor bewirkt die Spannung einen Strom. Der Rotor wird zum Elektromagneten, der im Feld des Dauermagneten angetrieben wird.
- Beim Generator bewirkt die Drehung des Rotors im Feld des Dauermagneten die Spannung, die den elektrischen Strom für die Lampe antreibt.

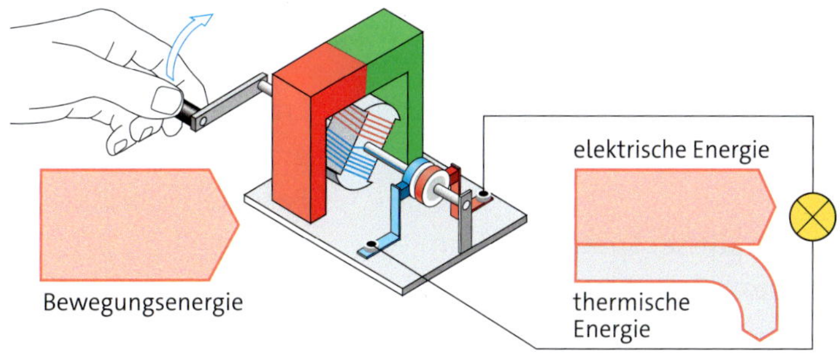

4 Generator (Wechselspannung)

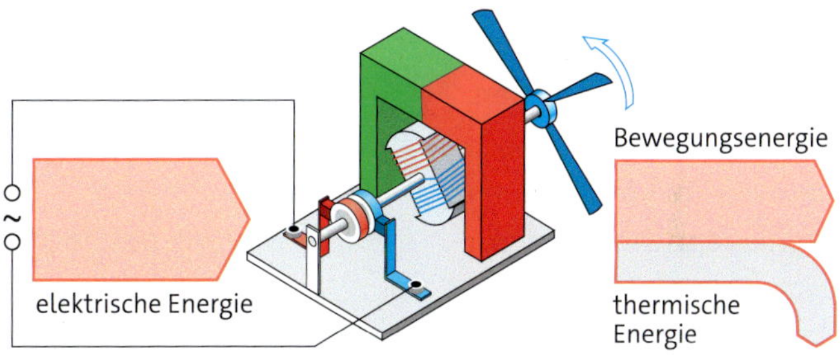

5 Elektromotor (Wechselspannung)

Aufgaben

1 Nenne die beiden wichtigsten Bestandteile eines Generators.

2 Im Kraftwerksgenerator entsteht eine Wechselspannung. Erkläre, was damit gemeint ist.

3 Beschreibe und vergleiche die Energieumwandlungen beim Generator und beim Elektromotor. Zeichne die beiden Energieketten.

4 Du sollst mit einem Magneten und einer Spule eine möglichst hohe Induktionsspannung erzeugen.
a Beschreibe, wie der Magnet und die Spule beschaffen sein müssen
b Beschreibe, wie du vorgehst.

Generatoren für elektrische Energie

Material A

Spannung erzeugen – mit Spule und Magnet

Materialliste: Spule (600 Windungen), Zylindermagnet, Messgerät (Spannung, mit Zeiger in Mittelstellung)

1 Schließe das Spannungsmessgerät an die Spule an. → 1

a Bewege den Magneten in verschiedene Richtungen. Erzeuge einen möglichst großen Zeigerausschlag. Beschreibe, wie es dir gelingt.

b Untersuche den Zeigerausschlag genauer. Führe erst den Nordpol des Magneten in die Spule hinein und ziehe ihn wieder heraus. Wiederhole dies mit dem Südpol. Beschreibe jeweils die Bewegung des Zeigers.

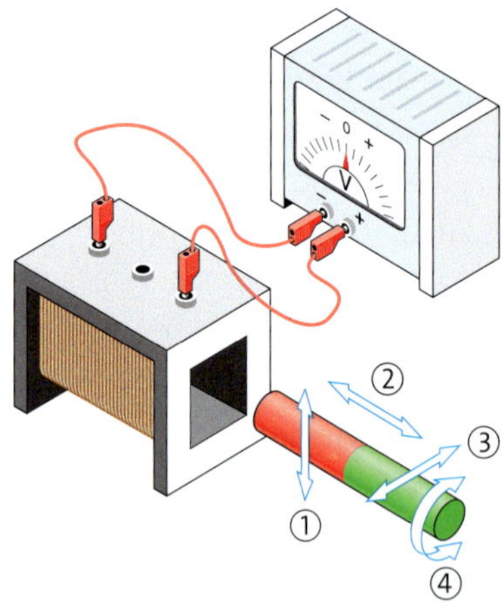

1 Wann schlägt der Zeiger aus?

Material B

Wie wird die Spannung möglichst hoch?

Materialliste: Messgerät (Spannung), verschiedene Magnete, Spulen mit verschiedenen Windungszahlen, Eisenkern, Kabel, LED, Smartphone

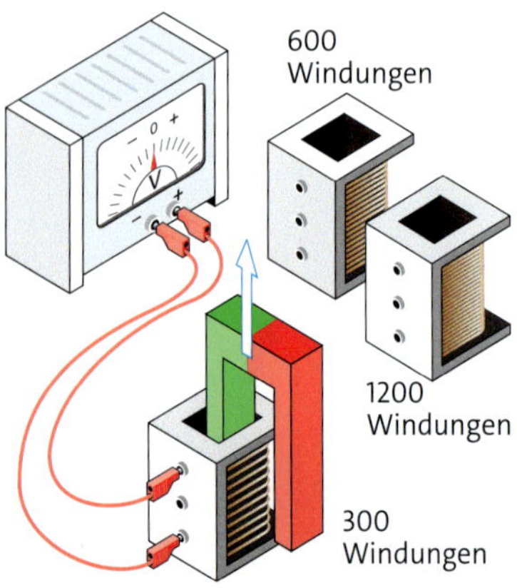

2 Verschiedene Windungszahl

1 Erzeuge mit dem Versuchsmaterial eine möglichst große Induktionsspannung. Eine Idee zeigt Bild 2. Beschreibt eure Ergebnisse: „Die Induktionsspannung ist umso größer, je ⟐."

2 Versuche, die LED mithilfe einer Spule und eines Magneten leuchten zu lassen. Beschreibe, wie es gelingt. Gib die verwendete Spule und den Magneten an.

3 Erstelle ein Video, in dem du deine Versuchsergebnisse dokumentierst.

4 Zeigt euch die Videos und gebt jeweils Feedback.

Material C

Spannung erzeugen – mit Elektromagneten

Materialliste: 2 Spulen mit Eisenkernen, Batterie (4,5 V), Taster oder Schalter, Messgerät (Spannung)

1 Schließe die eine Spule mit dem Taster an die Batterie an: Das ist der Elektromagnet. Schließe das Messgerät an die andere Spule an. Finde einen Aufbau, bei dem eine Induktionsspannung angezeigt wird.
Tipp: Nutze den Taster.
Skizziere den Versuchsaufbau. Beschreibe, wie du mit zwei Spulen eine Induktionsspannung erzeugst.

Material D

Fahrraddynamos

1 Bei Fahrrädern werden verschiedene Dynamos eingesetzt. → 3 4

a Ordne jeweils den Zahlen 1–3 die Bauteile zu: Spule, Eisenkern, Magnet.

b Bei beiden Dynamos dreht sich der gleiche Bestandteil. Nenne ihn.

c Beschreibe den Unterschied in der Anordnung von Spule und Magnet.

3 Seitenläuferdynamo

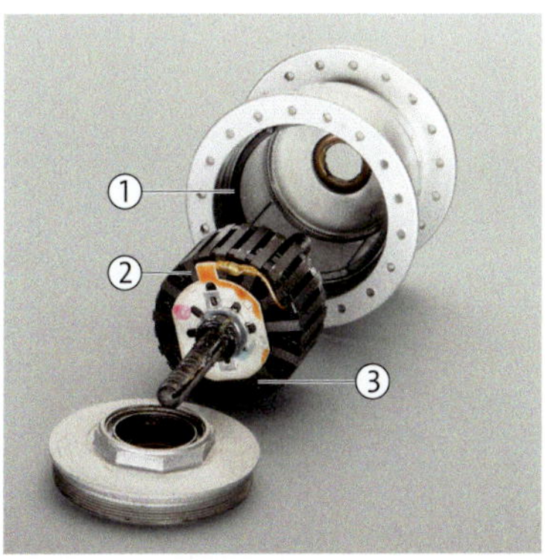

4 Nabendynamo

Material E

Generator – Motor

Materialliste: 2 Handgeneratoren, 2 Kabel, Rolle mit Faden, Wägestück (2 kg), 2 Tischklemmen

1 Verbinde die Generatoren durch die Kabel. → 5 Ersetze eine Kurbel durch die Rolle mit Faden. Hänge das Wägestück an.

a Drehe die Kurbel. Beschreibe, was passiert.

b Nenne die Energieformen, die hier auftreten. Zeichne die Energiekette.

c Das Wägestück wird angehoben. Erkläre, wie es dazu kommt.

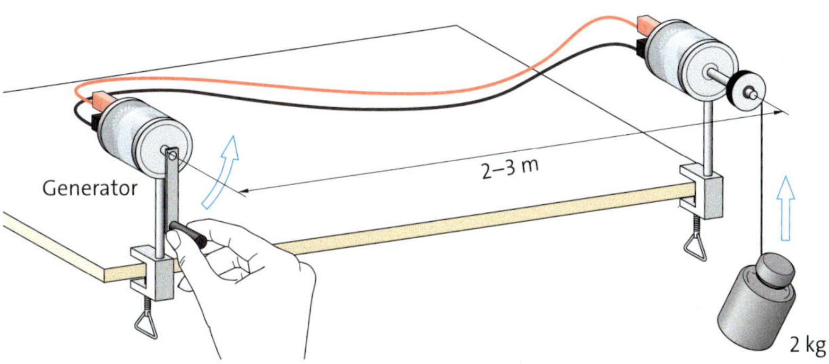

5 Welche Funktion hat der zweite Generator?

Material F

Dynamo als Motor

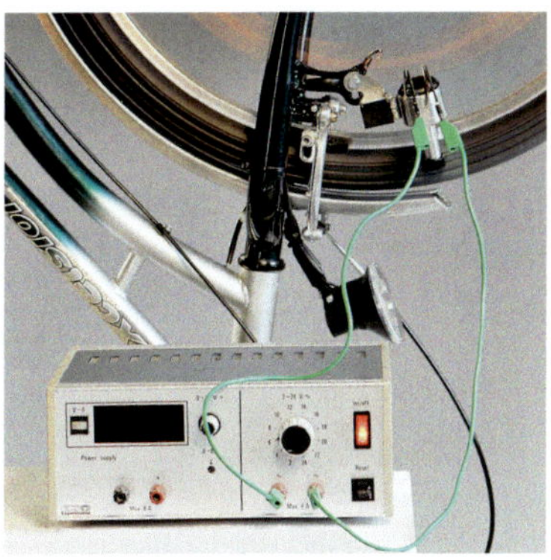

6 Dynamo als Elektromotor

Materialliste: Fahrrad mit Dynamo, Netzgerät (0–6 V, Wechselspannung), Kabel

1 Schließe den Dynamo an das Netzgerät an (Anschlüsse mit Wechselspannungszeichen). → 6
Erhöhe die Spannung langsam von 2 V auf 6 V. Setze das Rad gleichzeitig mit der Hand in Bewegung.
Beschreibe, was passiert.

Generatoren für elektrische Energie

Erweitern und Vertiefen

Die ersten Generatoren

Faraday entdeckt die Induktion • Der englische Physiker und Chemiker Michael Faraday (1791 bis 1867) untersuchte ab 1821 die magnetische Wirkung von elektrischen Strömen. Dabei experimentierte er mit Spulen und Dauermagneten. Wenn er einen Magneten an eine Spule führte, entstand an den Enden der Spule eine Spannung. Die Spannung war so klein, dass er sie mit den damaligen Messgeräten kaum nachweisen konnte. Erst 1831 gelang ihm der Versuch, mit dem er das allgemeine Gesetz der Induktion aufstellte. → 1

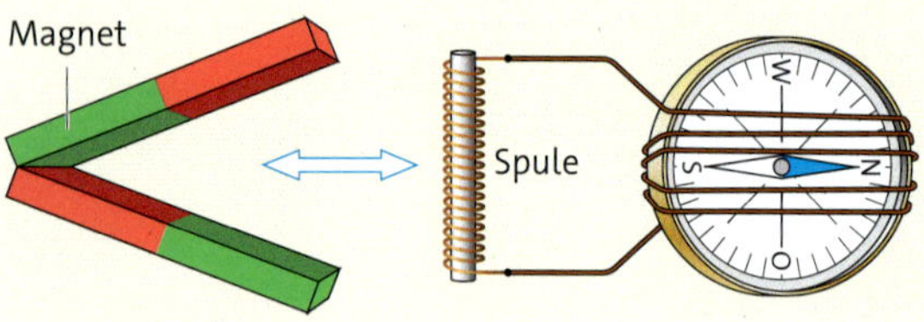

1 Versuch von Faraday (1831)

Pixii baut den ersten Generator • Schon ein Jahr nach der Entdeckung der Induktion baute der französische Mechaniker Hippolyte Pixii (1808–1835) den ersten Generator. → 2 Mit einer Kurbel drehte er einen starken Bügelmagneten vor zwei Spulen mit sehr vielen Windungen. Die Induktionsspannung betrug mehrere Hundert Volt.

Siemens verbessert den Generator • 1866 erfand Werner von Siemens (1816–1892) einen Generator mit einem Elektromagneten, zwischen dessen Polen die Induktionsspule gedreht wurde. → 3 Damit konnte elektrische Energie in großem Umfang bereitgestellt werden, was den Einsatz von Elektromotoren in den Fabrikhallen förderte. Dadurch wurde die Dampfmaschine abgelöst und eine neue industrielle Entwicklung ermöglicht.

Aufgaben

1 Beschreibe, wie der erste Generator von Pixii funktionierte. → 2

2 Beschreibe den Versuch von Faraday. → 1

3 Der Generator von Siemens ist anders aufgebaut als der Generator von Pixii. Beschreibe die Unterschiede. → 2 3

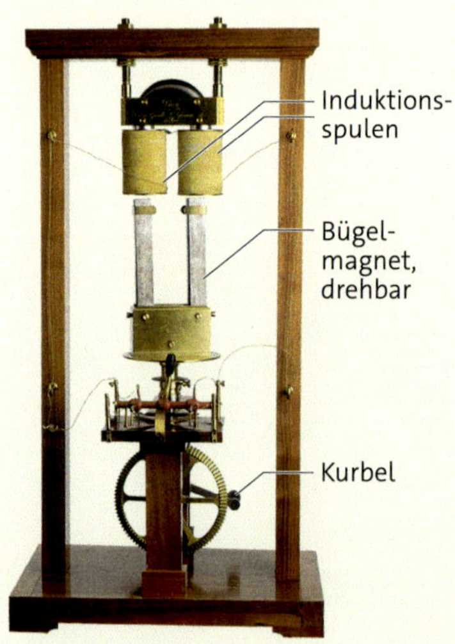

2 Generator von Pixii

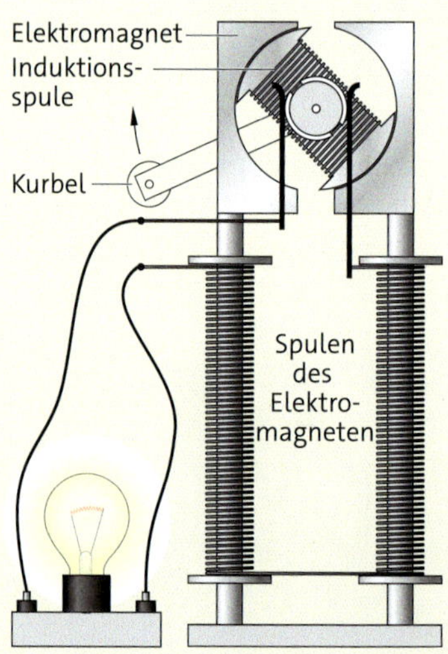

3 Generator von Siemens

Erweitern und Vertiefen

Vom kleinen Nabendynamo zum großen Kraftwerksgenerator

Nabendynamo • Beim Nabendynamo ist die Spule mit ihren elektrischen Anschlüssen fest mit der Vorderachse des Fahrrads verbunden. → 4 Im Gehäuse sind viele kleine Dauermagnete eingeklebt. Das Gehäuse dreht sich mit dem Rad um die Spule herum. Die Induktionsspannung beträgt rund 6 V, die Leistung 3 W.

4 Nabendynamo

Kraftwerksgenerator • Im Prinzip sind diese riesigen Generatoren ähnlich aufgebaut wie ein Seitenläuferdynamo. Heißer Dampf oder heißes Gas dreht große Turbinen. → 5 6 Diese wiederum drehen einen Magneten in einer Spule. Der Magnet ist ein Elektromagnet. In der Spule wird eine Spannung erzeugt. Die Induktionsspannung beträgt z. B. 20 000 V, die Leistung des Generators mehr als 500 000 kW.

5 Transport einer Turbine im Kraftwerk

Aufgabe

1 ☒ Nenne Gemeinsamkeiten und Unterschiede zwischen Nabendynamo und Kraftwerksgenerator.

6 Turbinen und Generator im Betrieb

Wechselspannung – genauer betrachtet

1

Material zur Erarbeitung: A

Liegt an der Steckdose eine Gleichspannung oder eine Wechselspannung an?

Spannung an Steckdosen • Die elektrische Energie für unsere Haushalte wird meist von Generatoren in Kraftwerken bereitgestellt. Die Generatoren erzeugen eine Wechselspannung. Die elektrische Energie wird über das Stromnetz zu unseren Steckdosen transportiert. An ihnen liegt eine Wechselspannung von 230 V an. Sie wechselt 50-mal pro Sekunde von plus zu minus und wieder zurück. → 2 Ein gesamter Wechsel dauert also eine fünfzigstel Sekunde ($\frac{1}{50}$ s).

Die Spannung an der Steckdose wechselt 50-mal pro Sekunde von plus auf minus und wieder zurück. Man sagt, die Wechselspannung hat eine Frequenz von 50 Hertz (50 Hz).

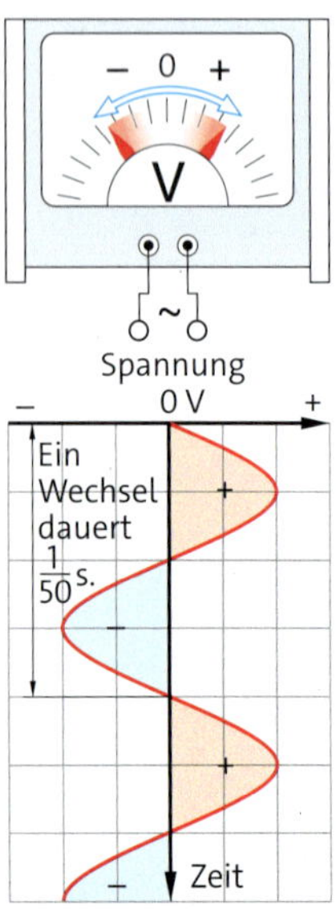

2 Wechselspannung: Die Polung wechselt.

Wechselspannung an Geräten • Wenn elektrische Geräte an eine Wechselspannung angeschlossen werden, fließt in ihnen ein Wechselstrom. Die Elektronen werden im schnellen Wechsel erst in die eine Richtung und dann in die andere angetrieben. → 3 Bei Toastern oder Glühlampen wird der Glühdraht erwärmt – egal, in welcher Richtung die Elektronen im Draht strömen. Auch Wechselstrommotoren laufen unabhängig von der Stromrichtung. Für Gleichstrommotoren wird der Wechselstrom elektronisch in einen Gleichstrom umgewandelt.

Elektrische Energie wird bei Gleichspannung und bei Wechselspannung nur in eine Richtung transportiert: von der Quelle zum Gerät.

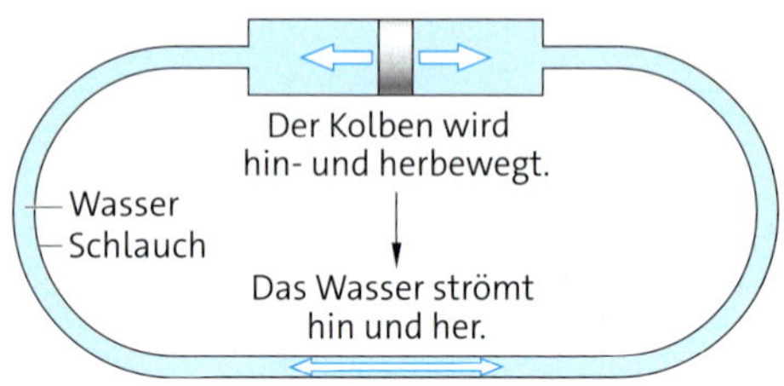

3 Modell für den Wechselstrom

Aufgaben

1 „Die Wechselspannung der Steckdose hat 50 Hz." Erkläre, was das bedeutet.

2 Gib an, was mit Wechselstrom gemeint ist: die strömende elektrische Energie oder der Elektronenstrom.

die Wechselspannung
die Frequenz
der Wechselstrom

Material A

Wechselspannung

Materialliste: Spule, drehbarer Stabmagnet, Spannungsmessgerät mit Mittelstellung, Kabel

1 Baue den Versuch auf. → 4

a Drehe den magnetischen Nordpol gleichmäßig auf die Spule zu. Wann erreicht die Spannung ihren größten Pluswert? Beschreibe die Position des Magneten.

b Drehe den Magneten gleichmäßig weiter. Beschreibe, wann die Spannung null ist und wann sie ihren größten Minuswert erreicht.

c Zeichne die Spannungskurve in dein Heft ab. → 5 Trage die größten und kleinsten Spannungswerte ein. Zeichne jeweils die Position von Magnet und Spule dazu.

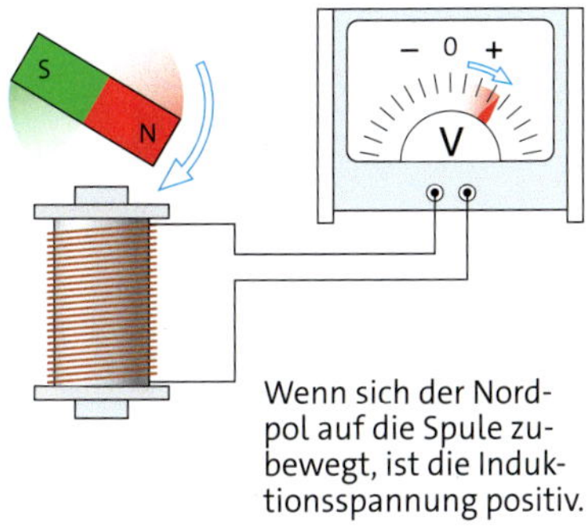

4 Wechselspannung messen

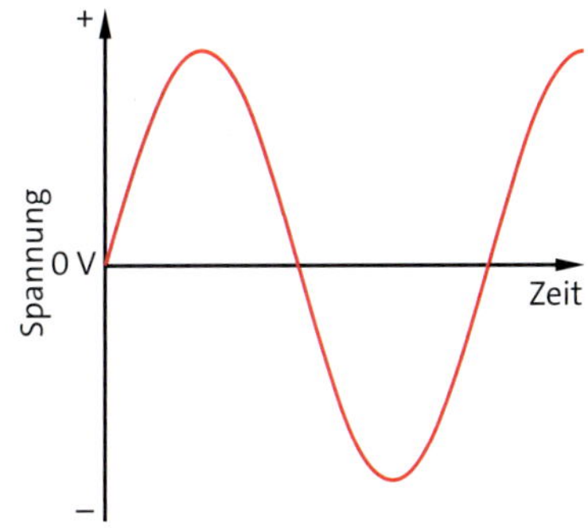

5 Wechselspannung: Diagramm

Material B

Anzeige der Polung

Materialliste: 2 LEDs (grün, rot), Batterie (4,5 V), Netzgerät (4,5 V; Wechselspannung), Festwiderstand (180 Ω), Lüsterklemme, 2 lange Kabel

Eine LED lässt den Strom immer nur in einer Richtung zu. Nutze diese Eigenschaft, um die Polung der elektrischen Energiequellen anzuzeigen. Baue den Polprüfer nach. → 6

Achtung • Halte den Polprüfer nie an die Steckdose! Lebensgefahr!

1 Halte die langen Kabel an die Pole der Batterie. → 7 Vertausche auch die Anschlüsse. Beschreibe, wann die rote LED leuchtet und wann die grüne.

2 Schließe den Polprüfer diesmal an das Netzgerät an.

a Vergleiche mit Versuch 1.

b Bewege den Polprüfer an den Kabeln im verdunkelten Raum schnell hin und her. Skizziere die Lichtspuren. Erkläre deine Beobachtung.

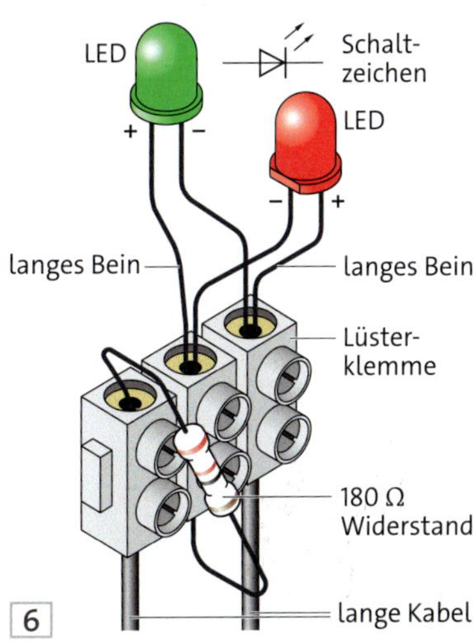

6

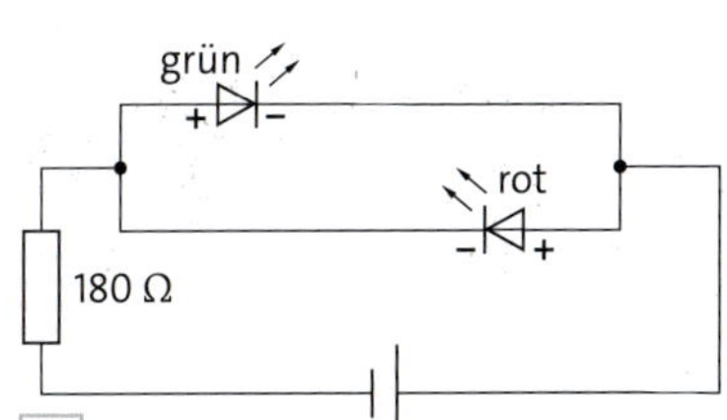

7

Transformatoren ändern Spannungen

1 Welche Aufgabe hat das Netzteil für das Smartphone?

Materialien zur Erarbeitung: A–B

Basiskonzept

System
→ Seite 266 f.

Achtung • Nie mit Spannungen über 25 V experimentieren! Lebensgefahr!

Das Smartphone wäre sofort kaputt, wenn man es direkt an die 230-V-Steckdose anschließen würde. Im Netzteil sorgt ein Transformator dafür, dass die Spannung auf 5 V gesenkt wird.

Aufbau des Transformators • Zum Trafo gehören Feldspule (Primärspule), Induktionsspule (Sekundärspule) und der gemeinsame Eisenkern. Die Spulen haben keine leitende Verbindung. → 2

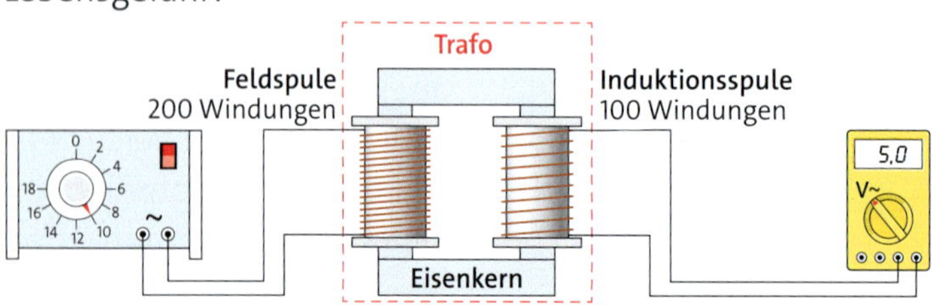

2 Halb so viele Windungen → Spannung wird halbiert.

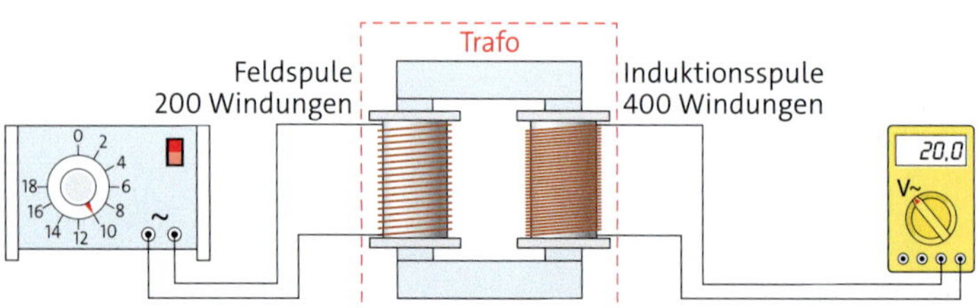

3 Doppelt so viele Windungen → Spannung wird verdoppelt.

So kommt es zur Induktion • Wenn ein Strom durch die Feldspule fließt, wird der Eisenkern magnetisch. Bei Wechselstrom ändert sich sein Magnetfeld ständig. Es durchdringt auch die Induktionsspule. Das sich ändernde Magnetfeld bewirkt eine Wechselspannung an der Induktionsspule.

Trafos ändern Spannungen • Der Trafo im Netzteil senkt die Spannung. → 1

> Ein Trafo senkt die Spannung, wenn seine Induktionsspule weniger Windungen hat als die Feldspule: Halb so viele Windungen → Spannung wird halbiert. → 2

Mit Trafos kann man die Spannung aber auch erhöhen.

> Ein Trafo erhöht die Spannung, wenn seine Induktionsspule mehr Windungen hat als die Feldspule: Doppelt so viele Windungen → Spannung wird verdoppelt. → 3

Aufgaben

1 Ergänze den Satz: „Ein Trafo verringert die Spannung, wenn ?."

2 Feld- und Induktionsspule sind nicht mit Kabeln verbunden. → 2 Erkläre, wie es zu der Spannung an der Induktionsspule kommt.

3 Begründe, warum ein Trafo nicht mit Gleichstrom funktioniert.

der Transformator
die Feldspule
die Induktionsspule

Material A

Spannung ändern

Materialliste: Netzgerät (6 V, Wechselspannung), Spulen (300–1200 Windungen), Messgerät (Spannung), Eisenkern (geschlossen), Kabel

1 Baue die Schaltung auf. → 4

a Miss die Induktionsspannung. Notiere den Messwert in einer Tabelle. → 5

b Nimm den oberen „Eisenbalken" ab. Miss die Induktionsspannung. Vergleiche.

c Schließe den Eisenkern wieder. Miss die Induktionsspannung bei verschiedenen Spulenkombinationen.

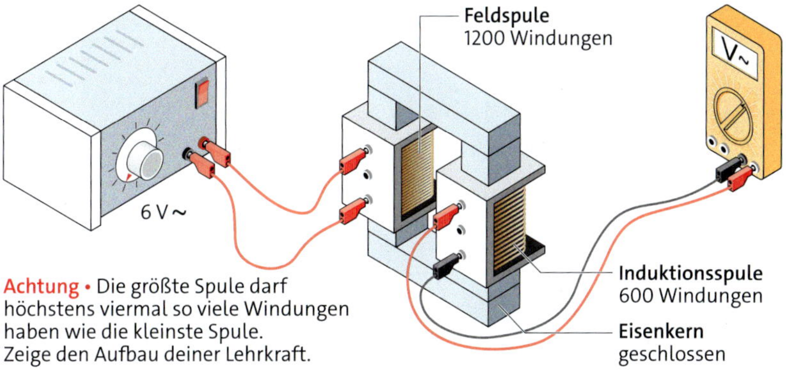

Achtung • Die größte Spule darf höchstens viermal so viele Windungen haben wie die kleinste Spule. Zeige den Aufbau deiner Lehrkraft.

4 Transformator: Aufbau zum Messen der Induktionsspannung

Feldspule		Induktionsspule	
Windungen	Spannung	Windungen	Induktionsspannung
1200	6 V	600	?
1200	6 V	300	?
...	...	...	?

5 Beispieltabelle

Material B

Jede Windung zählt

Materialliste: Netzgerät (6 V, Wechselspannung), Eisenkern (geschlossen), Spule (300 Windungen), Messgerät (Spannung), langes Experimentierkabel

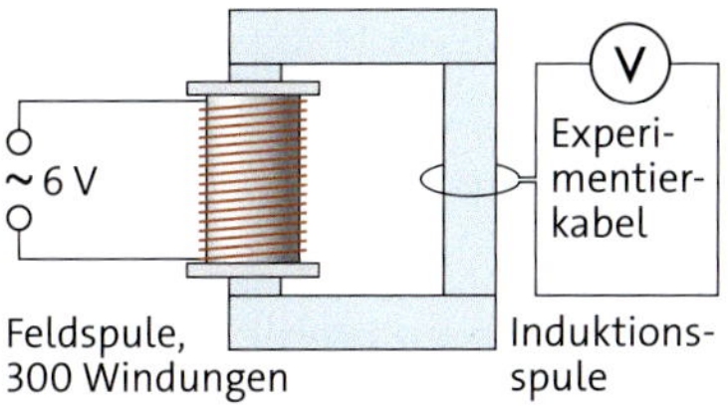

Achtung • Zeige den Aufbau deiner Lehrkraft.

6

1 Die Induktionsspule hat diesmal nur ganz wenige Windungen.

a Schlinge das Kabel einmal um den Eisenkern. → 6 Miss die Induktionsspannung und notiere sie. → 7

b Wickle nacheinander zwei, drei ... Windungen um den Eisenkern. Miss jeweils die Induktionsspannung.

c Formuliere eine Regel: „Mit jeder zusätzlichen Windung ❓."

Feldspule		Induktionsspule	
Windungen	Spannung	Windungen	Induktionsspannung
300	6 V	1	? mV
300	6 V	2	? mV
...	...	...	? mV

7 Beispieltabelle

Transformatoren ändern Ströme

1 Elektroschweißen – ein Trafo (oben links) macht's möglich.

Material zur Erarbeitung: A

Der Schweißtrafo macht die Stromstärke so groß, dass Metalle schmelzen. Wie verändert er die Spannung? Erhöht jeder Trafo die Stromstärke?

„Spannung runter, Stromstärke rauf" • Der Schweißtrafo wird mit 230 V betrieben, die Stromstärke in der Feldspule beträgt 10 A. → 1 Die Induktionsspannung ist viel geringer als 230 V. Dafür ist der Induktionsstrom mehr als 100 A groß!

„Spannung rauf, Stromstärke runter" • Mit einem anderen Trafo kann man die 6 V des Fahrraddynamos auf 230 V erhöhen. → 2 Die 230-V-Lampe leuchtet aber nicht. Denn die Stromstärke im 230-V-Stromkreis ist viel geringer als im 6-V-Stromkreis, sodass die 230-V-Lampe dunkel bleibt.

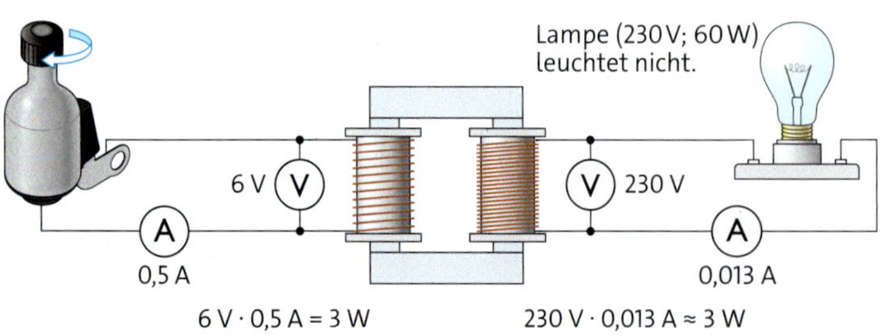

2 Spannung wird erhöht. → Stromstärke wird verringert.

Für Transformatoren gilt:
- Spannung wird gesenkt
  → Stromstärke wird vergrößert.
- Spannung wird erhöht
  → Stromstärke wird verringert.

Transformator und Energie • Der Trafo überträgt elektrische Energie von der Feldspule auf die Induktionsspule. Er kann nicht mehr elektrische Energie abgeben, als ihm zugeführt wird. Im Idealfall gibt der Trafo genauso viel elektrische Energie pro Sekunde ab, wie er erhält:

$$E_{\text{Feldspule}} = E_{\text{Induktionsspule}}$$

$$U_{\text{Feld}} \cdot I_{\text{Feld}} \cdot t = U_{\text{Ind}} \cdot I_{\text{Ind}} \cdot t$$

$$U_{\text{Feld}} \cdot I_{\text{Feld}} = U_{\text{Ind}} \cdot I_{\text{Ind}}$$

Aufgaben

1 Ergänze: „Der Schweißtrafo ⟨?⟩ die Spannung. Die Induktionsspule hat ⟨?⟩ Windungen als die Feldspule."

2 Gib an, wie der Trafo Spannung und Stromstärke ändert: Feldspule 1200 Windungen, Induktionsspule 300 Windungen.

3 Die 230-V-Lampe bleibt dunkel. → 2 Begründe mithilfe der Energie, die der Trafo pro Sekunde überträgt.

Material A

Stromstärke ändern

Materialliste: Netzgerät (6 V, Wechselspannung), 2 Spulen (1200 und 600 Windungen), Eisenkern (geschlossen), Lampe (12 V; 3 W), Messgerät (Stromstärke), Schalter, Kabel

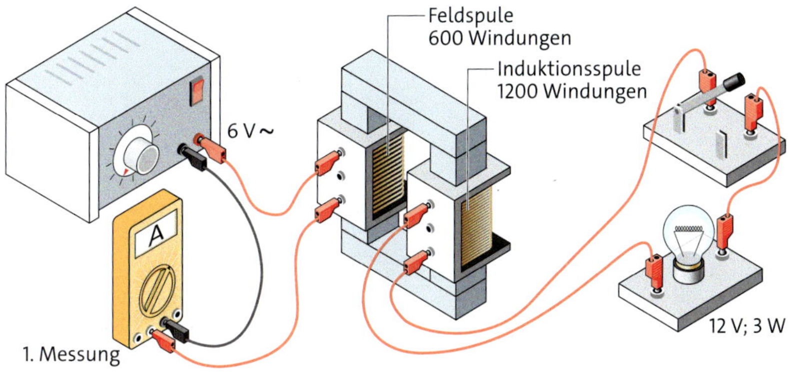

3 Versuchsaufbau zum Messen der Stromstärke in der Feldspule

1 Der Trafo in Bild 3 vergrößert die Spannung.

a Gib an, wie hoch die Induktionsspannung ist.

b Baue die Schaltung auf.

c Schließe den Schalter und miss die Stromstärke in der Feldspule. Öffne den Schalter dann wieder.

d Baue die Schaltung um, sodass du die Stromstärke in der Induktionsspule misst.

e Schließe den Schalter und miss die Stromstärke. Öffne den Schalter dann wieder.

f Vergleiche die Messwerte.

g Formuliere einen Zusammenhang: „Wenn der Trafo die Spannung erhöht, wird die Stromstärke ⟨?⟩."

Material B

Induktionsherd – ein Modellversuch

In vielen Küchen gibt es Induktionsherde. Unser Modellversuch enthält als Feldspule eine Netzspule mit 600 Windungen und als Induktionsspule eine Schmelzrinne aus Metall mit nur einer Windung. → 4

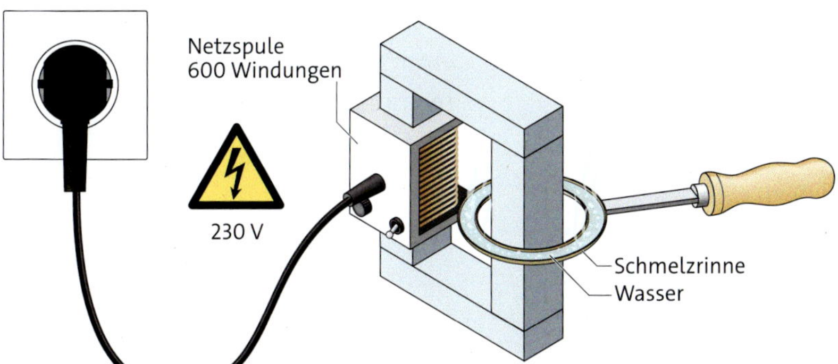

4

1 Gib an, ob der Trafo die Spannung vergrößert oder verkleinert. Begründe deine Angabe.

2 Vergleiche die Stromstärken in der Feldspule und in der Induktionsspule.

3 Erkläre, wie die große Hitze in der Induktionsspule entsteht.

Vielleicht kann eure Lehrkraft den Versuch vorführen.

Energietransport im großen Stil

1 Kraftwerk, Umspannwerk und Überlandleitungen

Material zur Erarbeitung: A

Umspannwerke enthalten große Transformatoren. Welche Aufgabe habe sie?

Energietransport bei verschiedenen Spannungen • Der Generator im Kraftwerk erzeugt eine Wechselspannung. Sie beträgt z. B. 20 000 V. → 2 Die elektrische Energie wird über Hunderte von Kilometern durch Überlandleitungen transportiert. An ihnen liegt z. B. eine Spannung von 220 000 V an. Die Spannung an unseren Steckdosen beträgt aber nur 230 V. Warum transportiert man die elektrische Energie nicht gleich bei 230 V?

Hochspannung verringert Leitungsverluste • Um die gleiche Menge elektrische Energie zu transportieren, könnte man einen kleinen Elektronenstrom mit 220 000 V antreiben oder einen tausendfach größeren Elektronenstrom mit 230 V. Je größer die Stromstärke ist, desto stärker werden die Überlandleitungen erwärmt – und desto mehr thermische Energie geben sie ungenutzt an die Umgebung ab. Bei tausendfacher Stromstärke würde eine Million Mal so viel thermische Energie abgegeben werden! In den Haushalten käme kaum noch elektrische Energie an. Daher erhöhen Trafos am Kraftwerk die Spannung von 20 kV auf 220 kV – und verringern die Stromstärke im gleichen Maß. So geben die Überlandleitungen nur wenig thermische Energie ab, der Wirkungsgrad des Energietransports ist hoch. Kurz vor den Haushalten wird die Spannung auf 230 V gesenkt.

Große Mengen elektrischer Energie werden mit Hochspannung transportiert. Dadurch wird beim Transport nur wenig elektrische Energie in unbrauchbare thermische Energie umgewandelt und abgegeben.

Basiskonzepte

Energie
System
→ Seite 266 f.

Aufgabe

1 ☒ Erkläre, weshalb die Spannung einmal herauf- und einmal heruntertransformiert wird. → 2

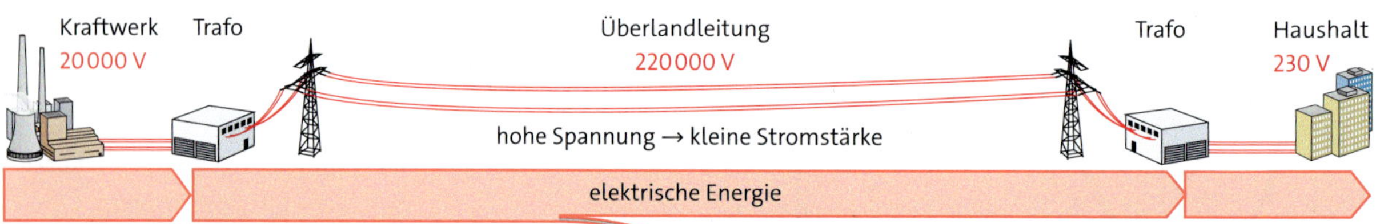

2 Energietransport mit Transformatoren

Material A

Elektrischer Energietransport (Demoversuche)

Materialliste: Netzgerät (6 V, Wechselspannung), Glühlampe (6 V; 3 W), 2 Konstantandrähte (0,2 mm dick, jeweils 2 m lang), Digitalthermometer, 2 Spulen (150 Windungen), 2 Spulen (1200 Windungen), 2 geschlossene Eisenkerne

1 Im ersten Modellversuch wird die Energie ohne Hochspannung transportiert. → 3 Das Netzgerät steht für den Generator im Kraftwerk. Die Drähte stellen die Überlandleitung dar und die Lampe ein Elektrogerät im Haushalt.

a Das Netzgerät wird eingeschaltet. Beobachtet die Lampe.
Achtung • Die Drähte werden heiß!

b Vermutet die Ursache für eure Beobachtung.

c Die Temperatur eines Drahts wird gemessen. Vergleicht sie mit der Raumtemperatur. Erklärt eure Beobachtung von Teil a.

d Beschreibt die Unterschiede zum tatsächlichen Energietransport vom Kraftwerk zum Haushalt.

2 Plant nun einen zweiten Modellversuch für den Energietransport mit Hochspannung. → 2

a Startet mit dem Aufbau von Versuch 1. → 3 Jetzt soll aber eine „Hochspannung" an den Konstantandrähten anliegen.

b Beschreibt, wie die Trafos aufgebaut sind: am Netzgerät und an der Lampe.

c Berechnet die Spannung an den Konstantandrähten.

d Beschreibt die Unterschiede zum Aufbau in Bild 3. Erklärt, warum die Lampe jetzt leuchten müsste.

e Nennt Unterschiede zum tatsächlichen Energietransport vom Kraftwerk zum Haushalt. → 2

3 Eure Lehrkraft führt nun den zweiten Modellversuch durch. Dabei sollte die Spannung und die Stromstärke für die Lampe gemessen werden.
Achtung • An den Konstantandrähten liegt eine Spannung von mehr als 25 V an. Elektrounfall vermeiden!

4 Energie und Wirkungsgrad

a Zeichnet für beide Versuche eine Energiekette.

b Für beide Versuche lässt sich der Wirkungsgrad des Energietransports berechnen:

$$\text{Wirkungsgrad} = \frac{\text{nutzbare Energie}}{\text{zugeführte Energie}}.$$

Bei welchem Versuch ist der Wirkungsgrad höher? Begründet eure Antwort.

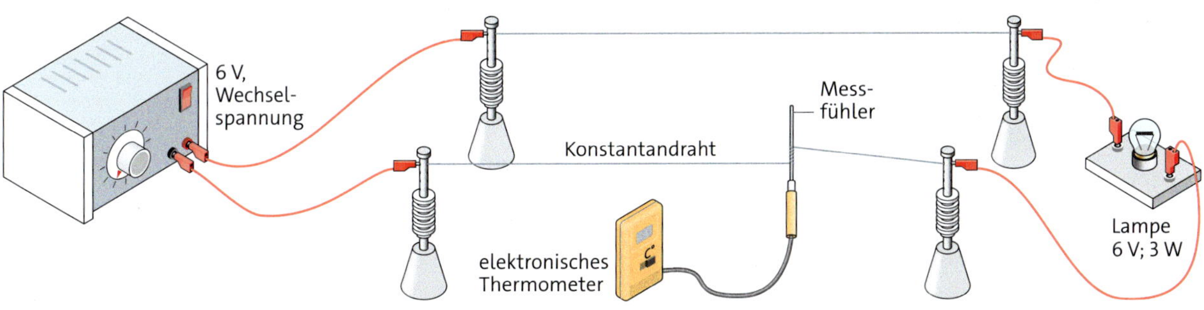

3 Elektrischer Energietransport ohne Transformator

Energietransport im großen Stil

Erweitern und Vertiefen

Elektrische Energienetze heute und morgen

Höchstspannung • Wenn du fernsiehst, kann die elektrische Energie dafür irgendwo in Europa bereitgestellt worden sein: in einem Kernkraftwerk in Frankreich, in einem Wasserkraftwerk in der Schweiz ... Die Länder Europas sind durch ein weitverzweigtes Höchstspannungsnetz (Spannung mehr als 220 kV) elektrisch miteinander verbunden. Bevor die elektrische Energie in die Haushalte oder Fabriken kommt, wird die Spannung in mehreren Stufen heruntertransformiert. → 1

Energiehandel • Die Länder kaufen und verkaufen elektrische Energie. Wenn zum Beispiel Wasserkraftwerke nach der Schneeschmelze in der Schweiz viel elektrische Energie liefern, wird sie ins Ausland verkauft. Wenn in Spanien Kraftwerke ausfallen, kauft das Land mehr elektrische Energie ein.
Elektrische Energie wird auf „Strombörsen" gehandelt. Sonnenschein- und Windvorhersagen oder Schwankungen im Bedarf verändern stündlich den Preis.

Netzumbau • Bis vor kurzem stellten Kernkraftwerke in fast ganz Deutschland viel elektrische Energie bereit. Als Ersatz werden Wind- und Solarkraftwerke gebaut, Windkraftwerke vor allem in Norddeutschland und im Meer. Sie erfordern neue Leitungen und eine neue Art der Energieverteilung. Elektrische Energie aus riesigen Windparks in der Nordsee wird dann mit Hochspannungs-Gleichstrom-Übertragung (HGÜ) zum Festland und anschließend auch nach Süddeutschland transportiert. → 2

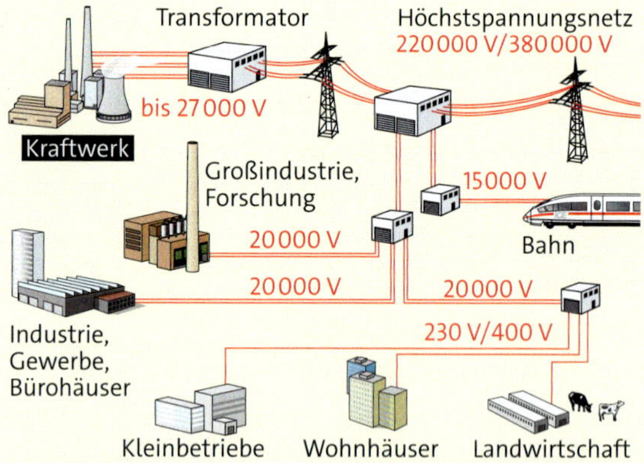

1 Energietransport: verschiedene Spannungen

2 Höchstspannungsnetz (ein Szenario für 2040)

Virtuelles Kraftwerk • Windräder und Solarkraftwerke liefern elektrische Energie je nach Wind und Sonnenschein. Computergesteuerte Verteilstationen fassen Windparks, Fotovoltaikanlagen (PV-Anlagen), Biogasanlagen mit Kraftwerken, Pumpspeicherkraftwerke ... zu einem „virtuellen Kraftwerk" zusammen. → 3 Bei Windstille und hohem Energiebedarf schaltet die Verteilstation z. B. ein Pumpspeicherkraftwerk ein. Bei starkem Wind wird dagegen Wasser in das obere Becken des Kraftwerks gepumpt. Energiezähler bei den Nutzern melden der Verteilstation laufend den Bedarf, sie steuert Bereitstellung und Transport elektrischer Energie entsprechend.

Blick in die Zukunft • Elektrische Energie soll mithilfe erneuerbarer Energieträger an geeigneten Standorten (viel Wind, Wasser, Sonne) in Europa und Nordafrika bereitgestellt werden. Das Verteilungsnetz muss dafür erweitert werden. Bereits heute wird überschüssige elektrische Energie aus deutschen Windkraftwerken nach Norwegen transportiert. Dafür liefern uns norwegische Wasserkraftwerke elektrische Energie, wenn es bei uns windstill und dunkel ist.

Aufgaben

1 Nenne Gründe, warum das Stromnetz in Deutschland umgebaut wird.

2 Beschreibe, wie ein virtuelles Kraftwerk funktioniert. → 3

3 Recherchiere und vergleiche die Kosten und die Leitungsverluste bei HGÜ und bei Hochspannungs-Wechselstrom-Übertragung. Welches Übertragungssystem ist für welche Leitungslängen günstiger?
Vergleicht und diskutiert eure Ergebnisse.

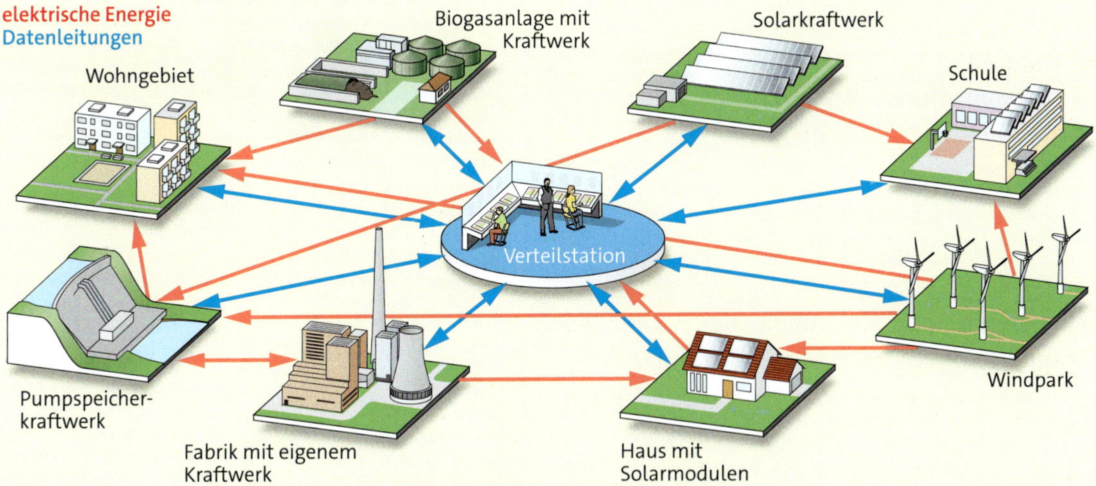

3 Virtuelles Kraftwerk und Nutzer der elektrischen Energie (Beispiel)

Motoren, Generatoren und Transformatoren

Zusammenfassung

Elektromagnete • Eine stromdurchflossene Spule wirkt wie ein Magnet. → 1 Die magnetische Wirkung wird verstärkt durch:

- einen Eisenkern in der Spule
- eine höhere Windungszahl der Spule
- eine höhere Stromstärke

Bei umgekehrter Stromrichtung kehren sich auch die Magnetpole um.

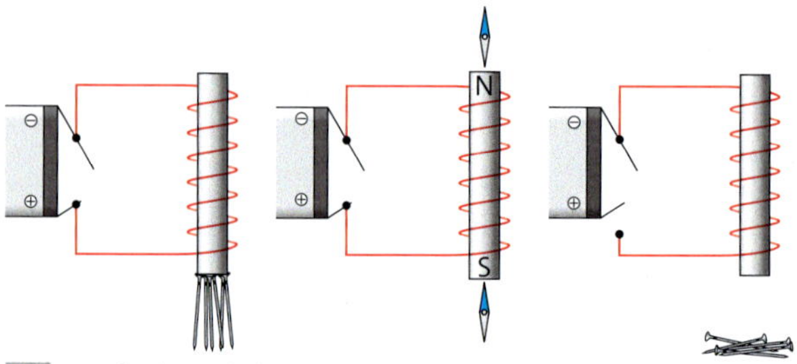

1 Einfacher Elektromagnet

Magnetfelder • Als Magnetfeld bezeichnen wir den Raum, in dem ein Magnet Wirkungen zeigt. Magnetfelder werden mithilfe von Feldlinien gezeichnet. → 2 3 Die Feldlinien verlaufen außerhalb des Magneten vom Nordpol zum Südpol. Je stärker die magnetische Wirkung in einem Bereich ist, desto dichter zeichnet man dort die Feldlinien.

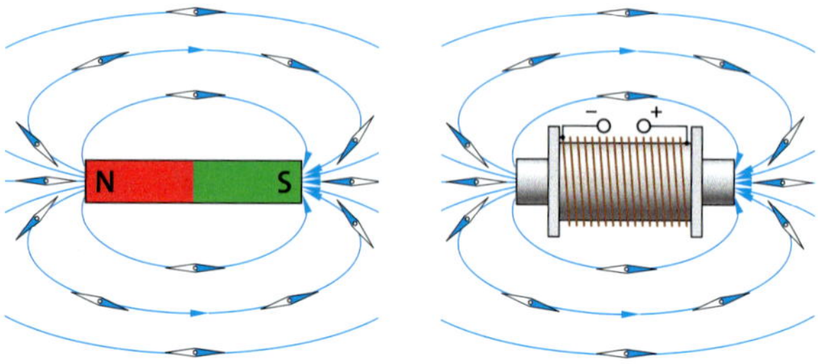

2 3 Magnetfelder

Elektromotoren bewegen • Jeder Elektromotor enthält zwei Magnete. Davon ist mindestens einer ein Elektromagnet. Ein Magnet wird gedreht (Rotor), ein Magnet steht fest (Stator). → 4 Die Drehung kommt zustande, weil sich immer wieder aufs Neue ungleiche Magnetpole anziehen und gleiche Pole abstoßen.

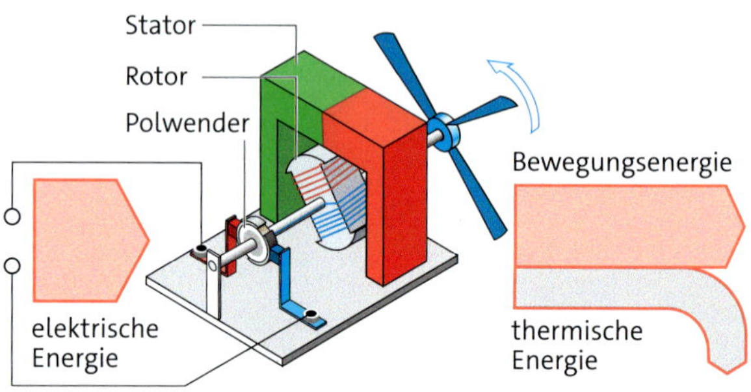

4 Einfacher Elektromotor (Gleichstrom)

Abgelenkte Elektronen • Elektronen, die sich in einem Magnetfeld senkrecht zu den Feldlinien bewegen, werden durch die Lorentzkraft zur Seite abgelenkt. → 5 Die Richtung der Lorentzkraft kann mit der Drei-Finger-Regel der linken Hand vorhergesagt werden. → 6

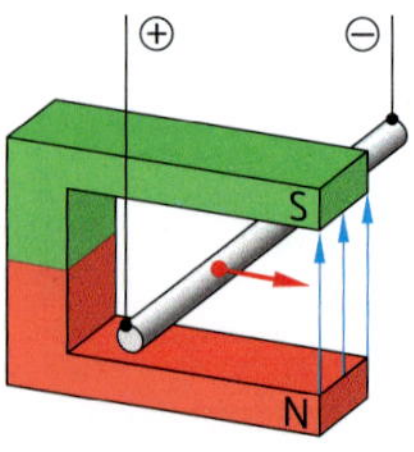

5 Lorentzkraft

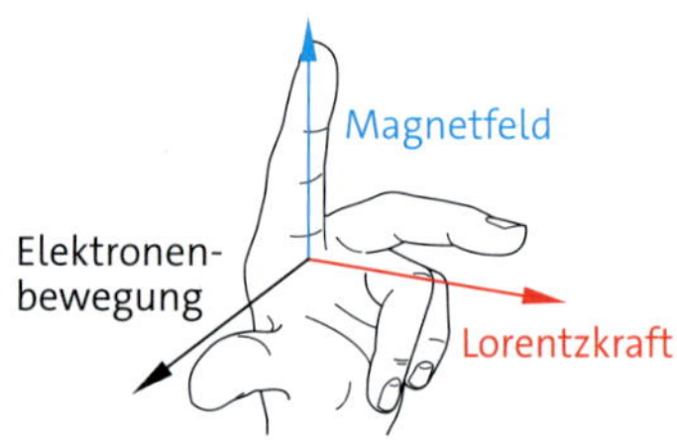

6 Drei-Finger-Regel

Generatoren für elektrische Energie • Wenn sich ein Magnetfeld in einer Spule ändert, entsteht eine Induktionsspannung an den Anschlüssen der Spule. Auf diese Weise wird in Generatoren elektrische Energie erzeugt. → 7 An der Spule entsteht eine Wechselspannung. Sie ändert immer wieder ihre Polung und bewirkt im angeschlossenen Stromkreis einen Wechselstrom, der immer wieder seine Richtung ändert.

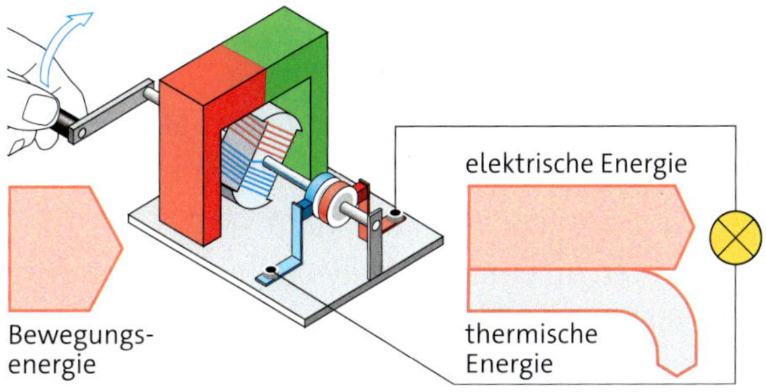

7 Einfacher Generator (Wechselstrom)

Transformatoren • Trafos verändern Wechselspannungen und -ströme. Sie bestehen aus zwei Spulen und einem gemeinsamen Eisenkern. Ein Trafo kann die Spannung senken (Beispiel: Netzteil) oder erhöhen. An der Spule mit der geringeren Windungszahl liegt die kleinere Spannung an. → 8 9 Mit der Spannung ändert sich auch die Stromstärke:

- Wenn die Spannung gesenkt wird, nimmt die Stromstärke zu (Beispiel: Schweißtrafo).
- Wenn die Spannung erhöht wird, nimmt die Stromstärke ab (Beispiel: Trafo am Beginn der Überlandleitung).

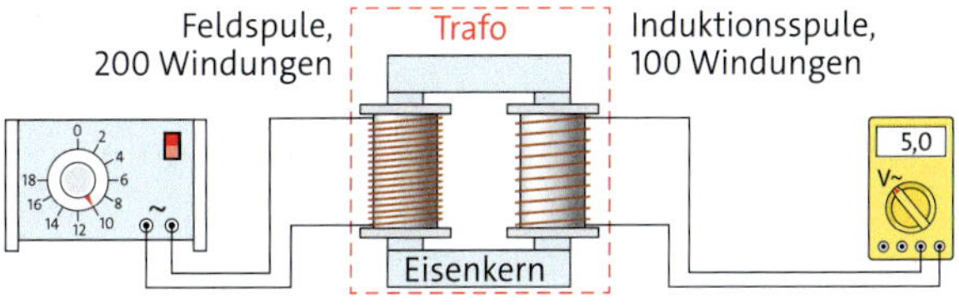

8 Halb so viele Windungen: halbe Spannung

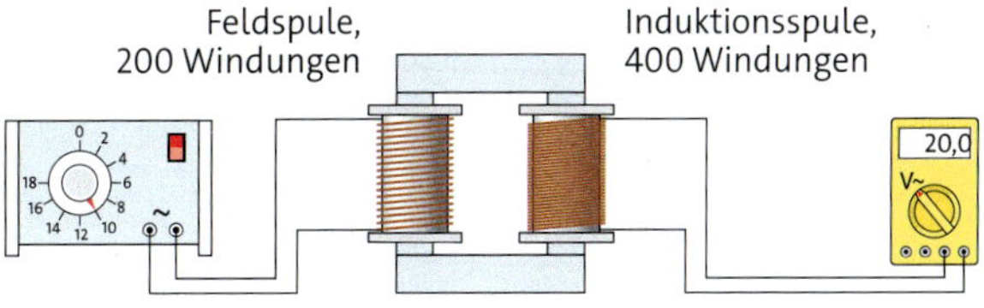

9 Doppelt so viele Windungen: doppelte Spannung

Energietransport im großen Stil • Große Mengen elektrischer Energie werden in Überlandleitungen mit sehr hoher Spannung transportiert. → 10 Wegen der hohen Spannung ist nur eine relativ kleine Stromstärke erforderlich, sodass beim Transport der elektrischen Energie nur wenig Energie in unerwünschte thermische Energie umgewandelt wird.

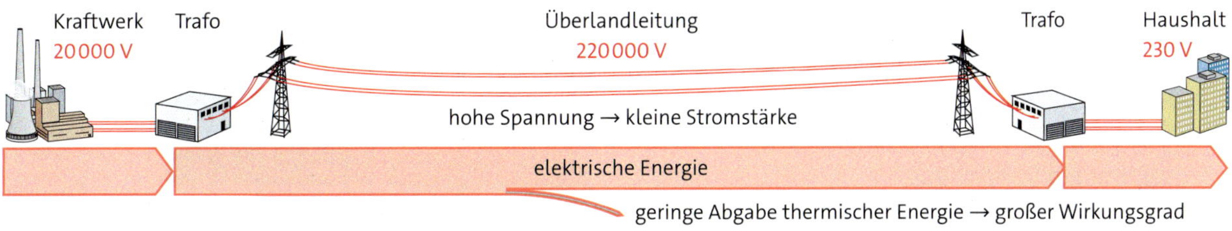

10 Elektrischer Energietransport mit Transformatoren

Motoren, Generatoren und Transformatoren

Teste dich! (Lösungen auf Seite 259 f.)

Elektromagnete und Felder

1 Ergänze im Heft die folgenden Sätze:

a Die Feldlinien gehen außerhalb eines Magneten von seinem ⟨?⟩ zu seinem ⟨?⟩.

b Der Pfeil an einer Magnetfeldlinie zeigt an, ⟨?⟩.

c Je dichter die Feldlinien an einem Ort in der Nähe des Magneten gezeichnet sind, ⟨?⟩.

2 Elektromagnet und Stabmagnet → 1 2

a Beschreibe, wie eine Spule zum Elektromagneten wird.

b Vergleiche die Felder und die Eigenschaften von Stabmagneten und Elektromagneten.

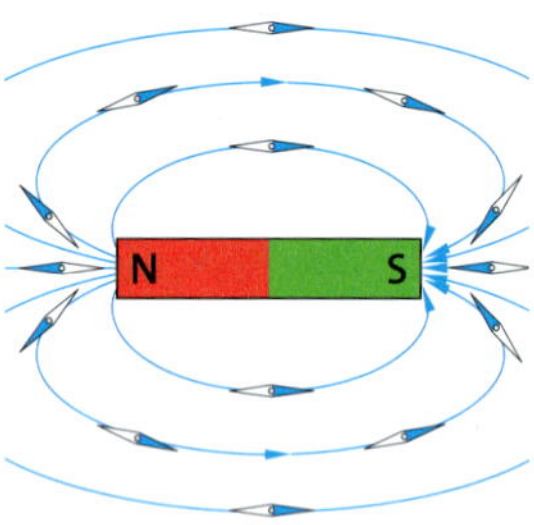

1

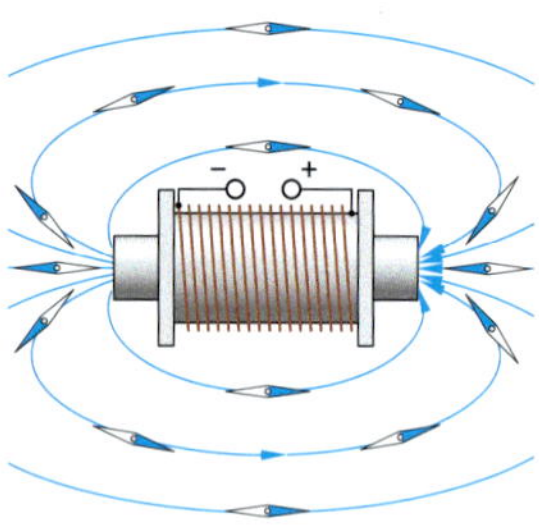

2

Elektromotoren bewegen

3 Erkläre, wie der Elektromotor in Bewegung kommt. → 3

a Ordne die Begriffe einander richtig zu: Rotor, Stator, Dauermagnet, Elektromagnet.

b Schreibe die folgenden Sätze in der richtigen Reihenfolge auf:

- Gleiche Magnetpole von Rotor und Stator stoßen sich gegenseitig ab.
- An den Enden des Rotors bilden sich ein Nordpol und ein Südpol aus.
- Der Rotor dreht sich.
- Der Strom wird eingeschaltet.

Abgelenkte Elektronen

4 Du willst mithilfe der Drei-Finger-Regel die Bewegungsrichtung eines stromdurchflossenen Leiters in einem Magnetfeld vorhersagen. Beschreibe, wie du vorgehst.

5 Sage mit der 3-Finger-Regel voraus, ob und in welche Richtung der stromdurchflossene Draht bewegt wird. → 4 – 6

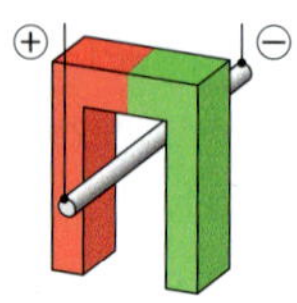

4

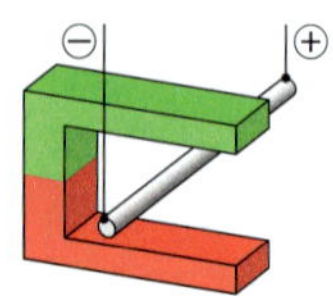

5

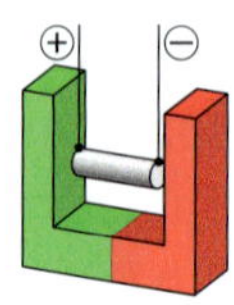

6

Generatoren für elektrische Energie

6 Beschreibe, wie du mit einem Stabmagneten und einer Spule eine elektrische Spannung erzeugen kannst.
Nenne drei Möglichkeiten, wie sich eine besonders große Induktionsspannung erreichen lässt.

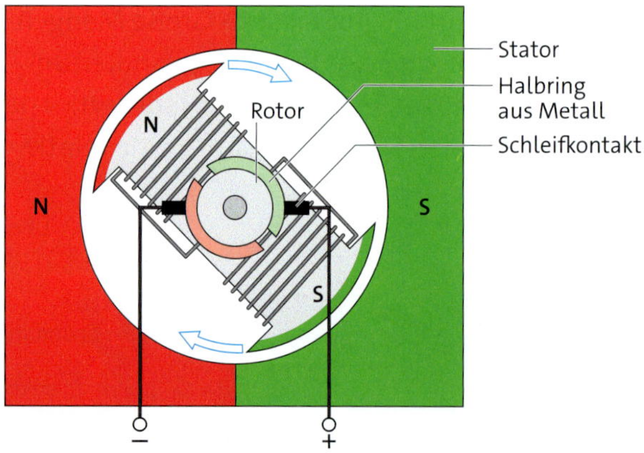

3 Elektromotor

7 An der Feldspule liegt zuerst Gleichspannung an, dann Wechselspannung. → 7
Beschreibe und begründe jeweils, was man am Strommessgerät beobachtet.

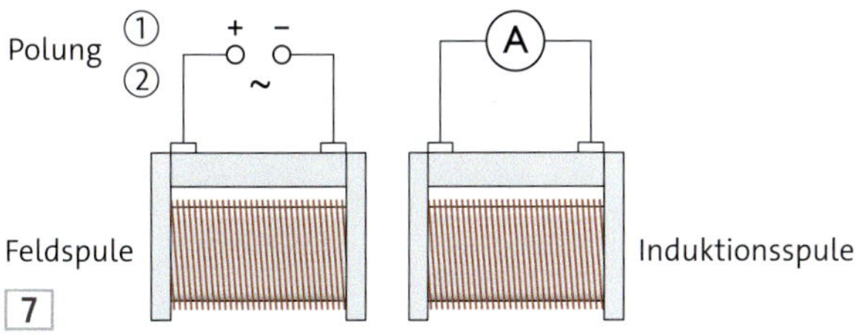

7

8 Ein Nabendynamo am Fahrrad stellt elektrische Energie für die Beleuchtung bereit. → 8

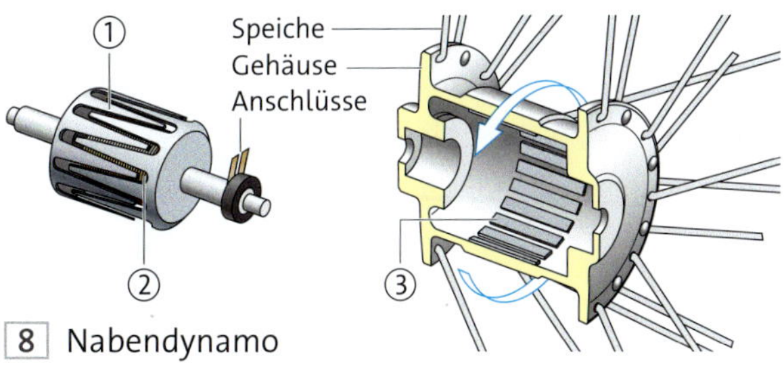

8 Nabendynamo

a Nenne die Bestandteile 1–3 des Nabendynamos.
b Zeichne die Energiekette.
c Schreibe die richtigen Aussagen ins Heft:
- Der Dynamo erzeugt eine Wechselspannung.
- Der Dynamo erzeugt eine Gleichspannung.
- Die Spannung beträgt 6 V.
- Die Spannung beträgt 230 V.

d Beschreibe, wie der Dynamo funktioniert.

Wechselspannung – genauer betrachtet

9 Die Wechselspannung eines Netzgeräts beträgt maximal 6 V und hat eine Frequenz von 50 Hz. Zeichne das Spannung-Zeit-Diagramm.

Transformatoren

10 Skizziere, wie ein Transformator aufgebaut ist. Beschrifte das Bild mit den Fachbegriffen.

11 Bei einem Transformator sind die Feldspule und die Induktionsspule nicht mit Kabeln verbunden. Erkläre, wie an der Induktionsspule dennoch eine Spannung entstehen kann.

12 An der Induktionsspule eines Trafos beträgt die Spannung 12 V, an der Feldspule 6 V.
a Gib an, welche Spule mehr Windungen hat.
b Die Feldspule hat 300 Windungen. Berechne, wie viele Windungen die Induktionsspule hat.
c An die Induktionsspule wird ein Elektromotor angeschlossen. Ist die Stromstärke in der Feldspule kleiner oder größer als in der Induktionsspule? Begründe deine Antwort.

13 Das Netzteil eines Druckers ist an eine Steckdose (230 V) angeschlossen
a Die Spannung für den Drucker beträgt 32 V und die Stromstärke 375 mA. Berechne die Leistung, die der Drucker vom Netzteil erhält.
b Der Wirkungsgrad des Netzteils beträgt 75 %. Berechne die Leistung, die das Netzteil von der Steckdose erhält.
c Berechne die Stromstärke in der Feldspule.

Energietransport im großen Stil

14 Stelle in einer beschrifteten Schaltzeichnung dar, wie elektrische Energie vom Kraftwerk zu den Haushalten übertragen wird. Begründe den Einsatz der Transformatoren.

Radioaktivität

An die Tomaten wird kein Mikrofon gehalten, sondern ein Geigerzähler. Er zeigt an, ob sie radioaktiv belastet sind.
Was ist das: Radioaktivität?

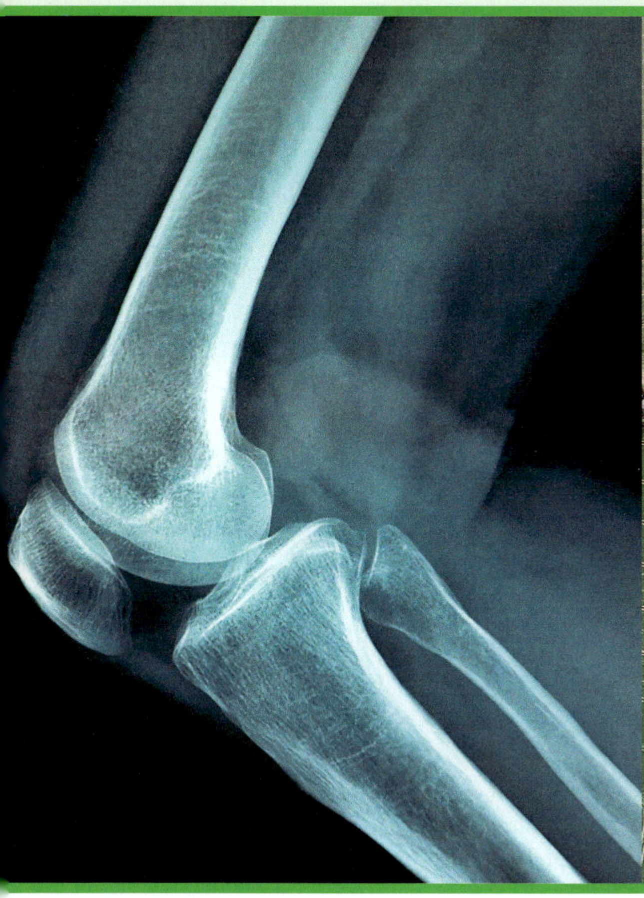

Röntgenstrahlung macht das Innere des Körpers sichtbar. Auch die unsichtbare Strahlung radioaktiver Stoffe kann in der Medizin und in der Technik genutzt werden.

In Deutschland sollen alle Kernkraftwerke abgeschaltet werden. Was geschieht mit den radioaktiven Abfällen? Welche Probleme bringt der Rückbau?

Atombau – genauer betrachtet

1 Atommodell – vor rund 100 Jahren

Forscher und Forscherinnen haben den Aufbau der Atome durch Versuche, neue Modelle und Berechnungen immer besser verstanden.

Das Kern-Hülle-Modell • Wir stellen uns vor, dass Atome einen winzigen positiv geladenen Kern haben und dazu eine riesige negativ geladene Hülle. Im Atomkern sind 99,9 % der Masse des gesamten Atoms vereint.

Basiskonzept

Struktur der Materie
→ Seite 266 f.

Atome – aufgebaut aus Teilchen • Atomkerne bestehen aus positiv geladenen Protonen und elektrisch neutralen Neutronen. → 2 Die Atomhüllen werden von negativ geladenen Elektronen gebildet, die um den Kern „herumschwirren".
Ein Proton oder ein Neutron ist 2000-mal so schwer wie ein Elektron.

Positiv geladene Protonen und elektrisch neutrale Neutronen bilden den winzigen Atomkern.
Negativ geladene Elektronen bewegen sich ständig um den Kern herum und bilden so die riesige Atomhülle.

Kennzahlen eines Atoms • Die Ordnungszahl gibt an, wie viele Protonen ein Atom hat. Alle Atome eines chemischen Elements haben gleich viele Protonen. → 3
Die Massenzahl gibt die Summe von Protonen und Neutronen im Kern an. Die Zahl der Elektronen in der Atomhülle entspricht der Zahl der Protonen.

Isotope • Alle Atomkerne eines Elements haben zwar gleich viele Protonen, sie können aber unterschiedlich viele Neutronen haben. Wir sprechen von Isotopen. Die Isotope des Wasserstoffs haben entweder 0 Neutronen, 1 Neutron oder 2 Neutronen. → 4

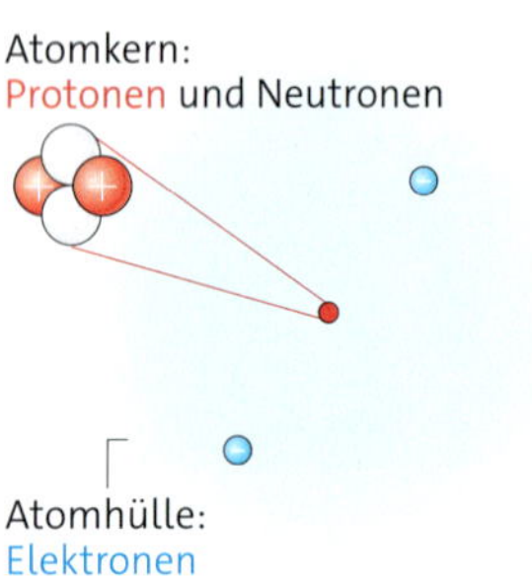

2 Kern-Hülle-Modell

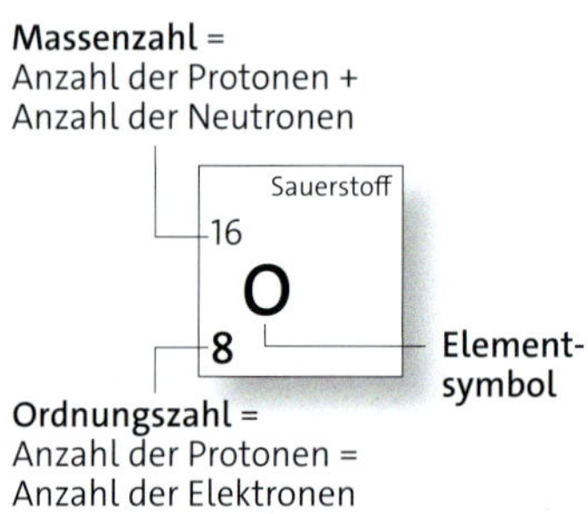

3 Kennzahlen eines Atoms

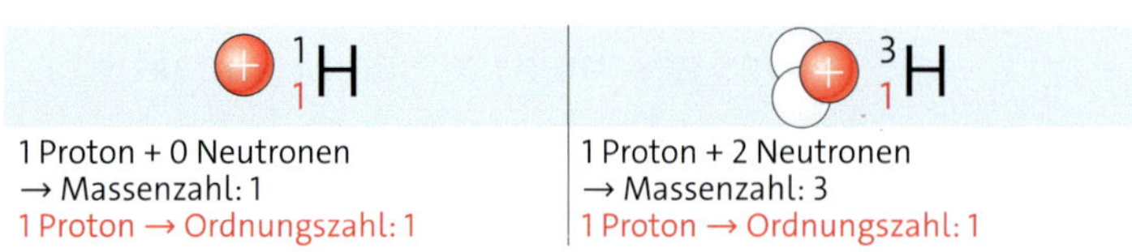

4 Zwei Isotope des Wasserstoffs (H)

Aufgaben

1 Nenne die Teilchen, aus denen Atomkerne bestehen.

2 Begründe, warum die Atomhülle viel leichter ist als der Atomkern.

das **Kern-Hülle-Modell**
das **Neutron**
die **Ordnungszahl**
die **Massenzahl**
das **Isotop**

Material A

Kennzahlen von Atomen

Anhand von Ordnungszahl und Massenzahl kannst du die Elemente erkennen. Du kannst damit auch die Anzahl der verschiedenen Teilchen in einem Atom berechnen.

1 Übernimm die Tabelle in dein Heft. Bestimme die fehlenden Einträge. → 5

2 Schreibe die drei Elemente in der gleichen Weise wie das Element $^{16}_{8}O$ auf. → 3

3 Gib die Anzahl der Neutronen in Wasserstoff $^{2}_{1}H$ an.

Element	Elementsymbol	Ordnungszahl	Massenzahl	Protonen	Elektronen	Neutronen
Sauerstoff	O	8	?	?	?	8
Schwefel	S	?	?	?	16	16
Natrium	Na	?	23	11	?	?

5 Kennzahlen von drei Elementen

Material B

Atome: Winziger Kern und riesige Hülle

Ein großes Fußballstadion ist etwa 250 m lang.
Wenn man sich ein Atom in Stadiongröße vorstellt, dann läge der Atomkern auf dem Anstoßpunkt. Er wäre mit einem Durchmesser von etwa 4 mm nicht größer als eine Erbse. → 6

6 

1 Berechne das Größenverhältnis zwischen dem Atomkern und der Atomhülle.
Formuliere einen Satz zu deinem Ergebnis: Die Atomhülle ist ◇?-mal größer als der Kern.

Material C

Isotope

1 Bild 7 zeigt verschiedene Isotope eines Elements.
a Nenne das Element.
b Schreibe jeweils die Massenzahl und die Ordnungszahl der Atomkerne auf.
c Gib die drei Isotope in Kurzschreibweise an: $^{?}_{?}?$.

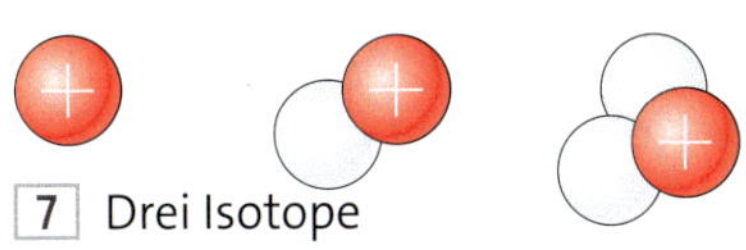

7 Drei Isotope

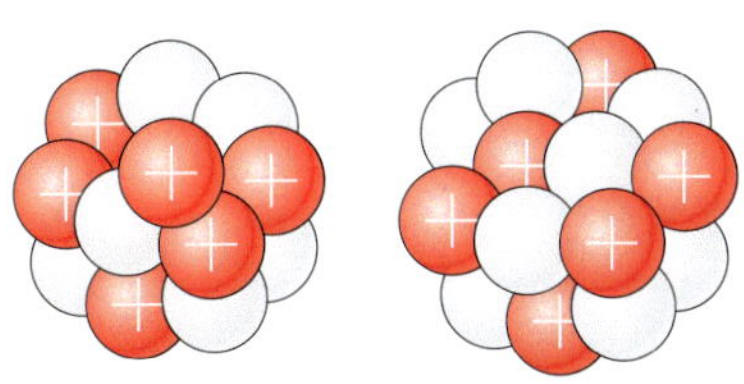

8 Zwei Kohlenstoff-Isotope

2 Bild 8 zeigt zwei Isotope des Kohlenstoffs.
a Gib an, wie viele Protonen und Neutronen die Atomkerne haben.
b Schreibe jeweils die Massenzahl und die Ordnungszahl der Atomkerne auf.
c Gib die beiden Isotope in Kurzschreibweise an: $^{?}_{?}C$.

3 Atommodelle → 9 10
a Vergleiche die 2 Modelle.
b Mit welchem Modell kannst du Isotope erklären? Begründe deine Wahl.

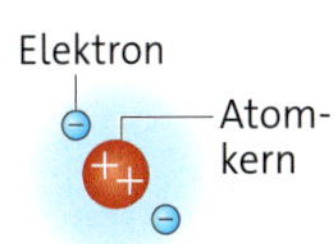

9

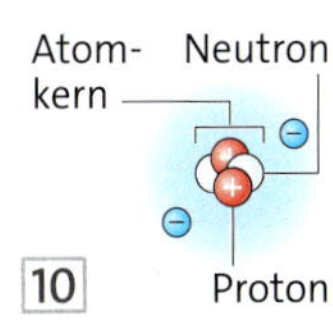

10

Radioaktivität – überall!

1 Was zeigt das Knacken des Geigerzählers an?

Das Knacken des Geigerzählers zeigt Radioaktivität an. – Ist hier ein radioaktiver Stoff in der Umgebung?

Unsichtbare Strahlung • Der Geigerzähler zeigt eine unsichtbare Strahlung an. Wir sind ihr ständig ausgesetzt. Sie kommt aus dem Weltraum und von radioaktiven Stoffen in unserer Umgebung. So sind zum Beispiel manche Gesteine und Lebensmittel (leicht) radioaktiv.
Die radioaktiven Stoffe senden die unsichtbare Strahlung ganz unregelmäßig von selbst aus. Der Geigerzähler knackt deshalb mal häufiger, mal seltener. Man kann nicht vorhersagen, wann es passiert. Je intensiver die Strahlung ist, desto größer ist die Anzahl der Impulse, die der Geigerzähler misst.

Basiskonzept

Struktur der Materie
→ Seite 266 f.

Ionisierende Strahlung • Wenn die Strahlung radioaktiver Stoffe auf ein Atom trifft, kann sie Elektronen aus der Atomhülle herausschlagen. → 2 Dann wird das Atom zu einem positiv geladenen Ion. Man spricht deshalb von ionisierender Strahlung. Wenn sie in unseren Körper eindringt, kann sie Atome und Moleküle in unseren Zellen verändern und dadurch schädigen.

> Die Strahlung radioaktiver Stoffe ist unsichtbar und ionisierend. Der Geigerzähler weist diese Strahlung nach.
> Wir sind stets einer geringen ionisierenden Strahlung ausgesetzt.

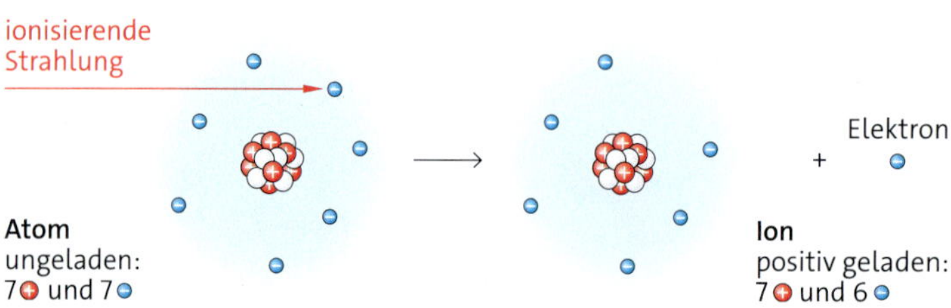

2 Ionisierende Strahlung

Aufgaben

1 Petra misst in ihrer Klasse mit dem Geigerzähler:
1. Minute: 23 Impulse, 2. Minute: 21 Impulse, 3. Minute: 25 Impulse.

a Beschreibe, was der Geigerzähler anzeigt.

b Erkläre, warum es nicht immer gleich viele Impulse sind.

2 Erkläre den Begriff ionisierende Strahlung.

3 Ein Atom wird von ionisierender Strahlung getroffen.
Beschreibe den Vorgang der Ionisierung.

die Radioaktivität
der Geigerzähler
die ionisierende Strahlung

Material A

Geigerzähler im Einsatz

Materialliste: Geigerzähler, Kaliumdünger, Kochsalz

1 Stellt den Geigerzähler auf den leeren Tisch und schaltet ihn ein. Lasst ihn 5 min lang zählen.
Notiert eure Beobachtung.

2 Legt den Kaliumdünger auf den Tisch. Er enthält ein Kaliumsalz. Haltet den Geigerzähler dicht über den Dünger. → 3 Lasst wieder 5 min lang zählen.
Notiert wieder eure Beobachtung. Vergleicht mit dem vorigen Versuch.

3 Kaliumdünger und Geigerzähler

3 Wiederholt den Versuch mit Kochsalz. Das ist ein Natriumsalz.
Vergleicht mit dem vorigen Versuchsergebnis. Erklärt den Unterschied.

Material B

Radioaktive Lebensmittel

Materialliste: Geigerzähler, Kakaopulver, weiße Bohnen, Pflaumen

1 Stellt den Geigerzähler auf den leeren Tisch und schaltet ihn ein. Lasst ihn 5 min lang zählen.
Notiert euren Messwert.

2 Haltet den Geigerzähler dicht über die verschiedenen Lebensmittel. Lasst ihn jeweils 5 min lang zählen.
a Notiert die Messwerte.
b Vergleicht mit dem Messwert bei leerem Tisch.
c Erklärt den Unterschied. Tipp: Kakaopulver, weiße Bohnen und Pflaumen enthalten viel Kalium.

Material C

Radioaktiver Staub

Zwei dünne Lagen eines Taschentuchs aus Papier werden am Ansaugrohr eines Staubsaugers befestigt. → 4 Die Luft wird 10 min lang durch dieses Taschentuch gesaugt. Anschließend misst der Geigerzähler am Taschentuch 1204 Impulse in 5 min.
Nun wird das Taschentuch verbrannt. Der Geigerzähler misst über der Asche diesmal 1210 Impulse in 5 min.

1 Wenn man den Geigerzähler an ein frisches Taschentuch hält, misst er 104 Impulse in 5 min.
Erkläre, warum der Messwert nach dem Staubsaugen viel höher ist.

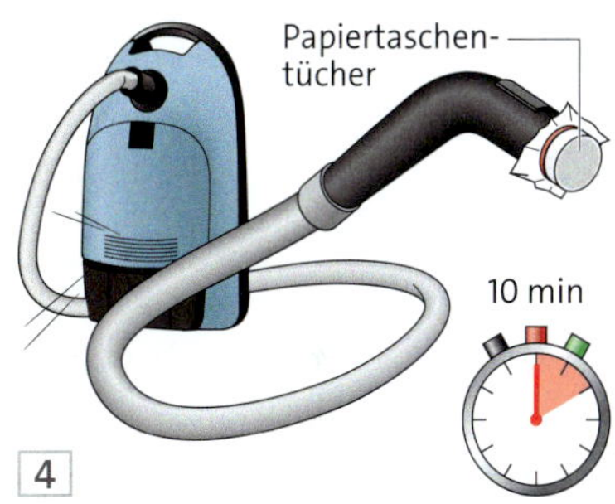

4

2 Gib jeweils an, ob die Aussagen richtig oder falsch sind:
a An der Asche der Taschentücher misst der Geigerzähler weniger Impulse als vorher.
b Das Verbrennen der Taschentücher zerstört die radioaktiven Stoffe.
c Die radioaktiven Stoffe sind auch nach dem Verbrennen der Taschentücher noch vorhanden.

Ionisierende Strahlung

1 Schützen die Anzüge vor Radioaktivität?

Ionisierende Strahlung kann uns schädigen. Wie können wir uns schützen?

Drei Strahlungsarten • Ein Teil der Strahlung radioaktiver Körper wird schon durch eine 4–8 cm dicke Luftschicht oder ein Blatt Papier absorbiert. → 2 Dieser Teil der Strahlung wird Alpha-Strahlung (α-Strahlung) genannt. Ein anderer Teil der Strahlung wird zum Beispiel erst durch ein 4–5 mm dickes Alublech absorbiert. Er wird Beta-Strahlung (β-Strahlung) genannt. Ein weiterer Teil der Strahlung wird erst durch sehr dicke Bleiblöcke weitgehend absorbiert. Er wird Gamma-Strahlung (γ-Strahlung) genannt.

Basiskonzept

Struktur der Materie
→ Seite 266 f.

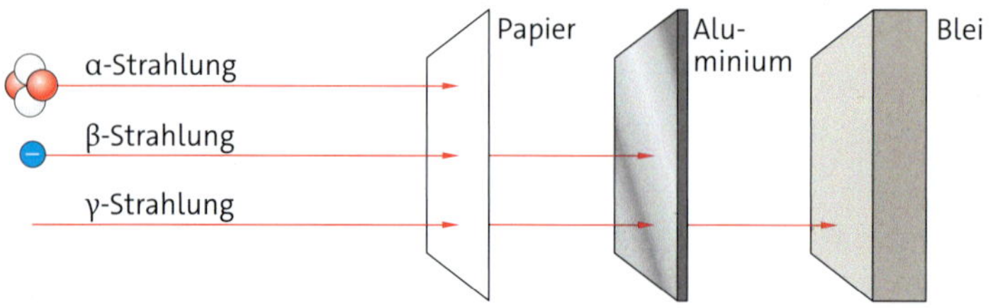

2 Strahlungsarten

> Radioaktive Körper können drei Arten ionisierender Strahlung abgeben: α-Strahlung, β-Strahlung und γ-Strahlung.

Umwandlung von Atomkernen • Die Strahlung radioaktiver Körper kommt aus einzelnen Atomkernen. Es geben aber nicht alle Atomkerne Strahlung ab, sondern nur bestimmte radioaktive Isotope eines Elements. Sie wandeln sich bei der Abgabe von Strahlung in andere Atomkerne um:

- Dabei können Heliumkerne $^{4}_{2}He$ mit hoher Geschwindigkeit abgestrahlt werden: Das ist die α-Strahlung. → 3
- Bei der Umwandlung von Neutronen entstehen Protonen und Elektronen im Kern. Die Elektronen werden mit hoher Geschwindigkeit abgestrahlt: Das ist die β-Strahlung. → 3
- Bei Umwandlungen wird auch oft eine Strahlung abgegeben, die ähnlich wie Licht ist: die γ-Strahlung. → 3

Reichweite der Strahlungsarten • Die relativ großen Heliumkerne der α-Strahlung stoßen in Stoffen mit vielen Atomen und Molekülen zusammen. Dabei geben sie ihre Energie schnell ab. Ihre Reichweite ist gering. Die Elektronen der β-Strahlung sind viel kleiner und schneller als Heliumkerne. Ihre Reichweite ist größer. Die γ-Strahlung durchdringt Materie fast ungeschwächt.

die α-Strahlung
die β-Strahlung
die γ-Strahlung
die Zerfallsreihe

	α-Strahlung	β-Strahlung	γ-Strahlung
Art der Strahlung	Teilchen (Heliumkerne) 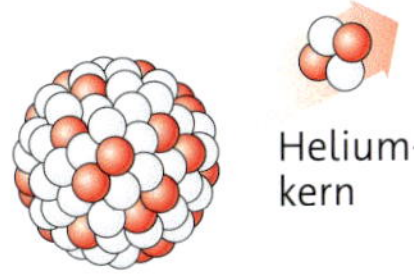	Teilchen (Elektronen) 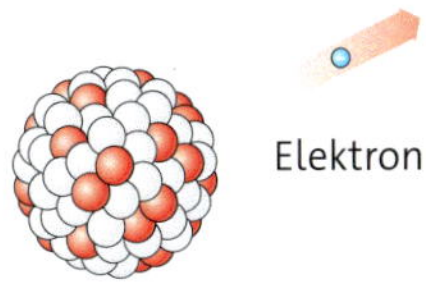	Energiestrahlung (wie Licht) 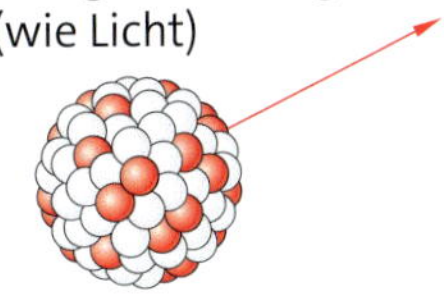
Elektrische Ladung	positiv geladen	negativ geladen	keine
Wirkung in anderen Körpern	stark ionisierend	weniger stark ionisierend	schwach ionisierend
Reichweite in der Luft	wenige Zentimeter	einige Meter	sehr weit
Abschirmung	Papier, Stoff (Kleidung), Kunststofffolie	dickes Aluminiumblech	sehr dicke Bleiplatten

3 Eigenschaften ionisierender Strahlung

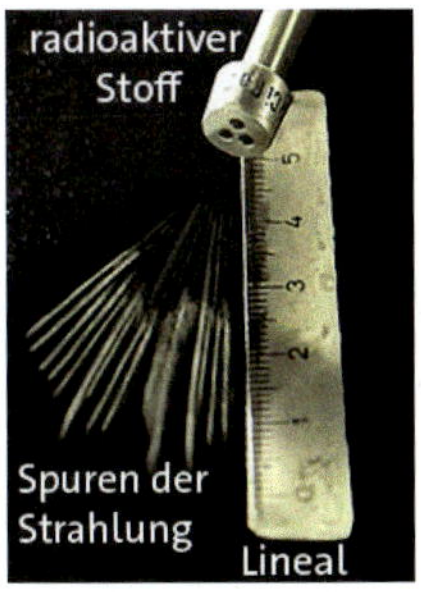

4 Nachweis in der Nebelkammer

Nachweis der Strahlung • Neben dem Geigerzähler gibt es weitere Nachweismethoden:

- Ionisierende Strahlung schwärzt eine Fotoplatte.
- In einer Nebelkammer kann man den Verlauf der Strahlung an einer hellen Spur erkennen. → 4

Die Strahlung radioaktiver Körper entsteht bei der Umwandlung von Atomkernen. Die Reichweite der Strahlungsarten ist unterschiedlich.

Zerfallsreihen • Schwere Atomkerne wandeln sich unter Abgabe von Strahlung in instabile neue Kerne um. Die Umwandlungen gehen so lange weiter, bis stabile Atomkerne entstehen. Wenn man das Ausgangselement und alle Zwischenelemente mit ihren jeweils abgegebenen Strahlungen notiert, so erhält man eine Zerfallsreihe. Beispiel: Uran $^{238}_{92}U$ zerfällt unter Abgabe von α-Strahlung zu Thorium $^{234}_{90}Th$, dieses zerfällt unter Abgabe von β-Strahlung zu Protactinium $^{234}_{91}Pa$ ... → 5

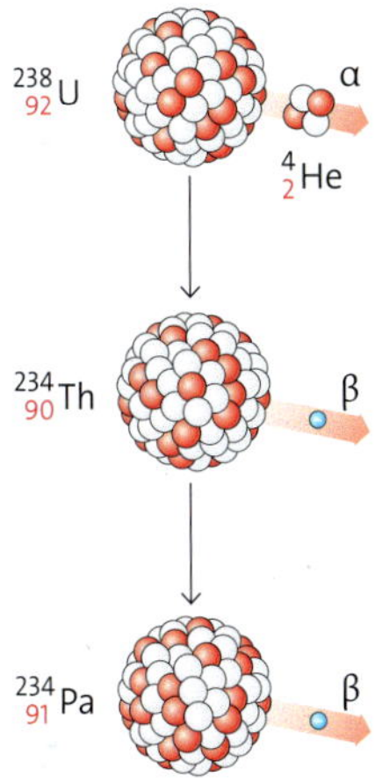

5 Zerfallsreihe von Uran ($^{238}_{92}U$)

Aufgaben

1 Radioaktive Stoffe geben ionisierende Strahlung ab.

a Nenne die drei Strahlungsarten.

b Gib an, woraus die α-Strahlung bzw. die β-Strahlung besteht.

c Vergleiche die Reichweite der drei Strahlungsarten in Luft.

2 „Mit einem Schutzanzug kann man sich vor ionisierender Strahlung schützen." Diskutiert diese Aussage.

Ionisierende Strahlung

Material A

Strahlung abschirmen

1 Vor den drei Arten ionisierender Strahlung muss man sich schützen. → 1 – 3

a Gib zu jedem Schutzmittel an, gegen welche Strahlungsarten es schützt.

b Erkläre, warum sich die drei Strahlungsarten hinsichtlich Abschirmung und Reichweite unterscheiden.

c Um sich zu schützen, sollte man möglichst viel Abstand zur Strahlungsquelle haben. Begründe.

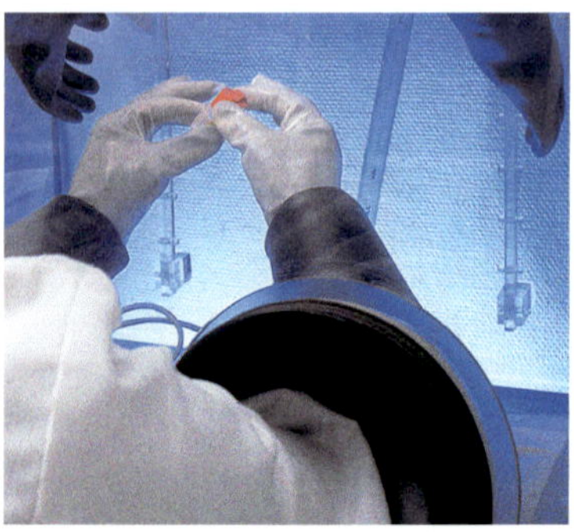

1 Schutzhandschuhe, radioaktive Probe

2 Fässer aus Blech mit radioaktivem Abfall

3 Schutzscheibe aus meterdickem Bleiglas

Material B

Strahlungsarten und Kernumwandlungen

1 Beschreibe die drei Strahlungsarten. Nutze die folgenden Begriffe: Licht, Heliumkern, Elektron, Atomkern, Kernumwandlung.

2 Ordne die Strahlungsarten nach ihrer Reichweite in Luft.

3 Beschreibe, was bei den Kernumwandlungen im Atomkern passiert. → 4 5 Gib dabei an, wie sich die Anzahl von Protonen und Neutronen verändert.

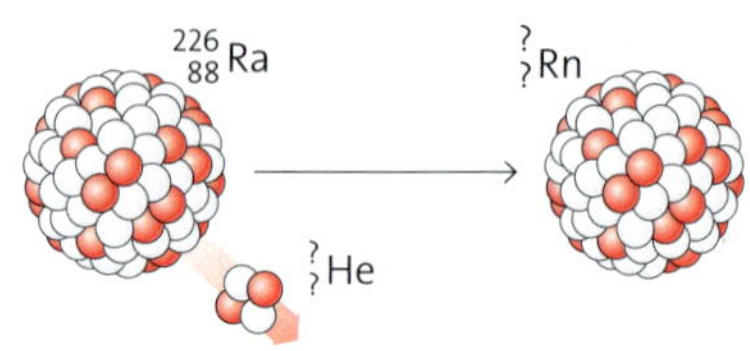

4 Beispiel für α-Strahlung

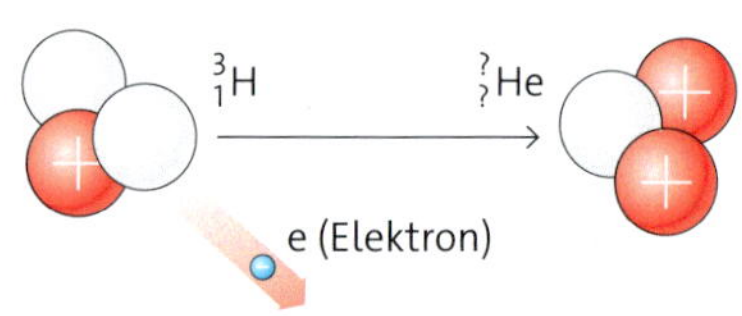

5 Beispiel für β-Strahlung

4 Sammle Informationen zu den drei Strahlungsarten und gestalte z. B. ein Plakat. Zeigt euch die Plakate. Gebt ein konstruktives Feedback.

Material C

Zerfallsreihen und Nuklidkarte

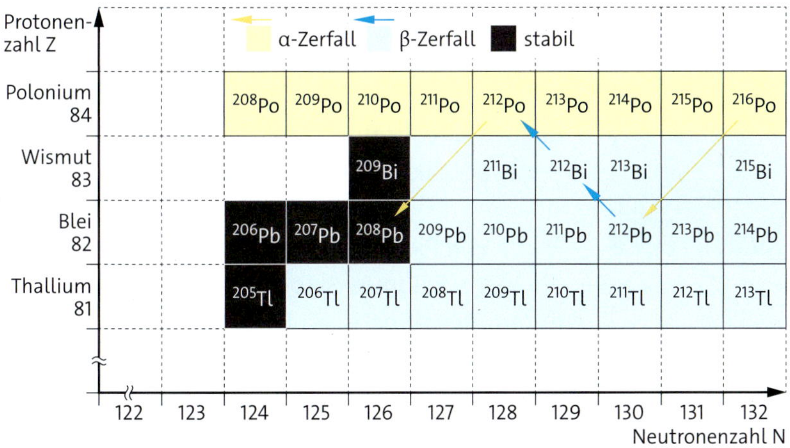

6 Ausschnitt aus der Nuklidkarte

Zerfallsreihen kann man aus Nuklidkarten ablesen. → 6 Diese Karten stellen die Isotope der Elemente in einem Koordinatensystem dar. Auf den Achsen sind die Protonenzahl Z und die Neutronenzahl N notiert. Die Lage jedes Isotops in der Nuklidkarte wird durch die Anzahl seiner Protonen und die Anzahl seiner Neutronen bestimmt. Ihre Summe ergibt die Massenzahl des Isotops.

Wenn ein Atomkern α-Strahlung abgibt (α-Zerfall), hat der neue Kern 2 Protonen und 2 Neutronen weniger. → 7 Die Massenzahl des neuen Atomkerns ist also um 4 geringer als die Massenzahl des alten Kerns.
Gibt ein Kern β-Strahlung ab, so hat der neue Kern 1 Proton mehr und 1 Neutron weniger. Seine Massenzahl bleibt gleich. → 8

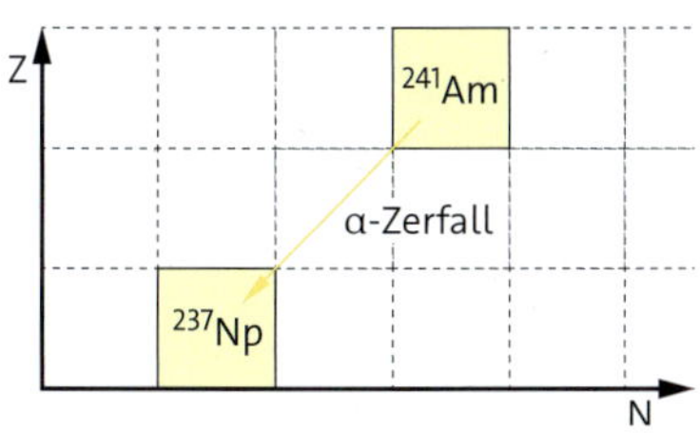

7 α-Zerfall: 2 Protonen weniger, 2 Neutronen weniger

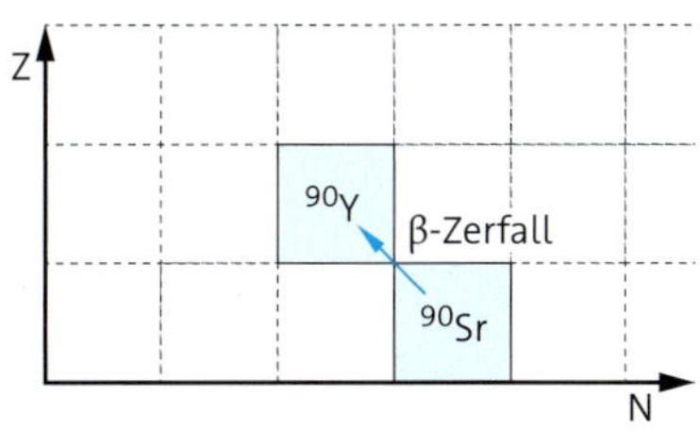

8 β-Zerfall: 1 Proton mehr, 1 Neutron weniger

1 ◪ Die Ausschnitt aus der Nuklidkarte zeigt die Umwandlung eines Polonium-Isotops zu einem stabilen Blei-Isotop. → 6

a Notiere die Zerfallsreihe.

b Gib jeweils an, welche Strahlung beim Zerfall abgegeben wird.

2 Es liegt folgende Zerfallsreihe vor:
$^{238}_{92}U \rightarrow {}^{234}_{?}Th \rightarrow {}^{234}_{?}Pa \rightarrow {}^{234}_{?}U \rightarrow {}^{230}_{?}Th$

a ◪ Ergänze die Ordnungszahlen und gib zu jedem Zerfall die Strahlungsart an.

b ⊠ Zeichne für die Zerfallsreihe einen Ausschnitt aus einer Nuklidkarte.

3 ⊠ Informiere dich, in welchen Zwischenstufen das radioaktive Thorium-Isotop $^{232}_{90}Th$ zum stabilen Blei-Isotop $^{208}_{82}Pb$ zerfällt. Du kannst dazu mit dem Stichwort „Thorium-Zerfallsreihe“ recherchieren.

a Notiere die komplette Thorium-Zerfallsreihe und gib jeweils die Strahlungsart beim Zerfall an.

b Zeichne für die Thorium-Zerfallsreihe einen Ausschnitt aus einer Nuklidkarte.

Ionisierende Strahlung

Erweitern und Vertiefen

So wurde die Radioaktivität entdeckt

1 Henri Becquerel

Becquerels Entdeckung • Der französische Forscher Henri Becquerel (1852 bis 1908) untersuchte Anfang 1896, ob das Sonnenlicht uranhaltige Kristalle zum Strahlen anregt. → 1 Als Nachweis für die Strahlung der Kristalle nutzte er eine lichtempfindliche Platte. Sie sollte nach einer chemischen Behandlung dort schwarz sein, wo die Strahlung aufgetroffen war. Zum Schutz vor dem direkten Sonnenlicht war die Platte mit Papier umhüllt.

Beim Experimentieren verschwand an einem Tag die Sonne, sodass die Urankristalle nicht beleuchtet werden konnten. Der Forscher legte die Platten zusammen mit den Urankristallen in eine dunkle Schublade. Als er ein paar Tage später die Platten chemisch behandelte, war er sehr überrascht: Obwohl die Kristalle im Dunkeln gelegen hatten, konnte er trotzdem kräftige Schwärzungen erkennen. → 2 Uran sendet also auch ohne den Einfluss des Sonnenlichts unsichtbare Strahlung aus. Becquerel hatte das erste radioaktive Element entdeckt.

Marie und Pierre Curie • Marie Curie wurde 1867 als Maria Salomea Skłodowska in Warschau geboren. Sie studierte ab 1891 Physik in Paris, wo sie ihren Mann kennenlernte. → 3 Pierre Curie wurde 1859 in Paris geboren und schloss schon als 19-Jähriger sein Physikstudium ab. 1895 wurde er zum Professor ernannt. Im gleichen Jahr heirateten beide.

Angeregt durch Becquerels Entdeckung, untersuchte Marie Curie ab 1897 radioaktive Mineralien. Sie entdeckte, dass manche Uranerze stärker strahlen als Uran allein. 1898 stellte Marie Curie daher die Hypothese auf, dass diese Erze ein unbekanntes radioaktives Element enthalten, dass sie nach ihrer Heimat Polonium nannte.

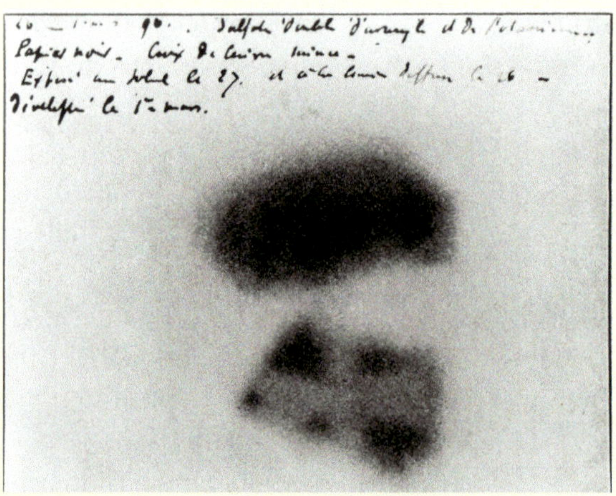

2 Geschwärzte Fotoplatte (Becquerels Versuch)

3 Marie und Pierre Curie im Labor

4 Pechblende

Das Forscherpaar begann, eine Tonne des Minerals Pechblende zu untersuchen, das aus einem Bergwerk im heutigen Tschechien nach Paris gebracht wurde. → 4 Als Labor diente den Curies ein ungeheizter und feuchter Schuppen. Dort verbrachten sie Tag und Nacht damit, das Gestein mühsam zu zerkleinern und aufzulösen. In großen Behältern wurden oft 20 kg Erz gleichzeitig erhitzt und stundenlang gerührt. So konnten die Curies in vier Jahren harter Arbeit geringste Mengen eines weiteren radioaktiven Elements gewinnen. Sie nannten es Radium (lat. radius: der Strahl), denn in der Nacht sahen sie die Radiumproben bläulich leuchten.

Gesundheitliche Folgen • Bei ihren Forschungen waren Marie und Pierre Curie lange Zeit ionisierender Strahlung ausgesetzt. Sie bewahrten radioaktive Proben in ihren Taschen auf. Die Gefahren der Strahlung waren noch nicht erforscht. Pierre Curie war bereits 1906 an den Folgen eines Verkehrsunfalls gestorben. Marie Curie selbst litt immer wieder an Erkrankungen, die vermutlich durch jahrelange ungeschützte Arbeit mit radioaktiven Stoffen verursacht wurde. Ihre Notizen sind bis heute so radioaktiv, dass man sie in Schutzbehältern aufbewahrt und nur mit Schutzkleidung betrachten kann. Marie Curie verstarb 1934 an den Folgen ihrer Arbeit.

Ehrungen • Für die Entdeckung der Radioaktivität erhielt Marie Curie 1903 als erste Frau den Nobelpreis für Physik, gemeinsam mit Pierre Curie und Henri Becquerel. Im Jahr 1911 bekam sie zudem den Nobelpreis für Chemie für die Entdeckung und Beschreibung der Elemente Radium und Polonium.
Das chemische Element mit der Ordnungszahl 96 erhielt nach den Curies den Namen Curium. Zu Ehren von Henri Becquerel gibt man die Aktivität radioaktiver Stoffe in Becquerel an.

Bedeutung • Die Forschungen Becquerels und der Curies haben die Modelle der Physik und der Chemie zum Aufbau und den Eigenschaften der Materie nachhaltig verändert. Die Entdeckung radioaktiver Stoffe hat neue Forschungsbereiche und wichtige neue technische Anwendungen angeregt.

Aufgaben

1 ◩ Nenne wichtige Daten und Ereignisse aus dem Leben von Marie Curie.

2 ⊠ Informiere dich über den Einfluss der Entdeckung der Radioaktivität auf Wissenschaft und Gesellschaft. Denke daran, wo Radioaktivität gezielt genutzt wird. Präsentiere deine Ergebnisse. Gebt dem oder der Vortragenden ein konstruktives Feedback.

Halbwertszeit

1 Die Stoffe in den Fässern sind radioaktiv. – Wie lange noch?

Radioaktive Stoffe können die Umwelt belasten. Man muss sie für lange Zeit sicher aufbewahren. Wie lange?

Halbwertszeit • Fluor $^{20}_{9}F$ ist radioaktiv. Von 100 Atomkernen des Isotops wandeln sich in 11,16 s durchschnittlich 50 Kerne um – also die Hälfte. → 2 Von den verbleibenden 50 Kernen wandeln sich in den nächsten 11,16 s durchschnittlich 25 Kerne um – also wieder die Hälfte. Das geht immer so weiter. Das radioaktive Radium $^{226}_{88}Ra$ wandelt sich viel langsamer um als Fluor $^{20}_{9}F$. Nach 1620 Jahren (1620 a) ist noch die Hälfte der ursprünglichen Radium-Atomkerne vorhanden, nach 3240 a ist es noch ein Viertel ...

Die Halbwertszeit gibt an, wie lange es durchschnittlich dauert, bis sich die Hälfte der Atomkerne eines radioaktiven Isotops umgewandelt hat. Sie ist für jedes radioaktive Isotop verschieden.

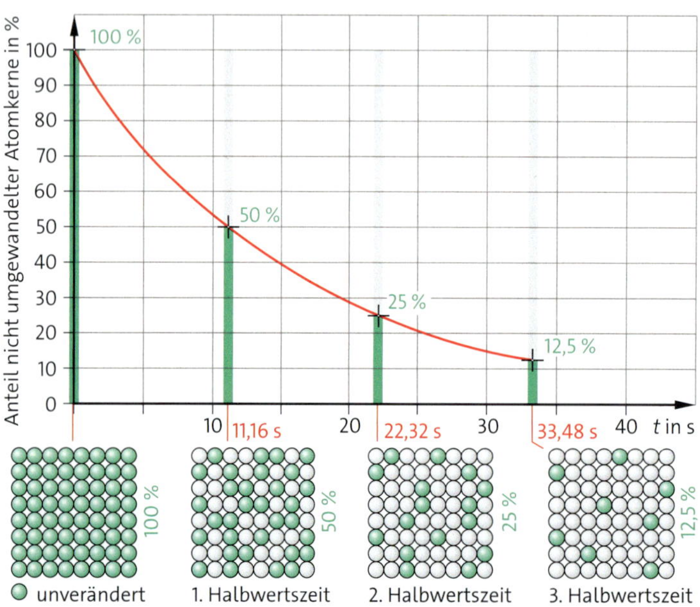

2 Zerfallskurve: Umwandlung von Fluor $^{20}_{9}F$

Aktivität • Bei einem Gesteinsbrocken wandeln sich 2460 Kerne in 1 s radioaktiv um, bei einem anderen sind es nur 30. Der erste Gesteinsbrocken zeigt die größere Aktivität.

Die Aktivität eines radioaktiven Gegenstands gibt an, wie viele Atomkerne sich in ihm pro Sekunde umwandeln. Die Einheit der Aktivität ist 1 Becquerel (1 Bq): → 3
1 Becquerel entspricht 1 Kernumwandlung pro Sekunde.

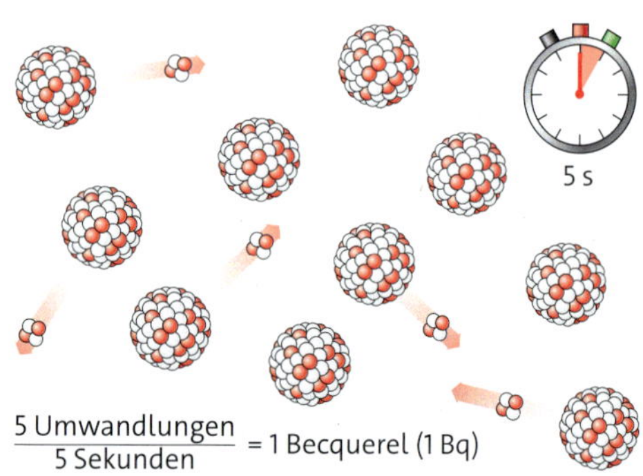

3 Berechnung der Aktivität

die **Halbwertszeit**
die **Aktivität**
das **Becquerel** (Bq)

Die Aktivität eines radioaktiven Materials sinkt in der Halbwertszeit auf die Hälfte.
Radioaktive Stoffe mit langen Halbwertszeiten müssen zum Teil für Jahrtausende sicher aufbewahrt werden. Erst dann ist die Aktivität so niedrig, dass keine Gefahr mehr für die Umwelt besteht.

Berechnung des radioaktiven Zerfalls • Eine Arbeitsweise der Physik ist es, aus Messreihen und Diagrammen mathematische Gesetzmäßigkeiten abzuleiten. So erhält man Gleichungen, mit denen sich zum Beispiel Zwischenwerte der Messreihe berechnen oder Vorhersagen für zukünftige Messungen treffen lassen.
Aus der Zerfallskurve eines radioaktiven Isotops lässt sich erkennen, dass zwischen dem Anteil der nicht umgewandelten Atomkerne und der Zeit ein besonderer mathematischer Zusammenhang besteht. → 2 Er lässt sich mit einer Exponentialfunktion beschreiben:

$y = y_0 \cdot \left(\frac{1}{2}\right)^x$.

Erklärung:
- y ist der Anteil nicht umgewandelter Atomkerne nach der Zeit t.
- y_0 ist der Anteil nicht umgewandelter Atomkerne zum Anfang (also 100 %).
- Der Exponent x gibt an, wie viele Halbwertszeiten vergangen sind:

$$x = \frac{\text{Zeit } t}{\text{Halbwertszeit}}.$$

Beispielrechnung für Fluor $^{20}_{9}F$: → 2
$t = 20\,s$
$y = 100\,\% \cdot \left(\frac{1}{2}\right)^{\frac{20\,s}{11{,}16\,s}} = 29\,\%$

Aufgaben

1 Radium $^{226}_{88}Ra$ wandelt sich radioaktiv um. Ergänze die Tabelle (im Heft). → 4

Vergangene Zeit	Vorhandene Atome
0 a	64 000 000
1620 a	?
3240 a	?
6480 a	?
9720 a	?

4 Umwandlung von Radium $^{226}_{88}Ra$

2 Du hast 100 Euro. Pro Woche gibst du jeweils die Hälfte des Gelds aus.
a Diskutiert, wie viele Wochen das Geld reichen wird.
b Stelle die Abnahme des Gelds im Diagramm dar.
c Bestimme, wie viel Geld du noch nach 5 bzw. 10 Wochen hast.

3 Berechne jeweils die Aktivität:
a 10 Kernumwandlungen in 10 s
b 12 Kernumwandlungen in 3 s
c 4 Kernumwandlungen in 16 s

4 Berechnung des radioaktiven Zerfalls für Fluor $^{20}_{9}F$ → 2
a Berechne, wie viel Prozent nicht umgewandelter Atomkerne nach 30 s noch vorhanden sind.
b Lies den Wert im Diagramm ab und vergleiche ihn mit dem berechneten Wert. → 2
c Bestimme, wie hoch der Anteil nicht umgewandelter Atomkerne nach 3 Minuten ist.

Halbwertszeit

Material A

Halbwertszeit (Modellversuch)

Materialliste: 100 Würfel

Vergangene Zeit	Atomkerne	
	umgewandelt	noch vorhanden
0 s	0	100
1 s	?	?
?	?	?

1 Beispieltabelle

1 Jeder Würfel stellt den Atomkern eines radioaktiven Stoffs dar.
Werft alle Würfel gleichzeitig. Nach dem Wurf stellen die Sechser die umgewandelten Atomkerne dar. Sortiert nach jedem Wurf die Sechser aus.
Jeder Wurf stellt den gleichen Zeitabschnitt dar: eine Sekunde.

a Tragt die Ergebnisse nach jedem Wurf in eine Tabelle ein. → 1

b Stellt die Ergebnisse in einem Diagramm dar.
Tragt die vergangene Zeit auf der waagerechten Achse ein und die Zahl der noch vorhandenen Atomkerne auf der senkrechten Achse.

c Bestimmt die Halbwertszeit des radioaktiven Stoffs mithilfe des Diagramms.

d Vergleicht den Modellversuch mit der Umwandlung von Fluor $^{20}_{9}F$.
Nennt Gemeinsamkeiten und Unterschiede.

Material B

Altersbestimmung

Das Kohlenstoffisotop $^{14}_{6}C$ ist radioaktiv und hat eine Halbwertszeit von 5730 Jahren. Im Kohlenstoffdioxid (CO_2) der Luft ist vor allem das stabile Kohlenstoffisotop $^{12}_{6}C$ enthalten, aber auch ein wenig $^{14}_{6}C$. Solange Pflanzen oder Tiere leben, nehmen sie beim Stoffwechsel sowohl $^{12}_{6}C$ als auch $^{14}_{6}C$ auf. Mit dem Tod des Organismus endet die Aufnahme von Kohlenstoff. Von nun an nimmt der Anteil von $^{14}_{6}C$ langsam ab, weil sich die Atome dieses Isotops umwandeln, während die $^{12}_{6}C$-Atome stabil sind.

1 Im Lippischen Landesmuseum in Detmold ist eine Kindermumie aus Alt-Peru zu sehen. → 2 Ihr Alter wurde auf 6400 Jahre bestimmt.
Beschreibe, wie man das Alter bestimmen konnte.

2

2 In einem alten Stück Holz ist die Aktivität von $^{14}_{6}C$ nur halb so hoch wie in einem frischen Stück. Bestimme das Alter des Holzes.

3 Das Alter des Holzes eines Brunnens aus der Jungsteinzeit wurde auf 7000 Jahre bestimmt. Berechne den Anteil der nicht umgewandelten Atomkerne in %.

4 Iod $^{131}_{53}I$ hat eine Halbwertszeit von 8 Tagen. Seine Aktivität betrug anfangs 200 000 000 Bq.
Berechne die Aktivität nach 24 Tagen und nach 30 Tagen.

Material C

Aktivitäten

Strahlungsquelle	Aktivität
Radium (1 g)	$37 \cdot 10^9$ Bq
natürliches Uran (1 g)	$12 \cdot 10^3$ Bq
Erwachsener (70 kg)	$9 \cdot 10^3$ Bq
Radiumstrahler für den Unterricht	$3{,}7 \cdot 10^3$ Bq (Beispiel)
Kaliumchlorid (1 g)	16 Bq
natürlicher Kohlenstoff (1 g)	0,24 Bq

3

1 Die Tabelle zeigt die Aktivität verschiedener Stoffe. → 3

a Wievielmal größer ist die Aktivität von Radium im Vergleich zur Aktivität von natürlichem Uran?
Wähle die richtige Aussage aus und begründe durch eine Rechnung:
- 3-mal
- 3000-mal
- 3 000 000-mal

b Bei einem Stück Urangestein misst man eine Aktivität von 125 Bq. Erkläre, was das bedeutet.

c In 1 g natürlichem Uran wandeln sich ständig Atomkerne um. Berechne, wie viele es in 1 min sind.

d Wir Menschen sind auch radioaktiv. Das liegt zum großen Teil an radioaktiven Kalium-Isotopen. Nimm Stellung zur folgenden Diskussion: „Der Mensch hat fast die gleiche Aktivität wie natürliches Uran.“ – „Das stimmt doch gar nicht, seine Aktivität ist etwa halb so groß wie die von natürlichem Kohlenstoff.“

Material D

Radium und Barium

1 Mit einem Geigerzähler sind Proben von Radium $^{226}_{88}Ra$ und Barium $^{137}_{56}Ba$ untersucht worden. → 4

a Übertrage die Daten in ein Tabellenkalkulationsprogramm.

b Stelle die Messkurven zu den beiden Messreihen in einem gemeinsamen Diagramm dar: waagerechte Achse – Zeit, senkrechte Achse – Anzahl der Impulse in 15 s.

c Beschreibe den Verlauf der beiden Messkurven.

d Vergleiche den Verlauf der beiden Messkurven miteinander. Gib an, welcher Stoff die kürzere Halbwertszeit hat. Beschreibe, wie du diese Informationen aus dem Diagramm abliest.

Zeit: Messung nach ... min	Radium $^{226}_{88}Ra$ Impulse in 15 s	Barium $^{137}_{56}Ba$ Impulse in 15 s
0	554	1040
1	524	755
2	550	552
3	560	441
4	541	329
5	528	270
6	529	210
7	561	149
8	560	119
9	532	103
10	551	89
11	543	78

4

Anwendungen in Medizin und Technik

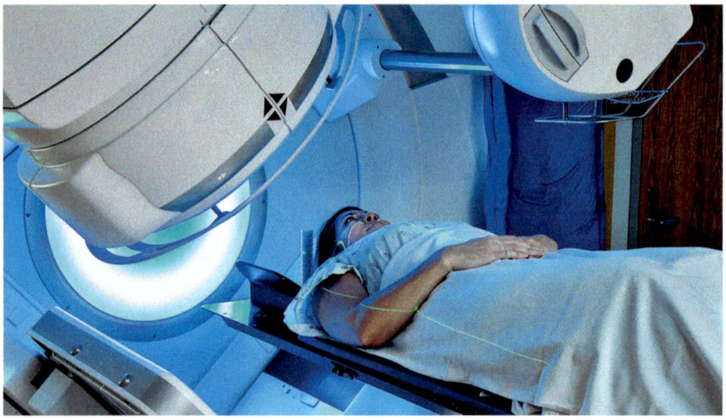

1 Strahlentherapie bei der Krebsbehandlung

Ionisierende Strahlung hilft, Krankheiten zu erkennen und zu behandeln.

Röntgenuntersuchung • Röntgenstrahlung ist ionisierend. Sie ist ähnlich wie die γ-Strahlung, kommt aber nicht aus radioaktiven Atomkernen. Bei der Untersuchung trifft Röntgenstrahlung auf den Körper. → 2 Sie durchdringt weiche Körperteile fast ungehindert, wird aber von Knochen aufgehalten. Danach trifft die Röntgenstrahlung auf einen Detektor, der sie in elektrische Signale umwandelt. Im Computer entsteht dann ein Bild, auf dem die Knochen sichtbar sind. → 3 Ärztinnen und Ärzte können an dem Bild erkennen, ob Knochen gebrochen sind und wie sie am besten behandelt werden. Röntgenaufnahmen sind sehr nützlich, stellen aber eine zusätzliche Strahlenbelastung für den Körper dar.

Materialprüfung • Mit Röntgenstrahlung werden auch Schweißnähte und Tragflächen von Flugzeugen untersucht. Damit erkennt man winzige Risse und Löcher.

Szintigramme • Um Tumoren und Entzündungen im Körper nachzuweisen, wird eine winzige Menge eines radioaktiven Stoffs in den Körper gespritzt. Dieser Stoff sammelt sich dann in bestimmten Organen an. Er wandelt sich mit kurzer Halbwertszeit um und sendet dabei γ-Strahlung aus. Eine besondere Kamera für diese Strahlung nimmt dann ein Szintigramm auf. Es zeigt an, wie viel Stoffwechsel die einzelnen Gewebeteile aufweisen. → 4

Zellen töten • Krebs bildet sich, wenn sich Zellen im Körper verändern und gesundes Gewebe überwuchern. Die

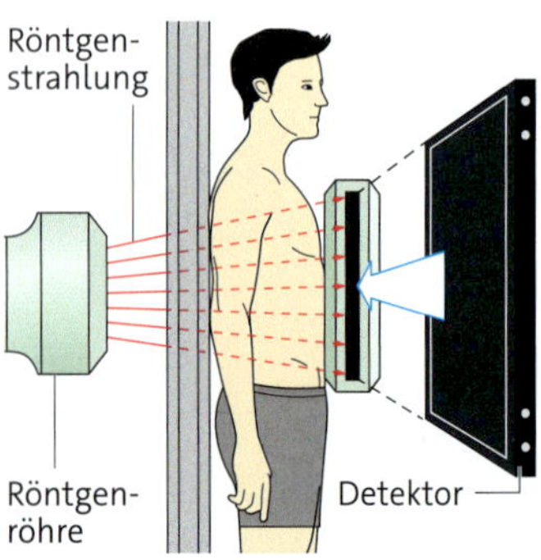

2 Röntgenuntersuchung

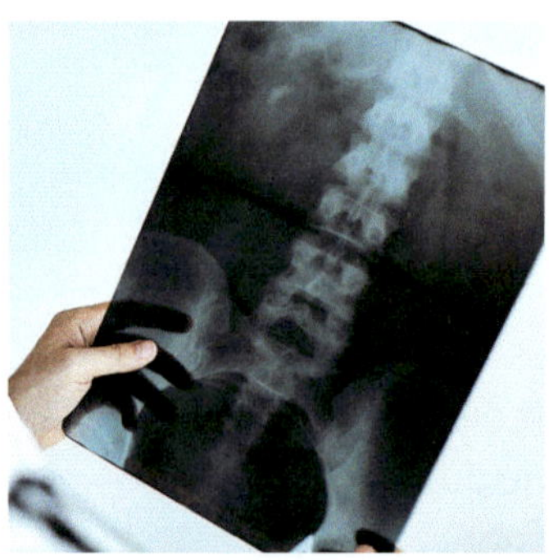

3 Röntgenbild

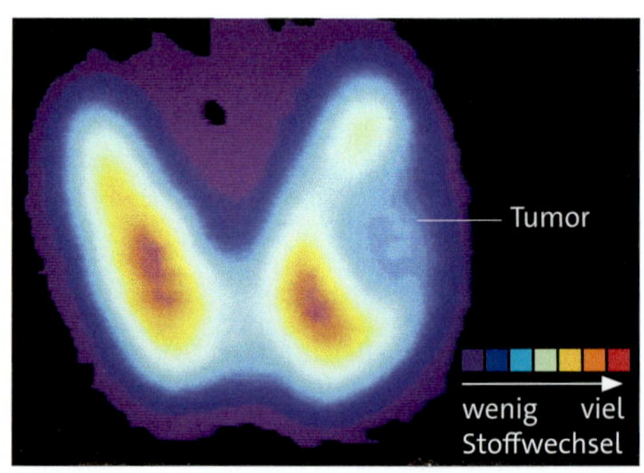

4 Szintigramm der Schilddrüse

die Röntgenstrahlung
die Röntgenuntersuchung
die Strahlentherapie

ionisierende Strahlung soll nur diese Krebszellen gezielt zerstören. → 1
Besonders wirksam ist die Bestrahlung von innen: Dabei bringt man radioaktive Stoffe in die Krebstumoren.
In der Technik wird γ-Strahlung genutzt, um Insekten und Bakterien abzutöten. Zu diesem Zweck werden in manchen Ländern Reis, Gemüse oder Gewürze nach der Ernte bestrahlt und dadurch länger haltbar gemacht.

Pflanzen züchten • Die Bevölkerung der Erde wächst ständig. Damit sie ernährt werden kann, werden Pflanzen durch Züchtung „verbessert". Man macht sie widerstandsfähiger gegen Krankheiten oder ertragreicher. Von Natur aus leicht veränderte Pflanzen werden ausgewählt und vermehrt.
Durch Bestrahlung mit ionisierender Strahlung kann man heute viel schneller Mutationen im Erbgut von Pflanzen hervorrufen. So entstehen schneller leistungsfähigere Sorten.
Das Verfahren ist umstritten, weil die Veränderungen im Erbgut der Pflanze zufällig auftreten. Dadurch können sich auch Eigenschaften verändern oder erst auftreten, die schädlich oder unerwünscht sind.

Energie im All erzeugen • Die Sonde New Horizons wurde 2006 ins All geschossen. Sie hat die Aufgabe, den Zwergplaneten Pluto zu erforschen. Für ihre Mission benötigt sie 20 Jahre lang elektrische Energie. Eine normale Batterie reicht dafür nicht aus. Im Innern der Sonde befindet sich eine Kapsel mit 11 kg Plutonium. Das Plutonium erhitzt sich durch die Energie seiner eigenen α-Strahlung so weit, dass es glüht. → 5 Die thermische Energie wird in elektrische Energie umgewandelt, die die Geräte der Sonde versorgt. Die Energie reicht für viele Jahre aus.

5 Glühendes Plutonium

Ionisierende Strahlung wird z. B. eingesetzt, um das Innere von Körpern sichtbar zu machen und um Zellen zu töten oder zu verändern.

Aufgaben

1 Sortiere die medizinischen Anwendungen ionisierender Strahlung in „Untersuchen" und „Behandeln".

2 Gib an, womit Röntgenstrahlung vergleichbar ist: α-Strahlung, β-Strahlung oder γ-Strahlung.

3 Beschreibe, wie ein Röntgenbild von der Wirbelsäule entsteht. → 2

4 Bei Röntgenuntersuchungen werden Körperteile mit Bleiwesten abgedeckt. Erkläre diese Maßnahme.

Anwendungen in Medizin und Technik

Material A

Bestrahlung eines Tumors

1 Beschreibe, wie der Tumor bestrahlt wird. → 1 Erkläre, warum der Tumor aus unterschiedlichen Richtungen bestrahlt wird.

Krebstumoren werden mit ionisierender Strahlung „beschossen“. Um die gesunden Zellen zu schonen, bestrahlt man aus verschiedenen Richtungen. Dadurch werden die gesunden Zellen nur kurz belastet, die Krebszellen aber ständig.

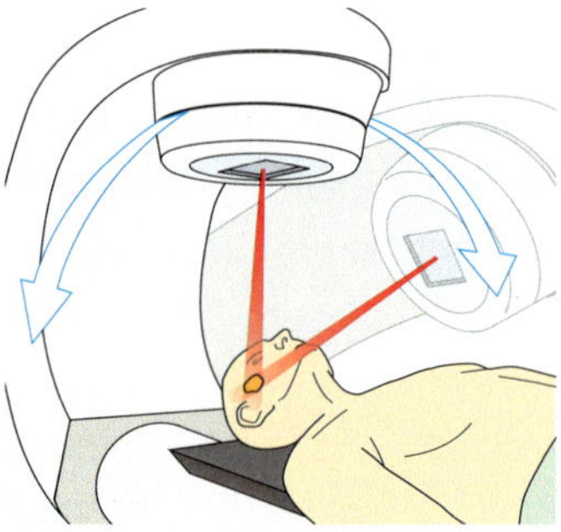

1 Die „Strahlenkanone“ wird gedreht.

Material B

Die Computertomografie

Die Computertomografie (CT) ist ein wichtiges bildgebendes Verfahren in der Medizin.

1 Lies den Text und sieh dir das Bild an. → 2 3

a Beschreibe das Verfahren.

b Gib Vor- und Nachteile der Computertomografie an.

2 „Vor jeder Computertomografie sollte geklärt werden, ob nicht eine schonendere Untersuchungsmethode ausreicht.“ Begründe.

Bei der CT macht man viele Röntgenaufnahmen aus verschiedenen Richtungen. Durch das Spritzen eines radioaktiven Kontrastmittels werden bestimmte Organe besonders gut sichtbar. Die entstehenden Schnittbilder können am Computer zu 3-D-Bildern zusammengefügt werden.

In der CT erkennt man schnell Unfallverletzungen, zum Beispiel Knochenbrüche und innere Blutungen. Auch die Lage und Größe von Krebsgeschwüren lässt sich sehr gut erfassen. Jede Röntgenaufnahme belastet den Körper. Bei einer CT ist die Strahlenbelastung besonders hoch, weil viele Bilder gemacht werden. Bei einer CT des Bauchraums kann die Strahlenbelastung bis zu 100-mal höher sein als bei einem Einzelbild. Auch die Kontrastmittel können den Körper belasten. Schwangere sollte man daher nicht mit dieser Methode untersuchen.

2 Computertomografie (CT)

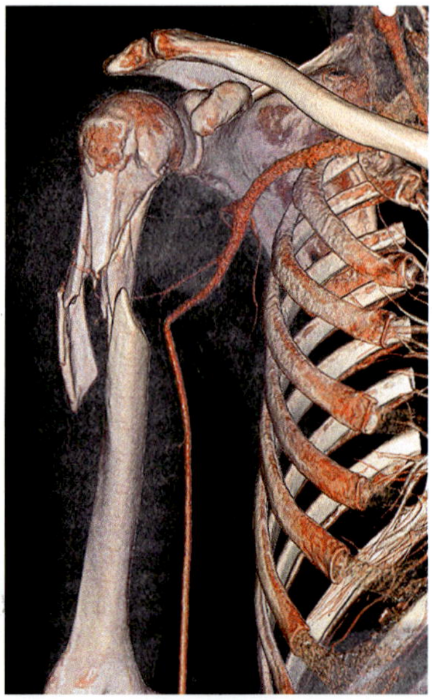

3 Gebrochener Oberarm

Material C

Röntgenscanner schaffen Durchblick

1 Lies den Text. → 4

a Nenne Einsatzbereiche für Röntgenscanner.

b Beschreibe, wie man an Flughäfen Gepäck untersucht.

c Nenne Vorteile von Röntgenscannern im Vergleich zu anderen Untersuchungsmethoden.

In Röntgenscannern sendet eine Röntgenquelle ionisierende Strahlung aus. Die Strahlung wird auf ihrem Weg zum Detektor je nach dem untersuchten Material unterschiedlich stark abgeschwächt. Ein Computer berechnet aus den Daten dann zwei- oder dreidimensionale Darstellungen.

Röntgenscanner werden vielfach in der Technik eingesetzt. Beim Bau und bei der Wartung von Flugzeugen nutzt man die Geräte, um Schweißnähte und Tragflächen zu durchleuchten. Auf den Bildern erkennt man sogar winzige Risse und Löcher. Von Vorteil ist, dass der Werkstoff bei der Untersuchung nicht verändert oder beschädigt wird.

Bei der Sicherheitskontrolle an Flughäfen durchleuchten Röntgenscanner Gepäckstücke mehrfach. Der Computer errechnet ein Bild des Inhalts und stellt es in verschiedenen Farben dar. So kann das Sicherheitspersonal schnell entscheiden, ob Gepäckstücke Sprengstoff oder andere gefährliche Gegenstände enthalten.

Auch der größte Computertomograf der Welt ist ein Röntgenscanner. Er kann ganze Autos, Flugzeugflügel oder Schiffscontainer auf einmal durchleuchten. So lassen sich nach einem Crashtest verborgene Schwachstellen in der Autokonstruktion erkennen. Wertvolle Museumsstücke, wie z. B. ein fast hundert Jahre altes Auto, kann man so zerstörungsfrei auf ihren Aufbau und Schäden untersuchen. Große Container können auf Sprengstoff oder unverzollte Ware geprüft werden, ohne sie öffnen zu müssen.

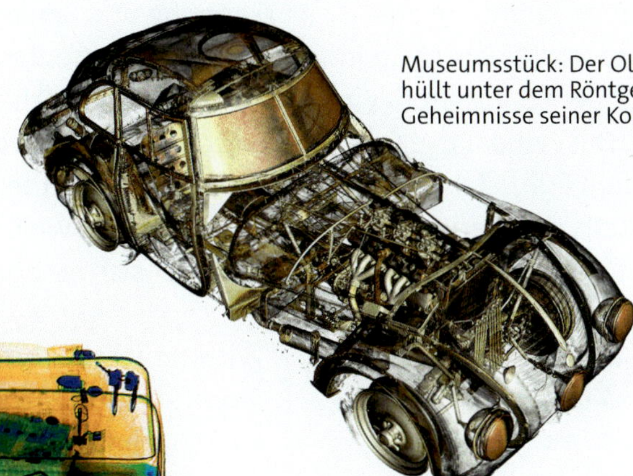

Museumsstück: Der Oldtimer enthüllt unter dem Röntgenscanner die Geheimnisse seiner Konstruktion.

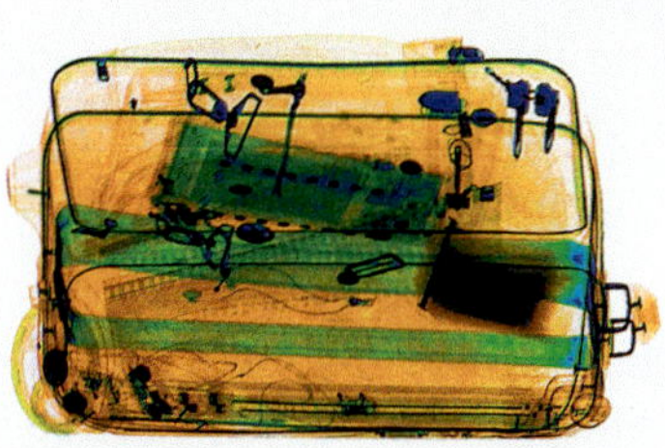

Handgepäck im Sicherheitscheck

Blick in den ungeöffneten Container

4 Röntgenscanner im Einsatz

Strahlenbelastung

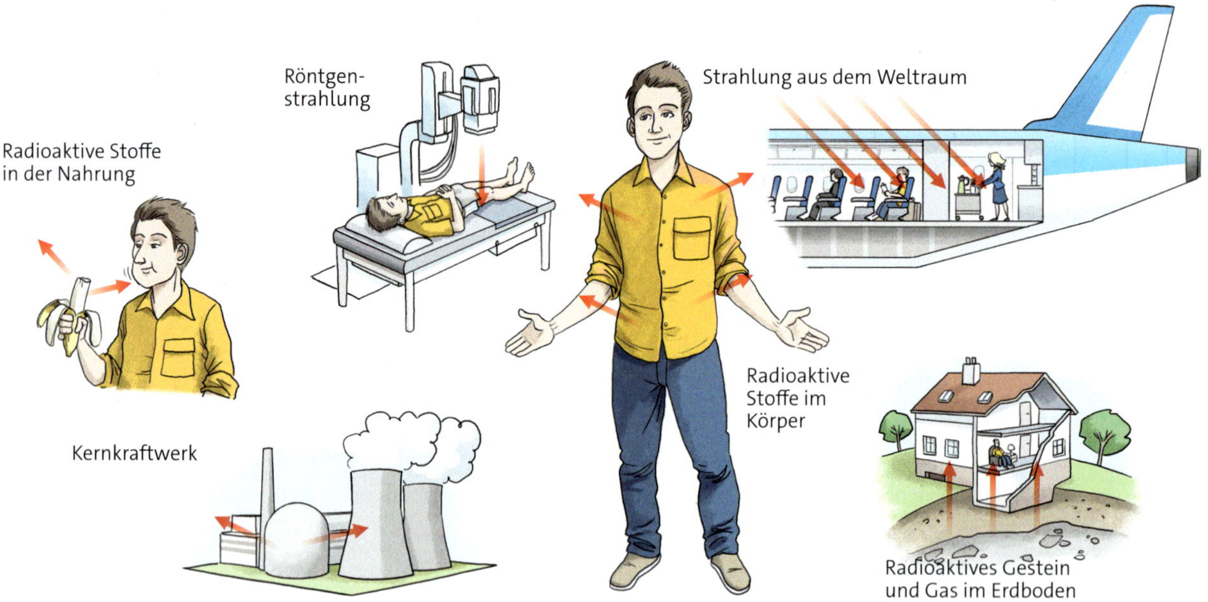

1 Ionisierende Strahlung in unserer Umwelt

Ionisierender Strahlung sind wir überall ausgesetzt. Wie stark belastet sie uns?

Ionisierende Strahlung überall • Überall in unserer Umwelt tritt ionisierende Strahlung auf. Wir sind dieser natürlichen Strahlung immer ausgesetzt. Sie kommt als kosmische Strahlung aus dem Weltall, aus radioaktivem Gestein im Boden oder aus dem Baumaterial in unseren Häusern. Das radioaktive Gas Radon kann aus dem Erdboden entweichen und sich in Kellerräumen ansammeln. Auch in der Nahrung sind radioaktive Stoffe enthalten, zum Beispiel radioaktive Kalium-Isotope. → 2 Zusätzlich zu den natürlichen Strahlungsquellen gibt es auch künstliche Strahlungsquellen. In der Medizin nutzen wir ionisierende Strahlung zur Erkennung und Behandlung von Krankheiten. Kernwaffentests, Kernkraftwerke und Reaktorunfälle tragen ebenfalls zur Strahlenbelastung bei. Wie hoch sie für jeden einzelnen Menschen ist, hängt davon ab, wo und wie er lebt und wie er sich ernährt.

Basiskonzept

Wechselwirkung
→ Seite 266 f.

> Wir sind ständig einer ionisierenden Strahlung aus natürlichen und künstlichen Quellen ausgesetzt.

2 Lebensmittel, die radioaktive Kalium-Isotope enthalten

Wirkung der Strahlung auf Menschen • Ionisierende Strahlung kann Zellen im Körper verändern und damit zu Krebs und zur Schädigung des Erbguts (Missbildungen bei Nachkommen) führen.

die **kosmische Strahlung**
die **Strahlenbelastung**
das **Sievert** (Sv)

Ionisierende Strahlung von außen dringt unterschiedlich tief in den Körper ein:

- α- und β-Strahlung werden größtenteils von der Haut abgeschirmt. → 3
- γ-Strahlung dringt tief in das Gewebe ein.

Besonders gefährlich sind radioaktive Stoffe im Körper. Sie können mit der Nahrung oder der Atemluft aufgenommen werden, ohne dass wir es merken. α- und β-Strahlung im Körperinnern kann die Organe oder das Blut schwer schädigen. → 4

Ionisierende Strahlung verändert Zellen im Körper. Dadurch kann es zu Erkrankungen und zu Veränderungen des Erbguts kommen.

Strahlenbelastung • Wie stark ein Lebewesen durch ionisierende Strahlung geschädigt wird, hängt unter anderem von der aufgenommenen Energie, der Masse des Lebewesens, der Strahlungsart und der Dauer der Bestrahlung ab. Man gibt die Strahlenbelastung in Sievert (Sv) an. → 5
In Deutschland beträgt die durchschnittliche Strahlenbelastung aus natürlichen Quellen 2–3 Millisievert (2–3 mSv) pro Jahr. Zum Vergleich:

- Bei einem zwölfstündigen Flug in 10 km Höhe beträgt die Strahlenbelastung etwa 0,1 mSv.
- Maximal 20 mSv pro Jahr darf in Deutschland die Strahlenbelastung von Personen betragen, die bei der Ausübung ihres Berufs ionisierender Strahlung ausgesetzt sind.

Unsere Strahlenbelastung wird in Sievert (Sv) bzw. Millisievert (mSv) angegeben.

Strahlenschutz • Wenn man im Beruf oder im Alltag ionisierender Strahlung ausgesetzt ist, sollte man die 5-A-Regel immer beachten:

- Abstand zur Strahlungsquelle vergrößern
- Aufenthaltsdauer verkürzen
- Aktivität der Strahlungsquelle verringern
- Abschirmung verstärken
- Aufnahme des strahlenden Stoffs in den Körper vermeiden

Aufgaben

1 ☑ Nenne Quellen natürlicher und künstlicher ionisierender Strahlung.

2 ☑ Beschreibe die Wirkung ionisierender Strahlung auf den Körper.

3 ☑ Gestalte ein Plakat, welches das Verhalten nach der 5-A-Regel erklärt.

4 ☒ Erkläre, warum man von Strahlen„belastung“ spricht.

5 ☒ Berechne, ob die Strahlenbelastung über 1 mSv pro Jahr liegt. → 5

6 ☒ „α- und β-Strahlung bleiben in der Haut hängen. Sie sind also ungefährlich für uns.“ Diskutiert diese Aussage.

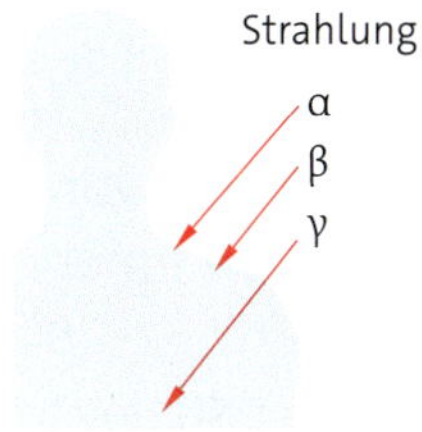

3 Strahlung von außen

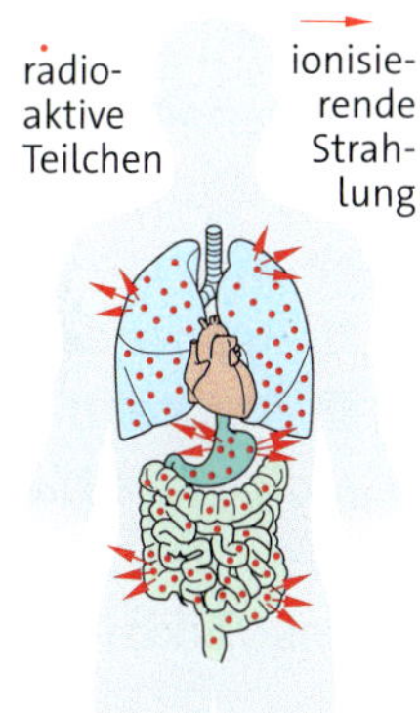

4 Strahlung von innen

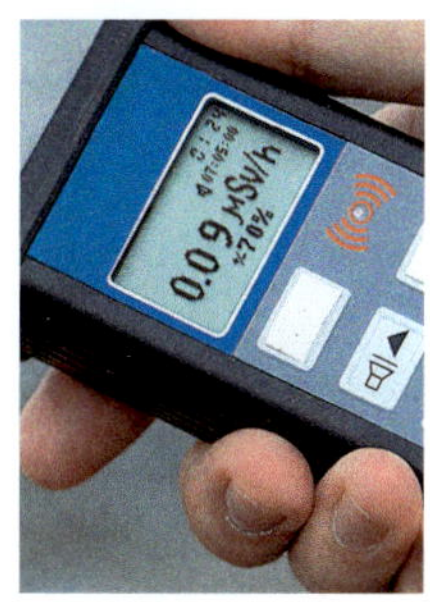

5 Messung der Strahlenbelastung pro Stunde

Strahlenbelastung

Material A

Strahlung von außen und von innen

1 Die Wirkung ionisierender Strahlung auf uns kann sehr unterschiedlich sein – je nachdem, wo die Strahlung auftritt. → 1

a Nenne Quellen ionisierender Strahlung, die auf uns einwirken können.

b Ergänze die Tabelle. → 2

c „Radioaktiver Staub und radioaktive Nahrung sind besonders gefährlich für uns.“ Erkläre diese Aussage.

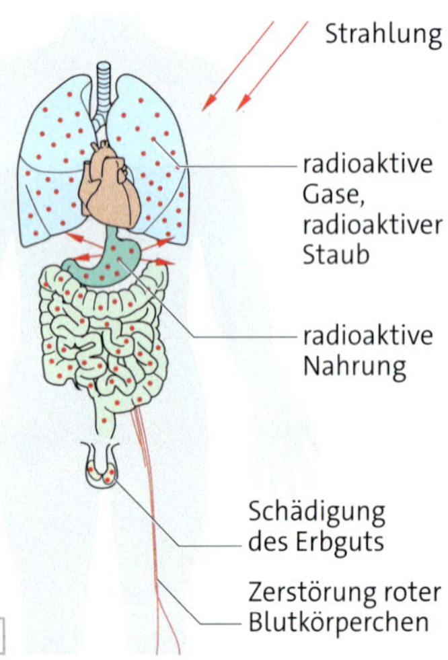

1

Strahlungsquelle	Wirkung der Strahlung
kosmische Strahlung	Zellveränderungen in der Haut
?	?

2 Beispieltabelle

Material B

Strahlungsquellen	Strahlenbelastung
kosmische Strahlung	0,3 mSv (0,2–0,9 mSv)
Strahlung aus dem Boden und aus Baustoffen	0,4 mSv (0,1–0,8 mSv)
Einatmen von Radon	1,1 mSv (1–6 mSv)
Aufnahme durch Nahrung	0,3 mSv
medizinische Anwendungen	1,7 mSv
Atomkraftwerke, Reaktorunfälle, Atombomben	< 0,05 mSv

3 Durchschnittliche Strahlenbelastung pro Kopf und Jahr in Deutschland (Schwankungsbreite vom kleinsten zum größten Wert)

Deine persönliche Strahlenbelastung

Natürliche und künstliche Strahlungsquellen verursachen eine durchschnittliche Strahlenbelastung in Deutschland von etwa 4 mSv pro Jahr. → 3 Deine persönliche Belastung kann sich aber zum Beispiel durch deinen Wohnort davon stark unterscheiden. → 4 – 6

1 Nenne mindestens drei Faktoren, die deine persönliche Strahlenbelastung beeinflussen können.

2 Beschreibe, wie du deine Strahlenbelastung möglichst gering halten kannst.

3 Peter sagt: „Ich lasse mich gar nicht mehr röntgen, das ist mir zu gefährlich.“ Nimm Stellung dazu.

Höhe über dem Meeresspiegel	Strahlenbelastung pro Jahr
2 m (Hamburg)	0,3 mSv
530 m (München)	0,4 mSv
2962 m (Zugspitze)	0,9 mSv
12 000 m (Reiseflughöhe)	ca. 100 mSv

4 Kosmische Strahlung

Ort	Strahlenbelastung pro Jahr
Hamburg	0,1 mSv
München	0,3 mSv
Frankfurt (Main)	0,4 mSv

5 Strahlung aus der Erde

Ereignis	Strahlenbelastung
Röntgen (Zahn)	0,01 mSv
Flug Frankfurt – Tokio	0,1 mSv
Computertomografie	1–20 mSv

6 Kurzzeitige Belastungen

Erweitern und Vertiefen

Radon – Gefahr aus dem Boden

Strahlenbelastung durch Radon • Das radioaktive Gas Radon ist für etwa ein Viertel der durchschnittlichen jährlichen Strahlenbelastung verantwortlich. Die Radonbelastung kann aber auch wesentlich höher sein.
Das unsichtbare und geruchlose Gas entsteht bei der Umwandlung von Uran, das im Boden vorkommt. Durch Risse im Boden steigt das Radon auf. Abhängig von der Gesteinsart und der Durchlässigkeit des Bodens kann sich die Radonbelastung stark von Region zu Region unterscheiden. Vor allem in den Mittelgebirgen und im Alpenvorland misst man höhere Anteile von Radon in der Bodenluft. → 7

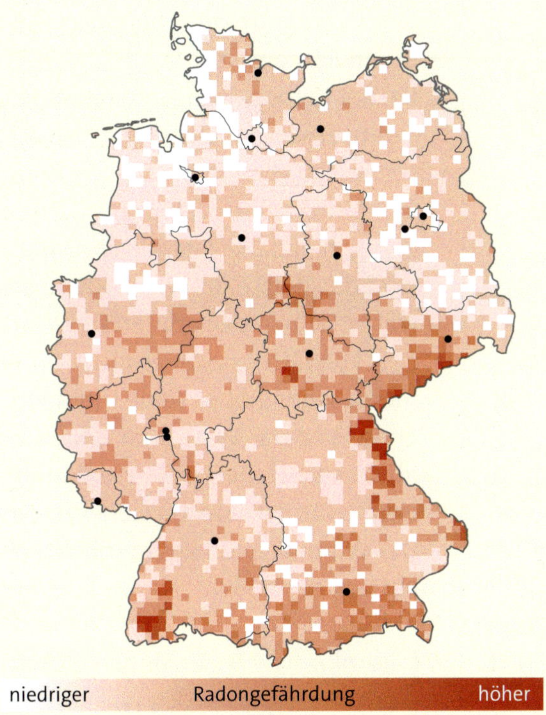

7 Gefährdung durch Radon

Radon ist im Freien nur in sehr geringen Anteilen nachweisbar. Gefährlich wird es, wenn das Gas aus dem Boden in die Keller von Häusern eindringt und sich dort anreichert.

Auswirkungen auf den Körper • Radon wird nacheinander in verschiedene kurzlebige radioaktive Isotope umgewandelt, wobei α- und β-Strahlung abgegeben werden. → 8 Wenn die radioaktiven Umwandlungsprodukte in die Lunge gelangen, kann die Strahlung das Lungengewebe schädigen. Man schätzt, dass etwa jeder 20. Todesfall durch Lungenkrebs mit Radon in Verbindung steht.

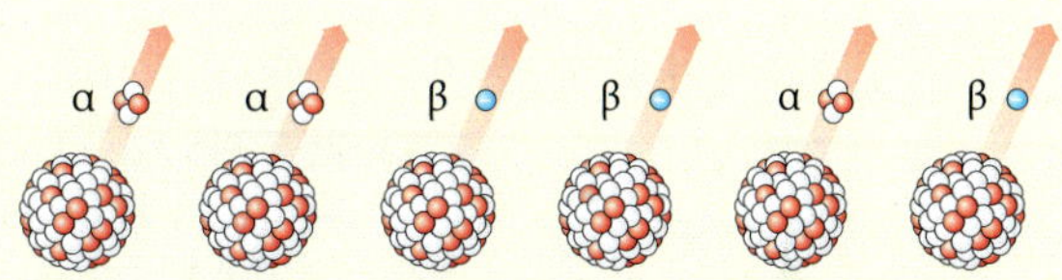

$$^{222}_{86}\mathrm{Rn} \longrightarrow {}^{218}_{84}\mathrm{Po} \longrightarrow {}^{214}_{82}\mathrm{Pb} \longrightarrow {}^{214}_{83}\mathrm{Bi} \longrightarrow {}^{214}_{84}\mathrm{Po} \longrightarrow {}^{210}_{82}\mathrm{Pb} \rightarrow$$

8 Zerfallskette von Radon

Schutzmaßnahmen • Bei der Errichtung neuer Gebäude muss immer auf eine ausreichende Abdichtung gegen Feuchtigkeit geachtet werden. In Gebieten mit erhöhter Radonbelastung können weitere Maßnahmen erforderlich sein: das Lüften des Gebäudes, das Abdichten von Türen und Leitungen zum Keller oder das Absaugen radonhaltiger Bodenluft.

Aufgabe

1 ☒ Informiere dich über die Radongefährdung in deiner Region.

Kernspaltung

1 Yamal, ein atomgetriebener russischer Eisbrecher

Der Eisbrecher braucht täglich 300 g Uran für seinen Antrieb. Hätte das Schiff einen Dieselmotor, würde es 350 t Treibstoff am Tag verbrauchen! Wie lässt sich so viel Energie aus nur 300 g Uran gewinnen?

Spaltung eines Atomkerns von Uran $^{235}_{92}U$

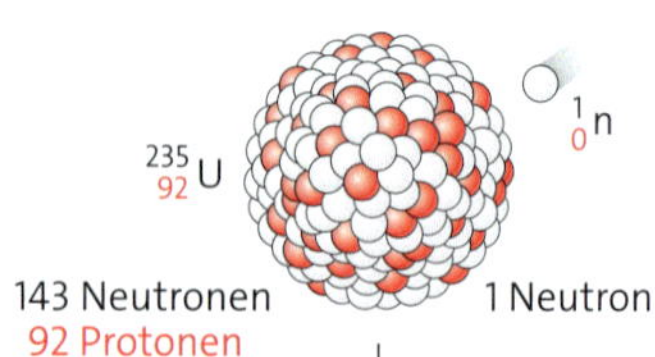

Schritt 1: Ein Atomkern wird von einem Neutron getroffen und nimmt es auf.

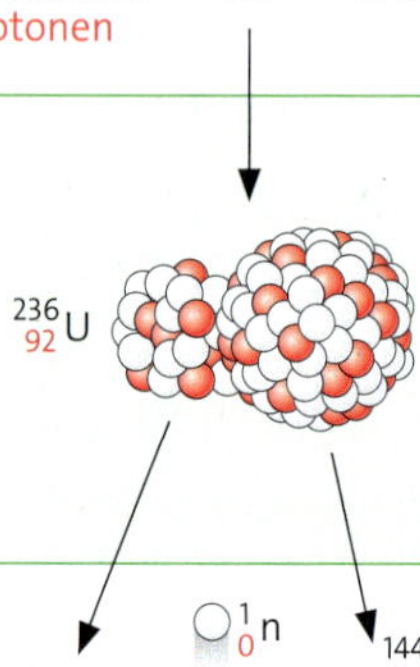

Schritt 2: Die Energie des Neutrons bewirkt, dass sich der Atomkern teilt. Es bilden sich zwei kleinere Kerne anderer Elemente, z. B. Krypton und Barium. Es können aber auch andere Elemente entstehen.

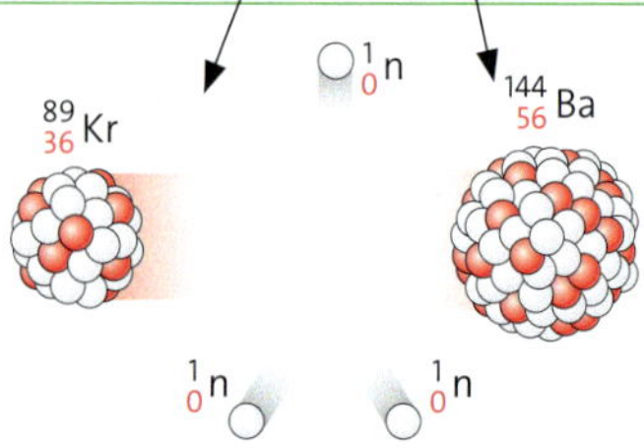

Schritt 3: Die positiv geladenen neuen Kerne stoßen sich gegenseitig ab. Sie bewegen sich mit großer Geschwindigkeit auseinander. Zusätzlich werden Neutronen freigesetzt, die ebenfalls sehr schnell sein können.

2 Kernspaltung in drei Schritten

Atomkerne lassen sich spalten • Bei Zerfällen von Atomkernen wird Energie mit der ionisierenden Strahlung abgegeben. Diese Energie ist aber zu wenig für einen Eisbrecher oder ein Kernkraftwerk. Stattdessen wird ein anderer Vorgang genutzt: Atomkerne von Uran $^{235}_{92}U$ werden durch Neutronen gespalten. → 2 Durch die Spaltung von 1 kg Uran $^{235}_{92}U$ werden 24 Millionen kWh Energie freigesetzt!

Atomkerne von Uran $^{235}_{92}U$ lassen sich durch Neutronen spalten. Es entstehen zwei kleinere Atomkerne und freie Neutronen. Dabei wird sehr viel Energie freigesetzt.

Kernkraftwerk • Im Druckbehälter eines Kernkraftwerks befinden sich Brennelemente mit Uran $^{235}_{92}U$. → 3 Bei der Kernspaltung entstehen neue Atomkerne und Neutronen, die sich schnell auseinanderbewegen. Sie stoßen mit Wasserteilchen zusammen und geben dabei Energie ab. Dadurch wird das Wasser auf über 300 °C erwärmt. Durch den großen Druck im Druckbehälter siedet es nicht. Im Wärmetauscher gibt es seine thermische Energie an das Wasser im 2. Kreislauf ab. Der entstehende Wasserdampf treibt eine Turbine mit Generator an. Der Wirkungsgrad des Kernkraftwerks beträgt etwa 35 %.

Kernkraftwerke erzeugen elektrische Energie ähnlich wie Kohlekraftwerke. Die Energie dafür stammt aus Kernspaltungen.

die Kernspaltung
das Kernkraftwerk
die Kettenreaktion

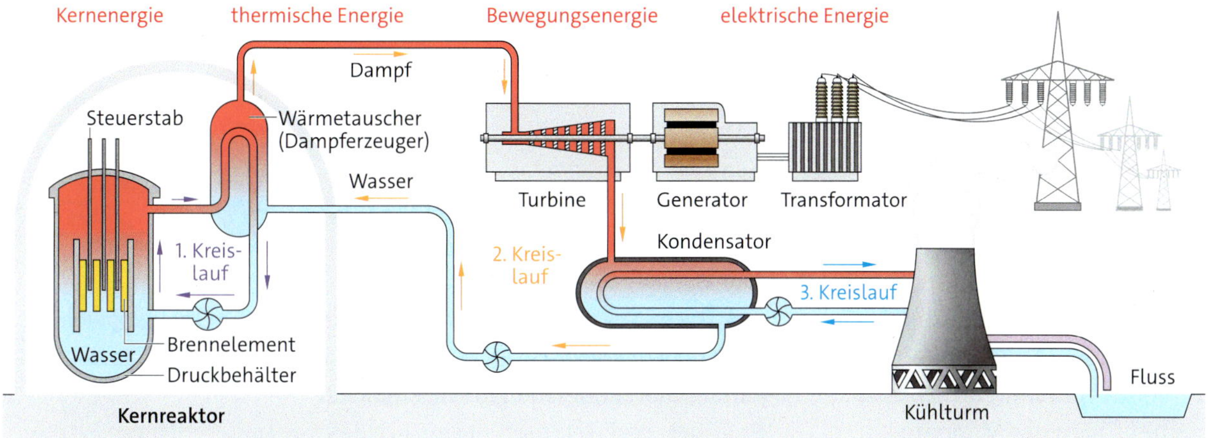

3 Aufbau eines Kernkraftwerks

Kettenreaktionen • Bei der Spaltung eines Kerns von Uran $^{235}_{92}U$ werden zum Beispiel 3 Neutronen freigesetzt. → 4 Diese Neutronen können 3 weitere Atomkerne spalten. Dabei werden 9 Neutronen freigesetzt, die nun 9 Kerne spalten können ... Die Zahl der Kernspaltungen steigt lawinenartig an, genauso die freigesetzte Energie. Man spricht von einer unkontrollierten Kettenreaktion.

In Kernkraftwerken läuft dagegen eine kontrollierte Kettenreaktion ab. → 5 Nur jeweils ein freigesetztes Neutron löst eine weitere Kernspaltung aus. Die anderen Neutronen werden unter anderem von den Steuerstäben „abgefangen". Je tiefer die Steuerstäbe eingeschoben werden, desto mehr Neutronen nehmen sie auf – die Anzahl der Kernspaltungen sinkt.

Im Kernkraftwerk läuft eine kontrollierte Kettenreaktion ab. Die Anzahl der Kernspaltungen pro Sekunde bleibt gleich.

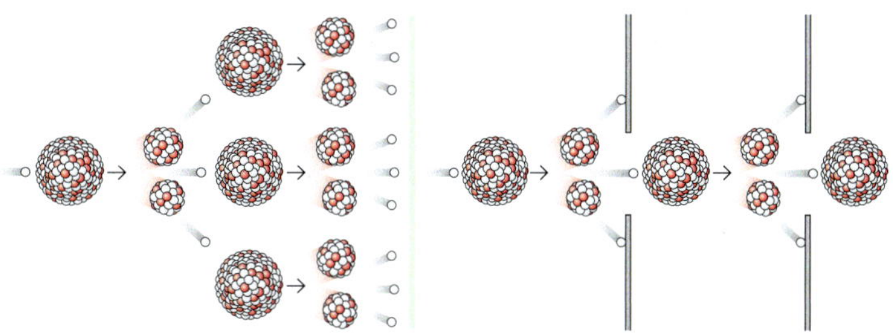

4 5 Kettenreaktion: unkontrolliert und kontrolliert

Aufgaben

1 Beschreibe die Spaltung von $^{235}_{92}U$.

2 Vergleiche das Kernkraftwerk mit einem Kohlekraftwerk.

3 Beschreibt euch gegenseitig:
a die Aufgabe der Kreisläufe → 3
b die Aufgabe von Turbinen und Generator

4 Beschreibe, wie die Zahl der Kernspaltungen pro Sekunde im Druckbehälter verändert werden kann.

5 Vergleiche kontrollierte und unkontrollierte Kettenreaktionen.

Basiskonzepte

Energie
Struktur der Materie
System
→ Seite 266 f.

Kernspaltung

Material A

Energie durch Spaltung

Die Kernspaltung lässt sich mit einem Modellversuch darstellen. → 1

1 Vergleiche das Zusammenfügen der Protonen und Neutronen mit dem Zusammenfügen der Magnete.

2 Erkläre, wie die Energie in den Magneten gespeichert wird. Tipp: Kraft, Weg

3 Vergleiche die Spaltung von Atomkernen mit dem Loslassen der Magnete.

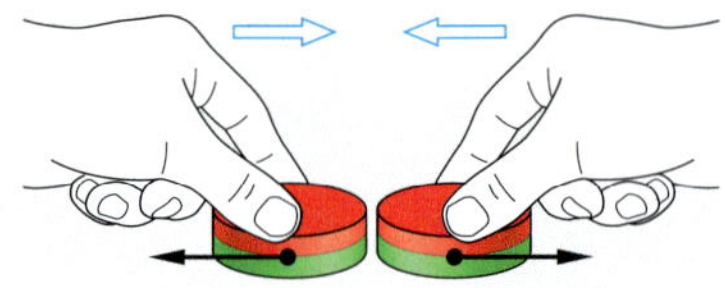

Gleiche Pole zweier Magnete stoßen sich gegenseitig ab. Um die beiden Magnete zusammenzuschieben, braucht man Energie. Die Magnete bleiben nur zusammen, wenn man sie festhält. So lange bleibt die Energie gespeichert. Lässt man die Magnete los, bewegen sie sich auseinander. Die Energie wird in Bewegungsenergie umgewandelt.

Protonen sind elektrisch positiv geladen. Sie stoßen sich gegenseitig ab. Protonen haben sich (zusammen mit Neutronen) trotzdem vor langer Zeit in Sternen gegen die elektrische Abstoßung zu Atomkernen zusammengefügt. Dazu war sehr viel Energie nötig. Sie ist in den Atomkernen bis heute gespeichert. Wenn man einen Atomkern spaltet, bewegen sich die Bruchstücke mit großer Geschwindigkeit auseinander. Ein Teil der gespeicherten Energie wird in Bewegungsenergie der Bruchstücke umgewandelt.

1 Von Magneten und Protonen

Material B

Kettenreaktion mit Zündhölzern (Demoversuch)

Materialliste: Zündhölzer, Brett mit Löchern für die Zündhölzer, Nägel, Material zum Aufstellen des Bretts

1 Dieser Modellversuch wird hinter einer Schutzscheibe durchgeführt. → 2 In jedem Loch steckt ein Zündholz, ohne zu wackeln. Das Brett wird schräg aufgestellt oder aufgehängt.

a Das unterste Zündholz wird entzündet. Beschreibe deine Beobachtung.

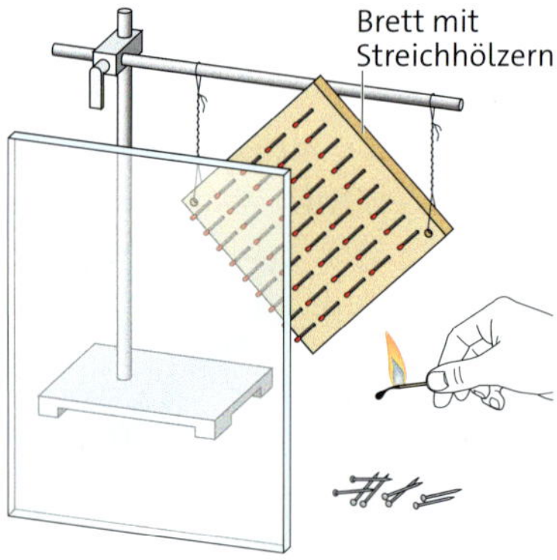

2 Kettenreaktion

b Nun wird jedes dritte, dann jedes zweite Zündholz durch einen Nagel ersetzt. Wieder wird das unterste Zündholz entzündet. Beobachte und vergleiche die Kettenreaktionen mit Versuchsteil a.

c Vergleiche den Modellversuch mit Zündhhölzern und die kontrollierte beziehungsweise unkontrollierte Kettenreaktion im Uran. Beschreibe Gemeinsamkeiten und Unterschiede.

Material C

Natürliches und angereichertes Uran

1 Nenne den Unterschied zwischen natürlichem, angereichertem und hochangereichertem Uran. → 3

2 Erkläre, warum es in natürlichem Uran nicht zur Kettenreaktion kommt.

Nur das Uran-Isotop $^{235}_{92}U$ ist leicht spaltbar. In natürlichem Uran gehören von 1000 Atomen aber nur 7 zu $^{235}_{92}U$ – zu wenig für eine Kettenreaktion. Freie Neutronen werden von den viel häufigeren Kernen $^{238}_{92}U$ eingefangen, ohne zu spalten.
In Kernkraftwerken wird deshalb angereichertes Uran eingesetzt. Von 1000 Atomen gehören rund 30 zu $^{235}_{92}U$.
Der russische Eisbrecher Yamal verwendet hochangereichertes Uran. Von 1000 Atomen gehören mehr als 900 zu $^{235}_{92}U$.

3 Uran für Kraftwerke

Material D

Die Atombombe

1945 ließen die USA eine Atombombe über der japanischen Stadt Hiroshima explodieren. Bei der Explosion wurde nicht einmal 1 kg Uran $^{235}_{92}U$ gespalten. Trotzdem zerstörte die freigesetzte Energie Hiroshima fast völlig. Rund 80 000 Menschen starben sofort.

1 Beschreibe den Aufbau der Atombombe mit eigenen Worten. → 4

2 Beschreibe, was man bei Atombomben unter der kritischen Masse versteht.

3 Diskutiert, ob ein Kernkraftwerk explodieren kann wie eine Atombombe.

Bei Atombomben sollen extrem viele Atomkerne $^{235}_{92}U$ in einer unkontrollierten Kettenreaktion ganz schnell gespalten werden. Dafür wird hochangereichertes Uran verwendet. Außerdem braucht man viel mehr Uran $^{235}_{92}U$ als im Kernkraftwerk. Die mindestens nötige Masse an reinem $^{235}_{92}U$ beträgt rund 50 kg. Man spricht von der kritischen Masse.
Die Atombombe von Hiroshima enthielt an einer Seite einen Stift und an der anderen Seite eine passende Röhre aus $^{235}_{92}U$. Weder der Stift noch die Röhre hatten die kritische Masse, sodass die Bombe gefahrlos zusammengebaut und transportiert werden konnte. Beim Zünden der Bombe explodierte etwas Sprengstoff. Dadurch wurde die Röhre auf den Stift geschossen. Röhre und Stift wogen nun zusammen 64 kg – die kritische Masse war überschritten. Die Neutronenquelle am vorderen Ende der Bombe lieferte freie Neutronen und die unkontrollierte Kettenreaktion setzte ein.

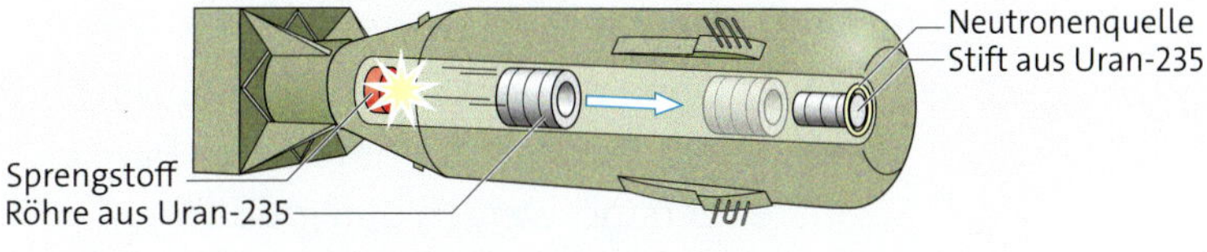

4 Atombombe von Hiroshima

Sicherheit von Kernkraftwerken

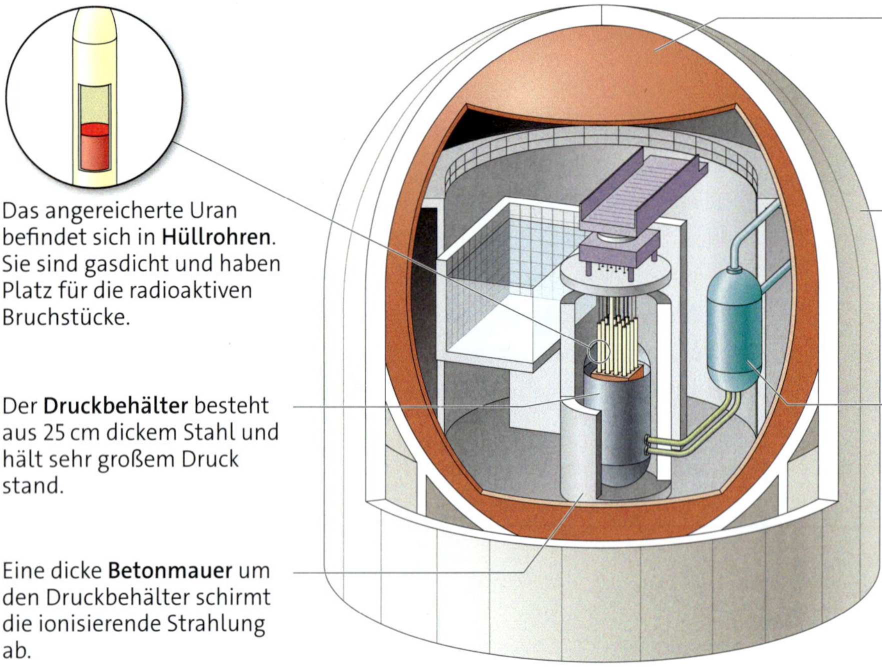

1 Schutzmaßnahmen im Kernreaktor

Im Kernreaktor befindet sich eine große Menge hochradioaktiver Stoffe, die oft auch noch giftig sind. Wie werden wir davor geschützt?

Schutzmaßnahmen • Mehrere Barrieren sollen verhindern, dass radioaktive Stoffe oder ihre ionisierende Strahlung das Kernkraftwerk verlassen. → 1

Risiken • Trotz aller Maßnahmen kann das Versagen von Mensch und Technik nie restlos ausgeschlossen werden. Einer der schwersten Unfälle ist der Ausfall des Hauptkühlsystems (1. Kreislauf). Ohne Wasserkühlung schmelzen die Brennelemente. Dabei können Barrieren zerstört werden und große Mengen radioaktiver Stoffe entweichen. Ein Problem ist auch die Nachwärme. Sie entsteht, weil sich die Bruchstücke aus den Kernspaltungen selbst radioaktiv umwandeln und dabei Energie abgeben. Daher muss ein Notkühlsystem nach einem solchen Unfall über Jahre hinweg den Reaktorkern kühlen.

Die Sicherheitssysteme von Kernkraftwerken sollen das Austreten radioaktiver Stoffe und ionisierender Strahlung verhindern.

Aufgaben

1 ☒ Beschreibe die Schutzmaßnahmen im Kernkraftwerk. → 1

2 ☒ Beschreibe, welche Folgen der Ausfall des Hauptkühlsystems hat.

Material A

Notabschaltung und Nachwärme

1 Beschreibe die Notabschaltung eines Kernkraftwerks. → 2

2 Erkläre, warum Kernkraftwerke auch Jahre nach dem Abschalten noch gekühlt werden müssen.

Bei der Notabschaltung eines Kernkraftwerks werden die Steuerstäbe voll zwischen die Brennelemente eingefahren. Obwohl die Kettenreaktion abbricht, muss weiter gekühlt werden. Bei den Kernspaltungen sind nämlich radioaktive Stoffe entstanden. Sie geben bei ihren Kernumwandlungen Energie ab, die in thermische Energie umgewandelt wird. Diese Energie muss abgeführt werden, damit die Brennelemente nicht schmelzen. Wegen der langen Halbwertszeit der Spaltprodukte muss ein abgeschaltetes Kernkraftwerk über Jahrzehnte gekühlt werden.

2

Material B

Schutz vor „Radioaktivität"

1 Gib an, wie Arbeiterinnen und Arbeiter im Kernkraftwerk vor Strahlenbelastung geschützt werden. → 3

2 Oft wird in den Medien von Radioaktivität gesprochen. Dabei meint man entweder die ionisierende Strahlung oder die radioaktiven Stoffe.
Erkläre den Unterschied zwischen ionisierender Strahlung und radioaktiven Stoffen.

3 Beschreibe mögliche Gefahren für die Bevölkerung, wenn radioaktive Stoffe aus dem Kernkraftwerk doch in die Umwelt gelangen.

Schutz vor ionisierender Strahlung:

- Die dicken Wände des Reaktorbehälters und der Betonmauern schirmen die Strahlung ab.
- Dosimeter messen die Strahlung und warnen vor einer zu hohen Strahlendosis.

Schutz vor radioaktiven Stoffen:

- Schutzanzüge und Atemmasken schützen vor der Aufnahme der Stoffe in den Körper.
- Sicherheitsschleusen verhindern, dass die Stoffe aus dem Innern des Reaktors gelangen.
- Iodtabletten verhindern, dass radioaktive Iod-Isotope vom Körper aufgenommen werden.
- Notduschen waschen die radioaktiven Stoffe vom Körper und der Kleidung ab.

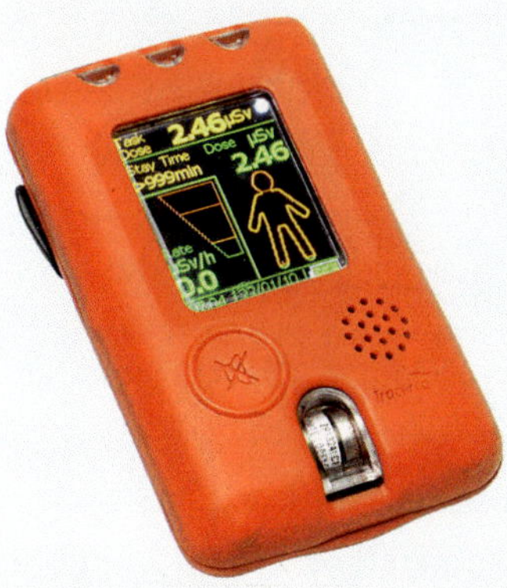

Dosimeter

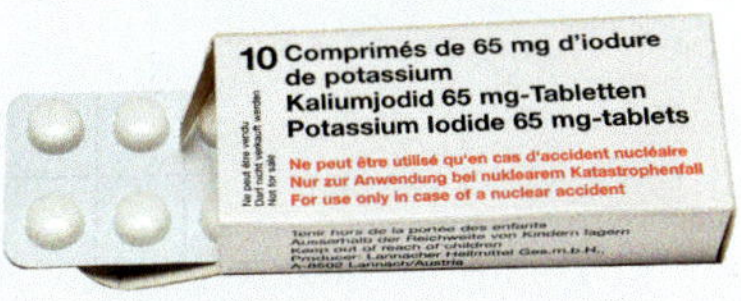

Iodtabletten

3

Sicherheit von Kernkraftwerken

Erweitern und Vertiefen

Zerstörung durch Kernenergie

Der Reaktorunfall von Fukushima • Am 11. März 2011 wurde Japan durch ein starkes Erdbeben erschüttert. Anschließend wurden Küstengebiete von einem Tsunami überflutet und verwüstet. Dabei wurde das Kernkraftwerk von Fukushima schwer beschädigt. Die Kühlsysteme fielen aus. Kühlwasser verdampfte, Wasserstoff bildete sich. Es kam zur Kernschmelze und das Kraftwerk geriet außer Kontrolle. Mehrere Reaktorblöcke wurden durch Wasserstoffexplosionen zerstört. → 1 Radioaktive Stoffe wurden freigesetzt und breiteten sich als Wolke über dem Pazifik und bewohnten Teilen Japans aus. Mehr als 100 000 Menschen wurden aus einem Umkreis von 30 km um das Kraftwerk herum evakuiert, als erhöhte Strahlenwerte gemessen wurden. → 2 Sie kamen in Notunterkünften unter. Es kann Jahrzehnte dauern, bis die Flüchtlinge zurückkehren dürfen. Ein Teil des Gebiets wird wohl dauerhaft gesperrt bleiben.

Monatelang gelangten radioaktive Stoffe aus dem Reaktor in die Umwelt. 10 Millionen Liter radioaktiv belastetes Kühlwasser flossen ins Meer. Die Folgen für Menschen und Tiere sind schwer abzuschätzen.

Die Böden sind hauptsächlich durch radioaktives Caesium $^{137}_{55}Cs$ (β-Strahlung, Halbwertszeit: 30 Jahre) belastet. Etwa 8 % Japans sind davon betroffen. Das Caesium kann über die Nahrung in den menschlichen Körper gelangen und dort zu Schäden führen. Nahrungsmittel, die auf den belasteten Böden angebaut werden, weisen eine erhöhte Aktivität auf. Der Grenzwert von 500 Bq pro Kilogramm Reis oder Tee wird auch 60 km entfernt vom zerstörten Kernkraftwerk noch überschritten. Mit dem Abgraben der oberen Erdschichten wurde begonnen. So kann die Belastung zwar verringert werden, aber die gewaltigen Erdmengen müssen wie Atommüll behandelt werden.

1 Zerstörtes Reaktorgebäude 4 des Kernkraftwerks Fukushima Daiichi (2,5 Monate nach der Explosion)

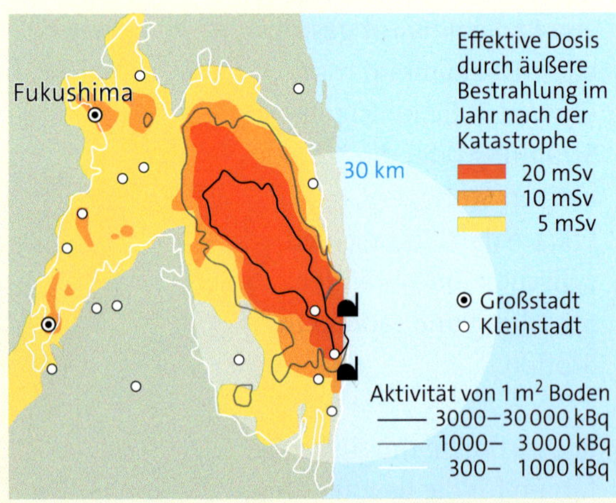

2 Strahlenbelastung in der Umgebung des Kernkraftwerks Fukushima Daiichi

Die Atombombe von Hiroshima • Am 6. 8. 1945 explodierte die Bombe 580 m über der Stadt. Die Druckwelle zerstörte in wenigen Sekunden fast die gesamte Innenstadt. → 3 Nach der Druckwelle folgte ein Feuerball. Im Zentrum der Explosion war er bis zu 4000 °C heiß. Noch in 10 km Entfernung gingen Bäume in Flammen auf. Von den 255 000 Menschen in der Stadt starben rund 80 000 sofort. Die freigesetzten radioaktiven Stoffe belasteten die Erde und den Fluss, aus dem viele Überlebende tranken. Durch die hohe Strahlenbelastung bekamen viele Opfer Haarausfall und rote Flecke. Etliche starben kurz darauf qualvoll an inneren Verletzungen. Durch die Explosion und die Spätfolgen kamen insgesamt mehr als 150 000 Menschen ums Leben. Hiroshima ist wieder aufgebaut worden. → 4 In einem Mahnmal brennt eine Flamme, die erst gelöscht werden soll, wenn die letzte Atomwaffe weltweit zerstört worden ist.

Aufgaben

1 ☒ Beschreibe, wie es im Kraftwerk von Fukushima zur Kernschmelze kam. Erkläre, warum es Jahrzehnte dauern wird, bis die Gegend um Fukushima wieder bewohnbar ist.

2 ☒ Erkläre, warum es gefährlich ist, wenn Caesium $^{137}_{55}Cs$ in den Körper gelangt.

3 ☒ Hiroshima am 6. August 1945
a Beschreibe, was geschah.
b Nenne die Auswirkungen auf die direkt überlebenden Menschen.

4 MK ☒ Erstellt eine Computerpräsentation zu den Atombombenabwürfen von Hiroshima und Nagasaki. Gebt die genutzten Quellen an. Führt Präsentationen vor und gebt euch gegenseitig ein konstruktives Feedback.

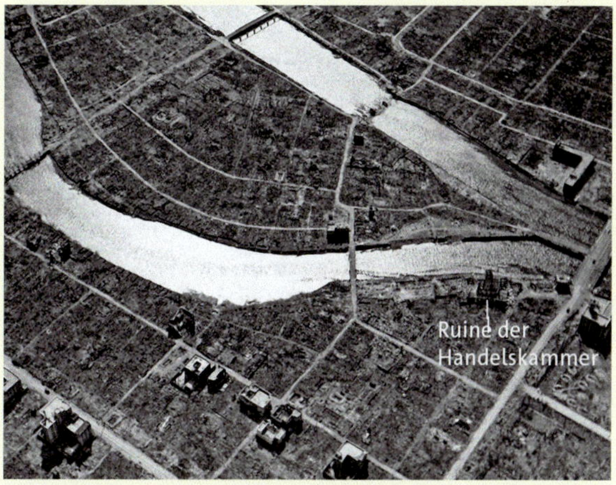

3 Wochen nach der Explosion: Die Innenstadt und die Menschen darin sind völlig vernichtet worden.

4 Heute Mahnmal: Ruine der Handelskammer, wenige hundert Meter vom Explosionszentrum entfernt

Rückbau von Kernkraftwerken

1 Rückbau des stillgelegten Kernkraftwerks Philippsburg, Sprengung der Kühltürme 2020

Kernkraftwerke versorgten uns in Deutschland über Jahrzehnte mit elektrischer Energie. Auch der Rückbau wird noch viele Jahrzehnte dauern.

Radioaktive Abfälle • Beim Betrieb und beim Rückbau eines Kernkraftwerks entstehen große Mengen radioaktiver Abfälle. Man kann sie weder durch Verbrennen noch durch andere Verfahren beseitigen. Die Abfälle enthalten radioaktive Stoffe mit langen Halbwertszeiten. Deshalb müssen sie über Jahrtausende sicher gelagert werden.

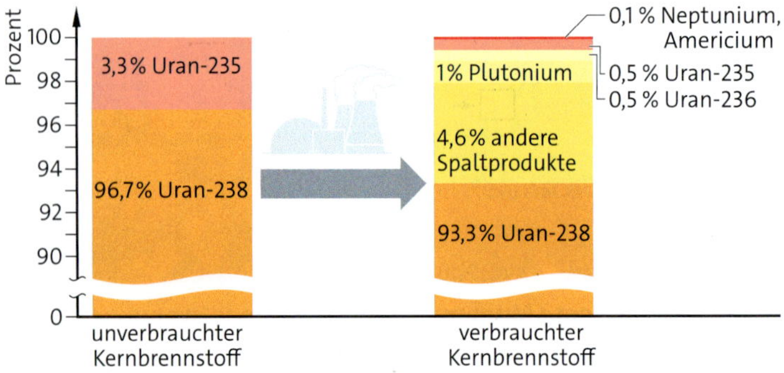

2 Zusammensetzung von Brennstäben

Woraus besteht der Abfall? • Der radioaktive Abfall besteht aus vielen verschiedenen Stoffen:

- Bei der Kernspaltung von Uran-235 entstehen unter anderem hochradioaktive Isotope von Iod, Caesium und Strontium.
- Uran kann Neutronen einfangen und sich in Elemente mit mehr als 92 Protonen umwandeln, zum Beispiel Plutonium (Halbwertszeit: 24 000 Jahre).
- Die benutzten Brennelemente enthalten ungespaltene Atomkerne von Uran-235 und Uran-238, die ebenfalls entsorgt werden müssen. → 2
- Die Atome in den Wänden des Reaktors fangen während des Betriebs Neutronen ein und werden dadurch

der radioaktive Abfall
das Endlager

zu radioaktiven Isotopen. Diese müssen nach dem Abschalten entsorgt und sicher gelagert werden.

Rückbau von Kraftwerken • Ab 2023 sollen alle Kernkraftwerke in Deutschland abgeschaltet sein. Danach beginnt auch für die letzten Kraftwerke der aufwendige und teure Rückbau. Er wird mehrere Jahrzehnte andauern.
Stillgelegte Kernkraftwerke kann man nicht einfach abreißen. Die enthaltenen radioaktiven Stoffe dürfen nicht in die Umwelt gelangen.
Es gibt zwei Möglichkeiten für den sicheren Rückbau:

- Einschluss der Anlage für 40–60 Jahre: In dieser Zeit klingt die Aktivität im Innern der Reaktoren so weit ab, dass der Rückbau leichter und sicherer wird. Von Nachteil ist, dass die Anlagen in der ganzen Zeit bewacht und überwacht werden müssen.
- Sofortige Zerlegung: Die starke ionisierende Strahlung und die radioaktiven Stoffe machen dieses Verfahren aufwendig und problematisch. Die Arbeitenden müssen ständig Schutzanzüge tragen. Alle Teile müssen zerkleinert, gereinigt, überprüft und entsprechend entsorgt werden.

Lagerung radioaktiver Abfälle • Die größte Gefahr geht von den benutzten Brennelementen aus. In ihnen sind hochradioaktive Stoffe enthalten. → 2
Die Brennelemente werden zunächst im Kernkraftwerk in Wasserbecken gelagert. Innerhalb von Jahren sinkt die Aktivität stark. Zusammen mit anderen radioaktiven Stoffen aus Kernkraftwerken werden sie dann in Zwischenlager gebracht. Dort dürfen die „abgebrannten" Brennelemente 40 Jahre lang lagern. → 3
Danach müssen sie in ein Endlager für hochradioaktive Stoffe transportiert werden.

Endlagersuche • Weltweit ist noch kein Endlager für hochradioaktive Stoffe in Betrieb, das für Jahrtausende sicher ist (Stand: 2023).
In Deutschland wird seit vielen Jahren untersucht, ob und wie man die Abfälle lagern kann. Beispielsweise werden alte Salzbergwerke auf ihre Eignung als Endlager geprüft. Fachleute schätzen, dass ein Endlager in Deutschland erst in einigen Jahrzehnten zur Verfügung stehen wird.
In Finnland und Schweden sollen die Abfälle schon vorher tief in Granit eingeschlossen werden. Ob das Konzept eine sichere Aufbewahrung ermöglicht, ist unklar.

Der radioaktive Abfall muss sicher über Jahrtausende eingelagert werden.

Aufgaben

1 Beschreibe, welche Voraussetzungen ein Endlager erfüllen muss.

2 Gib an, welche Probleme bei der Stilllegung von Kernkraftwerken auftreten.

3 Zwischenlager

Rückbau von Kernkraftwerken

Material A

„Alte“ Brennelemente

1 Beschreibe den Weg „alter“ Brennelemente. → 1

2 Nenne Eigenschaften der Castorbehälter.

Die verbrauchten, hochradioaktiven Brennelemente werden in spezielle Behälter geladen: die Castorbehälter. Diese müssen absolut dicht sein und allen äußeren Einflüssen standhalten. Außerdem leiten sie die Nachwärme von den Brennelementen in die Umgebung und dürfen keine ionisierende Strahlung entweichen lassen.

Ein Castorbehälter ist 6 m lang, 2 m breit, wiegt (gefüllt) 120 t und kostet 1,5 Millionen Euro. In den Zwischenlagern werden die Castorbehälter durch kalte Frischluft gekühlt. Meistens befinden sich die Zwischenlager neben Kernkraftwerken. Dort dürfen die Brennelemente 40 Jahre lang gelagert werden. Dann sollen sie für Jahrtausende in ein Endlager tief unter der Erde kommen. In Deutschland wird seit Langem nach einem sicheren Standort dafür gesucht.

1

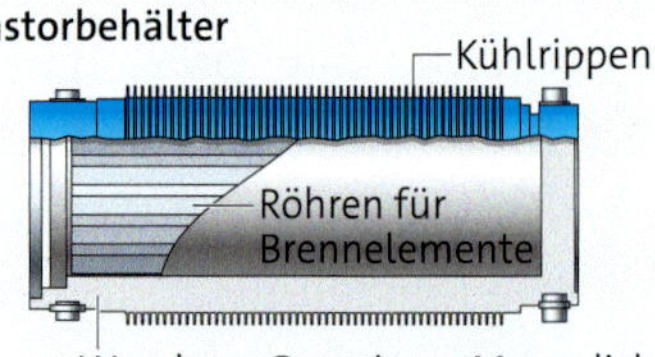

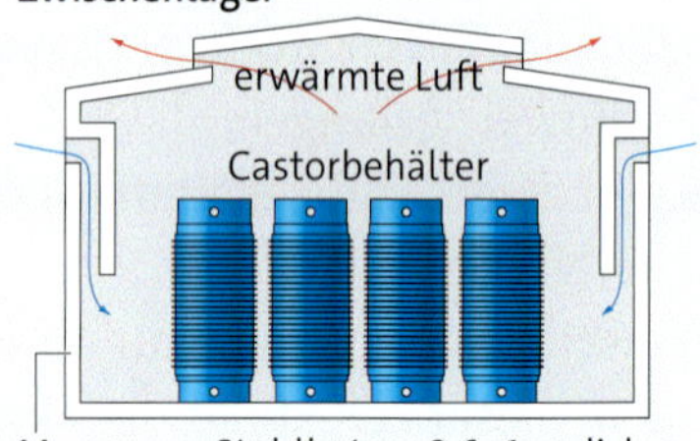

Material B

Das erste Endlager für hochradioaktive Abfälle

1 Beschreibt das Endlager Olkiluoto. → 2 Nennt Gesichtspunkte, die man beim Bau beachten muss.

2 Informiert euch in Gruppen über andere Endlagerprojekte. Erstellt z. B. Plakate darüber. Präsentiert eure Ergebnisse und gebt euch gegenseitig ein konstruktives Feedback.

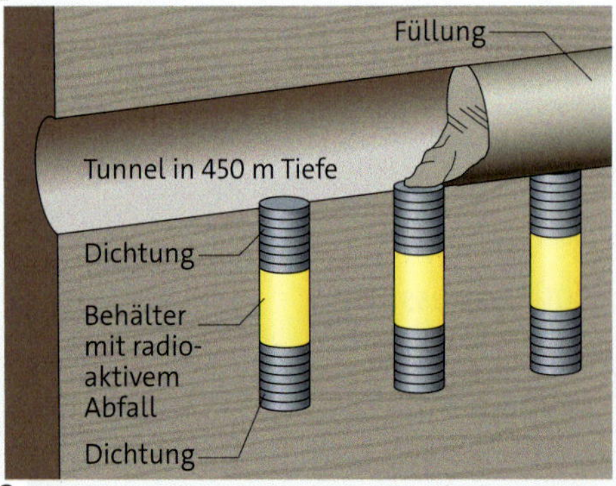

2

Unter der finnischen Insel Olkiluoto gibt es ein riesiges Labyrinth aus Gängen und Schächten. 450 m tief im Granit liegt dort das weltweit erste atomare Endlager für hochradioaktive Stoffe. Es soll länger halten als alle anderen Bauten der Menschheit. In Zukunft soll dort radioaktiver Abfall aus Atomkraftwerken so lange gelagert werden, bis die Strahlung abgeklungen ist – mindestens 100 000 Jahre. In dieser Zeit darf kein radioaktiver Abfall in die Umwelt gelangen. Niemand weiß aber, wie unsere Welt in 100 000 Jahren aussehen wird. Könnte das Endlager eine Eiszeit in 60 000 Jahren überstehen?

Rückbau eines Kernkraftwerks

3 Kernkraftwerk Würgassen (1994)

4 Abrissbeginn (1996)

Vorgehen • Das Kernkraftwerk Würgassen an der Weser war das erste rein wirtschaftlich genutzte Kernkraftwerk Deutschlands. → 3 Nach 23 Jahren Betriebszeit stellte man 1994 feine Risse in einem Stahlmantel fest, der den Druckbehälter umgibt. Die Reparatur wäre zu teuer geworden. So entschied man sich für die Stilllegung. In der Folgezeit wurde das Kraftwerk zerlegt: → 4

- Zuerst wurden die Brennelemente aus dem Reaktor entfernt. Danach zerlegte man die Turbinen und den Generator.
- Das Becken zur Lagerung der Brennelemente und der Druckbehälter waren am stärksten radioaktiv belastet. Man flutete den Reaktor zum Abbau immer wieder mit Wasser und zerlegte ihn dann ferngesteuert. Dadurch wurde die Freisetzung radioaktiven Staubs vermieden.
- Die meisten Oberflächen im Kraftwerk waren mit radioaktiven Stoffen verschmutzt. Sie wurden abgewaschen oder vorsichtig abgetragen.

Kosten • Der Bau des Kraftwerks hat 4 Jahre gedauert und 200 Millionen Euro gekostet. Der Rückbau dauerte 17 Jahre und kostete mehr als eine Milliarde Euro. Nach dem Abbau müssen alle radioaktiv belasteten Teile in einem Endlager sicher gelagert werden. Im Jahr 2023 sollen die letzten deutschen Kernkraftwerke außer Betrieb gestellt sein. Dann wird bei mehr als 30 Reaktoren der Rückbau laufen oder bereits abgeschlossen sein. Die Gesamtkosten werden auf fast 50 Milliarden Euro veranschlagt.

Aufgaben

1 ☒ Warum ist es so schwierig, stillgelegte Kernkraftwerke abzubauen? Nenne mehrere Gründe.

2 ☒ Derzeit werden in Deutschland mehrere Kernkraftwerke zurückgebaut. Sammle Informationen über eines der Rückbauprojekte und berichte.

Kernenergie und Verantwortung

1

Saubere Luft, Energiewende, Treibhauseffekt und Klimawandel gehen uns alle an. Wieso bauen manche Länder neue Kernkraftwerke, während andere Länder sie komplett abschalten?

Vorteile und Nachteile • Der Betrieb von Kernkraftwerken hat Vor- und Nachteile:

- Kernkraftwerke können gleichmäßig sehr viel elektrische Energie zur Verfügung stellen.
- Kernkraftwerke produzieren viel weniger CO_2 als Wärmekraftwerke, in denen fossile Energieträger wie Kohle, Erdgas oder Erdöl verbrannt werden. CO_2 verstärkt den natürlichen Treibhauseffekt der Atmosphäre. Dadurch steigt die Durchschnittstemperatur der Erde und das Klima wandelt sich.
- Uran ist kein erneuerbarer Energieträger, die Vorräte sind begrenzt.
- Unfälle in Kernkraftwerken können für Umwelt und Menschen katastrophale Auswirkungen haben, die sich nicht auf ein Land begrenzen lassen.
- Zur sicheren Endlagerung der radioaktiven und giftigen Stoffe aus den Kernkraftwerken werden Standorte und Konzepte benötigt. Diese liegen bislang kaum vor.

Politische Bewertung • In jedem Land der Erde werden die Vorteile und die Nachteile der Kernenergie anders diskutiert und bewertet. Diese Bewertungen können sich im Lauf der Zeit ändern, abhängig von Entwicklungen in der Politik, der Wirtschaft, der Technik und der Umwelt. Es gibt Länder wie Deutschland und die Schweiz, die sich derzeit zum Ausstieg aus der friedlichen Nutzung der Kernenergie entschieden haben. Andere Länder wie China, die USA, Frankreich oder Polen wollen in Zukunft neue Kernkraftwerke errichten.

Die Nutzung der Kernenergie hat Vorteile und Nachteile, die von verschiedenen Länder unterschiedlich bewertet werden.

Aufgaben

1 ◩ Erstelle eine Übersicht über Vorteile und Nachteile der Kernenergie.

2 ⊠ Gib deine eigene Meinung zur Nutzung der Kernenergie an und begründe sie mit Argumenten. Berücksichtige die Auswirkungen der Nutzung der Kernenergie auf die Natur, die Gesellschaft und die Gesundheit jedes einzelnen Menschen.

Material A

Kernkraftwerke – Pro und Kontra

Die friedliche Nutzung der Kernenergie kann gefährlich sein. Die Endlagerung der radioaktiven Abfälle ist nicht geklärt. Kernkraftwerke erzeugen aber viel weniger CO_2 als Kohlekraftwerke. Außerdem wächst unser Bedarf an elektrischer Energie. Sollen unsere Kernkraftwerke vielleicht doch weiterbetrieben werden?

1 ⊠ Führt eine Pro-und-Kontra-Debatte und überzeugt eure Klasse!
Findet für jede Rolle Argumente (nicht nur) im Buch, die eure Position unterstützen. → 3

2 Wer hat die besseren Argumente?

Pro	Kontra
Eltern Woher soll unser Strom denn kommen, wenn alle Kernkraftwerke abgeschaltet sind? Wir sind auf die Kernkraftwerke angewiesen. Sie liefern billige und zuverlässige Energie. Die Entsorgung der Abfälle wird auch noch gelöst und dann spricht nichts mehr gegen die Nutzung der Kernenergie.	**Eltern** Die Zukunft unserer Kinder macht uns große Sorgen. Der Atommüll und die gefährlichen Unfälle machen die Kernenergie unberechenbar. So eine Katastrophe wie in Fukushima kann vielleicht auch bei uns in Deutschland passieren. Darum müssen alle unsere Kernkraftwerke abgeschaltet bleiben.
Politiker/Politikerin Zwischenfälle wie in Fukushima können in Deutschland nicht passieren. Unsere Kernkraftwerke sind absolut sicher. Außerdem lösen sie das CO_2-Problem, weil sie der Umwelt nicht schaden. Deshalb müssen wir auch weiterhin Kernkraftwerke nutzen und genauso wie China neue bauen.	**Politiker/Politikerin** Kernenergie kann für Mensch und Umwelt gefährlich sein. Die Endlagerung des strahlenden Mülls ist immer noch nicht geklärt. Es wird höchste Zeit, die Kernkraftwerke abzuschalten. Deutschland muss als Beispiel vorangehen, auch wenn andere Länder weiterhin auf Kernenergie setzen.
Manager/Managerin Ich arbeite in einem wichtigen Stromkonzern. Es gibt keinen Grund, gegen Kernenergie zu sein. Trotz der hohen Entsorgungskosten liefert sie günstig Energie. Erneuerbare Energien sind im Vergleich zu teuer. Außerdem wissen viele Menschen nicht Bescheid über Kernenergie und haben deshalb Befürchtungen.	**Umweltschützer/Umweltschützerin** Warum verstehen die Menschen nicht, dass die Kernenergie große Gefahren und Probleme beinhaltet? Fukushima und Hiroshima haben das gezeigt. Die Fakten sind bekannt und trotzdem gibt es immer noch Menschen, die für die Kernenergie sind. Das verstehe ich nicht, es gibt so viele Argumente dagegen.

3 Rollenkarten für die Pro-und-Kontra-Debatte

Kernfusion

1 Die Sonne – im Innern bis zu 15 Millionen Grad Celsius heiß!

Die Sonne gibt in einer Sekunde so viel Energie ab, wie die ganze Menschheit nach heutigem Stand für 760 Jahre benötigt. Was geschieht in der Sonne?

Unsere wichtigste Energiequelle • Ohne Sonne gäbe es kein Leben auf der Erde. Seit 4,5 Milliarden Jahren spendet sie Licht und Wärme und wird dies für weitere 5 Milliarden Jahre tun. Ohne Licht könnten Pflanzen keine Fotosynthese durchführen. Kohle, Öl und Gas gäbe es nicht. Wir könnten unseren Energiebedarf auch nicht durch Wind-, Wasser- oder Solarkraftwerke decken. Für alles liefert die Sonne die Energie.

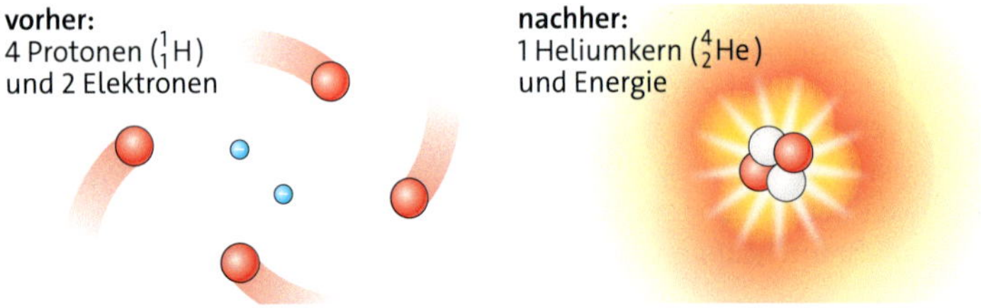

2 Bilanz der Kernfusion zu Helium

Kernfusion • Bei der Spaltung von großen Atomkernen wird viel Energie abgegeben. Noch mehr Energie wird bei der Verschmelzung von kleinen Atomkernen in der Sonne freigesetzt. Dieser Vorgang heißt Kernfusion. Die freigegebene Energie heizt die Sonne extrem stark auf. Bei mehreren Millionen Grad Celsius hält es die Wasserstoff-Atome in der Sonne nicht zusammen: Protonen und Elektronen sind voneinander getrennt. Die positiven Protonen haben so viel Bewegungsenergie, dass sie sich trotz der elektrischen Abstoßung sehr nahe kommen. Für kurze Zeit können sie sich dann sogar verbinden. Daraus kann sich in mehreren Schritten ein Heliumkern entwickeln. → 2
Bei der Fusion von 50 g Wasserstoff zu Helium wird so viel Energie freigesetzt wie bei der Spaltung von 300 g Uran oder der Verbrennung von 350 t Diesel.

Bei Kernfusionen in der Sonne verschmelzen Protonen und Neutronen zu Heliumkernen. Dabei wird besonders viel Energie freigesetzt.

Aufgaben

1 ☒ Erkläre, warum es ohne die Sonne kein Leben auf der Erde gäbe.

2 ☒ In der Sonne kommen sich Protonen trotz elektrischer Abstoßung sehr nahe. Erkläre, wie das möglich ist.

3 ☒ Vergleiche Kernspaltung und Kernfusion.

Material A

Kernfusion im Labor

In der Sonne wird bei der Fusion der Atomkerne von Wasserstoff-Isotopen Energie freigesetzt.

1 Lies den Text. → 3
a Beschreibe, wie eine Kernfusion im Labor nachgeahmt werden soll.
b Nenne die physikalischen Voraussetzungen, damit eine Fusion gelingen kann.

2 Recherchiere mit dem Stichwort „Fusionsreaktor" zum aktuellen Forschungsstand. Präsentiere deine Ergebnisse.
Gebt ein konstruktives Feedback zum Vortrag.

Seit vielen Jahrzehnten versuchen weltweit Forscherinnen und Forscher, die Kernfusion im Labor nachzuahmen. Dazu setzen sie unter anderem Fusionsreaktoren ein, die wie ein Donut geformt sind.
Im Reaktor muss ein Gas aus Wasserstoff-Isotopen auf bis zu 150 Millionen Grad Celsius erhitzt werden. Die hohen Temperaturen sind nötig, damit die Atome die Elektronen „verlieren" und damit die Abstoßung der verbleibenden Kerne überwunden wird. Durch die sehr starke Erhitzung wird der Druck im Gas extrem hoch. Starke Magnete halten das sehr heiße Gas zusammen, damit es nicht die Wände der Anlage berührt. Im Jahr 2021 konnte ein chinesischer Reaktor für 17 Minuten eine Temperatur von 70 Millionen Grad Celsius im Gas halten. Man hat bislang aber noch nicht erreicht, dass ein Fusionsreaktor mehr Energie abgibt, als aufgewendet werden muss.

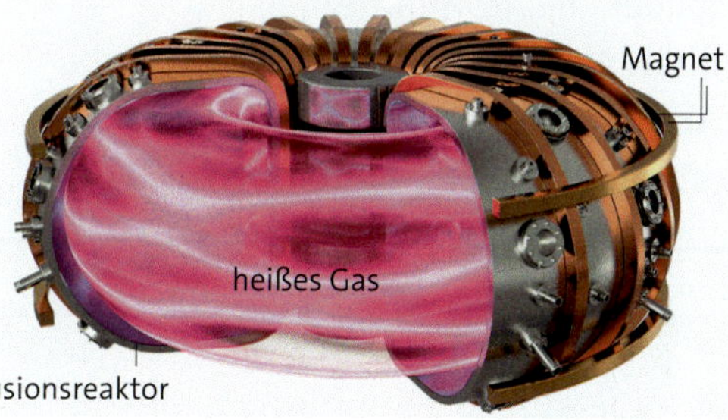

3

Material B

Wie sind die vielen Elemente entstanden?

1 Beschreibe, wie leichte und schwere Elemente entstanden sind. → 4

2 Informiere dich darüber, was eine Supernova ist.

Die Wissenschaft nimmt an, dass unser Universum in einem Urknall „geboren" wurde. Danach entstanden zuerst die leichten Elemente Wasserstoff und Helium. Schwerere Elemente bildeten sich erst im Lauf von Jahrmilliarden.
Im „Leben" eines Sterns entstehen durch Kernfusionen zuerst Helium, später schwerere Elemente bis hin zum Eisen. Bei den Fusionen wird Energie freigesetzt. Für die Fusion von noch schwereren Elementen wird dagegen sehr viel Energie benötigt. Sie steht zur Verfügung, wenn sehr große Sterne am Ende ihres „Lebens" in einer Supernova explodieren.

4

Radioaktivität

Zusammenfassung

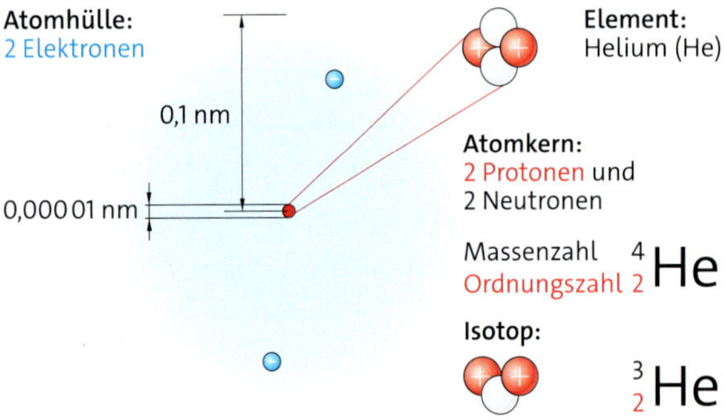

1 Helium im Kern-Hülle-Modell

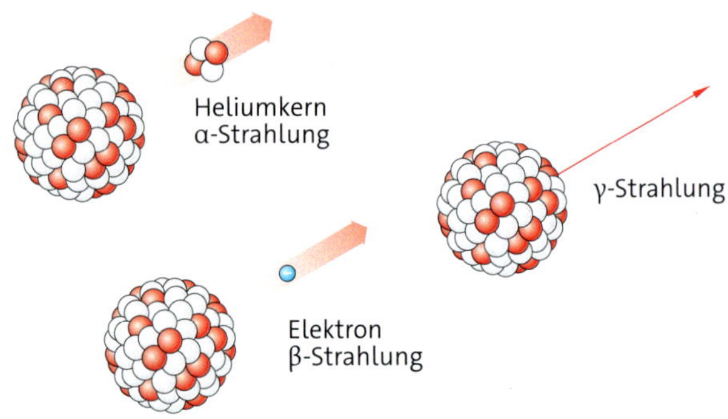

2 Drei Strahlungsarten

Aufbau der Atome • Atome bestehen aus Atomkern und Atomhülle: → 1

- Protonen und Neutronen bilden den Atomkern.
- Elektronen bilden die Atomhülle.

Das Atom enthält gleich viele Protonen und Elektronen. Alle Atome eines Elements haben die gleiche Anzahl von Protonen im Atomkern.
Die Isotope eines Elements haben verschieden viele Neutronen.

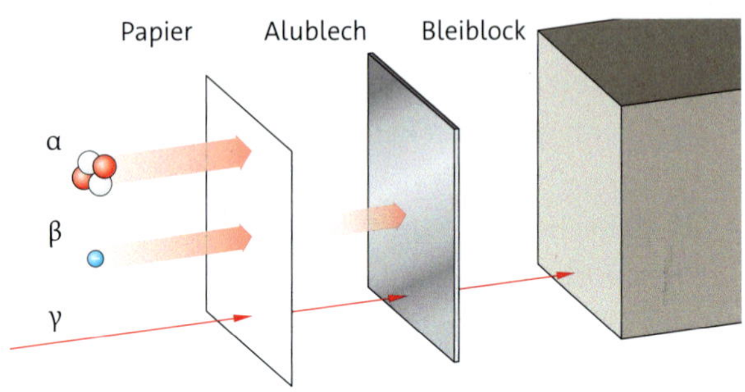

3 Abschirmung

Radioaktivität – überall! • Die Strahlung radioaktiver Stoffe kann mit dem Geigerzähler nachgewiesen werden. Wir sind ständig einer geringen ionisierenden Strahlung ausgesetzt.

Ionisierende Strahlung • In radioaktiven Stoffen wandeln sich Atomkerne um. Dabei werden drei Arten ionisierender Strahlung abgegeben: α-Strahlung, β-Strahlung und γ-Strahlung.
→ 2 3

Halbwertszeit und Aktivität • Die Halbwertszeit gibt an, wie lange es durchschnittlich dauert, bis sich die Hälfte der Atomkerne eines radioaktiven Isotops umgewandelt hat. → 4 Sie ist für jedes radioaktive Isotop verschieden.
Die Aktivität eines radioaktiven Gegenstands gibt an, wie viele Atomkerne sich in ihm pro Sekunde umwandeln. Die Einheit der Aktivität ist 1 Becquerel (1 Bq):
1 Becquerel = 1 Kernumwandlung pro Sekunde.

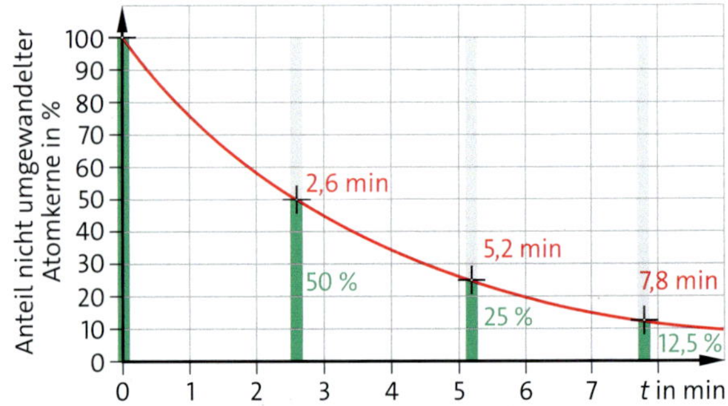

4 Radioaktive Umwandlung von Barium $^{137}_{56}Ba$

Anwendungen in Medizin und Technik • Ionisierende Strahlung wird eingesetzt, um das Innere von Körpern sichtbar zu machen. Sie kann auch genutzt werden, um Zellen zu töten oder zu verändern. Das wird z. B. bei der Krebstherapie oder der Pflanzenzucht genutzt.

Strahlenbelastung • Ionisierende Strahlung verändert Zellen im Körper. Das kann zu Erkrankungen und zu Veränderungen des Erbguts führen. Die Strahlenbelastung gibt man in Sievert (Sv) an. In Deutschland liegt die Strahlenbelastung im Durchschnitt bei 4 Millisievert pro Jahr.

Kernspaltung • Atomkerne von Uran $^{235}_{92}U$ lassen sich durch Neutronen spalten. → 5 Es entstehen zwei kleinere Atomkerne und freie Neutronen. Dabei wird viel Energie freigesetzt. Kernkraftwerke erzeugen elektrische Energie ähnlich wie Kohlekraftwerke – die Energie dafür stammt aber aus Kernspaltungen. → 6
Im Kernkraftwerk läuft eine kontrollierte Kettenreaktion ab. → 7

Kernkraftwerke verstärken den Treibhauseffekt viel weniger als Kohlekraftwerke.

Sicherheit und Rückbau von Kernkraftwerken • Die Sicherheitssysteme von Kernkraftwerken sollen das Austreten radioaktiver Stoffe und ionisierender Strahlung verhindern. Der radioaktive Abfall muss sicher über Jahrtausende eingelagert werden.

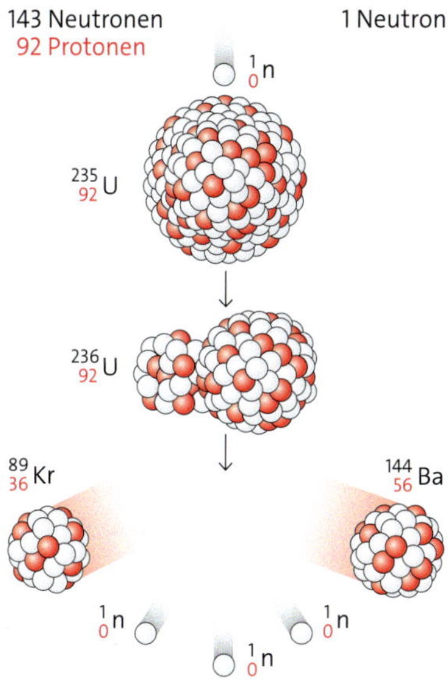

5 Kernspaltung von Uran $^{235}_{92}U$

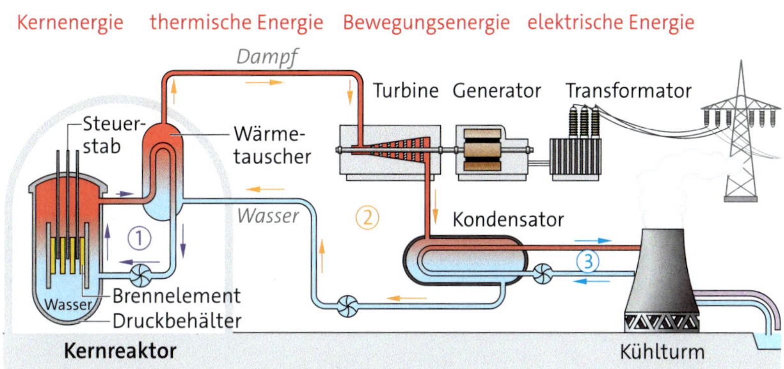

6 Aufbau eines Kernkraftwerks

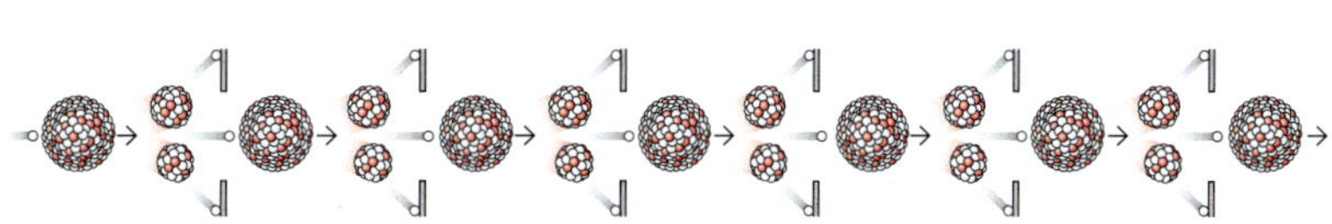

7 Kontrollierte Kettenreaktion

Kernfusion • Bei der Kernfusion in der Sonne verschmelzen Protonen und Neutronen zu Heliumkernen $^{4}_{2}He$. Dabei wird sehr viel Energie freigesetzt.

Radioaktivität

Teste dich! (Lösungen auf Seite 260 ff.)

Atombau – näher betrachtet

1 Beschreibe, wie nach dem Kern-Hülle-Modell Atome aufgebaut sind.

2 Erläutere den Begriff Isotop am Beispiel des Wasserstoffs. Zeichne die drei Isotope.

3 Gib jeweils an, wie viele Protonen und Neutronen das Isotop hat.

a Stickstoff: $^{14}_{7}N$ und $^{15}_{7}N$

b Caesium: $^{133}_{55}Cs$ und $^{137}_{55}Cs$

Radioaktivität – überall!

4 Wie kannst du feststellen, ob beispielsweise die Leuchtziffern einer Uhr radioaktiv sind? Beschreibe es.

Ionisierende Strahlung

5 Nenne Arten ionisierender Strahlung.

6 Die folgenden Begriffe gehören zum Thema radioaktive Kernumwandlung:
5 mm dickes Alublech, negativ, Elementumwandlung, wie Licht, positiv, dicke Bleiplatten, schwach, Strahlung aus Teilchen, neutral, Papier, weniger stark, keine Elementumwandlung, stark.

a Trage die Begriffe richtig in die Tabelle ein. → 1

b Ordne die Bilder richtig zu. → 2 – 4

7 Plutonium $^{239}_{94}Pu$ gibt bei seiner Umwandlung α-Strahlung ab.
Gib an, in welches Element es sich umwandelt.

Halbwertszeit

8 Ein radioaktiver Stoff hat eine Halbwertszeit von 30 Jahren. Was bedeutet das? Wähle die richtige Erklärung aus.
In 30 Jahren:

- ist die Aktivität nur noch halb so hoch, in 60 Jahren ist sie ganz weg.
- löst sich die Hälfte des radioaktiven Stoffs auf und verschwindet völlig.
- sinkt die Aktivität um die Hälfte.
- ist der Stoff nicht mehr radioaktiv.

9 1 g natürliches Kalium hat eine Aktivität von 28 Bq. Im menschlichen Körper sind rund 100 g davon enthalten.

a Beschreibe, was die Aktivität bedeutet.

b Berechne, wie viele Kalium-Atome im Körper durchschnittlich in 1 s zerfallen.

	α-Strahlung	β-Strahlung	γ-Strahlung
Art der Strahlung	?	?	?
elektrisch	?	?	?
ionisierend	?	?	?
Wird absorbiert von:	?	?	?
Bild	?	?	?
Elementumwandlung	?	?	?

1 Strahlung radioaktiver Körper

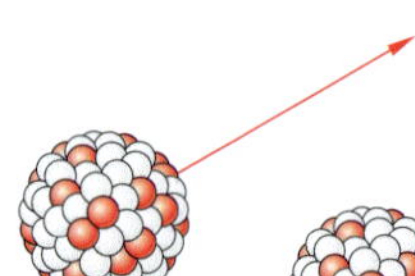
2

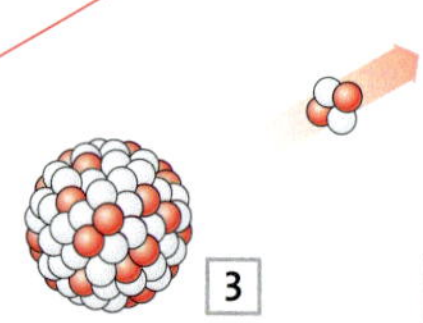
3

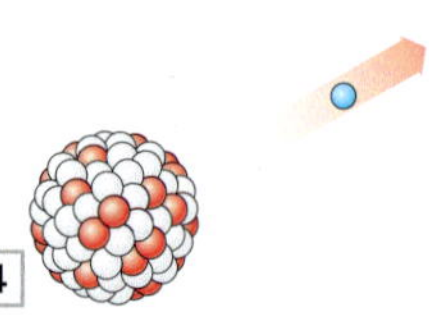
4

10 ☒ Caesium $^{137}_{55}Cs$ entsteht bei der Kernspaltung im Kernkraftwerk. Beim Unfall in Fukushima gelangte es in die Umwelt – mit gefährlichen Folgen für die Menschen.

a Erkläre, was die Zahlen 137 und 55 am Symbol Cs für Caesium bedeuten.

b Lies aus dem Diagramm die Halbwertszeit von Caesium $^{137}_{55}Cs$ ab. → 5

c Wann sind anfangs 100 g Caesium $^{137}_{55}Cs$ nicht mehr radioaktiv? Nach 30, 60, 90 oder mehr als 100 Jahren? Begründe deine Antwort.

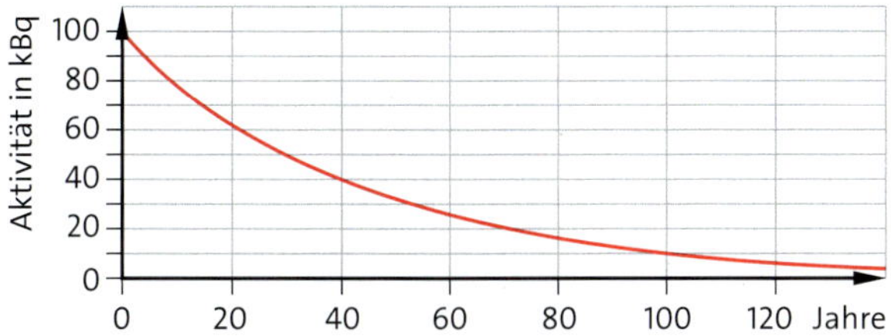

5 Aktivität einer Probe von $^{137}_{55}Cs$

Anwendungen in Medizin und Technik

11 ☒ Ionisierende Strahlung wird in der Medizin in unterschiedlichen Bereichen eingesetzt. Beschreibe verschiedene Beispiele. Nenne jeweils Vor- und Nachteile.

Strahlenbelastung

12 ☒ „Schwangere sollten ionisierende Strahlung besonders vermeiden." Begründe die Regel.

13 ☒ Bei der von außen auf uns wirkenden Strahlung ist die γ-Strahlung besonders gefährlich, bei der von innen wirkenden Strahlung ist es die α-Strahlung. Begründe diesen Unterschied.

Kernspaltung

14 ☒ Bei der Kernspaltung von Uran $^{235}_{92}U$ entstehen neue Elemente. Beschreibe und skizziere den Vorgang der Spaltung. Tipp: Zeichne bei den Kernen keine einzelnen Protonen und Neutronen.

15 ☒ Wie entsteht bei der Kernspaltung im Kernkraftwerk thermische Energie?
Stelle eine Wirkungskette auf: „Ein Neutron dringt in den Urankern ein. → ⟨?⟩."

16 ☒ Angereichertes Uran wird oft als Brennstoff bezeichnet.
Erkläre, warum dieser Begriff eigentlich nicht passt. Tipp: Vergleiche mit dem Brennstoff Kohle.

Sicherheit von Kernkraftwerken – Rückbau von Kernkraftwerken

17 ☒ Beschreibe die Funktionsweise eines Kernkraftwerks. Nenne mögliche Gefahren.

18 ☒ „Die radioaktiven Abfälle aus Kernkraftwerken können der Menschheit noch in vielen Tausend Jahren gefährlich werden." Erkläre diese Aussage.

19 ☒ Beschreibe den Unterschied zwischen Endlagern und Zwischenlagern.

Kernfusion

20 ☒ Im Innern der Sonne setzt die Kernfusion gewaltige Mengen an Energie frei.
Beschreibe den Vorgang.

Informations-übertragung

Mit dem orangen Licht im Rückspiegel warnt das Fahrzeug vor dem Spurwechsel. Es hat das andere Auto „gefühlt“.

Wenn wir sprechen, erzeugen wir Schall. Wie wird der Schall umgewandelt, damit die Information ins Smartphone gelangt?

Das Lämpchen zeigt an, dass das Ladegerät arbeitet. Ein bestimmtes Bauteil wird sehr häufig benutzt, um Signale auszugeben.

Mikrofon und Lautsprecher

1

Ohne Mikros und Lautsprecher hätten Rockkonzerte nicht den richtigen Sound. Wie funktionieren sie?

Zur Erinnerung: Magnete • Magnete und ihre Wirkungen kennst du bereits. Auch sind dir Spulen als Elektromagnete bekannt. Weißt du auch noch, was passiert, wenn sich ein Magnetfeld in einer Spule verändert? → S. 134/135

Zur Erinnerung: Schall • Schall entsteht zum Beispiel, wenn eine Gitarrensaite oder die Stimmbänder in deinem Kehlkopf schnell hin- und herschwingen. Der Schall breitet sich dann von der Schallquelle in alle Richtungen aus. Das Ohr ist ein Schallempfänger: Das Trommelfell wird vom eintreffenden Schall in Schwingungen versetzt. Im Innenohr werden sie in elektrische Signale umgewandelt, die über den Hörnerv zum Gehirn geleitet werden.

Mikrofone • Sie wandeln Schall in elektrische Signale um. → 2 Dynamische Mikrofone (Tauchspulmikrofone) besitzen eine Membran, die mit einer Spule verbunden ist. Die Spule kann sich im Magnetfeld des Dauermagneten bewegen. Wenn Schall die Membran mit der Spule hin- und herbewegt, wird an der Spule eine Wechselspannung im Takt des Schalls induziert. Dieses elektrische Signal kann zu einem Computer und über einen Verstärker an einen Lautsprecher geleitet werden.

Lautsprecher • Sie wandeln elektrische Signale in Schall um. → 3 Dynamische Lautsprecher besitzen eine Membran, die mit einer Spule verbunden ist. Die Spule kann sich im Magnetfeld des Dauermagneten bewegen. Wenn eine

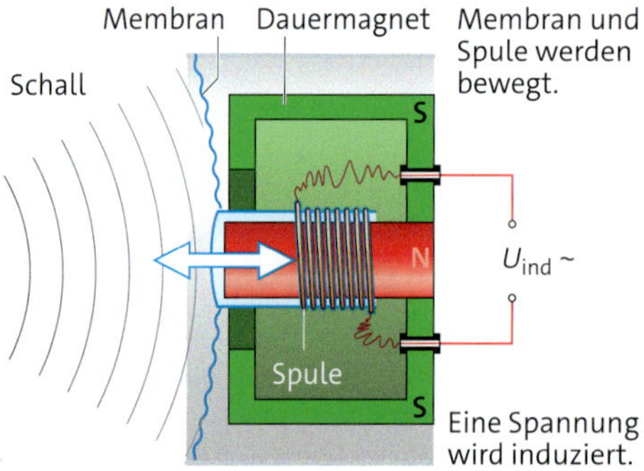

2 Dynamisches Mikrofon

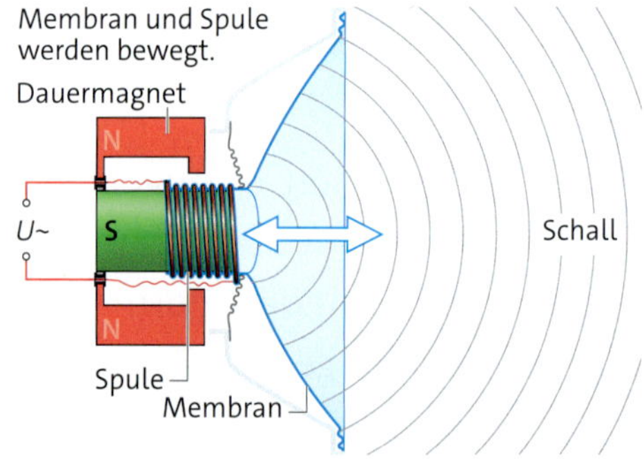

3 Dynamischer Lautsprecher

das Mikrofon
der Lautsprecher
die Amplitude
die Frequenz

Wechselspannung an die Spule angelegt wird, wird die Spule zum Elektromagneten. Seine Magnetpole wechseln im Takt der Wechselspannung. Je nach Polung wird der Elektromagnet vom Dauermagneten mal in die eine Richtung bewegt und mal in die andere Richtung. Dadurch schwingt die Spule im Takt der Wechselspannung sehr schnell hin und her. Diese Bewegung macht auch die Membran mit, sodass sie Schall erzeugt.

Mikrofon und Lautsprecher im Handy • Im Smartphone dienen winzige Piezoelemente als Schallempfänger. → 4 Wenn sie hin- und hergebogen werden, wandeln sie Schall direkt in eine Wechselspannung um – ohne Induktion. Piezoelemente lassen sich auch als Schallquelle nutzen. Wenn man eine Wechselspannung anlegt, „zittern" sie im Takt der Wechselspannung hin und her und erzeugen dadurch Schall.

Mikrofone wandeln Schall in elektrische Signale um.
Lautsprecher wandeln elektrische Signale in Schall um.

4 Piezoelement (rechts unten) im Mikro

Verschiedene Töne • Wenn du leise singst, schwingt die Membran im Mikrofon nur ganz wenig hin und her. Die Maximalwerte der induzierten Wechselspannung sind daher sehr klein. Man bezeichnet sie als Amplitude der Wechselspannung. → 5 Bei lauteren Tönen ist die Amplitude größer.
Je höher ein Ton ist, desto dichter liegen die „Berge" und „Täler" der Wechselspannung zusammen. → 6 Der höhere Ton entsteht dadurch, dass die Schallquelle schneller schwingt. Damit ändert sich auch die Wechselspannung im Mikrofon schneller. Wenn zum Beispiel 440 Schwingungen pro Sekunde aufeinanderfolgen, hat der Ton eine Frequenz von 440 Hertz (440 Hz). Ein Ton mit 880 Hz klingt viel höher. Wir hören Töne zwischen 20 Hz und 20 kHz.

Je lauter ein Ton ist, desto größer ist seine Amplitude.
Je höher ein Ton ist, desto größer ist seine Frequenz.

Aufgaben

1 Beschreibe, wie Mikrofone und Lautsprecher aufgebaut sind.

2 Erkläre, wie ein Mikrofon Schall in ein elektrisches Signal umwandelt.

3 Verwende die Begriffe Amplitude und Frequenz. Erkläre den Unterschied zwischen:
a einem lauten und einem leisen Ton
b einem hohen und einem tiefen Ton

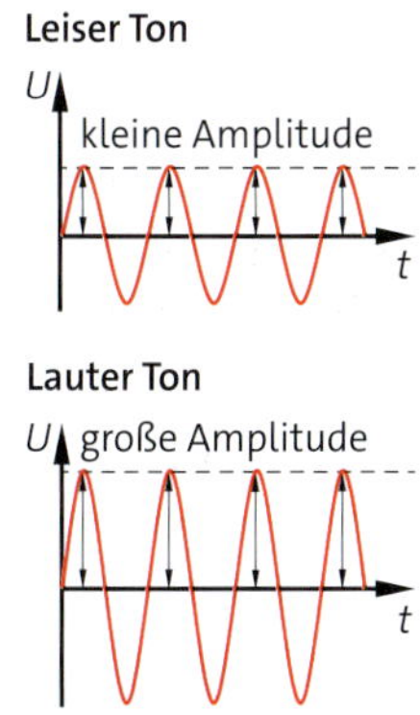

5 Leise – laut

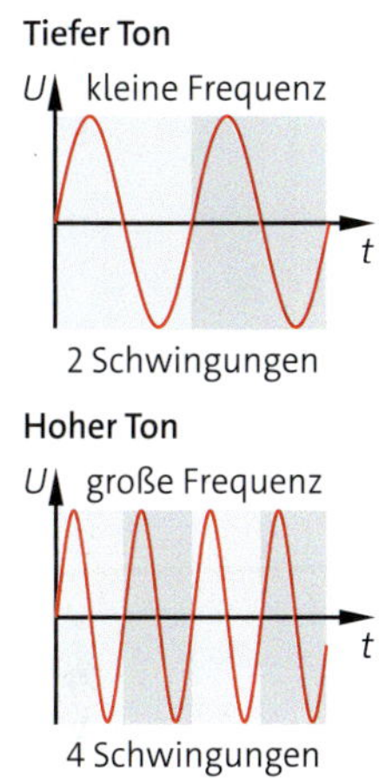

6 Tief – hoch

Mikrofon und Lautsprecher

Material A

Schwingungskurven

Materialliste: Trillerpfeife, Flöte oder ein anderes Musikinstrument, Smartphone mit kostenfreier Oszilloskop-App

Jedes Smartphone hat ein Mikrofon, um Schall aufzunehmen. Es gibt kostenfreie Apps für Smartphones (oder Computer), mit denen du Schall aufzeichnen kannst. → 1

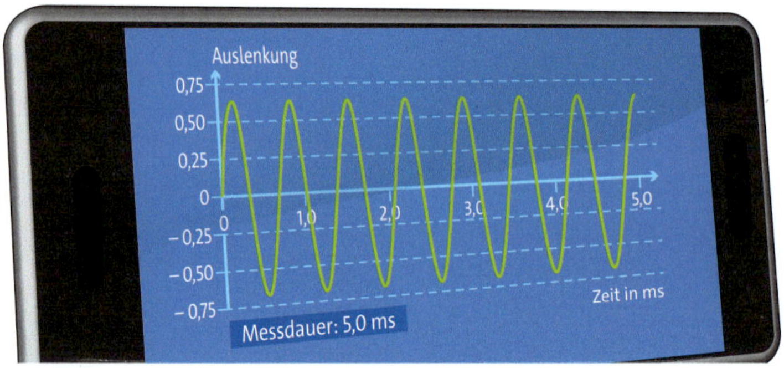

1 Schwingungskurve eines Tons auf dem Smartphone

1 Pfeife einmal leise und einmal laut in das Mikrofon.
a Stelle die Schwingungskurven der Töne mit der App dar und fertige einen Screenshot an.
b Vergleiche die Schwingungskurven.
c Bestimme die Frequenz eines Pfeiftons.

2 Wiederhole den Versuch mit der Trillerpfeife, einer Flöte und …
Beschreibe die Unterschiede zur Schwingungskurve eines Pfeiftons.

Material B

Lautsprecher als Mikrofon

Ein Lautsprecher lässt sich auch als Mikro einsetzen, weil beide ähnlich aufgebaut sind.

Materialliste: Lautsprecher aus der Sammlung, empfindliches Messgerät ($U < 0{,}3\,V\sim$), Kabel, Computer, Oszilloskop-Programm, Anschlusskabel für Grafikkarte, Kopfhörer

1 Schließe den Lautsprecher an das Messgerät an. → 2
Sprich laut in den Lautsprecher. Beschreibe deine Beobachtungen.

2 Lass die Spannungsänderung des Lautsprechers mithilfe des Computers als Diagramm anzeigen. Sprich in den Lautsprecher. Beschreibe, wie sich dabei die Kurve im Diagramm verändert.

3 Schließe den Lautsprecher an einen Kopfhörer an. → 3
Der Lautsprecher dient wieder als Mikrofon. Kannst du deine Stimme im Kopfhörer hören? Versuche mit dem „Mikro“ Musik auf den Kopfhörer zu übertragen. Erkläre die Ergebnisse.

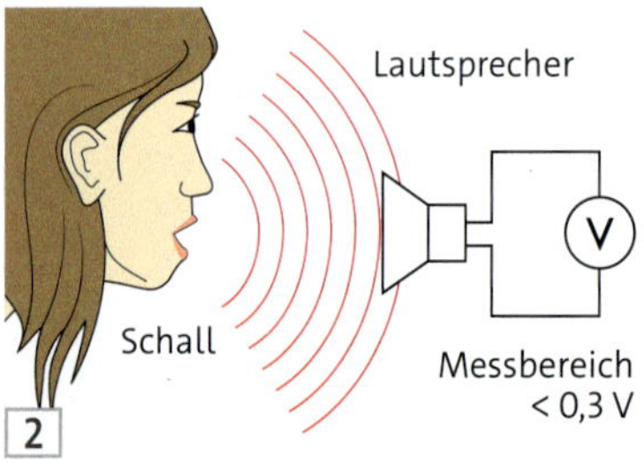

2

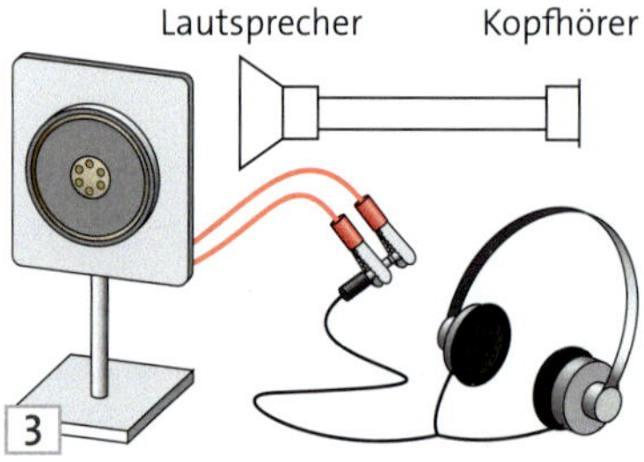

3

Material C

Membran untersuchen

Materialliste: Lautsprecher (Membran sichtbar), Netzgerät (Gleich- und Wechselspannung)

1 ◩ Beschreibe jeweils, wie sich die Membran in den folgenden Versuchen bewegt.

a Stelle das Netzgerät auf 2 V Gleichspannung ein. Verbinde es mit dem Lautsprecher.

b Vertausche die Anschlusskabel am Netzgerät. Wiederhole den Versuch.

c Führe den Versuch nun mit 2 V Wechselspannung durch.

Material D

Schwingungskurven und Töne vergleichen

1 ☒ Mit einem Mikrofon und einem Computer wurden die Schwingungskurven von zwei verschiedenen Tönen aufgezeichnet. → 4 5

a Bestimme die Amplitude und die Frequenz der Töne anhand der beiden Schwingungskurven.

b Beschreibe, wie sich die Töne unterscheiden, die zu den beiden Schwingungskurven gehören.

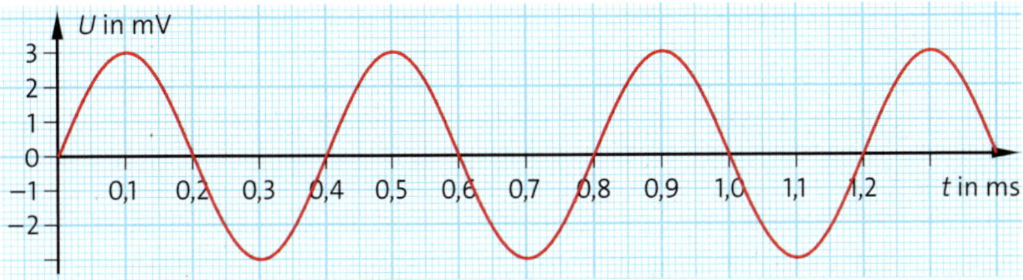

4 Ton A

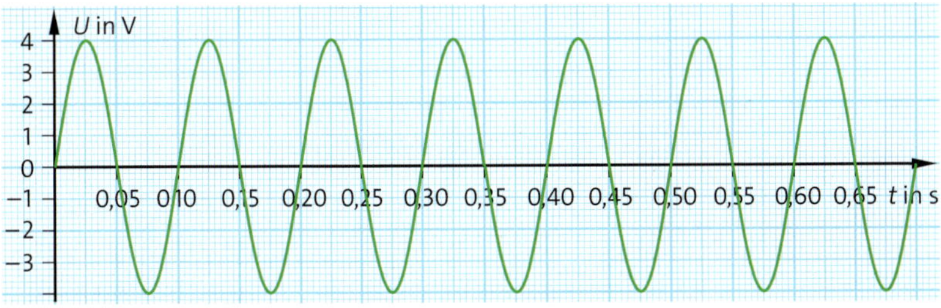

5 Ton B

Material E

Verschiedene Töne

1 Vergleiche Töne anhand der Schwingungskurven. → 6

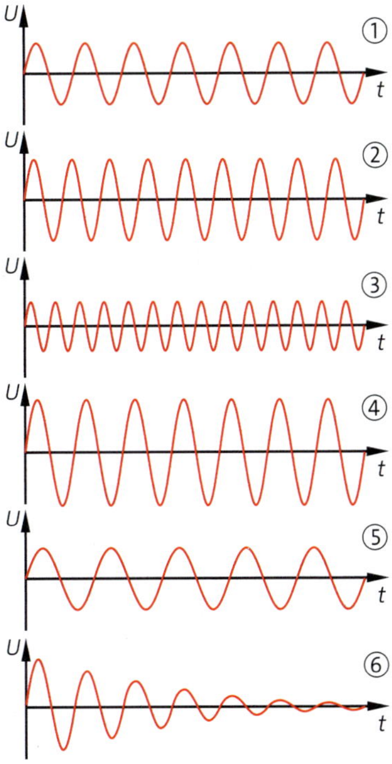

6

a ◩ Schreibe mindestens vier Vergleiche auf.
Beispiele:
- Ton ① ist tiefer als Ton ◈.
- Ton ② ist lauter als Ton ◈.

b ☒ Übertrage Diagramm ⑤ in dein Heft. Ergänze einen:
- höheren und lauteren Ton
- tieferen und leiseren Ton

c ☒ Beschreibe und begründe den Unterschied beim Hören der Töne ① und ⑥.

Daten umwandeln

1 Digitale Informationen

Informationen werden heute digital gespeichert, verarbeitet und übertragen. Was ist damit gemeint?

Von analog zu digital • Das Mikrofon in deinem Smartphone wandelt Schall in eine veränderliche Spannung um. → 2 Wenn du einen lauten Ton singst, ist die Amplitude der Spannungskurve groß. Wenn du einen tiefen Ton singst, ist die Frequenz klein. Die Spannungskurve ändert sich stufenlos wie der Schall. Wir sprechen deshalb von einem analogen Signal (griech. analogos: entsprechend).
Der Computer im Smartphone erzeugt aus der analogen Spannungskurve eine digitale Spannungskurve. → 3 Dazu misst er die Spannung in Abständen von wenigen Millisekunden. Er erfasst die Werte aber nicht mit Hunderten von Nachkommastellen, sondern „streicht" alle Nachkommastellen weg. Zwischen zwei Messungen behält der Computer den Wert bei, den er zuletzt ermittelt hat. Durch die zeitlich getakteten Messungen wird die eigentlich stufenlose Spannungskurve nicht ganz genau erfasst. Alle Messungen zusammen ergeben eine Spannungskurve mit Stufen. Wir sprechen von einem digitalen Signal.

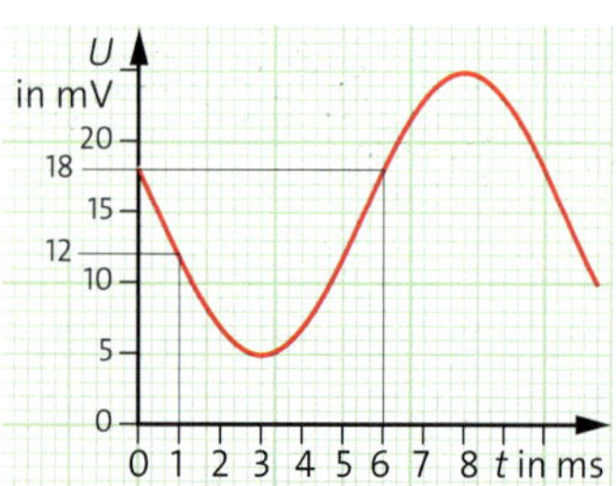

2 Analoges Signal eines Tons

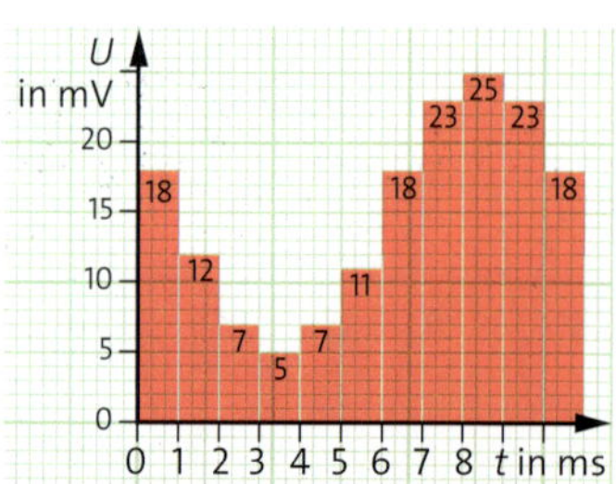

3 Digitales Signal zu Bild 2

> Analoge Signale ändern sich stufenlos. Digitale Signale ändern sich in Stufen von ganzen Zahlen.

Von digital zu binär • Der Computer im Smartphone wandelt nun die ganzen Zahlen in Binärzahlen um. Sie bestehen nur aus den Ziffern 0 und 1. Jede dieser Ziffern wird elektrisch in einen Speicherplatz geschrieben:

- 0 bedeutet „Spannung aus" (0 V).
- 1 bedeutet „Spannung ein" (z. B. 5 V).

Ein Speicherplatz kann also zwei Zustände unterscheiden. Diese kleinste Informationseinheit wird Bit genannt. Wenn man zwei Bits zusammenfasst, lassen sich vier Informationen speichern: 00 – 01 – 10 – 11.
Bei 4 Bits sind es 16 Informationen und bei 8 Bits 256. Ein Paket von 8 Bits wird ein Byte genannt.
Jeder *U*-Wert des digitalen Signals in Bild 3 wird in einem Byte gespeichert. Dazu werden die Zahlen als Summen von 2er-Potenzen notiert. → 4 5

analog
digital
die Binärzahl
das Bit
das Byte
der Lichtleiter

Jede Stelle im Byte entspricht einer anderen Potenz von 2.

Ein Bit ist die kleinste Informationseinheit. Ein Bit kann zwei Zustände haben: 0 oder 1.
8 Bit werden zu 1 Byte zusammengefasst. 1 Byte kann 256 verschiedene Zustände haben.

Von binär zu analog • Die Kette aller Bytes wird vom sendenden Smartphone zum Empfänger übertragen. Der Computer im empfangenden Smartphone wandelt die Binärzahlen in ganze Zahlen zurück und erzeugt daraus wieder das ursprüngliche digitale Signal. Vom Lautsprecher wird es in Schall umgewandelt und kann nun vom Gesprächspartner gehört werden.
Das Umwandeln und Übertragen von Texten und Bildern verläuft ähnlich.

Übertragung • In heutigen Funknetzen werden bis zu 500 Millionen Bit pro Sekunde ($\frac{\text{Mbit}}{\text{s}}$) versendet. Zukünftige Netze sollen bis zu 10 Milliarden Bit pro Sekunde ($\frac{\text{Gbit}}{\text{s}}$) übertragen.

2^7	2^6	2^5	2^4	2^3	2^2	2^1	2^0
128	64	32	16	8	4	2	1

4 Die ersten acht 2er-Potenzen

Um noch mehr Daten übertragen zu können, setzt man Glasfaserkabel ein. → 6 Sie werden auch als Lichtleiter bezeichnet, weil die Bits mit kurzen Lichtblitzen durch die dünnen Glasfasern geschickt werden. Die Lichtimpulse bleiben immer im Leiter, weil sie am Glasfasermantel total reflektiert werden. → 7 Mit Glasfaserkabeln lassen sich bis zu 8 Billionen Bit pro Sekunde ($\frac{\text{Tbit}}{\text{s}}$) transportieren. Eine einzige Glasfaser kann gleichzeitig Zehntausende Telefongespräche, Computerdaten und Fernsehprogramme digital übertragen.

6 Lichtleiter

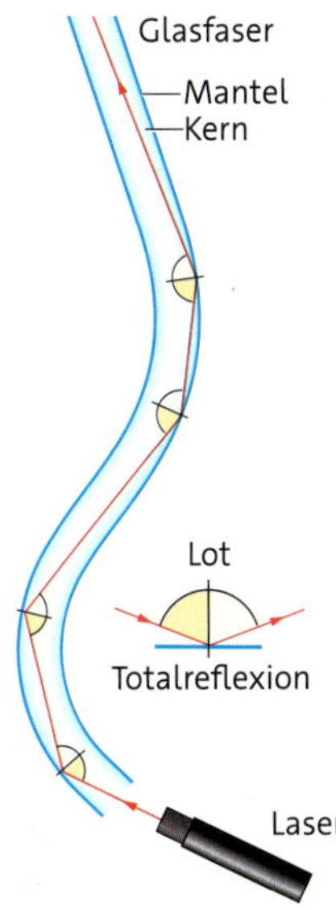

7 Totalreflexion

Aufgaben

1 Schreibe dir Erklärungen für die folgenden Begriffe auf: analog, digital, binär, Bit, Byte.

2 Beschreibe die Umwandlung eines analogen Signals in ein digitales.

3 Übertrage Tabelle 5 ins Heft und ergänze sie um alle Zeitpunkte bis 10 ms aus Bild 3. Trage jeweils die ganze Zahl und die Binärzahl ein.

4 Wandle die Binärzahl 10110101 in eine ganze Zahl um. Beschreibe, wie du vorgehst.

Zeitpunkt	Ganze Zahl	Summe von 2er-Potenzen	Binärzahl (1 Byte)
0 ms	18	$18 = 0 \cdot 128 + 0 \cdot 64 + 0 \cdot 32 + 1 \cdot 16 + 0 \cdot 8 + 0 \cdot 4 + 1 \cdot 2 + 0 \cdot 1$	00010010
3 ms	5	$5 = 0 \cdot 128 + 0 \cdot 64 + 0 \cdot 32 + 0 \cdot 16 + 0 \cdot 8 + 1 \cdot 4 + 0 \cdot 2 + 1 \cdot 1$	00000101
8 ms	25	$25 = 0 \cdot 128 + 0 \cdot 64 + 0 \cdot 32 + 1 \cdot 16 + 1 \cdot 8 + 0 \cdot 4 + 0 \cdot 2 + 1 \cdot 1$	00011001

5 Umwandlung von ganzen Zahlen in Binärzahlen für das digitale Signal in Bild 3

Daten umwandeln

Material A

Bilder werden Binärzahlen

Digitale Bilder bestehen aus vielen einzelnen Bildpunkten (Pixeln). Sie werden in Binärzahlen umgewandelt.

0	0	0	1	1	1	0	0
0	1	0	1	1	1	0	0
0	1	0	0	1	0	0	0
0	1	1	1	1	1	1	1
?	?	?	?	1	1	0	1
?	?	?	?	?	?	?	?
?	?	?	?	?	?	?	?
?	?	?	?	?	?	?	?

	2	8
	9	2
	7	2
1	2	7
?	?	?
?	?	?
?	?	?
?	?	?

1 Bild – Binärzahlen – ganze Zahlen

1 Übertrage Bild 1 auf kariertes Papier und ergänze die Tabellen. → 1

2 Lege ein neues Quadrat mit 8 mal 8 Kästchen an.
Die folgenden ganzen Zahlen stellen jeweils eine Zeile des Bilds dar, von oben nach unten: 131, 1, 209, 133, 133, 193, 227, 195.
Stelle die ganzen Zahlen als Binärzahlen dar und zeichne das Bild.

3 Gestalte selbst ein Bild in einem Quadrat mit 8 mal 8 Kästchen. Lass dein Bild von deinem Gegenüber in Binärzahlen und ganze Zahlen umwandeln.

Material B

Texte werden Binärzahlen

Wenn du eine Nachricht tippst, wandelt das Handy den Text in eine Kette von Nullen und Einsen um. Für jedes Zeichen ist eine Binärzahl festgelegt. → 2

1 Notiere einen Text mit maximal 30 Zeichen. Verzichte auf Kleinbuchstaben. Schreibe AE, UE, OE, SZ statt Ä, Ö, Ü, ß.

a Wandle den Text auf einem zweiten Blatt um. Lass eine Lücke nach jeder Binärzahl.

b Lass die Binärzahlen von deinem Gegenüber wieder zurückwandeln.

Zeichen	Binärzahl	Zeichen	Binärzahl	Zeichen	Binärzahl
A	01000001	O	01001111	2	00110010
B	01000010	P	01010000	3	00110011
C	01000011	Q	01010001	4	00110100
D	01000100	R	01010010	5	00110101
E	01000101	S	01010011	6	00110110
F	01000110	T	01010100	7	00110111
G	01000111	U	01010101	8	00111000
H	01001000	V	01010110	9	00111001
I	01001001	W	01010111	.	00101110
J	01001010	X	01011000	,	00101100
K	01001011	Y	01011001	@	01000000
L	01001100	Z	01011010	!	00100001
M	01001101	0	00110000	?	00111111
N	01001110	1	00110001	Leerraum	00100000

2 Umwandlung ausgewählter Zeichen in Binärzahlen (1 Byte)

Material C

Messwerte digitalisieren

Die Temperatur wurde laufend mit einem Thermometer gemessen und in einem Diagramm aufgezeichnet. → 3

3 Temperaturverlauf (analoge Temperaturkurve)

1 Übertrage die Tabelle ins Heft. → 4 Lies die Temperatur im Diagramm zu jeder Stunde ab. → 3 Streiche jeweils die Nachkommastellen und ergänze die Tabelle.

2 Zeichne die digitale Temperaturkurve in ein weiteres Diagramm. Vergleiche mit der analogen Kurve.

3 Wie könntest du eine genauere digitale Temperaturkurve erhalten? Begründe deinen Vorschlag.

Uhrzeit	Ganze Zahl	Binärzahl (1 Byte)
8 Uhr	25	00011001
9 Uhr	?	?

4 Beispieltabelle

Material D

Datenübertragung mit Lichtleitern

Lichtleiter werden immer häufiger eingesetzt, um digitale Daten im Internet über weite Strecken zu übertragen. → 5 Ihre Vorteile sind die großen Datenmengen, die in kurzer Zeit übertragen werden können, und die geringe Störanfälligkeit von außen. Lichtleiter werden auch zur digitalen Datenübertragung in Fahrzeugen und Rechenzentren genutzt.

5 Lichtleiter (Glasfaserkabel)

1 Beschreibe die Übertragung von binären Daten mithilfe von Licht.

2 Erkläre, wie Lichtsignale in gekrümmten Glasfasern weitergeleitet werden.

3 Recherchiere, welche Datenmengen mit Lichtleitern übertragen werden können.

a Gib die maximale Übertragungsrate mit Lichtleitern in Bit pro Sekunde an.
b Vergleiche die Übertragungsraten von Lichtleitern, Handynetzen und WLAN.
c Vergleiche die Datenübertragung mit Lichtleitern und mit Funkwellen in einer Präsentation. Nenne Vor- und Nachteile.

4 Lichtleiter werden nicht nur für ein schnelles Internet genutzt. Erstelle eine Übersicht mit verschiedenen Einsatzbereichen. Gib jeweils Beispiele an.

Verschiedene Wellen

1

Die Musik ist laut und klar aus dem Lautsprecher zu hören. Wie kommt sie vom Smartphone zur Box und von dort zu den Zuhörern? In beiden Fällen spielen Wellen eine Rolle.

Schallwellen • Die Membran im Lautsprecher funktioniert ähnlich wie die Membran einer Handtrommel. → 2 Durch Anschlagen wird die Membran zu sehr schnellen Schwingungen angeregt. Durch das Hin- und Herbewegen entstehen abwechselnd Verdichtungen und Verdünnungen der Luft, die sich von der Membran weg ausbreiten: So entsteht eine Schallwelle in Luft. Die Schallwellen breiten sich in Luft mit einer Geschwindigkeit von rund 340 $\frac{m}{s}$ aus.

Auch in Flüssigkeiten und Festkörpern können sich Schallwellen ausbreiten. Die Schallgeschwindigkeit ist in ihnen sogar noch größer als in der Luft, in Stahl beträgt sie zum Beispiel 5100 $\frac{m}{s}$. Informationen lassen sich also mit vielen Schallleitern vom Sender zum Empfänger übertragen. Ohne Schallleiter können sich Schallwellen nicht ausbreiten – deshalb ist es im Weltall ganz still.

Schallwellen übertragen aber nicht nur Informationen: → 3 Wenn die linke Trommel angestoßen wird, dann wird der Tischtennisball von der rechten Trommel abgestoßen. Die Schallwelle überträgt Energie von der linken zur rechten Trommel. Luftteilchen werden von der linken Membran in Bewegung versetzt, stoßen benachbarte Luftteilchen an, diese stoßen weitere Luftteilchen an und so weiter, bis auch die rechte Membran in Bewegung versetzt wird und den Ball abstößt.

Schallwellen entstehen, wenn sich schnelle Schwingungen einer Schallquelle in einem Schallleiter ausbreiten.
In Luft beträgt die Schallgeschwindigkeit: $c \approx 340\,\frac{m}{s}$.

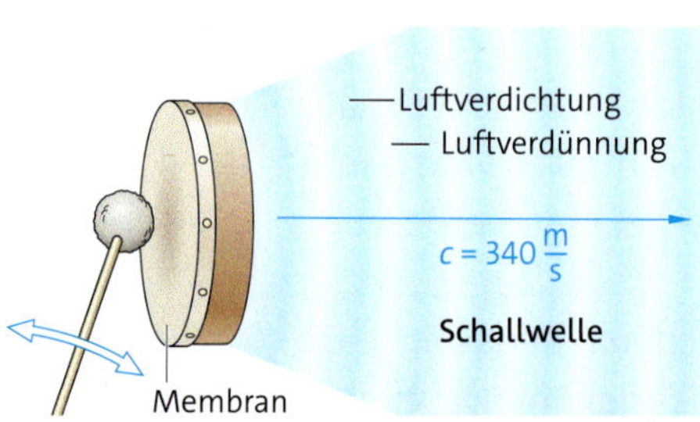

2 Schallwelle in Luft

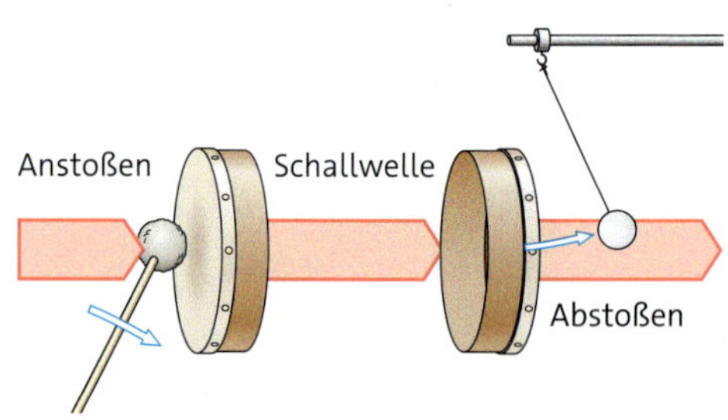

3 Die Schallwelle überträgt Energie.

die Schallwelle
die Schallgeschwindigkeit
die elektromagnetische Welle
die Lichtgeschwindigkeit

Elektromagnetische Wellen • Du weißt, dass eine Spule zum Elektromagneten wird, wenn Elektronen durch den Spulendraht strömen. → 4 Kehrt man die Stromrichtung um, dann wechseln auch die Pole des Elektromagneten. → 5 Wenn man die Spule an eine Wechselspannung anschließt, dann wechselt die Stromrichtung mit der Frequenz der Wechselspannung. Und im gleichen „Takt" wechseln auch die Pole des Elektromagneten. Wenn sich die Wechsel mehr als 30 000-mal pro Sekunde wiederholen ($f > 30$ kHz), dann breitet sich eine Welle von der Spule weg aus. → 6 Wir bezeichnen sie als elektromagnetische Welle.

Elektromagnetische Wellen breiten sich nicht nur in Luft und anderen Stoffen aus, sondern auch im Vakuum. Ihre Ausbreitungsgeschwindigkeit beträgt in der Luft und im Vakuum ungefähr $300\,000 \frac{\text{km}}{\text{s}}$ (Lichtgeschwindigkeit).

Wie Schallwellen können auch elektromagnetische Wellen Informationen vom Sender zum Empfänger übertragen. Das geschieht beispielsweise, wenn Satelliten im Weltall Fernsehprogramme zu den „Satellitenschüsseln" auf der Erde übertragen. Außerdem transportieren elektromagnetische Wellen Energie.

Elektromagnetische Wellen entstehen, wenn Elektronen mit einer Frequenz von mehr als 30 000 Hz in einer Spule hin- und herschwingen. Elektromagnetische Wellen breiten sich mit Lichtgeschwindigkeit aus (im Vakuum: $c \approx 300\,000 \frac{\text{km}}{\text{s}}$).

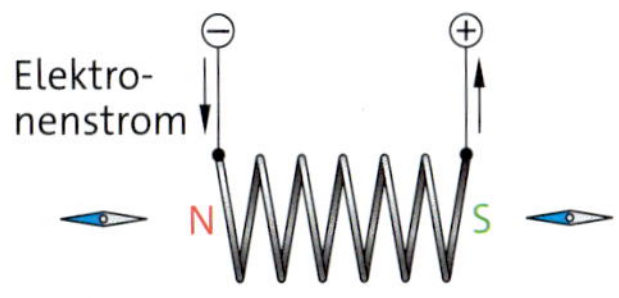

4 Elektromagnet

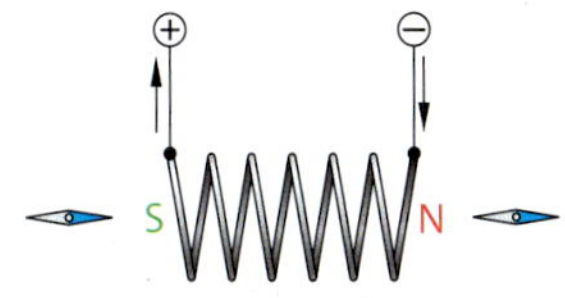

5 Elektromagnet – umgepolt

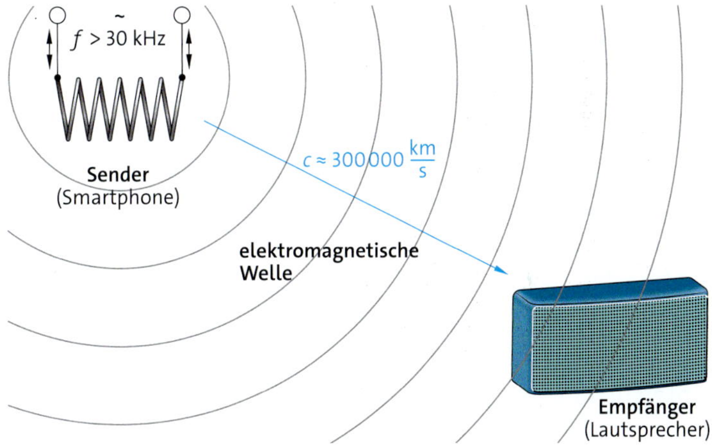

6 Entstehung und Ausbreitung einer elektromagnetischen Welle (Prinzipzeichnung)

Aufgaben

1 ☒ Beschreibe, wie der Schall vom Lautsprecher ausgesendet wird und wie er zu den Zuhörern und Zuhörerinnen kommt. → 1

2 ☒ Begründe: „Schall kann sich im Weltraum nicht ausbreiten."

3 ☒ Vergleiche, wie schnell sich Schallwellen und elektromagnetische Wellen in Luft ausbreiten.

4 ☒ Beschreibe, wie die Musiksignale vom Smartphone zum Lautsprecher kommen (Entstehung und Ausbreitung). → 1

Verschiedene Wellen

Material A

Wellen erzeugen

Schallwellen und Wasserwellen breiten sich erst ab einer bestimmten Frequenz aus. Das soll an Wasserwellen untersucht werden. → 1
Wasserwellen unterscheiden sich von Schallwellen dadurch, dass der Wellenerreger quer zur Ausbreitungsrichtung der Welle schwingt statt in Ausbreitungsrichtung.
Wasserwellen haben für die Untersuchung von Wellen zwei Vorteile gegenüber Schallwellen: Man kann Wasserwellen sehen und sie breiten sich viel langsamer aus als Schallwellen. Deshalb kann man an ihnen die Ausbreitung von Wellen besser beobachten.

Materialliste: Blumenkasten ohne Bodenloch (mind. 100 cm lang) voll Wasser, Holzklotz (3–4 cm dick), Korkscheibe, Stoppuhr, Maßband, Lappen

1 Tauche den Holzklotz ganz langsam ins Wasser ein. Beschreibe die Bewegung der Wasseroberfläche und der Korkscheibe.

2 Stoße den Holzklotz jetzt einmal schnell ins Wasser.
a Beschreibe die Bewegung der Wasseroberfläche und der Korkscheibe.
b Miss die Geschwindigkeit, mit der sich die „Anregung" ausbreitet.

3 Bewege den Klotz so schnell im Takt, dass sich ständig Wellen von ihm ablösen.
a Beschreibe die Bewegung der Wasseroberfläche und der Korkscheibe.
b Ändere den Takt der Bewegung. Beschreibe die Veränderung.
c Bestimme die kleinste Frequenz, ab der sich ständig Wellen vom Holzklotz lösen.

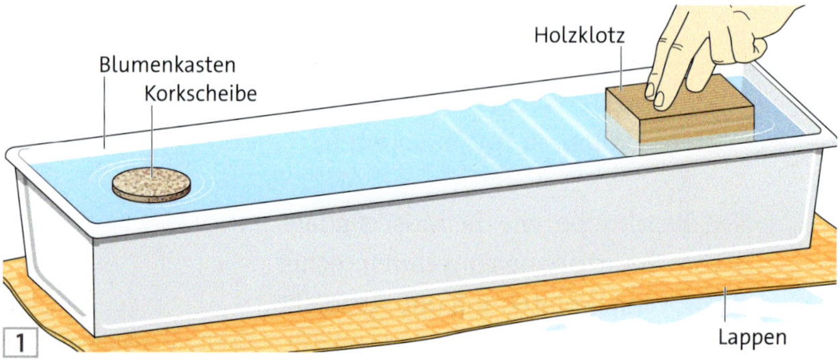

1

Material B

Elektromagnetische Wellen hörbar machen

Die Spule sendet elektromagnetische Wellen aus, wenn du mit dem Nagel schnell über die Feile reibst. → 2

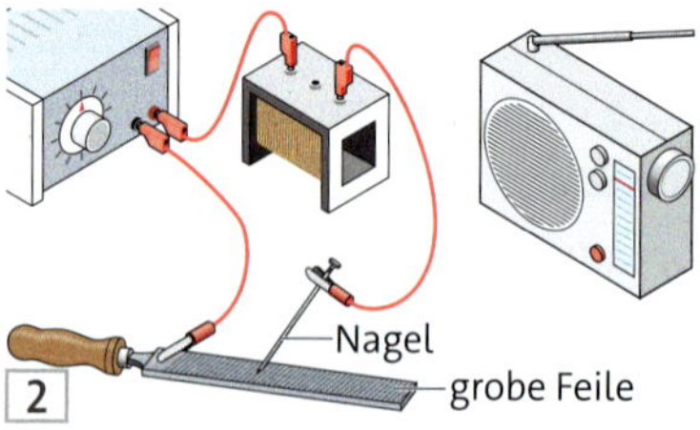

2

Materialliste: Netzgerät (6 V), Spule (600 Windungen), Mittelwellenradio (AM), grobe Feile, Nagel, Verbindungskabel mit Krokodilklemmen

1 Baue den Versuch auf und schalte den Strom in der Spule ein. → 2
a Reibe schnell mit der Nagelspitze über die Feile. Beschreibe, was passiert.
b Stelle das eingeschaltete Radio im Abstand von 0,5 m auf. Reibe mit dem Nagel über die Feile. Beschreibe deine Beobachtung.
c Entferne das Radio etwas von dem Schaltkreis und wiederhole Teil b. Bestimme den Abstand, bei dem die Störung gerade noch zu hören ist.

Musikgenuss ohne Kabelsalat

Bluetooth • Dank Bluetooth-Technik kannst du Musik vom Handy ohne Kabel an einen Lautsprecher oder an deine Kopfhörer übertragen. → 3 Das Verfahren wurde in den 1990er-Jahren entwickelt, um Daten zwischen verschiedenen Computern und elektronischen Geräten mithilfe von Funksignalen zu übertragen. → 4 Dadurch ist es möglich, Daten ohne WLAN auszutauschen. Die Erfinder und Erfinderinnen dieser Technik gaben ihr den Namen Bluetooth und erinnerten damit an Harald Blauzahn, der im 10. Jahrhundert über Dänemark und Norwegen herrschte. Seine Namenskürzel in der germanischen Runenschrift ergeben zusammen das bekannte Bluetooth-Logo.

Kopfhörer • Nicht nur beim Sport kann Musik motivieren. Wenn sie dann auch noch kabellos vom Smartphone zum Ohr kommt, ist das besonders bequem. Doch die Bluetooth-Technik hat auch ihre Tücken:

- Die Dauer des Hörvergnügens ist durch die Akkuladung der Kopfhörer begrenzt. Nach ein paar Stunden müssen sie wieder aufgeladen werden.
- Im Bluetooth-Modus kann dein Handy von außen beeinflusst werden. Deine Daten auf dem Smartphone könnten ausgelesen und manipuliert werden. Daher solltest du den Bluetooth-Modus immer deaktivieren, wenn du ihn nicht nutzt.

Aufgaben

1 Beschreibe, wozu die Bluetooth-Technik genutzt wird.

2 Nenne Vor- und Nachteile von Bluetooth-Kopfhörern.

3 Informiere dich über die Reichweite von Bluetooth-Verbindungen.

4 Informiere dich über die Datensicherheit der Bluetooth-Technik. Gib der Klasse Tipps, wie man sicher mit Bluetooth umgeht.

3 Kabelloser Kopfhörer

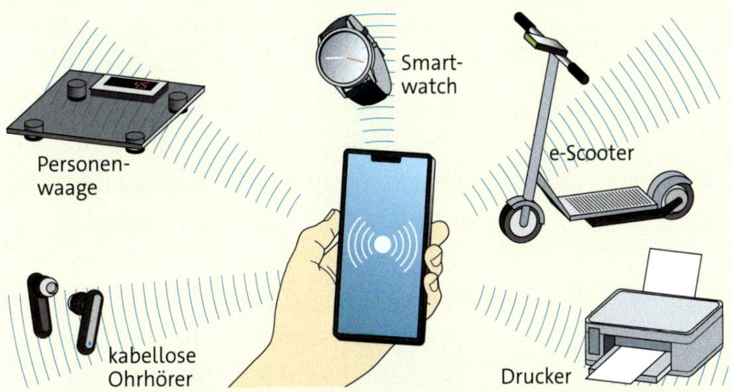

4 Dank Bluetooth steuert man viele Geräte mit dem Handy.

Ein Gerät – viele Frequenzen

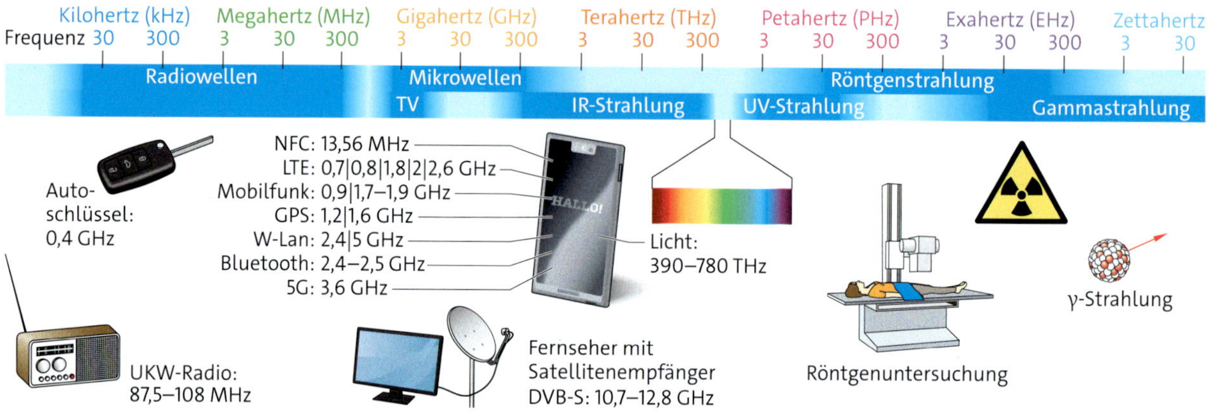

1 Elektromagnetisches Spektrum und Beispiele für Kommunikationsgeräte

Smartphones sind in vielen elektromagnetischen Frequenzbereichen aktiv. Welche davon kennst du?

Elektromagnetisches Spektrum • Elektromagnetische Wellen können ganz verschiedene Frequenzen haben. → 1 Alle Frequenzbereiche zusammen bilden das elektromagnetische Spektrum.

LTE, Bluetooth und Co. • Für Smartphones sind z. B. LTE, Mobilfunk, Bluetooth und GPS wichtig. Die Daten werden dabei mit unsichtbaren elektromagnetischen Wellen übertragen:

- Mit LTE kannst du unterwegs online surfen. Die Wellen haben z. B. eine Frequenz von 0,8 GHz oder 2,6 GHz.
- GPS hilft dir, mit dem Smartphone deine Position auf der Erde zu bestimmen. Die Frequenzen liegen bei 1,2 GHz und 1,6 GHz.
- Wenn ein WLAN-Router in der Nähe zugänglich ist, kannst du über WLAN ins Internet gehen, ohne deine Flatrate zu belasten. Die Frequenzen liegen bei 2,4 oder 5 GHz.
- Unter Mobilfunk versteht man die drahtlose Übertragung beim Telefonieren. Die Frequenzen liegen bei 0,9 GHz und 1,8 GHz.
- Per Bluetooth lässt sich z. B. Musik vom Smartphone auf einen Lautsprecher in der Nähe übertragen. Die Wellen haben eine Frequenz von 2,5 GHz.
- Mit der Near Field Communication (NFC) kann man an der Kasse über ein paar Zentimeter hinweg mit dem Smartphone bezahlen. Die Frequenz beträgt 13,56 MHz.

Smartphones empfangen und senden elektromagnetische Wellen in vielen Frequenzbereichen.

Aufgaben

1 Nenne die Frequenzbereiche von Bluetooth, GPS, LTE und Mobilfunk.

2 Beschreibe, was man unter dem elektromagnetischen Spektrum versteht.

Material A

Sender und Empfänger

1 ☒ In unserem Alltag gibt es viele Geräte, die elektromagnetische Wellen senden oder empfangen. → 2 – 10

a Der WLAN-Router sendet und empfängt elektromagnetische Wellen. → 2 Ist das bei den anderen Beispielen auch so? Begründe deine Antwort jeweils.

b Recherchiere für alle Beispiele die Frequenzen der genutzten elektromagnetischen Wellen.

2 ☒ Nenne weitere Sender oder Empfänger elektromagnetischer Wellen.

2 WLAN-Router

3 Drohne

4 Fernsehsatellit

5 Smartphone

6 „Navi“

7 Mikrowellengerät

8 Handy als Hotspot

9 Flugfunk

10 Altes Radio

Material B

Smartphone am Bett

1 In einem Frageportal stellt die Nutzerin Hasi123 eine Frage zum Mobilfunk ihres Smartphones. → 11

a ☒ Recherchiere im Internet in verlässlichen Quellen nach Argumenten für und gegen die Sorge von Hasi123. Recherchiere auch, was der SAR-Wert ist.

b ☒ Schreibe einen eigenen Antwortbeitrag.

Hasi123

Frage von Hasi123:
Hey, ich habe mal gehört, dass ich mein Smartphone nachts nicht neben mein Bett legen soll. Die Handystrahlung soll total gefährlich sein. Stimmt das?

Kafka

Antwort 1:
Also ich lege mein Smartphone jede Nacht auf meinen Nachttisch. Und es hat mir noch nicht geschadet.

Rosa

Antwort 2:
Ich schlafe immer total unruhig, wenn mein Smartphone neben meinem Bett liegt. Aber das kann auch daran liegen, dass mir meine Freunde auch spät in der Nacht noch Nachrichten schicken.

Bommel

Antwort 3:
Echt dämliche Frage. Du hängst vermutlich den ganzen Tag am Smartphone. Da spielt es auch keine Rolle mehr, wenn es nachts neben dir liegt!

Antworte selbst:
...

11

„Digital“ verändert die Gesellschaft MK

1 Bezahlen mit dem Smartphone im Supermarkt

Digitale Technik verändert das Bezahlen im Supermarkt, unsere Kommunikation miteinander, die Arbeitswelt und auch die Schule.

Arbeiten online • Während der Coronapandemie konnten alle spüren, wie sehr digitale Geräte den Alltag verändern. Unterricht fand vor dem Computerbildschirm statt. Jeder lernte allein und direkte Kontakte zu Freundinnen und Freunden waren nicht möglich. Viele Erwachsene arbeiteten plötzlich zu Hause im Homeoffice. Auch nach der Pandemie werden viele Arbeiten weiterhin über das Internet erledigt. Das spart weite Fahrten und schont daher das Klima. Heute können Aufgaben dank der digitalen Technik weltweit verteilt und erledigt werden. So kann zum Beispiel eine Möbeldesignerin in Schweden ein neues Sofa entwerfen, der Zeichner in Indien macht dazu einen technischen Plan, der dann in China ausgeführt wird. Die fertigen Sofas werden schließlich mit einem Logistikprogramm zielgenau in alle Welt verschickt. Vieles ist dank der digitalen Technik schnell und einfach möglich. Der persönliche Kontakt geht dabei aber oft verloren.

Kommunikation • Smartphones und digitale Mobiltelefone haben den größten Wandel für unseren Alltag gebracht. Diese kleinen Geräte begleiten uns ständig. Über die sozialen Medien stehen wir praktisch immer in Kontakt mit Freunden und Freundinnen. Wir sind stets erreichbar und zu orten. Mit den Smartphones telefonieren und chatten wir aber nicht nur: Wir hören mit ihnen Musik, schauen Filme, lassen uns den Weg in einer fremden Stadt zeigen und vieles mehr.

Digitale Technik kann unseren Alltag erleichtern. Sie hat das Leben der Menschen und damit die Gesellschaft verändert.

Aufgaben

1 Nenne Vor- und Nachteile von Homeoffice oder Homeschooling.

2 Beschreibe, was unter „weltweit vernetztem Arbeiten“ zu verstehen ist.

3 Nenne fünf Funktionen deines Smartphones außer Telefonieren. Befrage deine Eltern, wie man stattdessen vor 30 Jahren ohne Handy vorging. Beschreibe die Vorgänge.

Material A

Digitale Geräte haben unseren Alltag verändert

1 Die Bilder zeigen Alltagssituationen Anfang der 1990er-Jahre. → 2 – 7

a Lege eine Tabelle an. Beschreibe in der ersten Spalte jeweils das Problem in der Situation. In der zweiten Spalte gibst du an, wie die Situation heute mithilfe eines digitalen Geräts bewältigt werden kann.

b Gib für jede Situation an, welche Vor- und Nachteile die digitalen Geräte bieten.

c Finde weitere Alltagssituationen, in denen man heute digitale Geräte nutzt. Beschreibe, wie sie mit und ohne digitale Geräte bewältigt werden.

2 Begib dich auf eine Zeitreise: Schreibe eine kurze Geschichte über deinen Alltag im Jahr 1950 ohne digitale Geräte.

3 Diskutiert zu zweit, ob der Einsatz digitaler Geräte immer sinnvoll ist. Denkt dabei an eure eigenen Fähigkeiten, die Verfügbarkeit der Geräte, ihre vielfältige Nutzbarkeit, die Genauigkeit sowie an Energie und Umwelt.

Bewusster Umgang mit Handy und Co.

1 Datenspuren

Wie kommt nur die Werbung auf dein Smartphone, die genau zu dir passt?

Smarter Begleiter • Mit dem Handy oder einem Tablet hast du immer eine vielseitige digitale Begleitung bei dir. Du kannst schnell ein Foto machen, Musik hören oder den Stadtplan in einer fremden Umgebung nutzen. Du bist überall erreichbar und Freunde können dir Bilder, Filme oder Musik senden, die du gleich nutzen kannst.

Datenspuren • Bei der Nutzung deiner smarten Geräte hinterlässt du ständig Daten von dir, die von anderen ausgewertet werden können. So übermittelt das eingeschaltete Handy ständig deinen Standort, es können Bewegungsprofile von dir erstellt werden. Jede Suchanfrage im Internet kann der Netzwerkadresse (IP-Adresse) deines Geräts zugeordnet werden. So erhältst du bald Werbung für Produkte, die du zuvor gesucht hast. Sehr viele Daten hinterlässt du bei der Nutzung von sozialen Medien. Bevor du soziale Medien nutzen kannst, musst du ein Profil anlegen. Hier solltest nur so viele Informationen eintragen wie unbedingt nötig. Angaben wie Geburtsdatum, Adresse oder Bankverbindungen dürfen nicht öffentlich sichtbar sein, sie gehören in kein Profil. Auch mit Fotos und Videos solltest du vorsichtig sein. Mach Privates nur Personen sichtbar, die du wirklich kennst.

Sicher im Internet • Wer sich im Internet bewegt, muss die dort lauernden Gefahren kennen. Bei der Nutzung von Internetdiensten können Geräte mit unerwünschten Eindringlingen „verseucht" werden. In E-Mail-Anhängen, Downloads oder auf Webseiten kann sich Schadsoftware verbergen: Computerviren, Trojaner oder Spyware. → 2 Dein Handy und dein Computer sollten nicht ungeschützt im Internet „surfen". Deine Geräte und deine Daten werden von Programmen geschützt, die man zum Beispiel als Virenschutz oder Firewall bezeichnet. Diese Programme sind regelmäßig zu aktualisieren. Erkundige dich schon beim Kauf, ob dein Gerät ausreichend geschützt ist oder ob noch ein zusätzliches Schutzprogramm installiert werden muss.

Anonyme Chats • Chatten macht Spaß und man kann neue Leute kennenlernen. Zu schnell werden aber in Chatrooms sehr persönliche Dinge erzählt oder Fotos ausgetauscht, obwohl man seine Gegenüber gar nicht kennt. Die neuen Freunde und Freundinnen im Chat müssen nicht die sein, wofür sie sich ausgeben. Triff dich daher nicht

Viren beeinflussen die Funktion des Geräts und können es außer Betrieb setzen.

Trojaner können Daten auf deinem Computer verändern und den Zugriff auf dein Gerät von außen ermöglichen.

Spyware kann Daten auf deinem Gerät auslesen und nutzen, z. B. E-Mails unter deinem Namen versenden oder Passwörter ausspionieren.

2 Schadsoftware

die Schadsoftware
das Streaming

mit unbekannten Chat-Personen. Brich unangenehme Kontakte sofort ab und informiere eine Vertrauensperson.

Bei der Nutzung des Internets werden deine Daten öffentlich und können manipuliert werden.

Gesundheit • Eine zu intensive Nutzung von Smartphone und Computer kann gesundheitliche Schäden zur Folge haben: Du bewegst dich zu wenig, entwickelst Haltungsschäden und Sehschwächen. Achte daher immer auf handyfreie Zeiten am Tag, in denen du dich mit anderen triffst, Sport treibst oder weiteren Hobbys nachgehst.

Energiefresser Streaming • Musik und Filme zu streamen ist beliebt. Allerdings ist es auch energieintensiv und schadet dem Klima und der Umwelt. Die Filme, Serien und Musikstücke, die du mit Streamingdiensten abrufen kannst, sind in riesigen Rechenzentren auf der ganzen Welt gespeichert. Der größte Teil des Energiebedarfs dieser Zentren wird für die Kühlung der Rechner benötigt. → 3 Derzeit werden immer mehr dieser Rechenzentren zur Datenspeicherung benötigt, weil Streamingdienste immer mehr Filme und Musiktitel anbieten und Cloudspeicher immer größer werden. Der wachsende Speicherplatz benötigt zunehmend elektrische Energie. Man nimmt an, dass bis 2030 rund 8 % des weltweiten elektrischen Energiebedarfs allein von Rechenzentren für Streaming- und Cloudservices benötigt werden.

3 Kühlanlage eines Rechenzentrums

Das Speichern und Abrufen von Streaminginhalten in den großen Rechenzentren benötigt sehr viel elektrische Energie.

Aufgaben

1 Nenne Gefahren, die bei der Nutzung von Internetdiensten bestehen.

2 Nenne wichtige Verhaltensweisen bei der Nutzung von Chatrooms.

3 Erkläre, warum das Ansehen eines gestreamten Films schädlicher für die Umwelt ist als das Ansehen einer Fernsehsendung.

4 Erkläre, warum du passgenaue Werbung auf deinem Handy erhältst.

5 Erstelle ein Informationsvideo, mit dem du Schülerinnen und Schüler unterer Klassen über den bewussten Umgang mit dem Handy und dem Internet aufklärst.

Bewusster Umgang mit Handy und Co.

Material A

Digitale Kommunikation – Pro und Kontra

Jede Nutzung von Smartphones und Computern kann positiv, aber auch negativ betrachtet werden. → 1 Soziale Medien, Internetdienste und Apps haben Vor- und Nachteile.

1

1 ☒ Seht euch die Argumente für und gegen die Kommunikation mit Smartphone und Computer an. → 2 Sammelt zu den vorhandenen Argumenten weitere Standpunkte. Legt jeweils eine Rollenkarte an.

2 ☒ Führt eine Pro-und-Kontra-Debatte z. B. zur Frage: „Soll die tägliche Nutzung von digitalen Medien zeitlich beschränkt werden?“

Pro	Kontra
Schülerin/Schüler Ich habe in den sozialen Medien schon mehr als 320 Freunde. Ist das nicht super?	**Schülerin/Schüler** „Freunde“ oder „Freundinnen“ aus dem Internet sind doch meist unbekannte Personen. Man weiß oft nicht, wer sich hinter einem Namen verbirgt.
Eltern Unsere Tochter hat mit der Nutzung einer Vokabel-App ihre Note in Englisch verbessert. Auch hat sie ein tolles Referat mithilfe des Internets vorbereitet.	**Eltern** Mein Sohn hängt jeden Tag 3–4 Stunden an seinem Handy und spielt. Dabei vernachlässigt er die Schule.
Lehrausbilderin/Lehrausbilder Die frühe Nutzung der digitalen Medien hilft, einen modernen Beruf zu erlernen. Die Nutzung von Internet und Computer gehört heute zum Alltag und hat natürlich auch Einzug ins Berufsleben gefunden.	**Psychologin/Psychologe** Jugendliche mit einem hohen Konsum an digitalen Medien entwickeln häufig Verhaltensauffälligkeiten: Innere Unruhe, wenige Sozialkontakte und Unkonzentriertheit können Vorboten von psychischen Problemen sein.
Schülerin/Schüler Ich schaue jeden Tag 2–3 Stunden Serien im Internet, danach chatte ich mit meinen Freunden und Freundinnen darüber.	**Schülerin/Schüler** Ich gehe einmal pro Woche mit Freunden und Freundinnen ins Kino. Einen Film auf der riesigen Leinwand zu sehen, ist doch ein ganz anderes Erlebnis.
Lehrerin/Lehrer Die Nutzung von Smartphone und Tablet ermöglicht Homeschooling. Dadurch wird Schule und Lernen flexibler und anpassungsfähiger.	**Elternteil** Wenn ich längere Zeit Homeoffice mache, fehlt mir der Austausch mit meinen Kolleginnen und Kollegen. Auch bin ich dann ständig von Alltagsdingen und den Kindern abgelenkt.

2 Rollenkarten für die Pro-und-Kontra-Debatte

Material B

Streaming und Energie

Jeder Nutzer und jede Nutzerin benötigt viel Energie, um sich einen Film über Streaming im Internet oder über das Kabelnetz anzusehen.

1 ☒ Bestimme den Energiebedarf und die Stromkosten, um eine Serie aus drei einstündigen Folgen anzusehen. → 3 – 7 Gehe von einem Strompreis von 0,40 € je kWh aus.

a Die Serie wird über das Internet übertragen und auf einem Handy angeschaut.

b Die Serie wird über das Internet übertragen und auf dem Fernsehgerät angeschaut.

c Die Serie wird über Kabel übertragen und auf dem Fernsehgerät angeschaut.

3 Handy: 4 W

4 DSL-Modem (Kabelanschluss) mit 100 $\frac{\text{Mbit}}{\text{s}}$: 18 W

5 Fernsehgerät (Bildschirmdiagonale: 140 cm): 150 W

6 Kabelempfänger: 5 W

7 Speicherung einer Folge im Rechenzentrum: 8 W

Material C

Cybermobbing

1 ☒ Beschreibe den Fall von Cybermobbing. → 8

2 ☒ Kennst du einen Fall von Cybermobbing in deiner Umgebung? Beschreibe ihn, ohne Namen zu nennen.

3 ☒ Informiere dich, wo es Hilfe für Opfer von Cybermobbing gibt.

An einer Schule im Sauerland wurden sechs Mädchen und Jungen im 10. Jahrgang über lange Zeit Opfer von Cybermobbing. Ständig wurden sie in sozialen Netzwerken beleidigt, es erschienen gefälschte Fotos von ihnen und sie wurden mit pornografischen Inhalten belästigt. Auf einem Infoabend in der Schule informierte eine Präventionsbeamtin der Polizei über die Probleme von Cybermobbing. Der Urheber konnte erst gefasst werden, als er online die gefälschte Todesanzeige einer Mitschülerin aufgeben wollte. Ihm drohen nun eine Anklage und Strafe nach dem Jugendstrafrecht.

8

Wie soll ich mich entscheiden?

1 Kopfhörer testen im Elektronikmarkt

Es gibt viele verschiedene Kopfhörer. Welcher ist der richtige für dich? Wie kommst du zu einer bewussten Kaufentscheidung?

Allgemeine Eigenschaften

Gerät		A	B	C
Preis	bis 20 €		×	
	bis 60 €	×		
	über 60 €			×
Bewertung anderer	schlecht	×		
	mittel		×	
	gut			×
Aussehen	cool			×
	sportlich		×	
	unauffällig	×		
Trageform	over ear			×
	on ear	×		
	in ear		×	
faltbar		×		
Farbe	schwarz			×
	weiß		×	
	bunt	×		
Marke	trendig			×
	no name	×	×	
Herstellung	Europa			×
	Asien	×	×	
	USA			
Umwelt	recycelbar	?	?	?

Physikalische Eigenschaften

Gerät		A	B	C
Übertragung	Bluetooth		×	
	mit Kabel	×		×
Klang	schlecht			
	mittel	×	×	
	gut			×
Bassverstärkung		×		×
Active Noise Cancelling				×
mit Akku			×	
Schnellaufladung			×	
spritzwasserdicht		×	×	

	A	B	C
Frequenzgang in Hz	20 20 000	20 20 000	6 38 000
Masse (Gewicht) in Gramm	150	60	280
Akkulaufzeit in Stunden		32	
Ladezeit in Stunden		2	

2 Checkliste (Beispiel) mit Eigenschaften zum Kopfhörerkauf

Eigenschaften • Um dich aus guten Gründen für einen Kopfhörer entscheiden zu können, musst du zunächst einmal festlegen, welche Eigenschaften dir überhaupt wichtig sind. Der Preis und das Design spielen dabei oft eine große Rolle. Die Marke ist für viele Menschen ebenfalls von Bedeutung. Auch die Physik spielt eine Rolle. So ist es zum Beispiel wichtig, dass der Kopfhörer den hörbaren Frequenzbereich (20 Hz – 20 kHz) möglichst vollständig abdeckt.

Informieren • Vor der Online-Bestellung oder dem Gang ins Fachgeschäft kannst du dich im Internet informieren, die Informationen ordnen, zusammenfassen und analysieren. Dafür bietet sich eine Checkliste an. → 2
Kaufe nie einen Kopfhörer nur aufgrund von Zahlenwerten zu seinem Frequenzbereich – jeder Mensch hat ein anderes Klangempfinden. Teste Kopfhörer deshalb mit deiner Lieblingsmusik und entscheide dann!

Für eine bewusste Kaufentscheidung ist es wichtig, allgemeine und physikalische Eigenschaften festzulegen, die das Gerät erfüllen soll. Danach solltest du dich gründlich über mögliche Geräte informieren.

Aufgabe

1 ☒ Dein Freund möchte einen Bluetooth-Lautsprecher kaufen. Erstelle eine passende Checkliste. → 2

die bewusste Kaufentscheidung

Material A

Welche Eigenschaften soll mein Kopfhörer haben?

1 Nenne zwei allgemeine Eigenschaften, die für dich bei neuen Kopfhörern besonders wichtig wären. → 2

2 Bei Kopfhörern spielen auch physikalische Eigenschaften eine Rolle. → 2

a Nenne zwei physikalische Eigenschaften, die für dich bei neuen Kopfhörern besonders wichtig wären. Begründe deine Wahl.

b Kopfhörer können Außengeräusche passiv und aktiv unterdrücken. Recherchiere im Internet, wie das jeweils geschieht. Erkläre es deinem Gegenüber.

Material B

Welche Eigenschaften soll mein Smartphone haben?

1 Stelle dir vor, du willst ein neues Smartphone kaufen. Nenne Eigenschaften, nach denen du die Geräte vergleichen würdest.

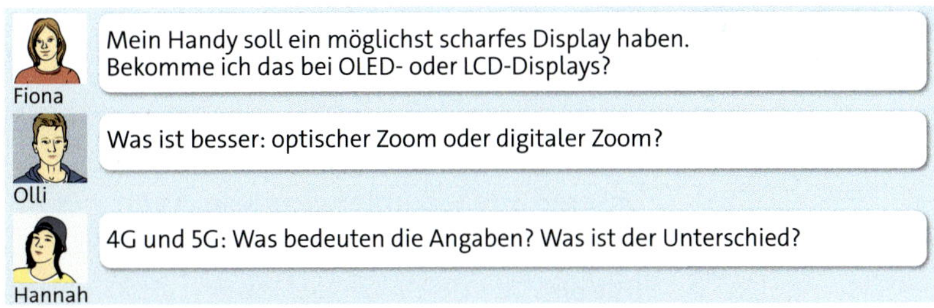

3 Fragen zu Eigenschaften von Smartphones

2 Fiona, Ollie und Hannah wollen sich Smartphones kaufen. In einem Online-Forum stellen sie Fragen. → 3

a Bei den Fragen geht es um verschiedene physikalische Größen: Datenübertragungsrate („Datenrate“, „Bitrate“), Auflösung, Vergrößerung. Ordne die Größen den Fragen richtig zu und begründe jeweils.

b Recherchiere im Internet nach Antworten auf die Fragen. Nutze auch dein Wissen aus dem Physikunterricht.

c Wähle eine der Fragen aus und formuliere eine Antwort darauf für das Online-Forum.

Material C

Bedienungsanleitung

1 Ein Blick in die Bedienungsanleitung zeigt, was elektronische Geräte alles können.

a Wähle ein elektronisches Gerät aus (z. B. Kopfhörer, Lautsprecher, Smartphone) und suche die Bedienungsanleitung für das Gerät im Internet.

b Lies die Bedienungsanleitung durch. Notiere wichtige Funktionen des Geräts und wie sie genutzt werden können.

c Erstelle ein Erklärvideo, in dem du die Funktionen des gewählten Geräts präsentierst. Führe das Video vor und hole Feedback ein.

Sensoren – smart und hilfreich

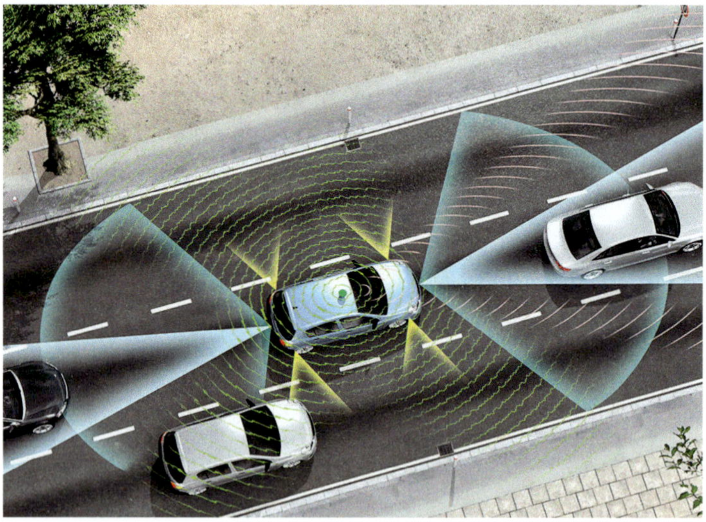

1 Selbstfahrendes Auto im Verkehr (Illustration)

Materialien zur Erarbeitung: A–C

Bald werden selbstfahrende Autos auf unseren Straßen unterwegs sein. Kann solch ein Fahrzeug sehen, hören oder fühlen?

Sensoren im Auto • Bereits heute können in einem Auto mehr als 100 Sensoren „stecken“ (lat. sensus: Sinn). Wie die Sinnesorgane in unserem Körper nehmen die Sensoren Informationen aus der Umwelt auf. Sie wandeln sie in elektrische Signale um und geben sie zur Verarbeitung weiter. Im Auto erfüllen Sensoren viele Aufgaben:

- Regensensoren schalten die Scheibenwischer automatisch ein und aus.
- Ein Lichtsensor schaltet die Scheinwerfer bei der Einfahrt in einen Tunnel oder bei Dämmerung ein.
- Gleich eine ganze Reihe von Sensoren überwacht den Motor. Es gibt Sensoren für den Öldruck, die Temperatur der Kühlflüssigkeit, die Drehzahl, den Füllstand des Öls und für die Abgaszusammensetzung.
- Besonders wichtig sind Sensoren in der Sicherheitstechnik des Fahrzeugs. Beschleunigungssensoren steuern beispielsweise Airbags, Antiblockiersysteme (ABS) und elektronische Stabilitätsprogramme (ESP).
- Fahrzeuge haben Abstandswarner mit Ultraschall- oder Radarsensoren. Unhörbare oder unsichtbare Signale helfen beim Einparken und warnen vor einem drohenden Zusammenstoß.

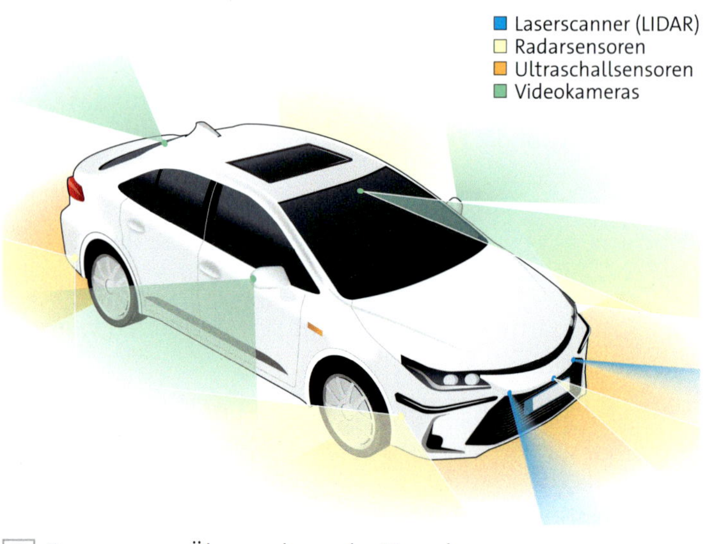

2 Sensoren zur Überwachung der Umgebung

Auto der Zukunft • Für das vollständig selbstfahrende Auto sind neben schnelleren Computern und einem leistungsfähigeren Mobilfunknetz noch viel mehr Sensoren nötig. → 2 Die Autos der Zukunft werden mehr „sehen“ als wir Menschen und dabei ständig die Positionsdaten von Satellitensystemen wie GPS oder Galileo auswerten.

Sensoren im Haushalt • Im modernen Haus erleichtern Sensoren den Alltag. Bei Dämmerung schließen die Rollläden automatisch. Wenn man sich im Dunkeln dem Haus nähert, schaltet sich die Beleuchtung ein. Sensoren helfen, die Raumtemperatur zu halten. Auch viele Haushaltsgeräte regeln mit Sensoren ihren Betrieb: Beispielsweise „weiß" der Trockner, wann die Wäsche trocken ist. Der Backofen sorgt mithilfe des Temperatursensors dafür, dass der Braten gar und saftig wird.

Sensoren im Handy • Dein Smartphone ist voll von Sensoren. → 3

Sensoren nehmen Signale aus der Umwelt auf und wandeln sie zur weiteren Verarbeitung in elektrische Signale um.

Sensoren als Schalter • Bimetallschalter sind Sensoren, die Stromkreise bei hohen Temperaturen unterbrechen. Viele Haartrockner sind damit ausgestattet, um nicht zu überhitzen. Reedkontakte sind Sensoren, die auf Magnetfelder ansprechen. → 4 Die Laschen haben bei einer bestimmten Lage des Magneten Kontakt. Reedkontakte werden in Alarmanlagen, im Auto und im Fahrradtacho eingesetzt.

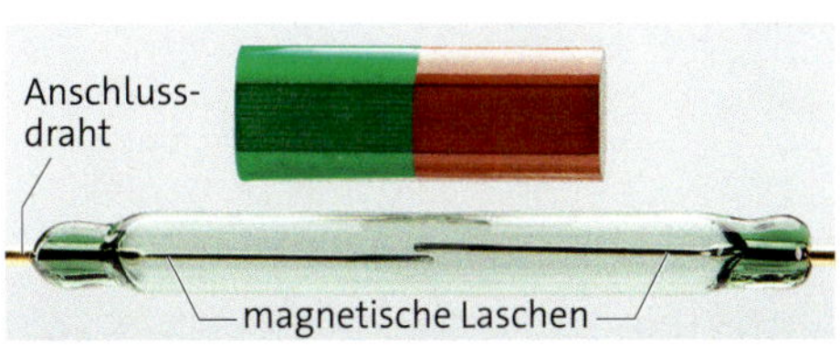

4 Reedkontakt

3 Sensoren im Handy (Auswahl)

Aufgaben

1 ☒ Nenne Einsatzfelder für Sensoren in der Technik und im Haushalt.

2 ☒ Erkläre, was du unter einem Sensor verstehst.

3 ☒ Nenne Sensoren in einem Pkw und beschreibe ihre Aufgaben.

Sensoren – smart und hilfreich

Material A

Magnetische Alarmanlage

Eine Alarmanlage soll beim Öffnen eines Fensters oder einer Tür „losgehen". → 1

Materialliste: Flachbatterie, Krokodilklemmen, Reedkontakt, Summer, Experimentierkabel, Dauermagnet

1 Plane eine Schaltung mit dem vorhandenen Material.

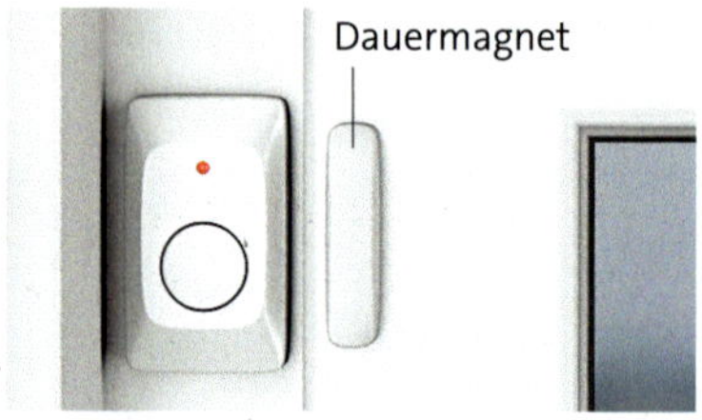

1 Magnetsensor am Fenster

2 Baue die Schaltung auf und teste sie.

3 Beschreibe mögliche Probleme beim Einsatz deiner Anlage.

4 Beschreibe, wie du deine Alarmanlage noch verbessern kannst.

Material B

Sensoren im Smartphone

Moderne Handys sind mit sehr vielen Sensoren bestückt. Du kannst sie erkennen, wenn du untersuchst, auf welche Umwelteinflüsse das Gerät reagiert. Beispiele: Helligkeit, Berührung ... Deine Lehrkraft kann dir auch Apps zur Verfügung stellen, die Sensoren gezielt ansteuern.

Materialliste: Smartphone, Apps zur Sensorennutzung

1 Untersuche ein Smartphone. Notiere, worauf es reagiert und welche Sensoren du vermutest.

2 Stelle deinem Gegenüber zwei Apps vor, die Sensoren auf deinem Handy nutzen.

Material C

Ein Sensor für den Druck und Verformungen

Ein Piezoelement ist ein Sensor, der auf Druck reagiert. Er besteht aus einer dünnen Kristallschicht. Wenn das Element verformt wird, erzeugt es eine elektrische Spannung.

Materialliste: Piezoelement (bedrahtet), Spannungsmessgerät, Experimentierkabel, Krokodilklemmen

1 Schließe das Piezoelement an das Spannungsmessgerät an. → 2

a Verbiege das Element vorsichtig und beobachte das Messgerät.

b Plane einen Versuch, mit dem du den elektrischen Widerstand des Piezoelements beim Drücken untersuchen könntest. → S. 265

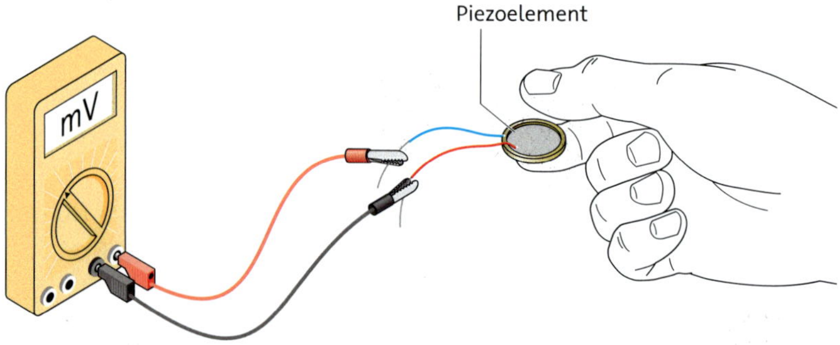

2 Versuchsaufbau mit Piezoelement

Smarthome – schlaues Zuhause

Ein Tag in der Zukunft • Der Wecker klingelt. Automatisch werden die Rollläden und die Schlafzimmerfenster zum Lüften geöffnet. Die Heizung hat im Bad und in der Küche bereits für angenehme Temperaturen gesorgt. Wenn du ins Bad kommst, schaltet sich das Licht ein und es ertönt deine Lieblingsmusik. In der Küche duftet es angenehm: Der Kaffeeautomat und der Toaster arbeiten bereits. Beim Frühstücken wirst du daran erinnert, dass du in 20 Minuten das Haus verlassen musst. Beim Abschließen der Wohnung werden alle Türen und Fenster automatisch verriegelt und das Licht in allen Räumen ausgeschaltet.
Am Nachmittag schickt der Kühlschrank eine Nachricht auf dein Smartphone. Er teilt dir mit, welche Lebensmittel eingekauft werden müssen. Gleichzeitig siehst du auf dem Handy, dass die Waschmaschine ihre Arbeit beendet hat. Sie hat dafür eine Tageszeit mit einem günstigen Stromtarif genutzt. Schnell teilst du noch der Heizung mit, dass du es heute ab 19 Uhr warm haben möchtest. Das bekommt auch die Mikrowelle mit und wird dein Abendessen erst für 19:30 Uhr warm machen.

Alles Science-Fiction? • Die Zukunft hat begonnen. Schon heute lassen sich viele Geräte im Haus über Funksignale vernetzen. Sie tauschen ihre durch Sensoren aufgenommenen Betriebsdaten aus und lassen sich vom Smartphone aus bedienen. → 3 Dazu müssen die Geräte ständig in Betrieb sein und Daten mit dem Internet austauschen. Riesige Computer speichern deine Nutzungsgewohnheiten.

3 Smarthome

Aufgaben

1 ◩ Gib an, welche Sensoren Heizung und Beleuchtung regeln.

2 ◩ Nenne Vorteile, die in dem geschilderten Tagesablauf beschrieben werden.

3 ⊠ Vermute, welche Nachteile ein smartes Zuhause haben könnte.

4 ⊠ Recherchiere weitere Beispiele für „smarte" Geräte im Haushalt. Stelle sie der Klasse im Rahmen einer Präsentation vor.

Sensoren als technische Bauteile

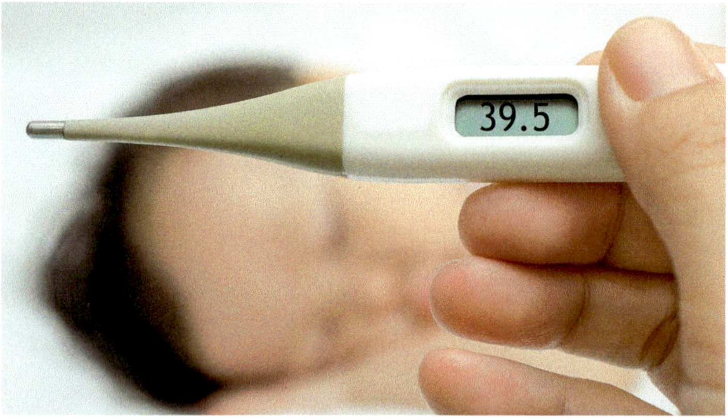

1 Elektronisches Fieberthermometer

Materialien zur Erarbeitung: A–C

Dank Sensor zeigt das Thermometer an, ob du Fieber hast. Wie ist das möglich?

Sensoren als technische Bauteile • Sensoren erfassen jeweils bestimmte Signale und wandeln sie in elektrische Signale um. Es gibt Sensoren zum Beispiel für Temperatur, Druck, Helligkeit, Schall, Funkwellen, ionisierende Strahlung und Magnetfelder.

Widerstand und Stromstärke • Du kennst den elektrischen Widerstand mit der Einheit 1 Ohm (1 Ω). Je größer der Widerstandswert eines Bauteils ist, desto kleiner ist die Stromstärke. Mit speziellen elektrischen Bauteilen lässt sich die Stromstärke ganz gezielt beeinflussen. Man nennt sie Festwiderstände, weil ihr Widerstandswert fest (unveränderlich) ist. → 2

Viele Sensoren verändern dagegen ihren Widerstandswert, wenn sie Signale aus der Umwelt aufnehmen. Dadurch verändern diese Sensoren die Stromstärke in dem Stromkreis, in dem sie eingebaut sind.

Temperatursensor • Ein elektronisches Fieberthermometer hat in seiner Spitze z. B. einen Heißleiterwiderstand. → 3 Je höher die Temperatur ist, desto niedriger ist sein Widerstandswert und desto größer ist die Stromstärke. Ein kleiner Computer rechnet die Stromstärke in Grad Celsius um. Das Thermometer zeigt diesen Temperaturwert an.

Lichtsensor • In Fotokameras und Alarmanlagen nutzt man einen Fotowiderstand. → 4 Sein Widerstandswert wird kleiner, wenn es heller wird.

Sensoren ändern durch Einflüsse von außen ihren elektrischen Widerstand. Damit wird die Stromstärke im Stromkreis verändert.

Schaltzeichen:

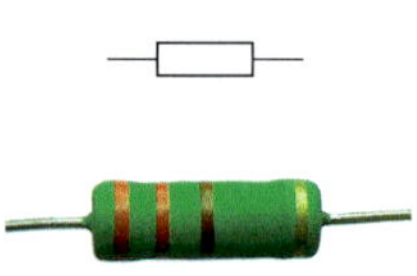

2 Kein Sensor: Festwiderstand

3 Heißleiterwiderstand

4 Fotowiderstand

Aufgaben

1 Beschreibe, wie ein Stromkreis mit einem Heißleiter die Veränderung der Temperatur „wahrnimmt".

2 Gib an, mit welchen Bauteilen eine automatische Lichtsteuerung aufgebaut werden kann.

Material A

Heißleiterwiderstand

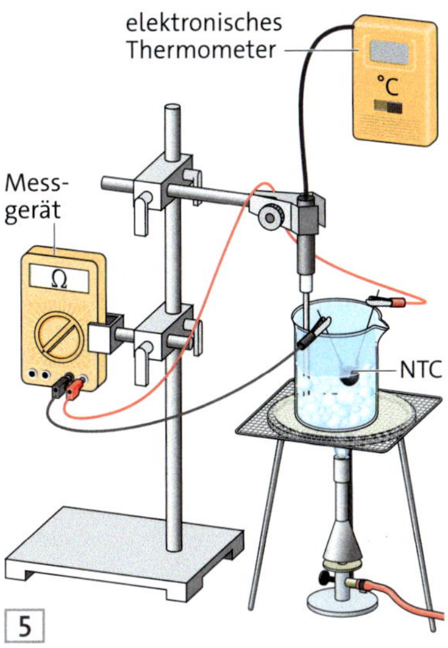

5

Achtung • Schutzbrille tragen! Sicheren Umgang mit Gasbrennern beachten!

In vielen elektronischen Thermometern sind die Sensoren Heißleiterwiderstände. Wie ändert sich ihr Widerstandswert mit der Temperatur?

Materialliste: Heißleiterwiderstand (NTC), Vielfachmessgerät, Thermometer, Becherglas (100 ml), 50 ml Eiswasser, Gasbrenner, Drahtnetz, Dreibein, Experimentierkabel, Krokodilklemmen, Stativmaterial, Schutzbrille

1 Messt den Widerstandswert des kalten Heißleiters mit dem Messgerät (Einstellung „Ω"). Erwärmt danach das Bauteil mit den Fingern und beschreibt, wie sich sein Widerstandswert ändert.

2 Baut jetzt den Messversuch auf. → 5
a Taucht den Heißleiterwiderstand in ein Wasserbad. Erwärmt das Wasser langsam.
b Messt die Wassertemperatur und den Widerstandswert in regelmäßigen Temperaturabständen. Notiert die Werte in einer Tabelle.
c Tragt die Messwerte in ein Diagramm ein und zeichnet die Messkurve. → 6 Wir bezeichnen sie als Kennlinie des Temperatursensors.

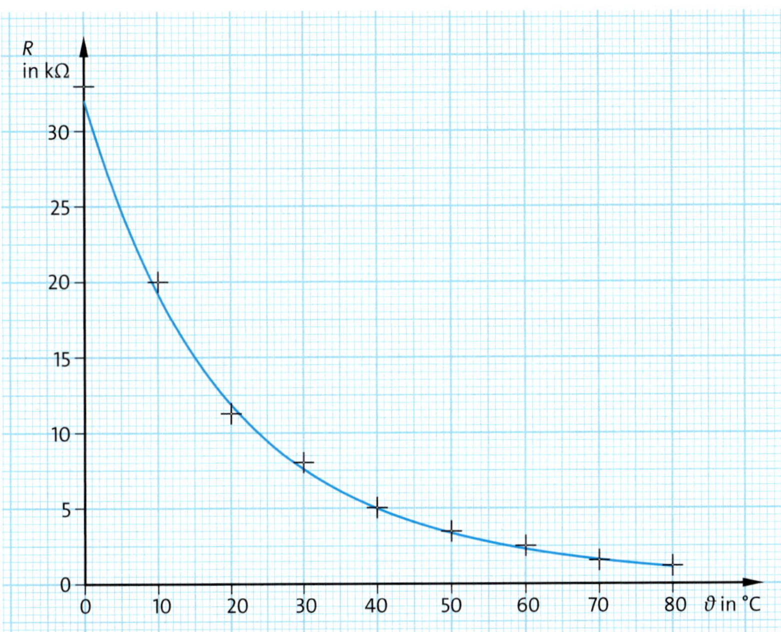

6 Kennlinie des Heißleiterwiderstands (ϑ: Temperatur in Grad Celsius)

3 Das Diagramm zeigt eine Messkurve, die sich bei dem Versuch ergeben hat. → 6
a Beschreibt das Verhalten des Heißleiterwiderstands mit einem Je-desto-Satz.
b Lest den Widerstandswert bei 10 °C, 25 °C und 50 °C ab.
c Der Heißleiterwiderstand hat in einer Flüssigkeit einen Widerstandswert von 3 Ω. Bestimmt die Temperatur der Flüssigkeit.
d Beschreibt, wie man die Temperatur mit dem Heißleiterwiderstand und dem Widerstandsmessgerät messen könnte.

Sensoren als technische Bauteile

Material B

Feuchtesensor (Modellversuch)

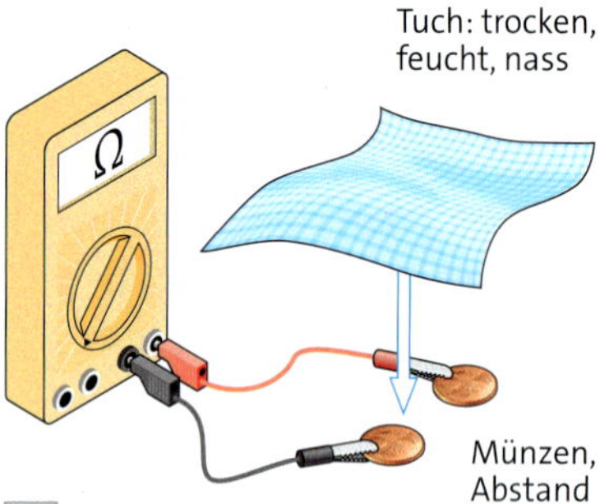

1

Materialliste: 2 Münzen, Krokodilklemmen, Kabel, Vielfachmessgerät, Tuch, Wasser

1 Wenn der Wäschetrockner „merkt", dass das Hemd trocken ist, ist ein Feuchtesensor im Einsatz.

a Baue das Modell eines Feuchtesensors mit zwei Münzen als Metallkontakte. → 1 Wähle beim Vielfachmessgerät die Einstellung „Ω".

b Miss und notiere jeweils den Widerstandswert, wenn das Tuch auf beide Münzen gelegt wird: Tuch trocken, feucht, nass.

c Beschreibe, wie sich der Widerstandswert ändert.

d Nenne drei mögliche Einsatzgebiete für den Feuchtesensor.

Material C

Fotowiderstand als Lichtsensor

Wenn das Umgebungslicht heller wird, leuchtet auch das Display deines Smartphones heller. Sonst könntest du es nicht ablesen.
Bei Dunkelheit schalten sich manche Fahrradlampen automatisch ein. → 2
Verantwortlich ist jeweils ein Fotowiderstand als Lichtsensor. Wie verändert sich sein Widerstandswert, wenn sich die Helligkeit ändert?

Materialliste: Fotowiderstand, Glühlampe (6 V; 0,05 A), 6-V-Netzgerät, Experimentierkabel, Vielfachmessgerät, Taschenlampe

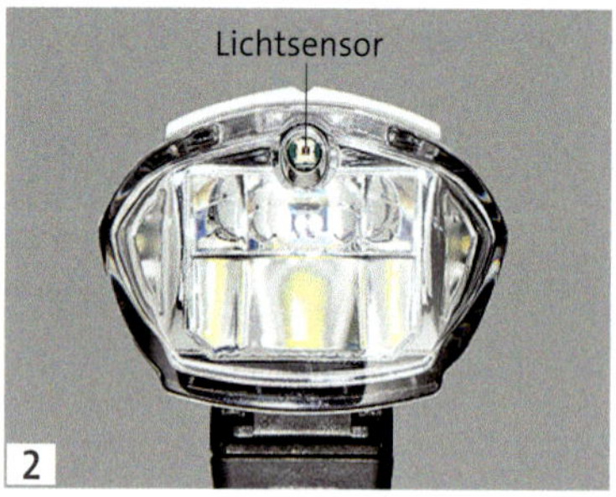

2

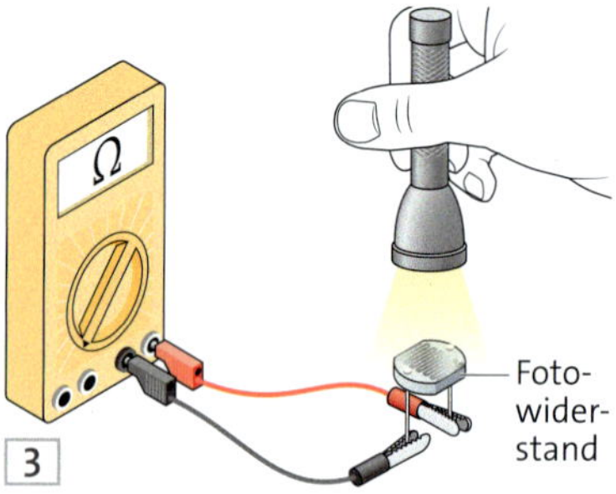

3

1 So geht ihr vor:

a Messt mit dem Messgerät (Einstellung „Ω") den elektrischen Widerstand des Lichtsensors bei folgenden Bedingungen: → 3
- Bauteil abgedeckt
- bei Tageslicht
- zusätzliche Beleuchtung mit einer Taschenlampe

b Beschreibt, wie sich der elektrische Widerstand ändert.

2 Die Beleuchtung für ein Handydisplay soll im Modell nachgebaut werden. Der Bildschirm wird durch eine Glühlampe dargestellt.

a Plane und zeichne den Schaltplan.

b Baue die Schaltung auf und teste sie.

c Erkläre, wie die Schaltung funktioniert. Benutze dazu die Begriffe „Widerstand" und „Stromstärke".

Erweitern und Vertiefen

Empfindliche Biosensoren

Sinneszellen – Biosensoren • Wir Menschen besitzen Sensoren für unsere Sinne. Mit speziellen Sinneszellen in unseren Sinnesorganen – zum Beispiel den Augen, den Ohren, der Nase und der Haut – nehmen wir Signale aus unserer Umwelt auf.

Sinnesorgane in der Tierwelt • Viele Tiere haben leistungsfähigere Sinnesorgane als wir. So erkennen manche Greifvögel eine Maus in 300 m Entfernung. Im Adlerauge befinden sich dazu bis zu eine Million Sehsinneszellen auf 1 mm^2 Netzhaut – achtmal mehr als in der Netzhaut unserer Augen. → 4
Hunde, Fledermäuse oder Delfine können Ultraschall bis zu einer Frequenz von 200 kHz hören. Junge Menschen hören „nur“ bis 20 kHz. Hunde besitzen 23-mal mehr Riechsinneszellen als wir Menschen. Bei Hochwasserkatastrophen oder Lawinenunfällen suchen Hunde mit ihrem Riechsinn nach Vermissten. → 5 Speziell ausgebildete Hunde können sogar Coronainfektionen beim Menschen durch bloßes Schnüffeln nachweisen! Auch bei der Drogenfahndung kommen Hunde zum Einsatz oder sie erschnüffeln Geld und Datenträger in Koffern.

Sinne, die der Mensch nicht hat • Haie und Rochen können mit einem elektrischen Sinnesorgan („Lorenzinische Ampullen“) Beutetiere anhand ihrer Nervensignale aufspüren. → 6 Zugvögel und Meeresschildkröten erspüren mit ihrem Magnetsinn das Erdmagnetfeld und orientieren sich damit wie mit einem Kompass.

Aufgaben

1 ◩ Nenne Sinne von Tieren, die wir Menschen nicht haben.

2 ◪ Erstelle eine Übersicht, wo besonders ausgebildete Spürhunde zum Einsatz kommen.

3 ◪ Erstelle eine Präsentation zu besonderen und sehr empfindlichen Sinnen von Tieren. Führe sie vor und hole Feedback ein.

4 Adlerauge

5 Rettungshund im Einsatz

6 Zitronenhai

Signale lenken und ausgeben

1 Videowand: Leuchtdioden geben Signale aus.

Material zur Erarbeitung: A

Die Videowand besteht aus vielen farbigen Leuchtdioden. Dioden werden auch als „elektrische Ventile" bezeichnet. Was ist damit gemeint?

Das Prinzip der Diode • Der Physiker Ferdinand Braun entdeckte vor rund 150 Jahren, dass manche Kristalle den elektrischen Strom nicht immer gleich gut leiten. Wenn die eine Seite dieser Kristalle mit dem Minuspol einer elektrischen Energiequelle verbunden war und die andere Seite mit dem Pluspol, stellte sich eine viel größere Stromstärke ein als bei vertauschten elektrischen Anschlüssen. Damit hatte Braun das Prinzip von Dioden entdeckt:

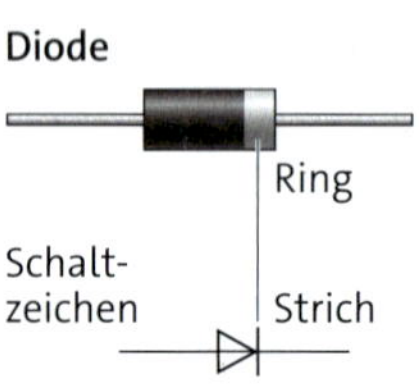

2 Diode

> Dioden lassen den Elektronenstrom nur in einer Richtung zu.

Dioden in Schaltungen • Moderne Dioden sind elektronische Bauteile. → 2 Sie haben an einem Ende einen Markierungsring (senkrechter Strich im Schaltzeichen). Ring und Strich helfen, die Diode richtig einzubauen:

- Wenn der Anschluss am Markierungsring mit dem Minuspol der elektrischen Energiequelle verbunden ist, ist die Diode in Durchlassrichtung eingebaut. → 3 Sie lässt jetzt den Elektronenstrom zu, wenn die Spannung groß genug ist (> 0,7 V).
- Wenn der Anschluss am Markierungsring mit dem Pluspol der elektrischen Energiequelle verbunden ist, ist die Diode in Sperrrichtung eingebaut. → 4 Sie lässt jetzt keinen Elektronenstrom zu.

Ventilwirkung • Eine Diode wirkt im Stromkreis wie ein Klappenventil in einer Wasserleitung. → 5 Man nennt sie daher auch „elektrisches Ventil".

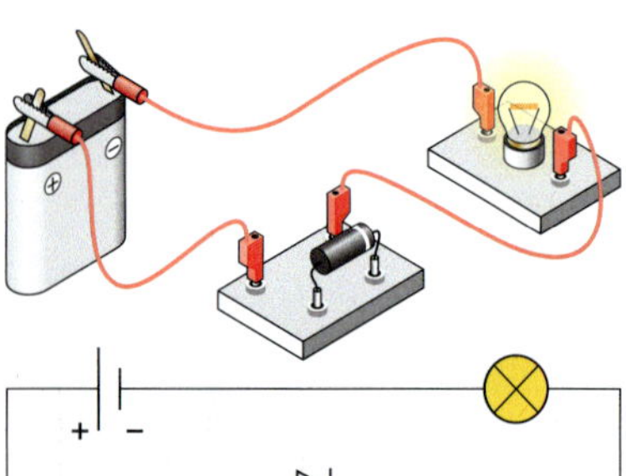

3 Diode in Durchlassrichtung

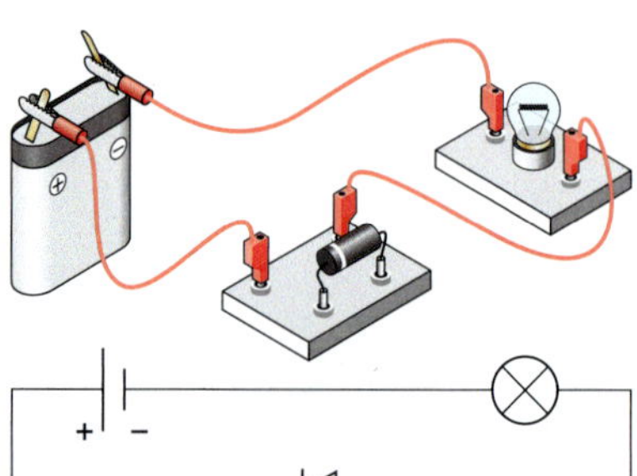

4 Diode in Sperrrichtung

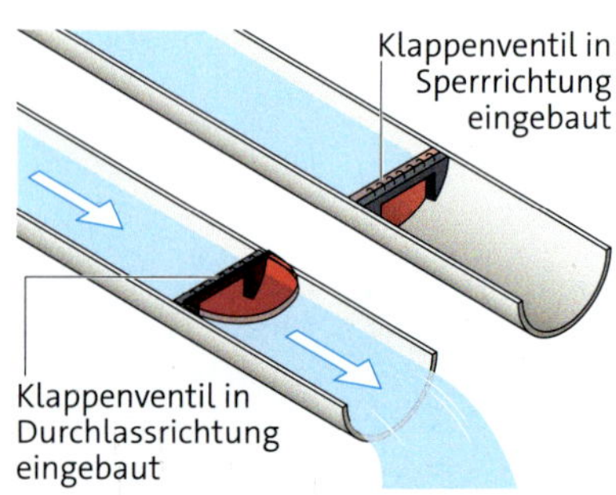

5 Ventilwirkung

die **Diode**
der **Gleichrichter**
die **Leuchtdiode (LED)**

Diode als Gleichrichter • Am Netzgerät mit Wechselspannung wechselt die Polung 50-mal pro Sekunde von plus nach minus und wieder zurück. → 6 Im angeschlossenen Stromkreis fließt ein Wechselstrom, der zum Beispiel eine Glühlampe hell leuchten lässt. Wenn man eine Diode dazuschaltet, wechseln sich für sie Durchlass- und Sperrrichtung ständig ab. → 7 Die Diode lässt den Strom nur in einer Richtung und nur für die Hälfte der Zeit zu (sodass die Lampe schwächer leuchtet). Die Diode macht also aus Wechselstrom eine Art Gleichstrom.

Dioden machen aus Wechselstrom Gleichstrom. Daher werden sie auch als Gleichrichter bezeichnet.

Leuchtdiode • Eine Leuchtdiode leuchtet, wenn ein Strom in Durchlassrichtung durch sie fließt. Man nennt sie auch LED (engl. light emitting diode). → 8 Ein Schutzwiderstand schützt sie vor zu großen Stromstärken. → 9 LEDs gibt es in verschiedenen Farben. Weiße LEDs leuchten so hell, dass man sie für Scheinwerfer, im Haushalt und in Taschenlampen nutzt.

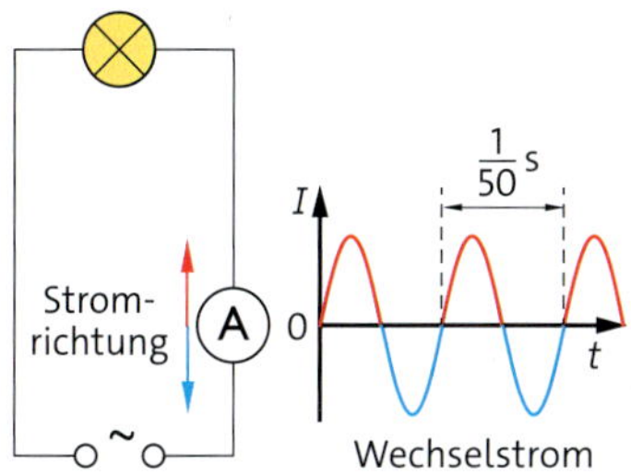

6 Wechselstrom

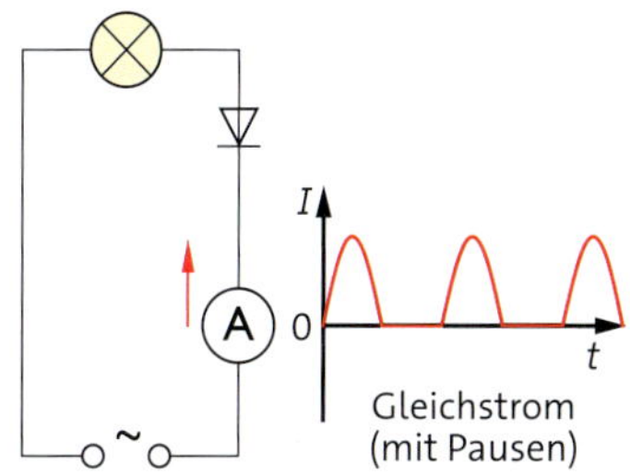

7 Diode als Gleichrichter

Aufgaben

1 Beschreibe anhand des Schaltzeichens, wie man eine Diode in Sperrrichtung in einen Gleichstromkreis einbaut. → 2

2 Dioden werden als Gleichrichter benutzt. Erkläre diese Verwendung.

3 Vergleiche eine Diode mit einem Ventil am Fahrradreifen. Finde dabei für die Luftpumpe, den Luftstrom und das Ventil die Entsprechungen im Stromkreis.

4 Eine Diode ist erst in Durchlassrichtung geschaltet und dann in Sperrrichtung. → 3 4 Wie verändert sich dabei ihr Widerstandswert? Begründe deine Antwort.

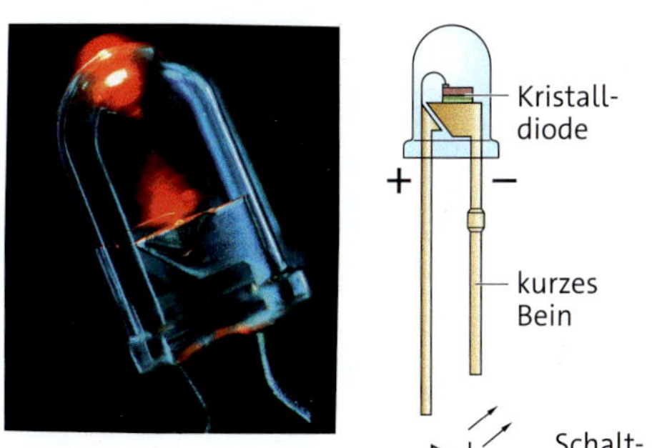

8 Leuchtdiode (LED)

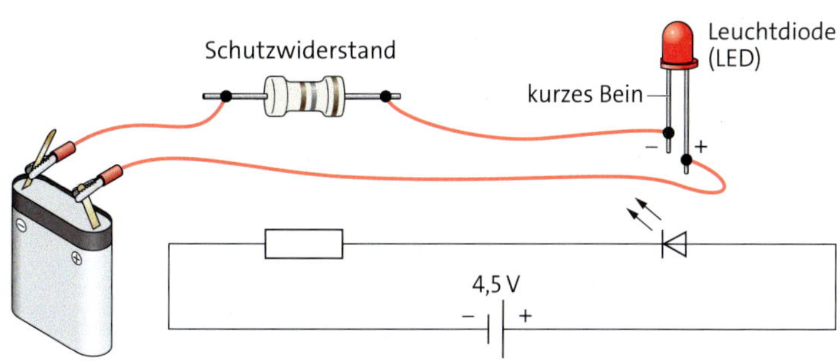

9 Schaltung mit Schutzwiderstand

Signale lenken und ausgeben

Material A

Diode als Ventil

Eine Diode kannst du mit einem Fahrradventil vergleichen. Das Ventil lässt die Luft nur in den Reifen hineinströmen, es sperrt die andere Richtung. Ebenso lässt die Diode den Elektronenstrom nur in einer Richtung durch.

Materialliste: Lampe, 1 Diode (Typ 1 N 4001), Flachbatterie (4,5 V) oder Netzgerät (6 V), Experimentierkabel

1 Baue die Schaltung nach Plan auf. → 1 Gib an, ob die Diode in Sperrrichtung oder Durchlassrichtung geschaltet ist.

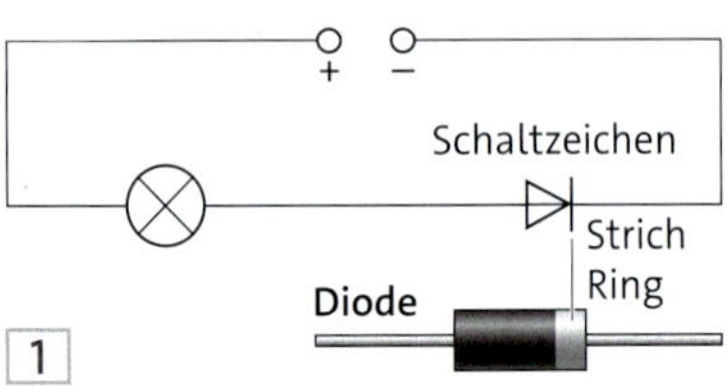

1

2 Was passiert, wenn Plus- und Minuspol vertauscht werden? Sage es voraus. Überprüfe deine Voraussage.

3 Wann ist die Diode in Durchlassrichtung, wann in Sperrrichtung eingebaut? Stelle eine Regel auf. Tipp: Achte auf die Markierung.

Material B

Signale lenken mit Dioden

Materialliste: 2 Summer, 2 Taster, 2 Dioden (Typ 1 N 4001), Netzgerät (6 V Wechselspannung), Experimentierkabel

1 Ein Summer braucht Gleichspannung.

a Baue mit dem Netzgerät, einem Summer und einem Taster eine Schaltung auf. Überlege, wie die Diode eingebaut werden muss, damit der Summer funktioniert.

b Teste die Schaltung.

c Zeichne den Schaltplan.

2 Paul Meyer wünscht sich eine eigene Klingel. → 2 Zur Umsetzung hat er extra eine Schaltung entworfen. → 3

a Erkläre, wie Pauls Schaltung funktioniert. Welchen Taster muss man betätigen, damit es bei Paul summt? Begründe deine Antwort.

b Baue die Schaltung auf und teste sie.

Tipp: Im Anhang findest du eine Tabelle mit den benötigten Schaltzeichen.

2 Pauls Wunsch

3 Pauls Idee

Material C

Modell einer Ampel

Materialliste: je eine rote, eine grüne und eine gelbe LED, 3 Widerstände (180 Ω), Flachbatterie (4,5 V) oder Netzgerät (6 V), Experimentierkabel

1 Mit drei farbigen LEDs kannst du das Modell einer Verkehrsampel aufbauen. → 4 5
Wenn man die Kontakte der Reihe nach berührt, sollen die Ampelfarben in dieser Reihenfolge aufleuchten: grün – gelb – rot – rot/gelb.

4 Verkehrsampel

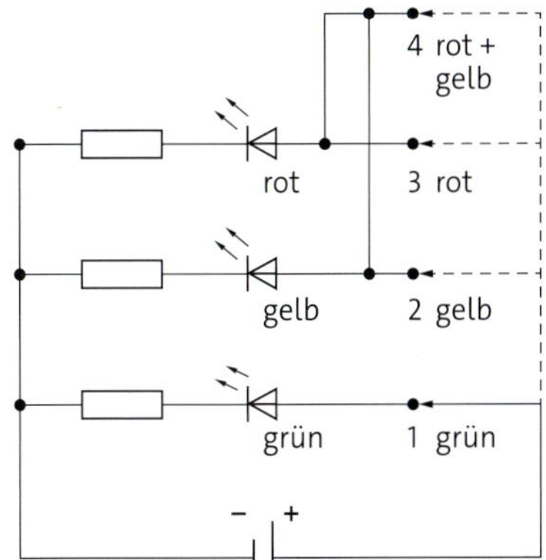

5 Schaltung der Modellampel

a Baue die Schaltung auf und teste sie.

b Damit die Schaltung wie eine Ampel funktioniert, musst du zwei weitere Dioden einbauen. Beschreibe die Einbaurichtung und erkläre deren Funktion.

Material D

LED-Lampen

1 Lies den Text und sieh dir die Bilder an. → 6 – 9

a Nenne Einsatzgebiete von LED-Lampen.

b Gehe bei dir zu Hause auf LED-Suche. Nenne mindestens 10 Verwendungen von LEDs im Haushalt.

Seit vielen Jahrzehnten dienen LEDs zur Ausgabe von Signalen. LEDs gibt es in vielen Farben, Formen und Größen. Es gibt auch LEDs, die in mehreren Farben leuchten. Seit einigen Jahren nutzt man sehr hell leuchtende LEDs in den Scheinwerfern und Bremsleuchten von Autos und Fahrrädern. Im Haushalt ersetzen LEDs die Glühlampen. LEDs benötigen viel weniger Energie als Energiesparlampen und halten sehr viel länger. Heute gibt es LED-Taschenlampen, die Hunderte Meter weit strahlen.

6 LEDs für verschiedene Zwecke

7 LED-Veranstaltungstechnik

8 LED-Leuchtstreifen

9 LED-Bremslicht

Transistoren verstärken Signale

1

Um sein neues Mikro zu testen, hat Markus es an die Lautsprecherbox angeschlossen. Statt vollem Sound kommt – gar nichts! Ist das Mikrofon kaputt?

Verstärker • Das elektrische Signal eines Mikrofons ist sehr schwach. Damit es die große Membran der Lautsprecherbox bewegen kann, muss das Signal zunächst verstärkt werden. Als Verstärker nutzt man eine elektronische Schaltung, die dem Signal des Mikrofons zusätzliche Energie zuführt. Diese Schaltung enthält eine elektrische Energiequelle und einen Transistor.

2 Transistor (npn)

Transistoren • Jeder Transistor hat drei Anschlüsse: Basis (B), Emitter (E) und Kollektor (C). → 2 Bei einem npn-Transistor zeigt der Pfeil im Schaltzeichen zum Emitteranschluss hin.

Transistorschaltung • Ein Transistor ist immer Teil von zwei Stromkreisen: Steuerstromkreis und Arbeitsstromkreis. → 3 Für npn-Transistoren gilt:

- Der Steuerstrom fließt vom Minuspol der elektrischen Energiequelle zum Emitter, im Transistor zur Basis und außerhalb des Transistors zum Pluspol der elektrischen Energiequelle.
- Der Arbeitsstrom fließt vom Minuspol zum Emitter, durch den Transistor hindurch zum Kollektor und von dort zum Pluspol.

Der Pfeil im Schaltzeichen des npn-Transistors zeigt zum Minuspol der elektrischen Energiequelle hin. → 3 Die Basis wird mit einem Schutzwiderstand vor zu hohen Strömen geschützt.

Transistor als Schalter • Die Spannung U_{BE} zwischen Basis und Emitter ist sehr klein, wenn der Fotowiderstand (LDR) im Dunkeln ist. → 3 Je heller die Beleuchtung, desto größer Spannung:

- Solange U_{BE} kleiner als 0,7 V ist, fließt in beiden Stromkreisen kein Strom: Der Transistor sperrt.
- Wenn U_{BE} die „Schwellenspannung" von 0,7 V überschreitet, setzt ein kleiner Strom I_B über den Basisanschluss im Steuerstromkreis ein.
- Steigt U_{BE} weiter an, dann wird I_B ein wenig größer – und plötzlich fließt

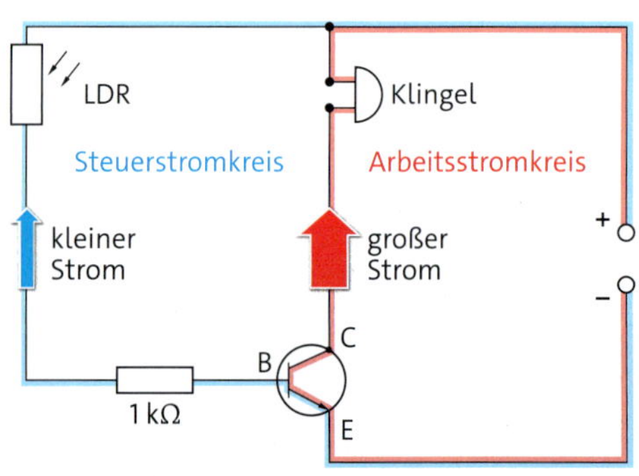

3 Transistor als Schalter: Alarmanlage

der Verstärker
der Transistor
der Steuerstromkreis
der Arbeitsstromkreis
der Verstärkungsfaktor

ein großer Strom I_C über den Kollektor im Arbeitsstromkreis: Der Transistor schaltet durch, die Klingel ertönt.

Transistor zur Verstärkung • Wir ersetzen nun den Fotowiderstand durch ein Mikrofon und die Klingel durch einen Lautsprecher. → [4] Der regelbare Widerstand wird so eingestellt, dass der Transistor durchschaltet. Schallsignale am Mikrofon bewirken nun kleine Veränderungen des Steuerstroms – und diese bewirken große Veränderungen des Arbeitsstroms im Lautsprecher. Die Energie dafür stammt von der elektrischen Energiequelle. → [5]

> Ab einer Spannung U_{BE} von 0,7 V schaltet der Transistor durch. Ein kleiner Steuerstrom steuert nun einen großen Arbeitsstrom.

Der Verstärkungsfaktor gibt an, wievielmal größer die Stromstärke I_C im Arbeitsstromkreis im Vergleich zur Stromstärke I_B im Steuerstromkreis ist. Bei $I_B = 0{,}5\,\text{mA}$ und $I_C = 60\,\text{mA}$ beträgt der Verstärkungsfaktor zum Beispiel:

$$\frac{I_C}{I_B} = \frac{60\,\text{mA}}{0{,}5\,\text{mA}} = 120.$$

Verstärkung im Modell • Man kann die Verstärkung mit zwei Regenrinnen anschaulich machen. → [6] Der kleine Wasserstrom öffnet die blaue Klappe, sie hebt die rote Klappe an und diese lässt nun einen großen Strom zu. So steuert ein kleiner Strom einen großen.

Basiskonzept

System
→ Seite 266 f.

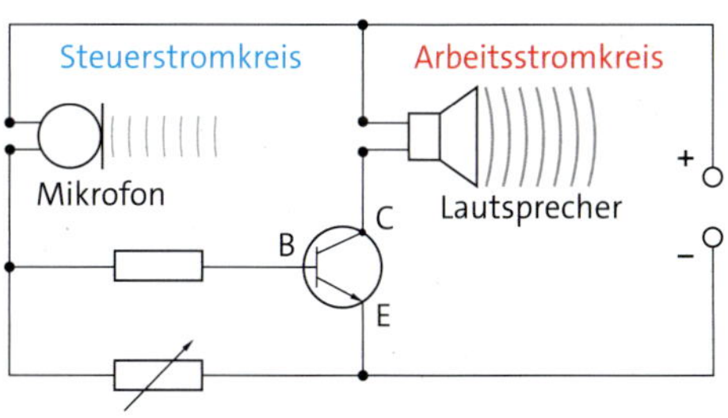

[4] Transistor als Signalverstärker

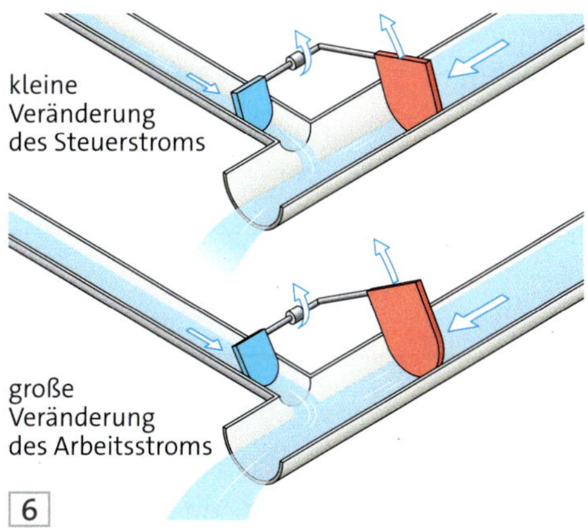

[6]

Aufgaben

1 Zeichne den Schaltplan einer Transistorschaltung. Markiere die Stromkreise farbig und benenne sie.

2 Beschreibe, was der Verstärkungsfaktor eines Transistors angibt.

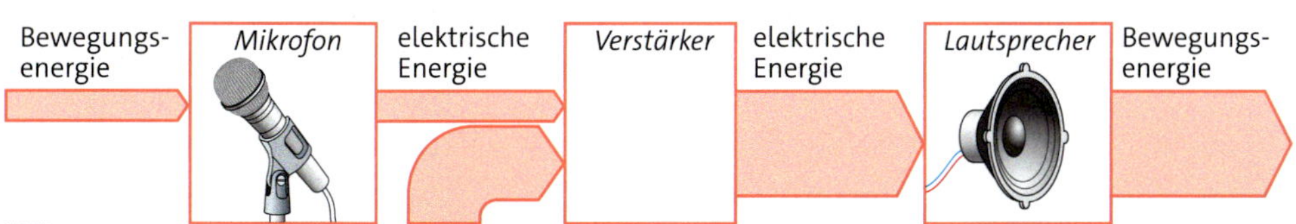

[5]

Transistoren verstärken Signale

Material A

Transistorschaltungen mit Lüsterklemmen

Baue die Transistorschaltung auf, um die Materialien B und C durchzuführen. → 1

Materialliste: Lüsterklemmen (1 Sechser- und 1 Zweierblock), Transistor BC 547B, Flachbatterie (4,5 V), 2 Widerstände (180 Ω und 1 kΩ), LED, Summer, 2 Steckhülsen, kleiner Schraubendreher, 4 Drähte mit abisolierten Enden

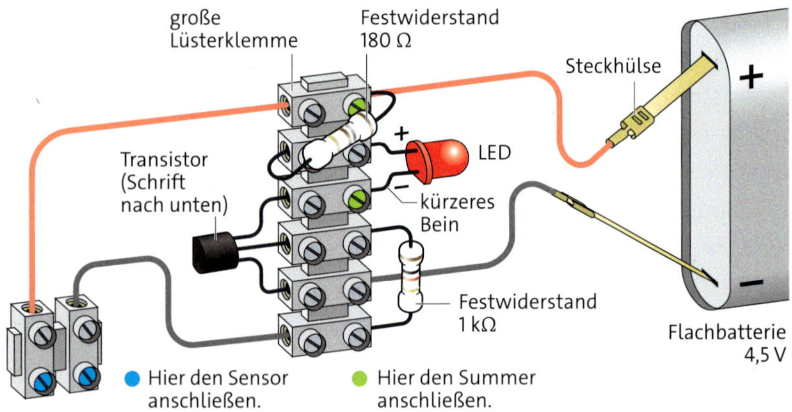

1 Aufbau (ohne Summer), wird flach auf den Tisch gelegt

1 Transistor-Grundschaltung

a Schraube den Transistor an den großen Lüsterklemmenblock. → 1 Klemme dann den 1-kΩ-Widerstand fest. Nun baust du die LED ein. Achte auf die richtige Polung. Der 180-Ω-Widerstand schützt die LED vor zu hohen Stromstärken. Schraube die Kabel zur Batterie und zum kleinen Lüsterklemmenblock an. An ihm kannst du einen Sensor anschließen. Baue den Summer parallel zur LED ein. Achte auf die richtige Polung.

b Vergleiche deine Grundschaltung mit dem Schaltplan. → 1 2 Verfolge mit einem Finger jeweils den Steuer- und Arbeitsstromkreis im realen Aufbau.

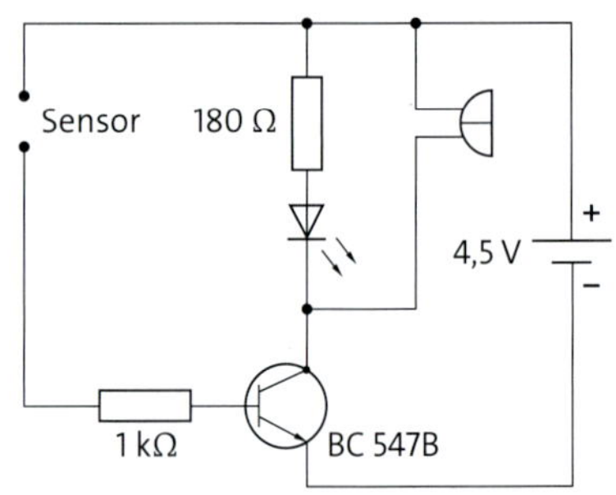

2 Schaltskizze (mit Summer)

Material B

Alarmanlage

Diese Anlage soll in deiner Schublade Alarm schlagen, wenn Licht auf sie fällt.

Materialliste: Schaltung von Material A, Fotowiderstand (LDR, 50 Ω)

1 Decke den Fotowiderstand zunächst mit einem Stück Pappe ab. Schließe den abgedeckten Fotowiderstand nun an die Lüsterklemme für den Sensor an.

a Teste deine Alarmanlage.

b Beschreibe und erkläre deine Beobachtungen.

Tipp: Bei Lichteinfall sinkt der Widerstandswert des Fotowiderstands.

2 Beschreibe weitere Anwendungen für die Schaltung mit dem Fotowiderstand. Zeichne jeweils den veränderten Schaltplan.

Material C

Besonders empfindlicher Leitfähigkeitsprüfer

Materialliste: Schaltung von Material A, 2 Kabel mit Krokodilklemmen

1 Schließe die beiden Kabel an der Lüsterklemme für den Sensor an. → 1 2 Prüfe mit ihnen verschiedene feste und flüssige Stoffe auf ihre Leitfähigkeit.

2 Bei einer Stromstärke von 20 mA leuchtet die LED hell. Berechne, wie groß die Stromstärke im Steuerstromkreis bei einem Verstärkungsfaktor von 150 ist.

Material D

Transistor als Signalverstärker – vom Mikrofon zum Lautsprecher

1 Die Schaltskizze zeigt einen einfachen Mikrofonverstärker. → 3

a Die Schritte A–E beschreiben die Funktion des Verstärkers. → 3 Bringe sie in die richtige Reihenfolge.

b Beschreibe die Aufgabe des Festwiderstands.

c Mit dem regelbaren Widerstand wird die Spannung zwischen Basis und Emitter auf 0,7 V eingestellt. Erkläre, wieso das geschieht.

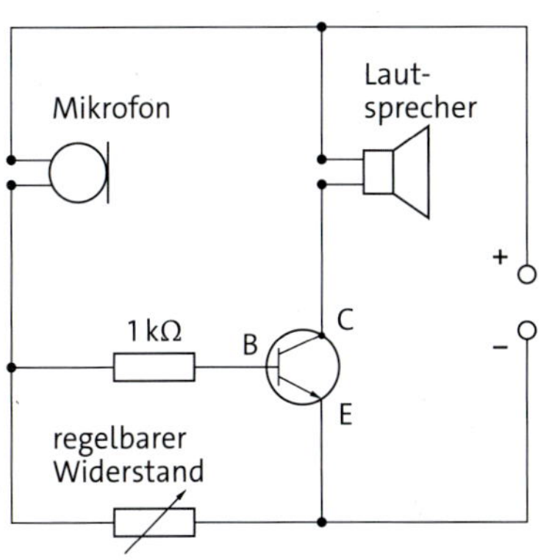

3

Die Steuerstromstärke schwankt ein wenig.
A

Schall erreicht das Mikrofon.
B

Der veränderliche Steuerstrom bewirkt einen stark schwankenden Arbeitsstrom.
C

Der Widerstand des Mikrofons schwankt.
D

Der stark schwankende Arbeitsstrom bewirkt, dass die Membran im Lautsprecher heftig schwingt.
E

2 Das Signal kann trotz der Verstärkung immer noch so schwach sein, dass kaum etwas im Lautsprecher zu hören ist. Dann lässt sich eine zweistufige Verstärkung einsetzen: Das Signal, das vom ersten Transistor verstärkt wurde, dient als Eingangssignal für eine zweite Transistorschaltung.

a Entwickle den Schaltplan für einen zweistufigen Verstärker.

b Jede „Transistorstufe" hat z. B. einen Verstärkungsfaktor von 120. Berechne damit den gesamten Verstärkungsfaktor der Schaltung.

Zusammenfassung

Mikrofon und Lautsprecher • Das Mikrofon wandelt durch Induktion Schall in elektrische Signale um. → 1 Der Lautsprecher wandelt die elektrischen Signale wieder in Schall zurück. → 2

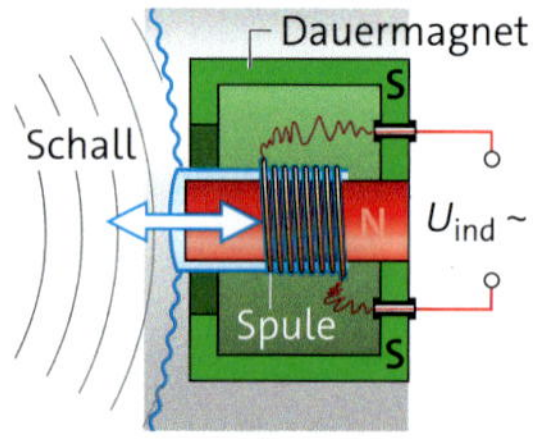

1 Mikrofon

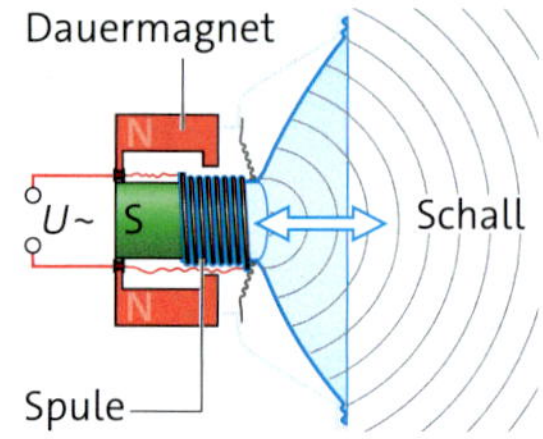

2 Lautsprecher

Verschiedene Töne • Je lauter ein Ton ist, desto größer ist seine Amplitude. → 3 Je höher ein Ton ist, desto größer ist seine Frequenz. → 4

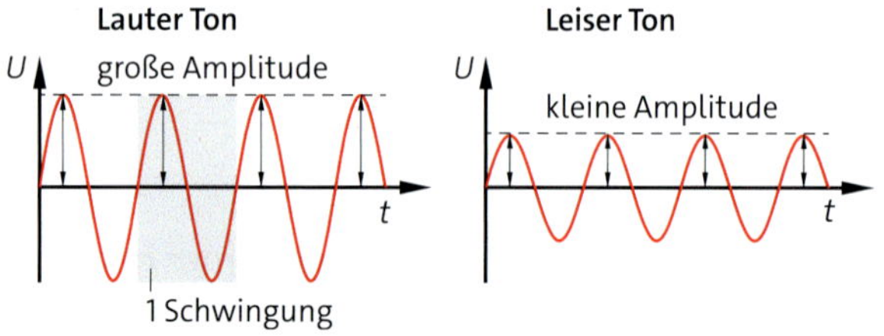

3 Lautstärke und Amplitude

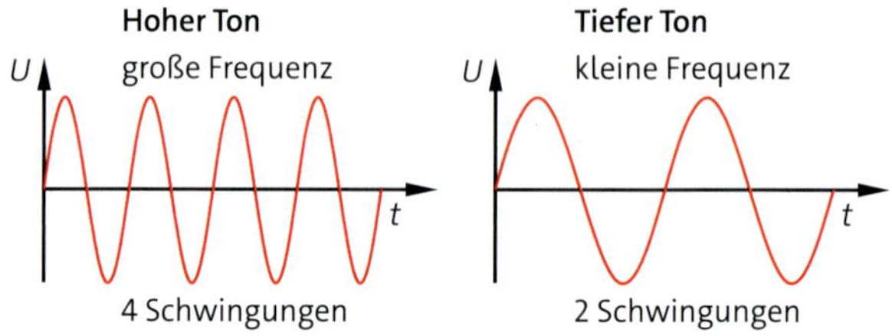

4 Tonhöhe und Frequenz

Daten umwandeln • Analoge Signale ändern sich stufenlos. Digitale Signale ändern sich in Stufen von ganzen Zahlen. → 5 6 Zum Speichern und Übermitteln werden die ganzen Zahlen in Binärzahlen umgewandelt. → 7 1 Bit ist die kleinste Informationseinheit, sie kann zwei Zustände haben: 0 oder 1. 8 Bits werden zu 1 Byte (256 verschiedene Zustände) zusammengefasst.

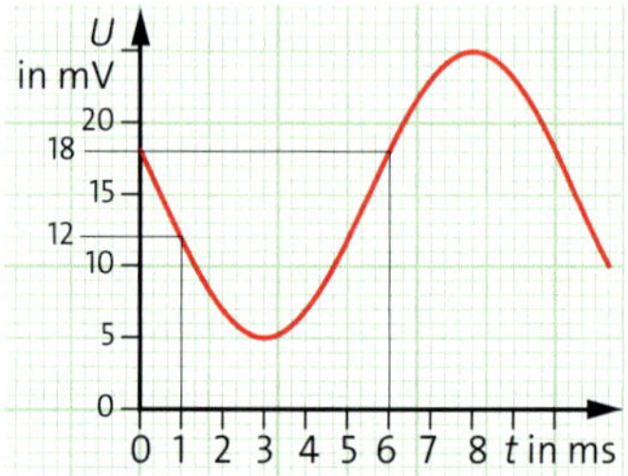

5 Analoges Signal eines Tons

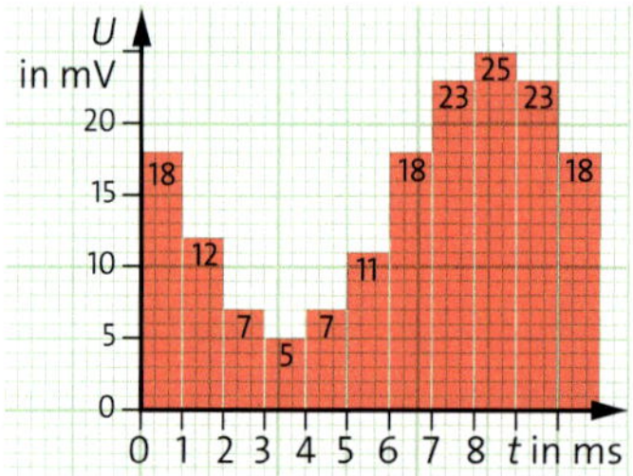

6 Digitales Signal zu Bild 5

Zeitpunkt	Ganze Zahl	Binärzahl (1 Byte)
A	18	00010010
B	12	00001100
C	5	00000101
...	...	...
J	23	00010111

7 Vom digitalen Signal zu Binärzahlen

Schallwellen • Schallwellen entstehen, wenn sich schnelle Schwingungen einer Schallquelle in einem Schallleiter ausbreiten. → 8
In Luft beträgt die Schallgeschwindigkeit ungefähr $c \approx 340\ \frac{m}{s}$.

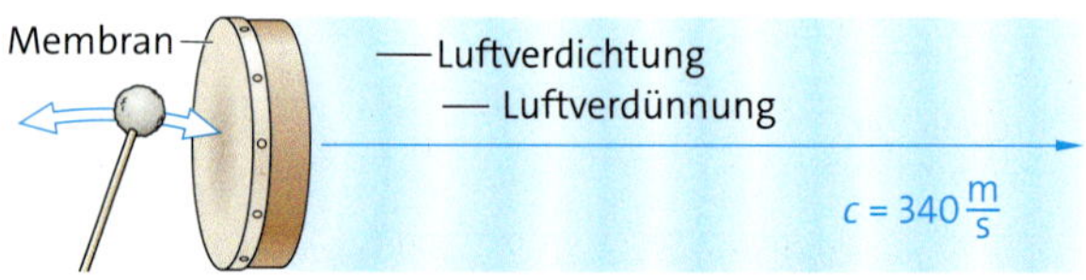

8 Schallwelle in Luft

Elektromagnetische Wellen • Wenn Elektronen mit einer Frequenz von mehr als 30 kHz in einer Spule hin- und herschwingen, dann entstehen elektromagnetische Wellen. Sie breiten sich mit Lichtgeschwindigkeit aus: $c \approx 300\,000\,\frac{\text{km}}{\text{s}}$. → 9
Die Frequenzbereiche dieser Wellen ergeben das elektromagnetische Spektrum. → 10

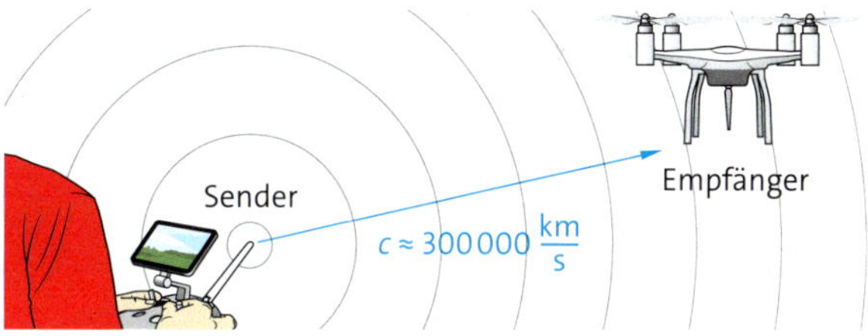

9 Elektromagnetische Welle

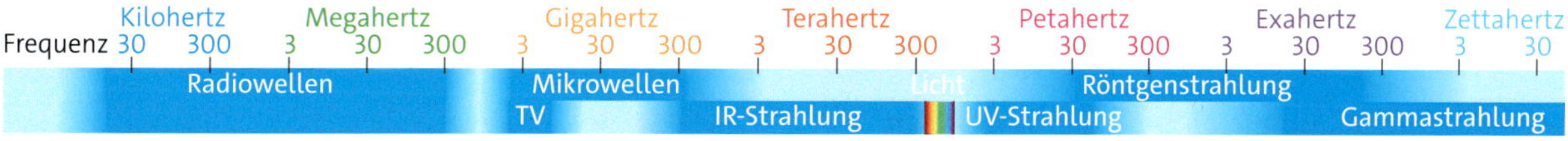

10 Ausschnitt aus dem elektromagnetischen Spektrum

„Digital" verändert die Gesellschaft • Digitale Technik kann unseren Alltag erleichtern. Sie hat das Leben der Menschen und damit die Gesellschaft verändert.

Bewusster Umgang mit Handy und Co. • Bei der Nutzung des Internets werden deine Daten öffentlich und können manipuliert werden. Vorsichtiges Verhalten und besondere Programme schützen persönliche Daten.

Das Speichern und Abrufen von Streaminginhalten in den großen Rechenzentren benötigt sehr viel elektrische Energie.

Wie soll ich mich entscheiden? • Für eine bewusste Kaufentscheidung ist es wichtig, allgemeine und physikalische Eigenschaften zum Beispiel in einer Checkliste festzulegen, die das elektrische Gerät erfüllen soll. Danach solltest du dich gründlich über mögliche Geräte informieren.

Sensoren – smart und hilfreich • Sensoren sind technische „Fühler". Sie wandeln Signale aus der Umwelt in elektrische Signale um.

Sensoren als technische Bauteile • Sensoren ändern durch Einflüsse ihren elektrischen Widerstand. Damit wird die Stromstärke im Stromkreis verändert. Beispiele:
- Der Widerstandswert eines Heißleiterwiderstands (NTC) sinkt bei Erwärmung. → 1
- Der Widerstandswert eines Fotowiderstands (LDR) sinkt bei Beleuchtung. → 2

11 Heißleiterwiderstand (Temperatursensor)

12 Fotowiderstand (Lichtsensor)

Zusammenfassung

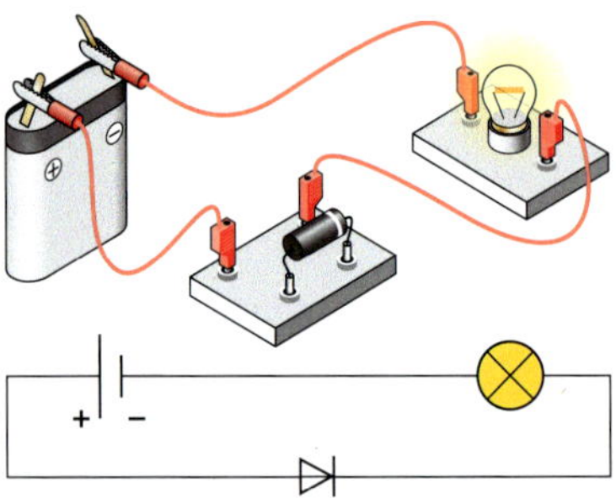

1 Diode in Durchlassrichtung

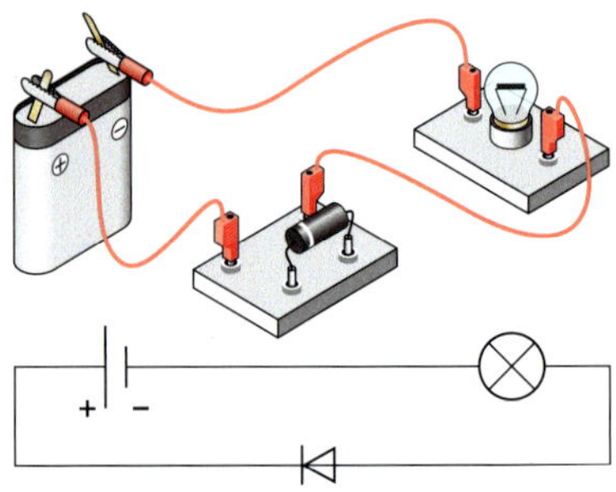

2 Diode in Sperrrichtung

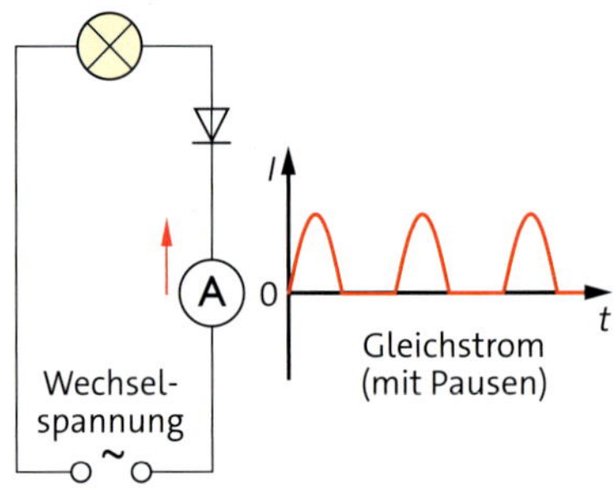

3 Diode als Gleichrichter

Signale lenken und ausgeben • Dioden lassen elektrische Ströme nur in einer Richtung zu. → 1 2 Wechselströme können mit Dioden in Gleichströme umgewandelt werden. → 3 Eine Leuchtdiode (LED) leuchtet, wenn ein Strom in Durchlassrichtung durch sie hindurchfließt. → 4 Ein Schutzwiderstand schützt die LED vor zu großen Stromstärken.

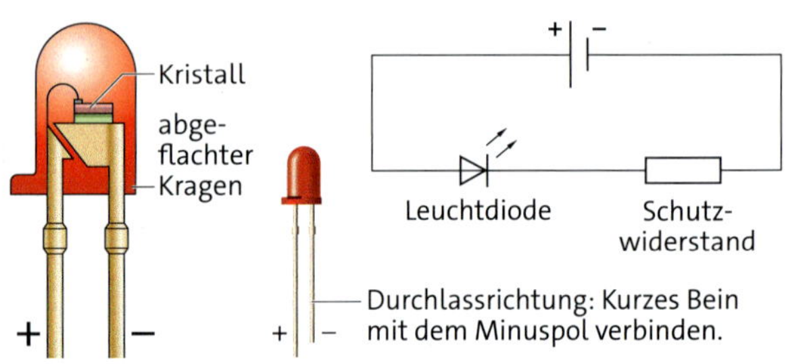

4 Leuchtdiode (LED)

Transistoren verstärken Signale • Transistoren setzt man als Schalter und als Verstärker ein. Sie haben drei Anschlüsse: Emitter, Kollektor und Basis. → 5 Der Transistor ist Teil des Steuerstromkreises und des Arbeitsstromkreises. → 6 Ab einer Spannung von rund 0,7 V zwischen Basis und Emitter schaltet der Transistor durch. Ein kleiner Steuerstrom I_B über die Basis steuert nun einen großen Arbeitsstrom I_C über den Kollektor. Der Verstärkungsfaktor gibt an, wievielmal größer der Arbeitsstrom I_C im Vergleich zum Steuerstrom I_B ist.

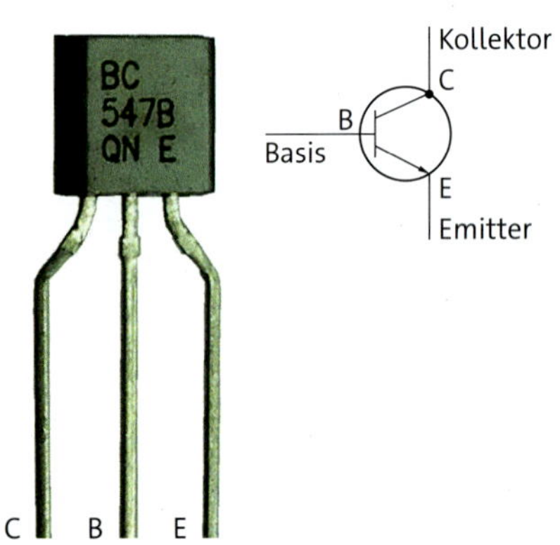

5 Transistor und Schaltzeichen

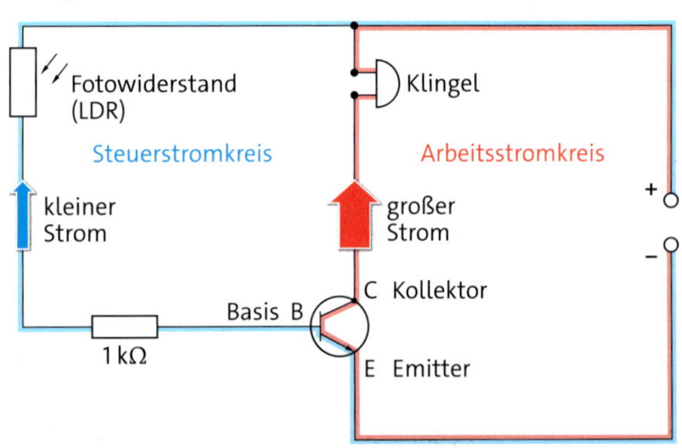

6 Transistorschaltung (Alarmanlage)

Teste dich! (Lösungen auf Seite 262 ff.)

Mikrofon und Lautsprecher

1 Ordne Mikrofon und Lautsprecher jeweils die richtigen Aussagen zu:

a Das Gerät enthält einen Dauermagneten, eine Spule und eine Membran.

b Eine Wechselspannung wird in Schall umgewandelt.

c Schall wird in eine Wechselspannung umgewandelt.

d Die Membran wird in Schwingungen versetzt.

e Das Gerät sendet Schall aus.

2 „Mikrofon und Lautsprecher sind Energiewandler.“ Erkläre diese Aussage. Stelle die Energieumwandlungen (ohne Energieentwertung) jeweils in einer Zeichnung dar.

3 Die H-Saite einer E-Bass-Gitarre schwingt 31-mal pro Sekunde.

a Gib die Frequenz des Tons H an.

b Klingt die H-Saite höher als eine Stimmgabel mit 440 Hz? Begründe deine Antwort.

4 Zwei Töne wurden mit einer Handy-App aufgezeichnet. → 7 8 Welcher Ton war lauter zu hören? Begründe deine Antwort.

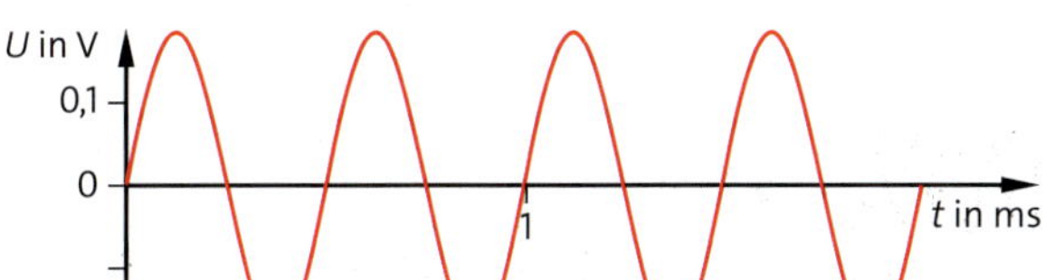

7

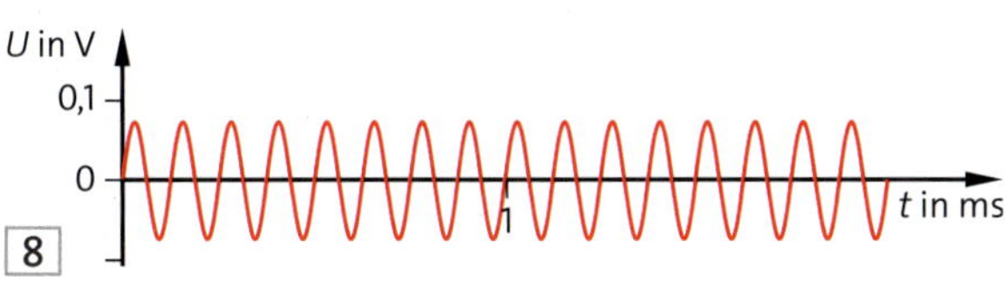

8

Daten umwandeln

5 Wandle die folgenden ganzen Zahlen in vierstellige Binärzahlen (4 Bit) um: 12, 9, 15, 4.

6 Wandle jede Zeile des Bilds von einem Elefanten in eine Binärzahl um. → 9 Gib dazu auch die ganzen Zahlen an.

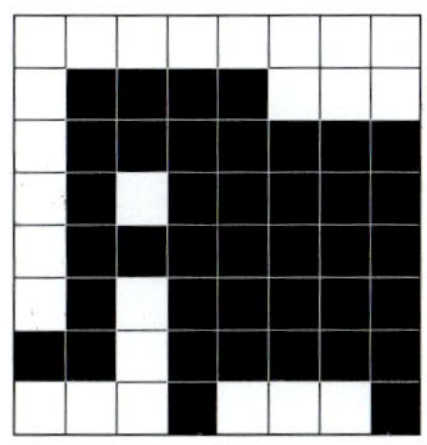

00000000 → 0
01111000 → 120
01111111 → _
_ _ _ _ _ _ _ _ → _
_ _ _ _ _ _ _ _ → _
_ _ _ _ _ _ _ _ → _
_ _ _ _ _ _ _ _ → _
_ _ _ _ _ _ _ _ → _

9

7 Analog – digital

a Beschreibe, was man in der digitalen Welt unter einem Bit und einem Byte versteht.

b Gib an, wie viele unterschiedliche ganze Zahlen man mit achtstelligen Binärzahlen (Bytes) speichern kann.

c Eine Stimmgabel wird angeschlagen und vor ein Mikrofon gehalten. Das Mikrofon ist an einen Computer angeschlossen. Skizziere in zwei Diagrammen das analoge Signal und das digitale Signal zum Ton der Stimmgabel.

d Das digitale Signal wird anschließend in eine Folge von achtstelligen Binärzahlen umgewandelt. Eine davon lautet: 01011001. Welcher Spannung (in mV) entspricht das? Schreibe deine Rechnung auf.

8 Beschreibe die Datenübertragung mithilfe von Lichtleitern. Fertige auch eine Skizze dazu an.

Teste dich! (Lösungen auf Seite 263)

Verschiedene Wellen

9 ☒ Schallwellen – elektromagnetische Wellen

a Beschreibe, wie eine Schallwelle an der schwingenden Membran eines Lautsprechers entsteht.

b Beschreibe, wie eine elektromagnetische Welle an einer Spule entsteht.

c Vergleiche die Ausbreitungsgeschwindigkeiten der beiden Wellenarten.

d Schallwellen brauchen einen Stoff, um sich auszubreiten. Wie ist das mit elektromagnetischen Wellen? Begründe deine Antwort mit einem Beispiel.

Ein Gerät – viele Frequenzen

10 ☒ Maria ist zu Hause mit ihrem Smartphone beschäftigt.

a Das Gerät sendet elektromagnetische Wellen mit der Frequenz 2,4 GHz an den WLAN-Router. Erkläre, was GHz bedeutet.

b Das Handy sendet auch elektromagnetische Wellen im Frequenzbereich 390–780 THz aus. Gib an, um welche Art von elektromagnetischen Wellen es sich dabei handelt.

Digital verändert die Gesellschaft

11 ☒ Erläutere, wie das Smartphone unseren Alltag beeinflusst. Beschreibe verschiedene Beispiele (Kommunikation, Musik hören, Bezahlen ...). Gib jeweils Vor- und Nachteile an.

Bewusster Umgang mit Handy und Co.

12 ☒ Nenne Gefahren, die bei der Teilnahme an anonymen Chats bestehen können.

13 ☒ Erkläre, welche Unterschiede zwischen der Ausstrahlung eines Films im Fernsehen und dem Abruf des Films bei einem Streamingdienst bestehen.

Welches Gerät ist richtig für mich?

14 ☒ Du möchtest einen neuen Laptop kaufen. Erstelle eine Checkliste mit jeweils mindestens fünf allgemeinen und physikalischen Eigenschaften, die das Gerät erfüllen soll und die dir besonders wichtig sind.

Sensoren

15 Lebewesen haben Sinnesorgane, in der Technik benutzt man Sensoren.

a ☒ Nenne fünf Sensoren in Smartphones.

b ☒ Beschreibe anhand von zwei Beispielen, wie Sensoren auf Signale aus der Umwelt reagieren. Beispiel: „Je heißer ein Heißleiter wird, desto ⟨?⟩."

c ☒ Nenne Signale, die unsere Sinnesorgane nicht empfangen können. Ergänze, welche Sensoren helfen können.

16 ☒ „Ein Mikrofon ist ein Schallsensor." Begründe diese Aussage.

17 ☒ Heißleiterwiderstand und Fotowiderstand sind weitverbreitete Sensoren.

a Gib jeweils an, auf welche Signale sie reagieren. Nenne Anwendungsbeispiele.

b Zeichne die Schaltzeichen dieser beiden Sensoren.

c Wenn ein Signal auf die Sensoren trifft, ändert sich ihr Widerstandswert. Beschreibe jeden Sensor mit einem Je-desto-Satz.

18 Temperatursensoren

a ☑ Beschreibe, wann die beiden Sensoren gute elektrische Leiter sind. → 1

b ☒ Welchen Sensor kennst du aus den Versuchen? Überlege dir für den anderen Typ einen Namen und eine Verwendungsmöglichkeit.

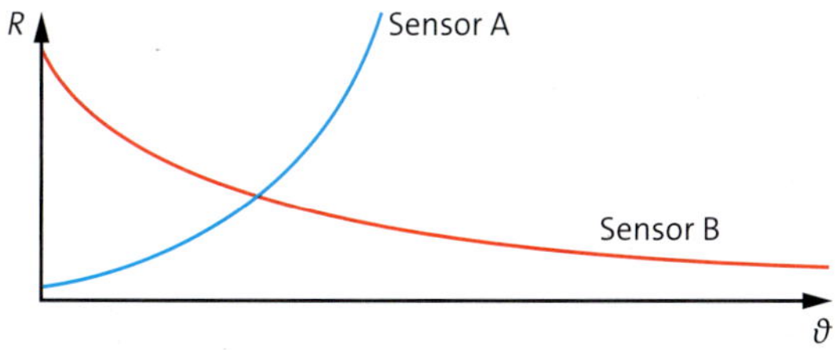

1

Signale lenken und ausgeben

19 ☒ In welcher Schaltung leuchtet die Lampe? → 2 3 Begründe deine Antwort.

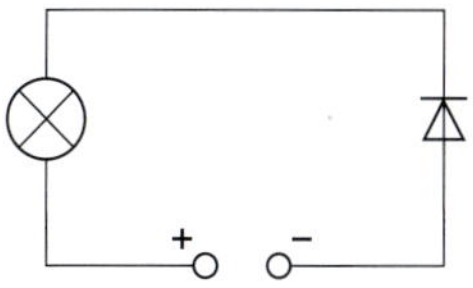

2

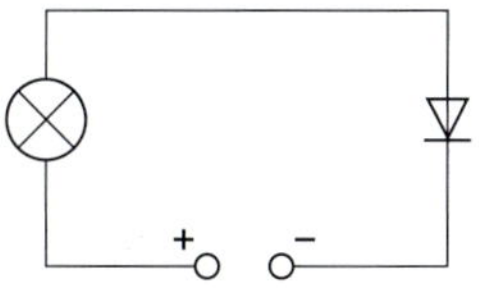

3

20 ☑ An einer Diode fehlt der Markierungsring. An welcher Seite der Diode muss er angebracht werden? Beschreibe einen Versuch, mit dem du es herausfindest.

21 Dioden gibt es in jedem Haus.

a ☑ Zeichne das Schaltzeichen der Diode.

b ☒ Formuliere eine Merkregel, wie eine Diode in Durchlassrichtung richtig herum in einen Gleichstromkreis eingebaut wird.

c ☑ Beschreibe die Wirkung einer Diode:
- in einem Gleichstromkreis
- in einem Wechselstromkreis

d ☒ In manchen Steckernetzteilen zu Hause stecken ein Transformator und Dioden. Erkläre jeweils, für welche Aufgaben diese Bauteile im Netzteil eingesetzt werden.

22 ☒ „LEDs sind leuchtende elektrische Ventile." Erkläre diese Aussage.

Transistoren verstärken Signale

23 „Transistoren wirken als Verstärker."

a ☒ Erkläre, was mit dieser Aussage gemeint ist.

b ☒ Formuliere in einem Satz, was man als den Verstärkungsfaktor eines Transistors bezeichnet.

24 Hanna hat eine Alarmanlage für ihre „Geheimschublade" vorbereitet. → 4

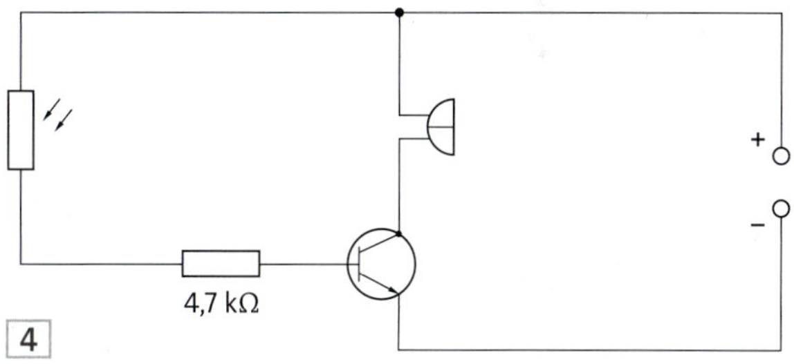

4

a ☑ Beschreibe, wie die Schaltung funktionieren soll.

b ☒ Die Polung der elektrischen Energiequelle wird vertauscht. Funktioniert Hannas Alarmanlage nun immer noch? Begründe deine Antwort.

c ☒ Verändere die Transistorschaltung, sodass sie zum Brandmelder wird. Gib an, welches Bauteil du austauschst. Erkläre deine Schaltung.

Anhang

Lösungen der Testaufgaben

Kräfte – S. 42 f.

1 Wirkung: Geschwindigkeit nimmt zu. Beispiel: Auto fährt an.
Wirkung: Geschwindigkeit nimmt ab. Beispiel: Auto bremst.
Wirkung: Bewegung ändert ihre Richtung. Beispiel: Fußball wird umgelenkt.
Wirkung: Gegenstand wird verformt. Beispiel: Eisenstange wird gebogen.

2 orangefarbener Kraftmesser: 0,9 N
gelber Kraftmesser: 25 N
blauer Kraftmesser: 8 N
grüner Kraftmesser: 16 N

3 Wenn man einen Griff der Zange mit einem Rohr verlängert, wirkt am Nagel eine größere Kraft.

4 a Zeichnung:

b Wenn die Nuss weiter rechts liegt, wird es schwerer. Je länger der Lastarm bei gleichbleibendem Kraftarm ist, umso mehr Kraft muss zum Knacken der Nuss eingesetzt werden.
c Der obere Arm des Nussknackers wirkt als Hebel. Da der Kraftarm viel länger ist als der Lastarm, verstärkt er die Kraft der Hand. Man muss weniger Kraft ausüben, um die Nuss zu knacken.
d Der Kraftarm ist etwa 5-mal so lang wie der Lastarm. Die zum Knacken notwendige Kraft wird auf ein Fünftel verkleinert.

5 Je größer die Masse eines Himmelskörpers ist, desto größer ist seine Gewichtskraft. Oder: Je kleiner die Masse eines Himmelskörpers ist, desto kleiner ist seine Gewichtskraft.

6 a Die Milchtüte wird auf der Erde mit einer Kraft von 10 N angezogen.
b Der Korb mit Äpfeln wird auf dem Mond mit 10 N angezogen.
c Die Milchtüte wird auf der Erde mit einer Kraft von 10 N angezogen, weil ihre Masse 1 kg beträgt. Der Korb mit Äpfeln wird auf dem Mond mit 10 N angezogen, weil 1 kg auf dem Mond mit 1,6 N angezogen werden und 6 kg mit dem Sechsfachen, also 10 N.

7 Beispiele: Reifen, Bremsen

8 Beispiele: Eishockey, Eislaufen, Curling

9 a Die Kabine wird mit einer Kraft von 4500 N nach unten gezogen. Das Gegengewicht übt eine Kraft von 3000 N nach oben aus. Damit die Kabine im Kräftegleichgewicht ist, müssen die Kräfte nach oben und unten gleich groß sein. Die Seilwinde übt also eine Kraft von 1500 N nach oben aus:
4500 N = 3000 N + Kraft der Seilwinde
Kraft der Seilwinde = 4500 N – 3000 N = 1500 N
b Ohne Gegengewicht müsste die Seilwinde 4500 N nach oben ausüben. Das Gegengewicht verkleinert die für die Seilwinde notwendige Kraft.

10 Wenn ein Gegenstand sich nicht bewegt, so bedeutet dies nicht unbedingt, dass keine Kräfte auf ihn wirken. Es können auch mehrere Kräfte auf ihn wirken, die sich gegenseitig insgesamt aufheben. Auf die Hantel wirken zwei Kräfte: die Kraft von der Hand nach oben und die Gewichtskraft nach unten. Beide Kräfte sind gleich groß und entgegengesetzt gerichtet. Es herrscht ein Kräftegleichgewicht. Die Skizze ist ähnlich Bild 9 auf S. 41.

11 Die Luft übt eine Auftriebskraft nach oben auf die Propeller und damit auf die Drohne aus. Diese Auftriebskraft ist größer als die Gewichtskraft, mit der die Erde die Drohne nach unten zieht. Deshalb steigt die Drohne auf.

12 a Dichte $= \frac{50\,\text{g}}{100\,\text{cm}^3} = 0{,}5\,\frac{\text{g}}{\text{cm}^3}$
Der Becher schwimmt, da seine Dichte geringer ist als die von Wasser.
b Wenn die Dichte des Bechers größer wird als $1{,}0\,\frac{\text{g}}{\text{cm}^3}$, geht er unter. Dazu müsste der Becher schwerer werden als 100 g.

13 Auftriebskraft auf das Tauchboot:
$1{,}5\,\text{m}^3 = 1500\,\text{dm}^3$
Auftriebskraft $= 1500\,\text{dm}^3 \cdot 10\,\text{N} = 15\,000\,\text{N} = 15\,\text{kN}$

14 Die Kugelstoßkugel ist ungeeignet, weil auf sie eine große Gewichtskraft wirkt, aber wegen des kleinen Volumens nur eine geringe Auftriebskraft. Diese Kugel sinkt sofort zum Beckenboden.
Auf den luftgefüllten Wasserball wirkt eine geringe Gewichtskraft und wegen seines großen Volumens eine große Auftriebskraft. Dadurch schwimmt er auf der Wasseroberfläche.
Die Wassermelone hat eine eine kaum größere Dichte als Wasser. Die Auftriebskraft ist kaum kleiner als die Gewichtskraft, sodass die Wassermelone im Wasser nahezu schwebt. Sie wäre also am besten geeignet, um unter Wasser Ball zu spielen.

15 a Das Wasser in der Tiefe wird durch das Wasser darüber zusammengepresst. Dadurch herrscht im Wasser in der Tiefe ein Schweredruck. Infolge dieses Drucks übt das Wasser in der Tiefe Kräfte auf eingetauchte Körper aus. Die Kräfte auf deine Trommelfelle bewirken, dass die Trommelfelle nach innen verformt werden. Diese Verformung ergibt das Druckgefühl.
b In 10 m Wassertiefe beträgt der Schweredruck $100\,000\,\frac{N}{m^2} = 100\,000$ Pa. In 2 m Wassertiefe sind es 20 000 Pa.

16 a Das Wasser übt infolge des Schweredrucks Kräfte von allen Seiten auf die Luftblase aus. Die gleich großen Kräfte formen eine kugelförmige Blase.
b In großer Wassertiefe ist der Schweredruck größer, auf die Gasblase wirken somit größere Kräfte. Die Gasblase wird stark zusammengepresst, sie nimmt ein kleines Volumen ein.
Beim Aufsteigen wird der Schweredruck im Wasser kleiner. Also werden auch die Kräfte auf die Gasblase kleiner, sodass sie sich ausdehnen kann.

17 Wenn ein Auto mit geschlossenen Fenstern ins Wasser fällt, ist der Fahrgastraum zunächst noch mit Luft gefüllt. Der Druck in der Luft im Innenraum ist kleiner als der Druck im Wasser. Die Türen lassen sich gegen die großen Kräfte infolge des großen Drucks im Wasser nicht öffnen.
Erst wenn der Innenraum mit Wasser geflutet ist, lassen sich die Türen öffnen. Jetzt entspricht der Druck im Innenraum dem Druck außen.

Bewegungen – S. 78 f.

1 a *v*-*t*-Diagramm:

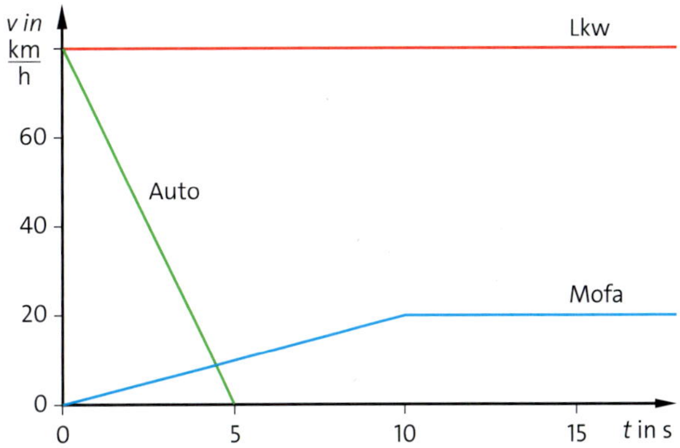

b Steigungsdreiecke siehe S. 47, Bild 3.

Fahrzeug	Δt	Δv	$a = \frac{\Delta v}{\Delta t}$
Lkw	15 s	$0\,\frac{km}{h} = 0\,\frac{m}{s}$	$0\,\frac{m}{s^2}$
Auto	5 s	$80\,\frac{km}{h} = 22{,}22\,\frac{m}{s}$	$4{,}44\,\frac{m}{s^2}$
Mofa	10 s	$20\,\frac{km}{h} = 5{,}56\,\frac{m}{s}$	$0{,}56\,\frac{m}{s^2}$

2 a Gegeben: $a = 1{,}5\,\frac{m}{s^2}$; $t = 7$ s

Gleichung: $a = \frac{v}{t}\ \mid \cdot t$

$v = a \cdot t$

$v = 1{,}5\,\frac{m}{s^2} \cdot 7\,s = 10{,}5\,\frac{m}{s} = 37{,}8\,\frac{km}{h}$

b $s = \frac{1}{2} a \cdot t^2 = \frac{1}{2} \cdot 1{,}5\,\frac{m}{s^2} \cdot (7\,s)^2 = 36{,}75$ m

3 a Gegeben: $v_A = 45\,\frac{km}{h} = 12{,}5\,\frac{m}{s}$

Bremsweg: $s_B = \frac{1}{2} \cdot \frac{{v_A}^2}{a_B}$

trocken: $a_B = 3\,\frac{m^2}{s^2}$; $s_B = \frac{1}{2} \cdot \frac{(12{,}5\,\frac{m}{s})^2}{3\,\frac{m}{s^2}} = 26$ m

nass: $a_B = 2\,\frac{m^2}{s^2}$; $s_B = \frac{1}{2} \cdot \frac{(12{,}5\,\frac{m}{s})^2}{2\,\frac{m}{s^2}} = 39$ m

b Auf trockener Fahrbahn ist der Bremsweg um 13 m kürzer. Auf nasser Fahrbahn muss die Geschwindigkeit reduziert und die Aufmerksamkeit erhöht werden.

4 a Gegeben: $v_A = 30\,\frac{km}{h} = 8{,}33\,\frac{m}{s}$

$a_B = 3\,\frac{m}{s^2}$; Oleg: $t_R = 0{,}8$ s; Luna: $t_R = 1{,}5$ s

Bremsweg: $s_B = \frac{1}{2} \cdot \frac{v_A^2}{a_B}$; Reaktionsweg: $s_R = v_A \cdot t_R$

Anhalteweg: $s_A = s_R + s_B$

Bremswege $s_B = \frac{1}{2} \cdot \frac{(8{,}33\,\frac{m}{s})^2}{3\,\frac{m}{s^2}} = 11{,}56$ m

Reaktionsweg Oleg: $s_R = 8{,}33\,\frac{m}{s} \cdot 0{,}8\,s = 6{,}66$ m

Reaktionsweg Luna: $s_R = 8{,}33\,\frac{m}{s} \cdot 1{,}5\,s = 12{,}5$ m

Anhalteweg Oleg: $s_A = 6{,}66\,m + 11{,}56\,m = 18{,}22m$

Anhalteweg Luna: $s_A = 12{,}5\,m + 11{,}56\,m = 24{,}06$ m

b Wenn man abgelenkt ist, verlängert sich der Anhalteweg beim Bremsen. Daher sollte immer sehr aufmerksam und bremsbereit gefahren werden.

5 Gegeben: $s_B = 40$ m; $a_B = 7\,\frac{m}{s^2}$

Bremsweg: $s_B = \frac{1}{2} \cdot \frac{v_A^2}{a_B}$

$40\,m = \frac{1}{2} \cdot \frac{v_A^2}{7\frac{m}{s^2}} \mid \cdot 7\,\frac{m}{s^2}$

$40\,m \cdot 7\,\frac{m^2}{s^2} = \frac{1}{2}\,v_A^2 \mid \cdot 2$

$v_A^2 = 560\,\frac{m^2}{s^2} \mid \sqrt{\ }$

$v_A = 23{,}66\,\frac{m}{s} = 85{,}2\,\frac{km}{h}$

6 a Die Kugel schwingt nach hinten.
b Die Kugel hängt gerade nach unten.
c Die Kugel schwingt nach vorne.
d Die Kugel schwingt nach rechts.

7 Der Motorroller prallt auf das Fahrzeug. Die Bewegung des Motorrollers wird dabei plötzlich verzögert. Der Dummy bewegt sich anfangs genauso schnell wie der Motorroller. Seine Bewegung wird aber nicht verzögert. Er behält seine ursprüngliche Geschwindigkeit bei und „fliegt" über das Auto.

8 Es gilt: $v = g \cdot t = 9{,}81\,\frac{m}{s^2} \cdot 2\,s = 19{,}62\,\frac{m}{s}$.
Die Kugel schlägt also mit einer Geschwindigkeit von $19{,}62\,\frac{m}{s}$ auf dem Boden auf.

9 Massereiche Gegenstände werden auf dem Mond zwar von der Gewichtskraft stärker beschleunigt. Gleichzeitig wird aber auch aufgrund der Trägheit eine größere Kraft benötigt, um massereichere Gegenstände zu beschleunigen. Diese beiden Effekte gleichen sich aus. Daher fallen alle Gegenstände auf dem Mond gleich schnell zu Boden.

10 Ich lege die Eisenschraube auf den rechten Wagen und den Magneten auf den linken Wagen. Dabei halte ich zunächst beide Wagen fest. Wenn ich den Wagen mit der Eisenschraube loslasse, fährt er in Richtung Magnet. Wenn ich den Wagen mit dem Magneten loslasse, fährt er Richtung Eisenschraube. Dieses Experiment zeigt somit das Wechselwirkungsprinzip. Nicht nur der Magnet übt eine Kraft auf die Eisenschraube aus, sondern auch die Eisenschraube auf den Magneten.

11 Durch das Zusammenziehen des Schirms wirkt in die Richtung, in die das Wasser ausgestoßen wird, eine Kraft auf das Wasser. Aufgrund des Wechselwirkungsprinzips wirkt auch eine Kraft auf die Qualle. Diese Kraft sorgt für die Beschleunigung der Qualle in die Richtung.

12 Gegenstände im freien Fall sind schwerelos. Wenn man eine Kapsel mit dem Experiment von oben im Turm fallen lässt, ist die Kapsel während des freien Falls schwerelos.

13 Die Aussage ist falsch. Die ISS besitzt eine Metallhülle. Wenn Metallhüllen die Schwerkraft abschirmen würden, wäre man beispielsweise auch in einem Auto schwerelos.

14 Vorteile sind z. B., dass
– Menschen sich schnell auf unbekannte Herausforderungen einstellen und sich Lösungswege überlegen können.
– zur Steuerung keine Funkbefehle von der Erde benötigt werden, die je nach Entfernung eine lange Zeit unterwegs wären.

Nachteile sind z. B., dass
– bemannte Raumfahrtmissionen viel teurer sind.
– anhaltende Schwerelosigkeit negative Auswirkungen auf den Körper haben kann.

15 Raumsonden sind unbemannte Raumkörper, die zu anderen Planeten oder auch außerhalb des Sonnensystems unterwegs sind. Auf Raumstationen forschen und leben Astronautinnen und Astronauten.

Energie, Leistung, Wirkungsgrad – S. 106 f.

1 230 J = 0,23 kJ; 0,67 MJ = 670 kJ; 98 000 J = 98 kJ; 56 MJ = 56 000 kJ

2 a Energie zum Schieben: $E = F \cdot s$
$E = 250\,\text{N} \cdot 30\,\text{m} = 7500\,\text{Nm} = 7{,}5\,\text{kJ}$
Herr Schulze braucht eine Energie von 7,5 kJ (die Angabe zur Türhöhe wird nicht benötigt).
b Lageenergie: $E = F_G \cdot h$
$E = 340\,\text{N} \cdot 0{,}5\,\text{m} = 170\,\text{Nm} = 170\,\text{J}$
Herr Schulze führt den Kisten insgesamt eine Energie von 170 J zu.

3 a Die Dauerleistung des Menschen beträgt normalerweise nicht mehr als 75 W.
b Der elektrische Staubsauger hat etwa die 12-fache Leistung des mechanischen Staubsaugers.

4 a Bei Martin ist die physikalische Leistung größer.
b Martin erhöht seine Lageenergie in der gleichen Zeit mehr, weil er eine größere Masse hat.
c Lageenergie oben: $E = F_G \cdot h$
Martin: $E = 560\,\text{N} \cdot 5\,\text{m} = 2800\,\text{Nm} = 2800\,\text{J}$
Tobias: $E = 530\,\text{N} \cdot 5\,\text{m} = 2650\,\text{Nm} = 2650\,\text{J}$
d Leistung: $P = \frac{E}{t}$
Martin: $P = \frac{2800\,\text{J}}{7{,}0\,\text{s}} = 400\,\text{W}$
Tobias: $P = \frac{2650\,\text{J}}{7{,}0\,\text{s}} = 380\,\text{W}$

5 Der Vorteil ist: Zum Durchschneiden des Astes wird eine kleinere Kraft benötigt. Dabei verlängert sich der Weg, auf dem die Hände die Astschere zusammendrücken müssen. Das kann ein Nachteil sein, wenn z. B. in dichtem Gebüsch wenig Platz ist, um die Astschere weit zu öffnen. Außerdem muss man seine Arme mehr bewegen.

6 a Um das Fass auf die Rampe zu rollen, braucht man eine kleinere Kraft als zum Heben.
b Die Kraft zum Heben des Fasses ist 4-mal so groß wie die Kraft zum Hochrollen.
c Heben: $F = 600\,\text{N}$
Hochrollen: $F = \frac{1}{4} \cdot 600\,\text{N} = 150\,\text{N}$
d Energie = Kraft mal Weg; $E = F \cdot s$
Heben: $E = 600\,\text{N} \cdot 1\,\text{m} = 600\,\text{Nm} = 600\,\text{J}$
Hochrollen: $E = 150\,\text{N} \cdot 4\,\text{m} = 600\,\text{Nm} = 600\,\text{J}$
In beiden Fällen wird gleich viel Energie zugeführt (Arbeit verrichtet).

7 Physikalischer Grund: Auf dem direkten Aufstieg braucht man eine größere Kraft als auf dem geschlängelten Weg. Es ist anstrengender.
Nicht physikalische Gründe: Der geschlängelte Weg ist sicherer. Man soll nicht abseits der Wanderwege gehen.

8 Oben auf dem Berg hat Peter auf seinem Mountainbike viel Lageenergie. Sie wird beim Herunterfahren in Bewegungsenergie umgewandelt. Damit Peter nicht zu schnell wird, muss er bremsen und einen Teil der Bewegungsenergie in thermische Energie umwandeln. Diese Energie ist für das Fahren wertlos. Wenn Peter unten am Berg zum Stillstand gekommen ist, wurde die gesamte Lageenergie in thermische Energie umgewandelt. Insgesamt betrachtet, ist die Energie aber erhalten geblieben.

9 a Das Auto kommt bis zur Höhe 1.
b Der Wagen kommt nicht zur Höhe 3, weil er dann ja rechts mehr Lageenergie als am Start hätte. Der Wagen kommt nicht zur Höhe 2, weil bei der Fahrt Bewegungsenergie durch Reibung in thermische Energie umgewandelt und abgegeben wird.
c Die Aussage ist falsch. Die Energie bleibt zwar insgesamt erhalten, ein Teil der Bewegungsenergie wird aber durch Reibung in thermische Energie umgewandelt. Diese Energie fehlt dann der Bewegung, sodass der Wagen die Höhe 2 nicht erreicht.

10 Bewegungsenergie: $E_{\text{Bewegung}} = \frac{1}{2} \cdot m \cdot v^2$
Tischtennisball:
$E_{\text{Bewegung}} = \frac{1}{2} \cdot 0{,}0027\,\text{kg} \cdot \left(\frac{180}{3{,}6}\,\frac{\text{m}}{\text{s}}\right)^2 = 3{,}4\,\text{J}$
Fußball:
$E_{\text{Bewegung}} = \frac{1}{2} \cdot 0{,}430\,\text{kg} \cdot \left(\frac{120}{3{,}6}\,\frac{\text{m}}{\text{s}}\right)^2 = 238\,\text{J}$
Der Fußball hat die größere Bewegungsenergie.

11 $F = 6{,}8\,\text{kN} = 6800\,\text{N}$
$E = F \cdot s_B$; $E = 6800\,\text{N} \cdot 12\,\text{m} = 81\,600\,\text{Nm}$
$E = E_{\text{Bewegung}} = \frac{1}{2} \cdot m \cdot v^2$
$81\,600\,\text{Nm} = 600\,\text{kg} \cdot v^2 \mid : 600\,\text{kg}$
$v^2 = \frac{81\,600\,\text{Nm}}{600\,\text{kg}} = 136\,\frac{\text{m}^2}{\text{s}^2}$
$v = 11{,}7\,\frac{\text{m}}{\text{s}} = 42{,}1\,\frac{\text{km}}{\text{h}}$
Die Geschwindigkeit des Pkw lag unter $50\,\frac{\text{km}}{\text{h}}$.

12 a Durch Luftreibung und die Verformung des Balls beim Aufprall werden Lageenergie und Bewegungsenergie zum Teil in thermische Energie umgewandelt. Die thermische Energie geht in die Umgebung (Energieentwertung) und ist für die Bewegung des Balls verloren.
b Um den Wirkungsgrad zu berechnen, teilt man die maximalen Höhen, die der Ball bei zwei aufeinanderfolgenden Sprüngen erreicht, durcheinander.
Beispielrechnung, erste beiden Sprünge:
$\frac{16\,\text{mm}}{27\,\text{mm}} = 0{,}59 = 59\,\%$
Der Wirkungsgrad beträgt rund 60 %.

13 a Wirkungsgrad $= \frac{\text{nutzbare Energie}}{\text{zugeführte Energie}}$

zugeführte Energie $= \frac{\text{nutzbare Energie}}{\text{Wirkungsgrad}}$

zugeführte Energie $= \frac{1\,\text{MJ}}{0{,}20} = 5\,\text{MJ}$

Dem Benzinroller muss eine chemische Energie von 5 MJ für eine Bewegungsenergie von 1 MJ zugeführt werden.

b zugeführte Energie $= \frac{1\,\text{MJ}}{0{,}60} = 1{,}7\,\text{MJ}$

Dem Elektroroller muss nur eine elektrische Energie von 1,7 MJ für eine Bewegungsenergie von 1 MJ zugeführt werden.

14 a Die Muskeln wandeln die zugeführte chemische Energie zu 25 % in Bewegungsenergie um. Energiekette siehe Seite 90. Wenn es nur um die genutzte Bewegungsenergie geht, könnte man den Pfeil für die bei der Energieumwandlung entstehende thermische Energie grau färben.

b Jan muss etwa 600 kJ über die Schokolade zu sich nehmen. 100 g Schokolade haben rund 2300 kJ. 26 g Schokolade haben rund 600 kJ.

Kraftwerke – S. 131

1 a Fossile Energieträger liegen in der Erde. Sie sind vor Hunderten Millionen Jahren entstanden und nicht erneuerbar. Beispiele: Kohle, Erdgas, Erdöl
Erneuerbare (regenerative) Energieträger stehen uns immer wieder neu zur Verfügung. Beispiele: Sonnenstrahlung, Wind, Wasser (strömend, angehoben), Biomasse

b Windkraftwerk: Wind treibt einen Rotor (eine Turbine) an, der angekoppelte Generator wandelt die Bewegungsenergie zum Teil in elektrische Energie um.
Wasserkraftwerk: Strömendes Wasser treibt eine Turbine an, der angekoppelte Generator wandelt die Bewegungsenergie zum Teil in elektrische Energie um.
Solarzelle: Die Solarzelle wandelt Strahlungsenergie zum Teil direkt in elektrische Energie um.

c Die Fotovoltaikanlage wandelt Strahlungsenergie zu 15 % in elektrische Energie um. Das Windkraftwerk wandelt die Bewegungsenergie des Winds zu 45 % in elektrische Energie um. Das Windkraftwerk wandelt die zugeführte Energie also 3-mal so gut in elektrische Energie um.

2 a Wirkungsgrad des Kraftwerks: 40 %

b Ein Kohlekraftwerk gibt mehr thermische Energie als elektrische Energie ab.

c Gewünschte Energieumwandlungen: chemische Energie → thermische Energie → Bewegungsenergie → elektrische Energie

d Ausgefüllte Tabelle siehe unten.

e Das Kohlekraftwerk gibt als nutzbare Energie elektrische Energie ab. Das Heizkraftwerk gibt zusätzlich zu elektrischer Energie auch thermische Energie (zum Heizen) als nutzbare Energie ab. Das Heizkraftwerk wandelt daher einen viel größeren Teil der zugeführten Energie in nutzbare Energie um, sodass sein Wirkungsgrad größer ist.

3 a Die Atmosphäre lässt einen großen Teil des Sonnenlichts zur Erde durch. Die Erde absorbiert einen Großteil des durchgelassenen Sonnenlichts, wird von der aufgenommenen Energie erwärmt und gibt viel Infrarotstrahlung ab. Die Atmosphäre wird durch diese Infrarotstrahlung erwärmt und sendet ihrerseits viel Infrarotstrahlung zur Erde und in den Weltraum aus. Die Infrarotstrahlung zur Erde erwärmt die Erde zusätzlich zum direkt einfallenden Sonnenlicht.

b Die Menschheit verbrennt zum Beispiel in Kohlekraftwerken und in Verbrennungsmotoren große Mengen fossiler Brennstoffe. Dabei werden gewaltige Mengen des Treibhausgases Kohlenstoffdioxid erzeugt und gelangen in die Atmosphäre. Auch in der Landwirtschaft werden zum Beispiel infolge intensiven Düngens und der Massenhaltung von Rindern große Mengen an Treibhausgasen in die Atmosphäre entlassen. Die zusätzlichen Treibhausgase sorgen dafür, dass die Atmosphäre die Infrarotstrahlung von der Erde stärker absorbiert. Dadurch wird die Atmosphäre stärker erwärmt und erwärmt ihrerseits die Erdoberfläche stärker als beim natürlichen Treibhauseffekt allein.

Energiewandler	Vorgang	Energieumwandlung
Dampferzeuger	Brennstoff wird verbrannt, Wasser verdampft und der Dampf wird auf über 500 °C erhitzt.	chemische Energie → thermische Energie und Bewegungsenergie
Turbine	Der Dampf treibt die Turbine an.	thermische Energie und Bewegungsenergie → Bewegungsenergie
Generator	Die Turbine treibt den Generator an.	Bewegungsenergie → elektrische Energie

c Die Verstärkung des Treibhauseffekts bewirkt, dass die mittlere Temperatur an der Erdoberfläche steigt. Einige Folgen der Temperaturerhöhung sind: Anstieg der Meeresspiegel, häufigere Hitze- und Dürreperioden, stärkere Verdunstung von Wasser und stärkere Regenfälle, heftigere Winde und Stürme. Ein Klimawandel zeichnet sich ab.
d Beim Verbrennen von Kohle im Kohlekraftwerk entstehen große Mengen des Treibhausgases Kohlenstoffdioxid. Es entweicht mit den Abgasen und verstärkt den Treibhauseffekt der Atmosphäre. Im Windkraftwerk wird beim Betrieb nichts verbrannt, es werden keine Treibhausgase erzeugt. Deshalb verstärkt der Betrieb von Windkraftwerken den Treibhauseffekt nicht.

4 Elektrogeräte sind energiesparend, wenn sie vergleichsweise wenig elektrische Energie benötigen, um ihre Aufgaben zu erfüllen.
Derzeit wird elektrische Energie oft von Wärmekraftwerken bereitgestellt, in denen fossile Brennstoffe verbrannt werden. Dabei wird Kohlenstoffdioxid erzeugt, das in die Atmosphäre gelangt und das Klima schädigt. In diesem Fall helfen energiesparende Elektrogeräte nur ein wenig gegen den Klimawandel, weil sie weniger elektrische Energie benötigen als andere Elektrogeräte.
Wenn die elektrische Energie für die Geräte dagegen klimaneutral mithilfe erneuerbarer Energieträger bereitgestellt wird, werden keine klimaschädlichen Gase in die Atmosphäre abgegeben. In diesem Fall hilft der Einsatz der Geräte gegen den Klimawandel.

Motoren, Generatoren und Transformatoren – S. 162 f.

1 a Die Feldlinien gehen außerhalb eines Magneten von seinem Nordpol zu seinem Südpol.
b Der Pfeil an einer Magnetfeldlinie zeigt an, in welche Richtung die Spitze des Nordpols einer Kompassnadel an dieser Stelle zeigen würde.
c Je dichter die Feldlinien an einem Ort in der Nähe des Magneten gezeichnet sind, desto stärker ist dort die magnetische Wirkung auf andere Magnete oder Körper aus Eisen (Nickel, Cobalt).

2 a Eine stromdurchflossene Spule zeigt magnetische Wirkungen. Sie werden durch einen Eisenkern in der Spule verstärkt. Die Spule mit dem Eisenkern bezeichnet man als Elektromagneten.
b Die Felder der beiden Magnete ähneln sich. Beide Magnete haben jeweils einen Nord- und einen Südpol. Der Elektromagnet lässt sich abschalten und umpolen, der Stabmagnet nicht. Die magnetische Wirkung des Elektromagneten lässt sich mithilfe der Stromstärke verändern.

3 a Rotor – Elektromagnet, Stator – Dauermagnet
b Der Strom wird eingeschaltet. – An den Enden des Rotors bilden sich ein Nordpol und ein Südpol aus. – Gleiche Magnetpole von Rotor und Stator stoßen sich gegenseitig ab. – Der Rotor dreht sich.

4 Man hält den Daumen in Richtung der Elektronenbewegung (von – nach +). Den Zeigefinger spreizt man senkrecht und hält ihn in Richtung des Magnetfelds vom Nord- zum Südpol. Der Mittelfinger wird senkrecht zu beiden gespreizt. Er zeigt dann die Richtung der Lorentzkraft an. In diese Richtung wird der stromdurchflossene Leiter bewegt.

5 Bild 4: Auf den stromdurchflossenen Draht wirkt eine Kraft nach unten. Die Aufhängung wirkt dieser Kraft entgegen, der Draht bewegt sich nicht.
Bild 5: Der stromdurchflossene Draht wird nach links bewegt.
Bild 6: Der stromdurchflossene Draht wird nicht bewegt, weil die Stromrichtung parallel zur Richtung der Magnetfeldlinien ist.

6 Der Magnet wird schnell in die Spule hinein- und herausbewegt oder vor einem Ende der Spule geeignet gedreht. Man kann auch die Spule auf den Magneten zu- und wieder von ihm wegbewegen. Je schneller sich der Magnet oder die Spule bewegt, desto größer ist die Induktionsspannung. Ebenso erhöhen eine Spule mit vielen Windungen und ein starker Magnet die Spannung.

7 Polung 1, Gleichspannung: Das Messgerät zeigt 0 A an. Bei Gleichstrom ändert sich das Magnetfeld der Feldspule, das die Induktionsspule durchsetzt, nicht. Ohne Magnetfeldänderung kommt es nicht zur Induktion.
Polung 2, Wechselspannung: Das Messgerät zeigt einen Wechselstrom an. Bei Wechselstrom ändert sich das Magnetfeld der Feldspule, das die Induktionsspule durchsetzt, ständig. Aufgrund der Magnetfeldänderungen kommt es zur Induktion in der Induktionsspule. Richtung und Stärke des Magnetfelds ändern sich sehr rasch immer wieder und bewirken eine Wechselspannung an der Induktionsspule und einen Wechselstrom im Stromkreis mit dem Messgerät.

8 a Teil 1: Eisenkern, Teil 2: Induktionsspule, Teil 3: Dauermagnet

b Energiekette (Beispiel):

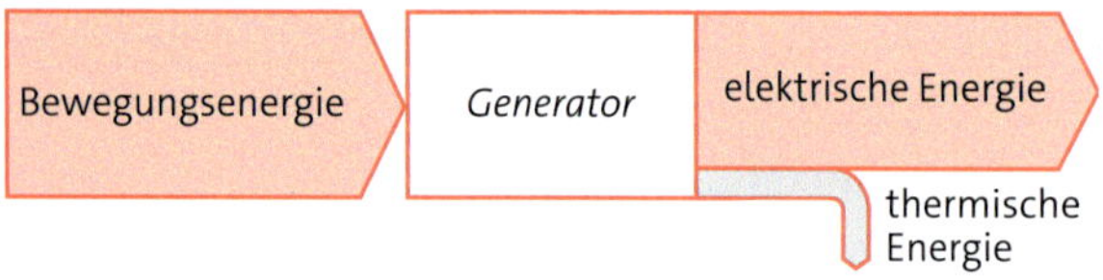

c Der Dynamo erzeugt eine Wechselspannung. Die Spannung beträgt 6 V.

d Wenn sich das Rad dreht, wird im Nabendynamo das Gehäuse mit mehreren Magneten um die Spule mit dem Eisenkern gedreht. Das Magnetfeld in der Spule ändert sich dadurch ständig, es kommt zur Induktion. An der Spule entsteht eine Spannung.

9 Spannung-Zeit-Diagramm:

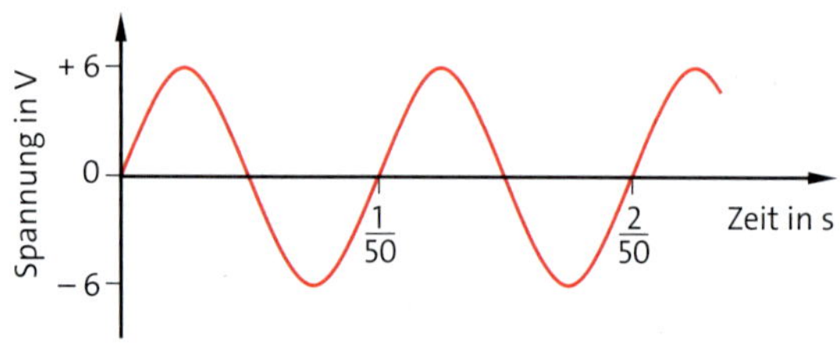

10 Zeichnung eines Transformators:

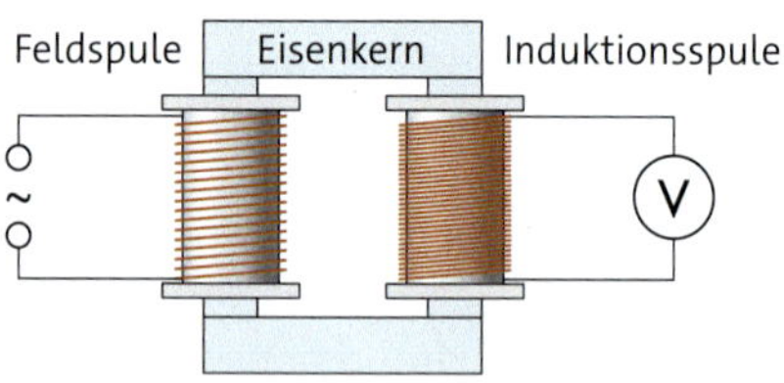

11 An die Feldspule wird eine veränderliche Spannung gelegt, sodass in der Spule ein veränderlicher Strom fließt. Die stromdurchflossene Feldspule bewirkt ein veränderliches Magnetfeld, das die Induktionsspule durchsetzt. Aufgrund der Magnetfeldänderungen kommt es zur Induktion in der Induktionsspule. Zwischen ihren Anschlüssen entsteht dadurch eine Spannung.

12 a Die Induktionsspule hat mehr Windungen als die Feldspule.

b Die Spannung an der Induktionsspule ist doppelt so hoch wie an der Feldspule. Also hat die Induktionsspule doppelt so viele Windungen wie die Feldspule: Feldspule 300 Windungen, Induktionsspule 600 Windungen.

c Der Trafo erhöht die Spannung, es gilt: „Spannung rauf, Stromstärke runter." Die Stromstärke ist also in der Induktionsspule geringer als in der Feldspule. Das bedeutet: Die Stromstärke ist in der Feldspule größer als in der Induktionsspule.

13 a Leistung, die der Drucker vom Netzteil erhält:
$P = U \cdot I$; $P = 32\,\text{V} \cdot 0{,}375\,\text{A} = 12\,\text{VA} = 12\,\text{W}$

b Wirkungsgrad des Netzteils:

$$\text{Wirkungsgrad} = \frac{\text{nutzbare Leistung}}{\text{zugeführte Leistung}}$$

$$\text{zugeführte Leistung} = \frac{\text{nutzbare Leistung}}{\text{Wirkungsgrad}}$$

$$P_{zu} = \frac{12\,\text{W}}{0{,}75} = 16\,\text{W}$$

c Stromstärke in der Feldspule:

$$P_{zu} = U \cdot I;\ I = \frac{P_{zu}}{U}$$

$$I = \frac{16\,\text{W}}{230\,\text{V}} = 0{,}070\,\text{A}$$

14 Schaltzeichnung der Energieübertragung:

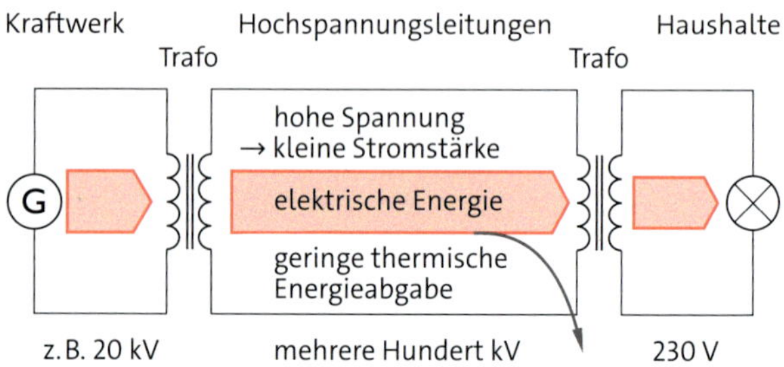

Der Trafo am Kraftwerk erhöht die Spannung, sodass die Stromstärke in den Überlandleitungen verringert wird. Bei geringerer Stromstärke wird viel weniger elektrische Energie unterwegs in thermische Energie umgewandelt und ungenutzt an die Umgebung abgegeben (geringe Energieentwertung). Für die Haushalte wird die Spannung durch den zweiten Trafo auf die erforderlichen 230 V gesenkt.

Radioaktivität – S. 206 f.

1 Nach dem Kern-Hülle-Modell besteht das Atom aus einem Atomkern und der Atomhülle. Der Atomkern besteht aus Protonen und Neutronen. Protonen sind elektrisch positiv, Neutronen sind ungeladen. Die elektrisch negativ geladenen Elektronen bilden die Atomhülle. Im Atom sind gleich viele Elektronen und Protonen.

2 Bei Isotopen eines Elements enthalten die Atomkerne immer gleich viele Protonen, aber unterschiedlich viele Neutronen. Die Atomkerne von Wasserstoff enthalten immer genau ein Proton und dazu 0, 1 oder 2 Neutronen.
Zeichnung von 2 Wasserstoff-Isotopen: S. 166, B. 4

3 a $^{14}_{7}N$: 7 Protonen, 7 Neutronen

$^{15}_{7}N$: 7 Protonen, 8 Neutronen

b $^{133}_{55}Cs$: 55 Protonen, 78 Neutronen

$^{137}_{55}Cs$: 55 Protonen, 82 Neutronen

4 Mit einem Geigerzähler kann geprüft werden, ob die Leuchtziffern radioaktiv sind.

5 Ionisierende Strahlung: Alphastrahlung, Betastrahlung und Gammastrahlung sowie Röntgenstrahlung

6 ab Lösungstabelle:

	α-Strahlung	β-Strahlung	γ-Strahlung
Art der Strahlung	Strahlung aus Teilchen	Strahlung aus Teilchen	wie Licht
elektrisch	positiv	negativ	neutral
ionisierend	stark	weniger stark	schwach
Wird gestoppt von:	Papier	5 mm dickes Alublech	dicke Bleiplatten
Bild	3	4	2
Elementumwandlung	Elementumwandlung	Elementumwandlung	keine Elementumwandlung

7 Bei α-Strahlung werden 2 Protonen und 2 Neutronen abgegeben. Es entsteht das Element Uran mit 94 − 2 = 92 Protonen.

8 In 30 Jahren sinkt die Aktivität um die Hälfte.

9 a Die Aktivität gibt an, wie viele Atomkerne sich pro Sekunde umwandeln.
b In 1 g natürlichem Kalium wandeln sich 28 Atomkerne pro Sekunde um. Im Körper zerfallen etwa 100 · 28 = 2800 Kalium-Atomkerne pro Sekunde.

10 a Ein Caesiumkern besteht aus 137 Teilchen. Davon sind 55 Protonen und 82 Neutronen.
b Die Halbwertszeit beträgt etwa 30 Jahre.
c Nach mehr als 100 Jahren. Begründung: In jeweils 30 Jahren wandelt sich immer nur die Hälfte des vorher vorhandenen Caesiums um. Nach 90 Jahren sind noch etwa 12,5 g $^{137}_{55}Cs$ vorhanden, nach 120 Jahren noch 6,25 g.

11 Diagnose: Der menschliche Körper wird mit Röntgenstrahlung durchleuchtet. Dabei werden insbesondere die Knochen gut sichtbar. Nachteil: Die Strahlung kann Zellen schädigen.
Diagnose: Ein radioaktiver Stoff wird dem Körper zugeführt und sammelt sich in einem Tumor. Aufgrund der Strahlung kann der Tumor gefunden werden. Nachteil: Die Strahlung entsteht im Körperinnern und kann gesunde Zellen schädigen.
Therapie: Der Tumor wird mit ionisierender Strahlung „beschossen" und zerstört. Nachteil: Die Strahlung kann gesunde Zellen schädigen.
Therapie: Ein radioaktiver Stoff wird in einen Tumor eingeschleust. Die Strahlung zerstört die Krebszellen. Nachteil: Die Strahlung entsteht im Körperinnern und kann gesunde Zellen schädigen.

12 Das ungeborene Kind kann durch die ionisierende Strahlung einen besonders großen Schaden erleiden, weil sich seine Zellen sehr schnell teilen – und damit auch die geschädigten Zellen.

13 Von außen: γ-Strahlung dringt tief in den Körper ein und kann innere Organe schädigen.
Von innen: α-Strahlung ist sehr gefährlich, wenn sie über Nahrungsmittel oder Gase im Körper entsteht. Sie kann wegen ihrer großen Ionisierungsfähigkeit innere Organe stark schädigen.

14 Wenn ein Neutron in einen Urankern eindringt, kann er sich spalten. Dabei entstehen zwei kleinere Atomkerne und freie Neutronen. Sie bewegen sich mit großer Geschwindigkeit auseinander. Skizze:

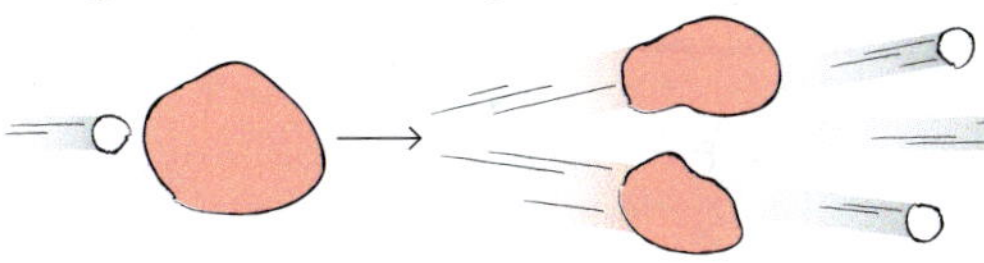

15 Ein Neutron dringt in den Urankern ein. → Der Urankern spaltet sich. → Die Bruchstücke und freigesetzte Neutronen bewegen sich mit großer Geschwindigkeit auseinander. → Bei Stößen geben sie Energie an Wasserteilchen ab. → Die Wasserteilchen bewegen sich heftiger als zuvor. → Temperatur und thermische Energie des Wassers steigen.

16 Beim Verbrennen oxidiert die Kohle, Energie wird freigesetzt und über Strahlung abgegeben. Es findet eine Stoffumwandlung statt, keine Elementumwandlung.
Uran wird nicht oxidiert, sondern gespalten. Es findet eine Elementumwandlung statt. Dabei wird sehr viel Energie freigesetzt.

17 Im Reaktor wird durch Kernspaltungen sehr viel Energie freigesetzt. Das Wasser im Druckbehälter wird auf über 330 °C erhitzt. Im Wärmetauscher gibt es seine thermische Energie an das Wasser im

2. Kreislauf ab. Dieses verdampft und der Dampf wird erhitzt. Er treibt die Turbine und den Generator an, der elektrische Energie erzeugt.
Gefahren: Bei einem Unfall können radioaktive Stoffe und ionisierende Strahlung aus dem Reaktor austreten. Besonders gefährlich wäre ein Ausfall des 1. Kreislaufs. Die thermische Energie aus den Kernspaltungen würde nicht mehr abgeführt werden. Das Wasser könnte verdampfen, den Reaktor zum Bersten bringen und als radioaktive Wolke austreten. Die hochradioaktiven Brennelemente könnten schmelzen, die Reaktorwand zerstören und ins Erdreich und Grundwasser gelangen.

18 Viele Bestandteile der Abfälle sind hochradioaktiv und haben lange Halbwertszeiten. Bei den Kernumwandlungen wird viel Energie freigesetzt. Die Abfälle müssen daher gekühlt werden. Außerdem geben die Abfälle ionisierende Strahlung ab.

19 In Zwischenlagern werden die „verbrauchten" Brennelemente aufbewahrt, bis ihre Aktivität und Wärmeentwicklung genügend abgeklungen sind. Danach sollen die Brennelemente in Endlagern (zum Beispiel in Bergwerken) für viele Jahrtausende auch ohne Überwachung durch Menschen sicher eingeschlossen werden, ohne die Umwelt zu gefährden.

20 In der Sonne kommen Wasserstoffkerne gegen die elektrische Abstoßung so nah zusammen, dass die sehr stark anziehende Kernkraft zwischen ihnen wirkt. In mehreren Schritten verschmelzen Wasserstoffkerne zu Heliumkernen. Dabei wird sehr viel Energie freigesetzt.

Informationsübertragung – S. 251 ff.

1 Mikrofon: a, c, d
Das Gerät enthält einen Dauermagneten, eine Spule und eine Membran. Schall wird in eine Wechselspannung umgewandelt. Die Membran wird in Schwingungen versetzt.
Lautsprecher: a, b, d, e
Das Gerät enthält einen Dauermagneten, eine Spule und eine Membran. Eine Wechselspannung wird in Schall umgewandelt. Die Membran wird in Schwingungen versetzt. Das Gerät sendet Schall aus.

2 Das Mikrofon wandelt die Bewegungsenergie des eintreffenden Schalls in elektrische Energie um. Der Lautsprecher wandelt die zugeführte elektrische Energie in die Bewegungsenergie des abgegebenen Schalls um.

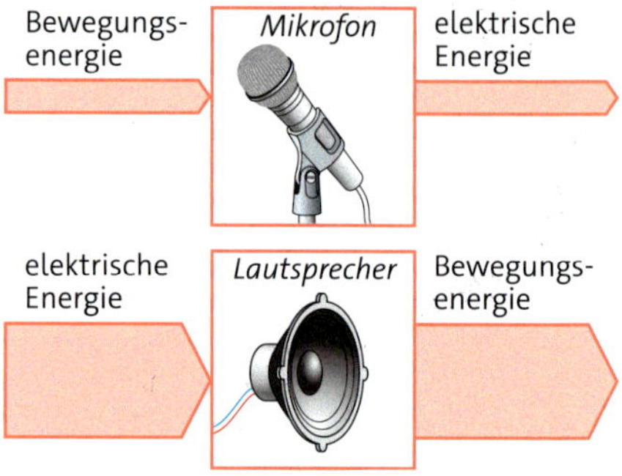

3 a Der Ton H hat eine Frequenz von 31 Hz.
b Der Ton H klingt viel tiefer als die Stimmgabel, weil die Frequenz 31 Hz viel kleiner als 440 Hz ist.

4 Der Ton von Diagramm 7 war lauter, weil seine Amplitude größer war.

5 Umwandlung der ganzen Zahlen:

Zahlen	Binärzahlen (4 Bit)
12	1100
9	1001
15	1111
4	0100

6 Zahlen zum Elefantenbild:

Binärzahlen	Ganze Zahlen
00000000	0
01111000	120
01111111	127
01011111	95
01111111	127
01011111	95
11011111	223
00010001	17

7 a Ein Bit ist die kleinste Informationseinheit, sie kann nur zwei Zustände haben. Ein Byte besteht aus 8 Bit.
b Mit achtstelligen Binärzahlen (Bytes) kann man 256 unterschiedliche ganze Zahlen speichern.
c Die Skizzen sollten ähnlich aussehen wie die Diagramme 5 und 6 auf Seite 248.

d Spannung: 89 mV; Rechnung (siehe Seite 215):
$0 \cdot 2^7 + 1 \cdot 2^6 + 0 \cdot 2^5 + 1 \cdot 2^4 + 1 \cdot 2^3 + 0 \cdot 2^2 + 0 \cdot 2^1 + 1 \cdot 2^0$
$= 64 + 16 + 8 + 1 = 89$

8 Die binären Daten werden vom Sendegerät in Lichtblitze umgewandelt und durch den Lichtleiter geschickt. Das Empfängergerät wandelt die Lichtblitze wieder in binäre Daten um.
Die Lichtblitze bleiben im Lichtleiter, auch wenn er nicht gerade verläuft, weil sie durch Totalreflexion am Glasfasermantel immer wieder in den Glasfaserkern reflektiert werden (Zeichnung siehe Seite 215).

9 a Die schwingende Membran verdichtet und verdünnt die angrenzende Luftschicht in raschem Wechsel. Dieser Wechsel von Luftverdichtungen und -verdünnungen breitet sich in den luftgefüllten Raum aus. Man spricht von einer Schallwelle.
b Die Spule wird an eine Wechselspannung angeschlossen, die Stromrichtung in der Spule wechselt mit der Frequenz der Wechselspannung. Im gleichen „Takt" wechseln auch die Magnetpole der Spule. Wenn sich die Wechsel mehr als 30 000-mal pro Sekunde wiederholen ($f > 30$ kHz), dann breitet sich eine elektromagnetische Welle von der Spule weg aus.
c Schallgeschwindigkeit in Luft: $c \approx 340 \frac{m}{s}$
Elektromagnetische Wellen breiten sich mit Lichtgeschwindigkeit aus. Im Vakuum (und in der Luft) gilt: $c \approx 300\,000 \frac{km}{s}$.
Die Lichtgeschwindigkeit ist fast eine Million Mal so groß wie die Schallgeschwindigkeit.
d Elektromagnetische Wellen brauchen keinen Stoff, um sich auszubreiten. Beispiele: Raumsonden und TV-Satelliten senden elektromagnetische Wellen durch den Weltraum hindurch zur Erde. Auch das Licht, das die Sonne abstrahlt, gehört zu den elektromagnetischen Wellen.

10 a 1 GHz = 1 Milliarde Hz
Die Wechselspannung in der Sendespule beträgt 2,4 GHz, die freien Elektronen im Spulendraht strömen 2,4 Milliarden Mal pro Sekunde hin und her.
b Elektromagnetische Wellen im Frequenzbereich 390–780 THz nehmen wir als Licht wahr.

11 Beispiel Kommunikation: Wir können über das Smartphone ständig und fast überall Kontakt mit anderen Personen aufnehmen, die ein Smartphone haben. Vorteile (Beispiele): ständige Kommunikationsmöglichkeit auch über weite Entfernungen, mobile Nutzung an beliebigen Orten, Echtzeitgespräche, Übertragung auch von Bildern und Videos. Nachteile (Beispiele): Aufmerksamkeit wird durch häufige Anrufe, Textnachrichten, Meldungen usw. abgelenkt. Dritte können Bewegungsprofile erstellen, Einkaufsverhalten ausspionieren usw.
Beispiel Musik hören: Wir können jederzeit und an (fast) jedem Ort Musik hören, die auf dem Smartphone abgespeichert oder im Netz verfügbar ist. Wir können unsere Lieblingsmusik mit Freunden und Freundinnen digital teilen. Vorteil (Beispiel): mobile Verfügbarkeit von Musik, die man gerne mag, zu jeder Zeit. Nachteile (Beispiele): illegales Herunterladen von Musikdateien aus dem Netz möglich, gefährliche Ablenkung/Unaufmerksamkeit im Straßenverkehr
Beispiel Bezahlen: Mit dem Smartphone kann man über Apps im Internet oder beim Einkaufen im Laden direkt bezahlen. Vorteile (Beispiele): mobiles Einkaufen im Internet und im Laden, kein Bargeld mehr nötig. Nachteile (Beispiele): Konto- und Verbindungsdaten können ausgespäht werden. Wenn das Smartphone einmal nicht funktioniert (Akku leer, Gerät beschädigt) kann man nicht bezahlen, falls man kein Bargeld dabei hat. Bei bargeldlosem Bezahlen verlieren manche Menschen den Überblick über ihren Kontostand und verschulden sich.

12 Bei anonymen Chats besteht die Gefahr, nicht zu wissen, mit wem man kommuniziert. Erwachsene können sich als Jugendliche ausgeben, um dein Interesse zu wecken. Wenn man dort persönliche Dinge, Fotos oder Videos austauscht, können diese missbraucht werden.

13 Ein Fernsehfilm wird einmal ausgestrahlt und kann von beliebig vielen Empfängern gesehen werden. Bei einem Streamingdienst wird dagegen ein Film für jeden Empfänger neu gesendet, das ist sehr energieintensiv.

14 Allgemeine Eigenschaften (Beispiele): Preis, Bewertung anderer, Marke (trendig, bekannt, no name), Anschlussmöglichkeiten, Tastatur (deutsch/englisch, Nummernblock), Herstellung (Europa, Asien, USA), Umwelt (recycelbar)
Physikalische Eigenschaften (Beispiele): Bildschirmgröße und -auflösung, Touchscreen, Speichergröße, Rechengeschwindigkeit (Taktfrequenz), Laufzeit und Ladezeit des Akkus, Masse (Gewicht), Frequenzgang und Lautstärke der Lautsprecher

Lösungen der Testaufgaben

15 a Beispiele: Lagesensor, Magnetfeldsensor, Beschleunigungssensor, Schallsensor, Touchscreen, Helligkeitssensor
b Je heißer ein Heißleiter wird, desto kleiner wird sein Widerstandswert. Je mehr Licht auf einen Fotowiderstand fällt, desto kleiner wird sein Widerstandswert.
c Unsere Sinnesorgane empfangen keine Signale, die beispielsweise mit Radiowellen, infraroter Strahlung, ionisierender Strahlung oder Ultraschall übermittelt werden. Radiowellen könnten mit Radarsensoren, infrarote Strahlung mit speziellen Videokameras, ionisierende Strahlung beispielsweise mit Geigerzählern und Ultraschall mit Ultraschallsensoren empfangen werden.

16 Ein Mikrofon ist ein Schallsensor, weil es Schall in ein elektrisches Signal (eine Wechselspannung) umwandelt.

17 a Heißleiterwiderstände reagieren auf Änderungen der Temperatur, Fotowiderstände auf Änderungen der Helligkeit.
Anwendungen Heißleiterwiderstand: Thermometer, Lüfter für den Prozessor, Feuermelder
Anwendungen Fotowiderstand: Lichtsensor an der Fahrradlampe, Chip in der Kamera, Lichtschranke
b Schaltzeichen:

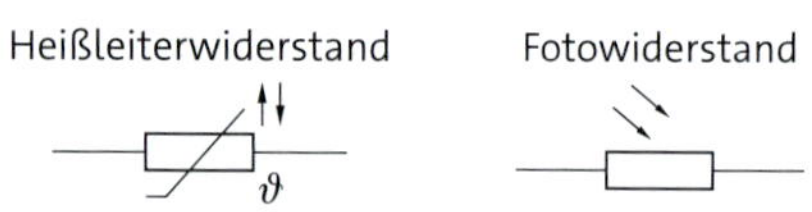

c Je höher die Temperatur ansteigt, desto kleiner wird der Widerstandswert eines Heißleiterwiderstands.
Je mehr Licht auf einen Fotowiderstand fällt, desto kleiner wird sein Widerstandswert.

18 a Sensor A ist ein guter Leiter (geringer Widerstandswert), wenn die Temperatur gering ist. Sensor B ist ein guter Leiter, wenn die Temperatur hoch ist.
b Sensor B ist ein Heißleiterwiderstand. Sensor A könnte man als Kaltleiterwiderstand bezeichnen. Mit ihm könnte man z. B. die Heizung einschalten lassen oder eine Alarmschaltung bauen, die vor Frost und Vereisung warnt.

19 In der Schaltung von Bild 3 leuchtet die Lampe, weil die Diode in Durchlassrichtung geschaltet ist: Der Minuspol der Batterie ist an die mit dem Ring markierte Seite der Diode angeschlossen, der Pluspol an die unmarkierte Seite.

20 Die Diode kann in einem einfachen Stromkreis mit Batterie und Lampe getestet werden. Dabei baut man die Diode in verschiedenen Richtungen in den Stromkreis ein. Der Markierungsring muss an der Seite der Diode angebracht werden, die in Durchlassrichtung (wenn die Lampe leuchtet) mit dem Minuspol der Batterie verbunden ist.

21 a Schaltzeichen einer Diode: 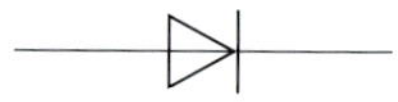
b Eine Diode ist in Durchlassrichtung geschaltet, wenn ihre markierte Seite mit dem Minuspol der elektrischen Energiequelle verbunden ist.
c Je nach Einbaurichtung sperrt eine Diode den Gleichstrom oder lässt ihn zu (nach Überschreiten der Schwellenspannung).
Vom Wechselstrom lässt eine Diode immer nur eine Hälfte zu. Sie wirkt dadurch als Gleichrichter.
d Alle elektronischen Geräte benötigen eine geringe Gleichspannung. Mit einem Transformator wird die Netzspannung von 230 V~ auf z. B. 6 V~ herabgesetzt. Dann wird der Wechselstrom mit Dioden gleichgerichtet.

22 Eine Leuchtdiode lässt den Strom nur in einer Richtung zu, sie wirkt wie ein Ventil. Die LED leuchtet, wenn sie in Durchlassrichtung geschaltet und die Schwellenspannung überschritten ist.

23 a Ein kleiner Strom im Steuerstromkreis steuert einen großen Strom im Arbeitsstromkreis. Wenn sich die Stromstärke im Steuerstromkreis z. B. nur um 0,1 mA ändert, dann kann sich dadurch die Stromstärke im Arbeitsstromkreis um 10 mA ändern. Der Transistor verstärkt in diesem Fall das Signal um das Hundertfache.
b Als Verstärkungsfaktor eines Transistors bezeichnet man das Verhältnis des Arbeitsstroms zum Steuerstrom:
$\text{Verstärkungsfaktor} = \frac{\text{Arbeitsstromstärke}}{\text{Steuerstromstärke}}$.

24 a Wenn Hannas Geheimschublade geöffnet wird, dann soll der Summer sofort „losheulen".
b Bei umgekehrter Polung funktioniert die Alarmanlage nicht mehr. Der Emitter des npn-Transistors muss mit dem Minuspol der elektrischen Energiequelle verbunden sein. Andernfalls sperrt der Transistor.
c Für einen Brandmelder wird der Fotowiderstand durch einen Heißleiterwiderstand ersetzt. Wenn die Temperatur sehr hoch steigt, wird der Widerstandswert des Heißleiters sehr gering. Jetzt fließt ein großer Steuerstrom, der Transistor schaltet durch und der Summer schlägt Alarm.

Operatoren

Die meisten Aufgaben in diesem Buch beginnen mit einem Verb:

- **Nenne** die Teile des Kraftmessers.
- **Beschreibe,** wie bei der Anwendung der verschiedenen Hebel Kraft verringert wird.
- **Erkläre,** warum der Mond nicht auf die Erde fällt.
- **Begründe,** dass die Stimmgabel (440 Hz) höher klingt als die H-Saite (31 Hz) eines E-Basses.
- **Erläutere** den Begriff Isotop am Beispiel des Wasserstoffs.
- **Skizziere** im Heft, wie sich der luftgefüllte Miniballon verändert.
- **Plane** einen Versuch, um die Rolleigenschaften von Skateboards zu vergleichen.
- **Untersuche,** wie sich die Membran bei Gleich- und Wechselspannung bewegt.
- **Nimm Stellung** zu der Aussage: „Ich lasse mich nicht röntgen, das ist zu gefährlich."

Die Verben geben an, was du bei den Aufgaben tun sollst. Wir bezeichnen sie als Operatoren. → 1

Operator	Das sollst du tun:
Nenne Gib an	Notiere Namen oder Begriffe. Verwende Fachwörter. *Beispiel Kraftmesser: Schraubenfeder, Skala, Nullpunktschieber, Gehäuse*
Beschreibe	Formuliere etwas so genau und ausführlich mit Fachwörtern, dass eine andere Person es sich gut vorstellen kann. *Beispiel Hebel: Bei einem Hebel wird die aufzuwendende Kraft verringert, indem man den Kraftarm länger als den Lastarm macht.*
Erkläre	Verstehe, wie etwas funktioniert oder aufgebaut ist. Führe die Funktionsweise und den Aufbau auf physikalische Regeln und Gesetze zurück. *Beispiel Mond: Der Mond fällt nicht zur Erde, weil er er sich zusätzlich zur Fallbewegung schnell von der Erde weg bewegt. Beide Bewegungen zusammen ergeben die Kreisbahn des Monds.*
Begründe	Gib die wichtigen Gründe oder Ursachen an. *Beispiel Stimmgabel: Die Stimmgabel klingt höher als die H-Saite, weil die Stimmgabel mit 440 Hz eine größere Frequenz als die H-Saite (31 Hz) hat.*
Erläutere	Erkläre ausführlich anhand von einem oder mehreren Beispielen.
Vergleiche	Stelle Gemeinsamkeiten und Unterschiede zum Beispiel in einer Tabelle dar.
Skizziere	Fertige ein ganz einfaches Bild an, das auf den ersten Blick verständlich ist.
Zeichne	Gib dir Mühe, ein genaues und vollständiges Bild anzufertigen.
Berechne	Stelle den Rechenweg dar und gib das Ergebnis an.
Ermittle Bestimme	Komme durch eine Rechnung, eine Zeichnung oder einen Versuch zu einem Ergebnis.
Plane einen Versuch	Schreibe die Vermutung auf, die du mit dem Versuch überprüfen willst. Skizziere deine Versuchsidee und gib dabei die Materialien und Messgeräte an. Beschreibe genau, wie der Versuch durchgeführt werden soll. Überlege dir, welche Größen gemessen werden sollen. Welche Größe wird verändert und welche Größen müssen gleich bleiben?
Untersuche	Erforsche einen Zusammenhang mit einem oder mehreren Versuchen. Mache dir vorher einen Plan. Führe Protokoll.
Nimm Stellung Bewerte	Entscheide dich, ob du einer Aussage zustimmst oder sie ablehnst. Begründe deine Entscheidung. *Beispiel Röntgen: Ich lehne die Aussage ab. Das Röntgen ist zwar nicht gefahrlos. Aber z. B. nach einem Sturz ist es für die Behandlung sehr wichtig zu wissen, ob und wie Knochen gebrochen sind.*

1 Operatoren im Physikunterricht und ihre Bedeutung

Basiskonzepte

In vielen Bereichen der Physik sind ähnliche Regeln und Prinzipien erkennbar. Sie werden von den Basiskonzepten beschrieben. Mithilfe der Basiskonzepte kann man viele Themen der Physik im Zusammenhang betrachten und so besser verstehen.

Energie

Energie kann man sich als universellen Treibstoff vorstellen. Ohne Energie gäbe es kein Licht, keine Wärme, keine Bewegung und kein Leben. Beispiele in diesem Buch:

Mit der Nahrung nehmen wir Energie auf, die wir zum Heben und Bewegen nutzen. → 1
Seiten: 82–87, 88–91, 92–95

Energie kann in verschiedene Formen umgewandelt werden. Dabei bleibt die Gesamtenergie immer erhalten. Ein Teil ist jedoch nicht weiter nutzbar. → 2
Seiten: 96–97, 102–103, 110–113, 118–121, 188–191

Elektrische Energie wird über weite Strecken transportiert.
Seiten 156 – 159

1

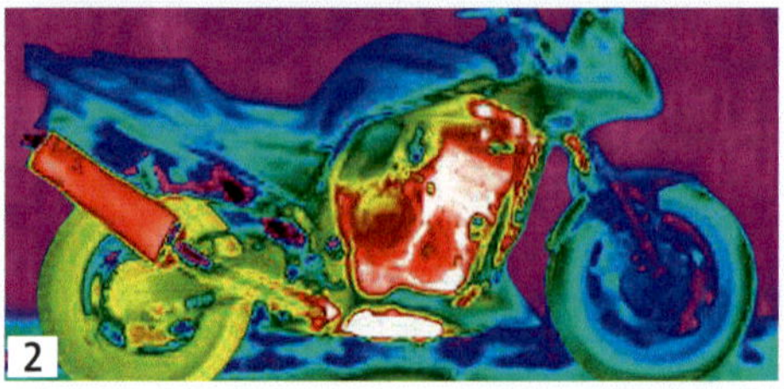
2

Wechselwirkung

Immer wenn Dinge oder Personen gegenseitig aufeinander wirken, sprechen wir von Wechselwirkungen. Beispiele in diesem Buch:

Wenn eine Kraft auf einen Gegenstand wirkt, dann übt der Gegenstand eine gleich große Kraft in entgegengesetzter Richtung aus. Nach diesem Prinzip können Raketen ins All fliegen und sich Schiffe und Flugzeuge bewegen. → 3
Seiten: 64–67

Ein Himmelskörper zieht Gegenstände an. Das spüren wir auf der Erde, wenn wir zum Beispiel etwas heben und dabei die Anziehung überwinden müssen. → 4 Was wir nicht spüren: Auch der Gegenstand zieht den Himmelskörper an.
Seiten: 22–23, 60–63, 68–69

Elektromagnete zeigen anziehende und abstoßende Wirkungen. Diese Eigenschaft nutzen Elektromotoren, um in Bewegung zu kommen. → 5
Seiten: 134–137, 138–141

Radioaktive Strahlen können deine Körperzellen verändern, weil sie mit ihnen in Wechselwirkung treten.
Seiten: 184–187

3

4

5

Struktur der Materie

Die Vorstellungen vom Aufbau aller Stoffe aus Teilchen sind die Grundlage für das Verständnis der uns umgebenden Welt. Beispiele in diesem Buch:

Atomkernumwandlungen und die Wirkungen der Radioaktivität können wir uns mit einem detaillierten Atommodell erklären. → 6
Seiten: 166–167, 168–169, 170–173

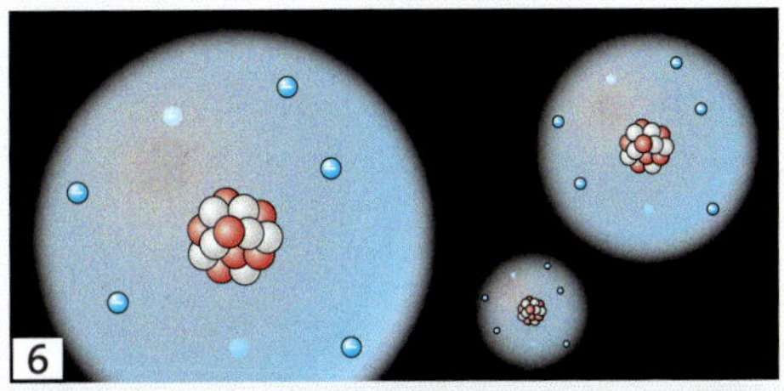

6

Die Kernspaltung können wir mithilfe von Modellen des Aufbaus der Materie besser verstehen. → 7
Seiten: 188–191

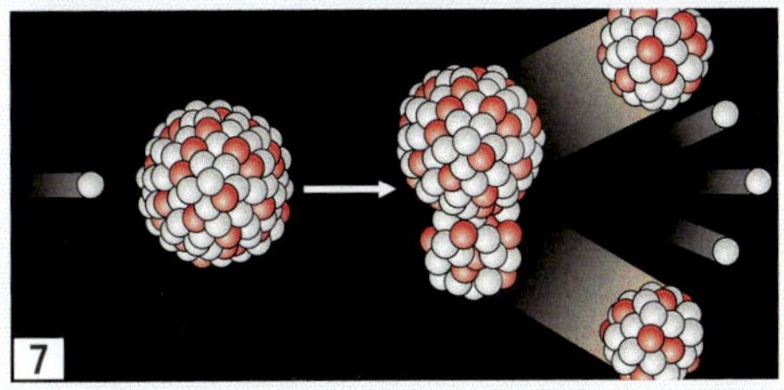

7

System

Ein System besteht immer aus mehreren Teilen, die aufeinander oder miteinander wirken. Man kann die Bedeutung der Einzelteile untersuchen, oder man betrachtet das System als Ganzes von außen. Beispiele in diesem Buch:

Einfache Maschinen, wie Hebel, Flaschenzüge oder Rampen, sind Systeme zur Verringerung von Kräften. → 8
Seiten: 92–95

8

Kraftwerke sind Systeme, die Energie umwandeln und uns elektrische Energie bereitstellen. → 9
Seiten: 110–113, 118–121, 188–191

9

Transformatoren sind Systeme zur Veränderung von elektrischen Spannungen und elektrischen Stromstärken. → 10
Seiten: 152–157

10

Eine Transistorschaltung ist ein System, das schwache Signale von Sensoren verstärkt und ausgibt.
Seiten: 244–247

Mit dem Gasbrenner arbeiten

Für viele Experimente im Fachraum braucht man einen Gasbrenner. → 1 Vielleicht wird an deiner Schule ein anderer Brennertyp benutzt. Dann lass dir euren Gasbrenner genau erklären.

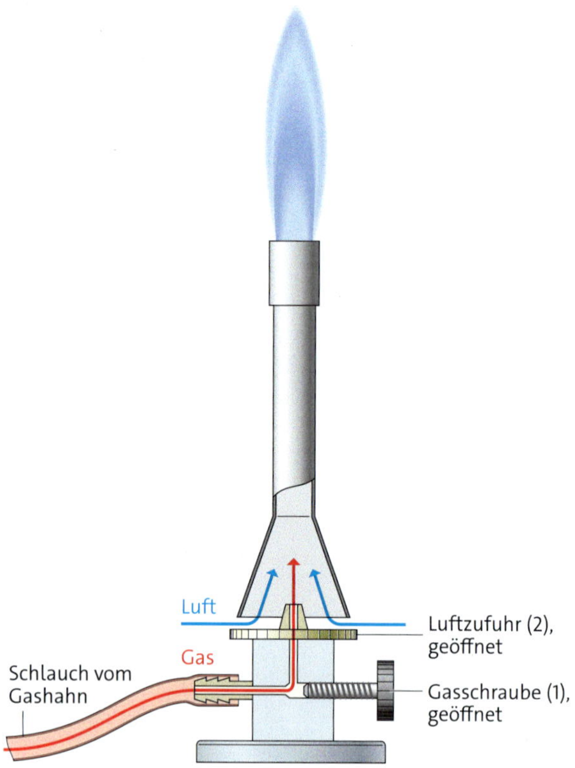

1 Gasbrenner

Achtung • Beachte die folgenden Hinweise:
- Verbrennungsgefahr!
- Trage immer eine Schutzbrille!
- Binde lange Haare zusammen.
- Lege lose Teile deiner Kleidung ab (Schal, Tuch). Stecke Bänder oder Kordeln fest.
- Lass offene Flammen nie unbeaufsichtigt.
- Schließe Gas- und Luftzufuhr, wenn die Flamme des Brenners erlischt.
- Bei Gasgeruch: Schließe sofort den Gashahn und informiere die Lehrperson. Öffne die Fenster!

Gehe so vor, um den Gasbrenner einzuschalten:

1. Gasbrenner vorbereiten Die Stellschrauben der Gaszufuhr (1) und der Luftzufuhr (2) müssen geschlossen sein. Überprüfe es! Verbinde dann den Brenner mit dem Gashahn an deinem Tisch. Achte auf einen sicheren Stand des Brenners.

2. Gas entzünden Öffne den Gashahn, indem du gleichzeitig drückst und drehst. Drehe dann die Stellschraube der Gaszufuhr etwas auf. Entzünde sofort das ausströmende Gas: Die leuchtende Flamme entsteht. → 2

3. Flamme einstellen Öffne die Stellschraube der Luftzufuhr. Die blaue Flamme nennt man „rauschende Flamme". → 3 Drehe die Stellschraube für die Gaszufuhr weiter auf, wenn du eine größere Flamme brauchst.

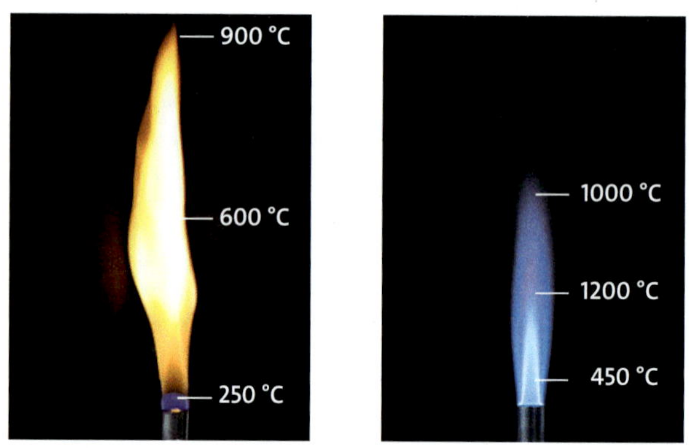

2 3 Leuchtende und rauschende Flamme

Gehe so vor, um den Gasbrenner auszuschalten:

1. Luftzufuhr schließen

2. Gaszufuhr schließen

3. Gashahn schließen Schließe den Gashahn und entferne anschließend den Gasschlauch.

Stichwortverzeichnis

Hinweis: Fett gedruckte Begriffe sind Lernwörter.

Bild- und Textquellenverzeichnis

COVER: m: Sofarobotnik GbR; o: sciencephotolibrary/Marc Ward; u: stock.adobe.com/hopfi23, **Sofarobotnik** GbR: S. 1, S. 2/Origami Vogel

Fotos

Adobe Stock: 77SG: S. 97/5 Bremsen, Africa Studio: S. 82/1, alma_sacra: S. 87/6, Ammit: S. 87/8, Andrey Popov: S. 5/o., S. 132, Andriy Nekrasov: S. 34/1, animaflora: S. 116/3, Anton Gvozdikov: S. 183/l., ARochau: S. 46, 87/7, awfoto: S. 254, Björn Wylezich: S. 156/1, blas: S. 21/8, bongkarn: S. 12/4, Christian Müller: S. 78/1, Christopher Nolan: S. 91/5 Sportwagen, chru53: S. 149/5, Countrypixel: S. 109/r., Daniel Ernst: S. 111/7, Dudarev Mikhail: S. 38/1, Elnur: S. 4/u., S. 108, evening_tao: S. 227, Evgeniy & Karina Gerasimovi/scharfsinn86: S. 102/1, Fabian: S. 117/4, Foto-Ruhrgebiet: S. 243/8, FotoStuss: S. 115/3, frog: S. 229/3, Gerry Thoenen/fototrm12: S. 117/6, GVictoria: S. 229/4, Halfpoint: S. 239/5, Hasselblad X1D: S. 91/6 E-Bike, Herby Meseritsch: S. 184/Obst, industrieblick: S. 87/9, Jan: S. 113/4, josevgluis: S. 109/l., Julia Albul: S. 266/4, JüNick: S. 12/6, Kadmy: S. 28/1, kamasigns: S. 243/4, Kamzoom: S. 223/6, Kara: S. 110/3, S. 266/1, kosta_iliev: S. 30/1, lassedesignen: S. 91/5 Zugmaschine, Lena Wurm: S. 116/2, nic_ol: S. 12/3, Oleksandr: S. 133/r., panoramarx: S. 118/1, pantovich: S. 230/1, Patrick Daxenbichler: S. 243/7, photophonie: S. 56/2, Photo-SD: S. 3/u., S. 44, PROKON Regenerative Energien eG/Tarnero: S. 133/l., Richie Chan: S. 195/4, Robert Kneschke: S. 12/5, romantsubin: S. 167/6, Ron-Heidelberg: S. 241/8 l., Ruslan Ivantsov: S. 223/3, sdecoret: S. 214/1, selensergen: S. 229/5, SKatzenberger: S. 10/3, Stefan Schurr: S. 87/10, Stockwerk-Fotodesign: S. 200, Successo images: S. 218/1, Syda Productions: S. 180/3, sylv1rob1: S. 67/5, Tatiana: S. 239/4, thomaslerchphoto: S. 91/5 Kleinwagen, Tomasz Zajda: S. 91/6 E-Auto, Tryfonov: S. 45/r., S. 73/7, zhukovvvlad: S. 87/5 | **akg-images GmbH:** S. 55/7, Science Photo Libary: S. 174/1, akg-images: S. 174/2, Sciene Photo Libary: S. 195, akg-images | **Cornelsen:** Medienproduktion Schlesener GmbH: S. 21/7, 9 , Wolfgang Schulz-Heidorf: S. 55/5, Volker Minkus: S. 62/2, 3, 4, S. 97/5 Felgen, S. 144/o.,: S. 147/3, S. 147/6, S. 171/4, S. 238/2 , Markus Gaa: S. 135/5, S. 147/4, , Volker Döring: S. 169/3, Jürgen Kirstein: S. 233/4 | **bpk:** adoc – photos: S. 174/3 | **ClipDealer GmbH:** Mamuka Gotsiridze: S. 223/3 | **Depositphotos:** Andrea Muscatello: S. 266/3 | **Deutsche Bahn AG:** Georg Wagner: S. 91/6 ICE | **dpa Picture-Alliance:** REUTERS: S. 129, Romain Fellen: S. 193/r., dpa – Bildarchiv: S. 199/3, JOKER: S. 199/4, SES Platform Services: S. 223/4, Maksym Yemelyanov/Zoonar: S. 223/10, Borut Furlan/Waterframe: S. 239/6, dpaweb/Fotoreport Roger Hensel: S. 266/2 | **EnBW Energie Baden-Württemberg AG:** S. 196/1 | **ESA ESRIN Publicis Sapient:** ATG medialab: S. 72/4 | **ESA ESRIN Publicis Sapient:** NASA: S. 68/1, P. Carril: S. 70/3 | **Fraunhofer-Institut für Intelligente Analyse und Informationssysteme:** Deutsches Museum: S. 183/m., Kurt Fuchs: S. 183/r. | **Images Source:** Fstop: S. 79/3 | **imago stock&people GmbH:** ZUMA Press: S. 11/5, ZUMA Wire/Blue Origin: 45/l., S. 66/2, suedraumfoto: S. 54/1, ZUMA Press/Gene Blevins: S. 64/1, imagebroker: S. 110/1, blickwinkel: S. 175, imago images/VWPics: S. 176/1, Kyodo News: S. 194/1 | **imago sportfotodienst GmbH:** McPhoto: S. 14/1, GEPA pictures: S. 96/4, S. 101/5 | **INTERFOTO:** Science & Society/Science Museum: 148/2 | **Lippisches Landesmuseum:** Lippisches Landesmuseum Detmold: S. 178 | **StockFood GmbH:** age fotostock: S. 10/1 | **mauritius images GmbH:** age/Joana Kruse: S. 95/11, alamy stock photo/Chris Cheadle: S. 90/1, alamy stock photo/Dimitar Petarchev: S. 223/7, alamy stock photo/Harvey Twyman: S. 12/1, alamy stock photo/Hikupic: S. 30/2, alamy stock photo/Ian Allenden: S. 221/3, alamy stock photo/James Smith: S. 122, alamy stock photo/luciano de polo stokkete: S. 224, alamy stock photo/Malcolm Schuyl: S. 48/2, alamy stock photo/paul ridsdale pictures: S. 134/1, alamy stock photo/PR images: S. 71/5, alamy stock photo/Science Lab: S. 202/1, alamy stock photo/travel images: S. 149/4, Alamy/Angela Chalmers: S. 9/r., Alamy/paul ridsdale/transport picture library/paul ridsdale: S. 48/3, Artur Cupak: S. 90/2, Danita Delimont: S. 114/1, Fabio and Simona: S. 223/5, Holger Weitzel: S. 115/4, imageBroker/Kreutzer: S. 48/4, imageBroker/Olaf Döring: S. 154/1, Konrad Zelazowski/age fotostock: S. 31/7, Manfred Habel: S. 6, S. 208, Oliver Brandt: S. 209/r., Rupert Oberhäuser: S. 128, Science Photo Library: S. 149/6, Science Source: S. 70/2, Thomas Robbin: S. 79/5, Valentin Wolf: S. 223/8, Westend61: S. 209/l., S. 223/9 | **NASA:** S. 70/1, S. 72/3, S. 74/1, S. 75, JPL-Caltech/MSSS: S. 71/4, Lunar and Planetary Institute/Houston Texas: S. 22/1, NASA Goddard Space Flight Center: S. 60/1, NASA's Goddard Space Flight Center: S. 72/2 | **CEA - Commissariat à l'énergie atomique:** P. Stroppa: S. 172/3 | **PantherMedia:** Daniel Loretto: S. 12/2, Mihajlo Maricic: S. 5/u., S. 164, Mile Atanasov: S. 234/1 | **Science Photo Library:** Peter Bowater: S. 144/1, PUBLIC HEALTH ENGLAND: S. 193/l. | **StockFood GmbH:** sciencephotolibrary/ANDERS PERSSON, CMIV: S. 182/3, sciencephotolibrary/Claus Lunau: S. 203, S. 232/1, sciencephotolibrary/DEPT. OF NUCLEAR MEDICINE, CHARING CROSS HOSPITAL: S. 180/4, sciencephotolibrary/GERD GUENTHER: S. 211/4, sciencephotolibrary/Giphotostock: S. 136/4, sciencephotolibrary/Ian Cuming/IKON IMAGES: S. 79/4, sciencephotolibrary/New York Public Library: S. 136/3, sciencephotolibrary/PASCAL GOETGHELUCK: S. 172/1, sciencephotolibrary/PATRICK LANDMANN: S. 172/2, sciencephotolibrary/Scimat: S. 26/2, sciencephotolibrary/U.S. DEPT. OF ENERGY: S. 181, sciencephotolibrary/Van Ravenswaay, Detlev: S. 72/1 | **Shutterstock GmbH:** 1989studio: S. 65/4. L., Anna-Nas: S. 13/13, Daniel-Froehlich: S. 4/o., S. 80, Dark Moon Pictures: S. 13/11, Datskevich Aleh: S. 217/5, dean48: S. 120/3, Denphumi: S. 184/Milch, DeStefano: S. 111/5, Dmitry Morgan: S. 93/5, dolomite-summits: S. 26/1, Dotted Yeti: S. 73/5, Egoreichenkov Evgenii: S. 185/5, engel.ac: S. 267/9, fotandy: S. 13/14, Fotokostic: S. 3/o., S. 8, Gorodenkoff: S. 229/7, Herr Loeffler: S. 141, Ingo Bartussek: S. 266/5, J.Schelkle: S. 184/Nüsse, JRP Studio: S. 9/l., Kekyalyaynen: S. 26/4, Kichigin: S. 13/12, Koptyaev Igor: S. 188/1, Kovaleva_Ka: S. 184/Honig, Kzenon: S. 50/1, S. 817 r., Luca Santilli: S. 10/2, Lucia Tieko: S. 35/11, Lukas Gojda: S. 48/1, lzf: S. 81/l., MaraZe: S. 184/Rindfleisch, Mark_Kostich: S. 180/1, Marko Poplasen: S. 11/4, New Africa: S. 152/1, oksana2010: S. 229/6, Olexandr Taranukhin: S. 240/1, parinyabinsuk: S. 236/1, r.classen: S. 267/10, ra66: S. 37/7, rebeccaashworth: S. 98/1, Rodica Vasiliev: S. 24, Room 76: S. 267/8, rzoze19: S. 138/1, sanyanwuji: S. 165/l., Sashkin: S. 215/6, ShutterProductions: S. 117/5, Stoyan Yotov S. 170/1, Syda Productions: S. 43/5, TPCImagery - Mike Jackson: S. 98/2, Unwanus: S. 13/10, vchal: S. 166/1, ViDI Studio: S. 13/9 | **VISUM:** euroluftbild.de: S. 165/r.

Illustrationen

Cornelsen: Rainer Götze: S. 7, S. 13/8, S. 14/2-4, S. 15/5-7, S. 16, S. 17/4-11, S. 18/2-4, S. 19/5-7, S. 20/1, S. 20/3, S. 21/4-6 S. 21/10, S. 22/2+3 S. 23/4, S. 26/3, S. 27/5+6, S. 28/2-5, S. 29/6+7, S. 29/8+9, S. 30/3, S. 31/5+6, S. 32/, S. 33/2+3, S. 34/2-8, S. 35/9+10, S. 36/1-5, S. 37/6, S. 38/2+3, S. 39/4+5, S. 40/1-6, S. 41/7-9, S. 41/11+12, S. 42/1, S. 42/2+3, S. 43/4, S. 47/3+4, S. 48/5+6, S. 49, S. 50/2+3, S. 52+3, S. 55/4, S. 57/3, S. 60/2, S. 61, S. 62/1+5, S. 63, S. 65/3,5,6,4 r., S. 66/1, S. 67/4, S. 68/5, S. 69/6+7, S. 74, S. 76, S. 77/4-7, S. 78/2, S. 82/3+4, S. 84/2+3, S. 85, S. 86/1-4, S. 90/4, S. 92/2+3, S. 93/4, S. 94/1+2+3,5+6+7, S. 95/10+12, S. 96/2+3, S. 97/6, S. 98/3-5, S. 100, S. 101/4, S. 102/2+3, S. 103, S. 104/1-5, S. 105/5-8, S. 106/2+3, S. 107/4+5, S. 110/2+4, S. 111/6+8, S. 112/2+3, S. 113/5, S. 114/2, S. 115/5+6, S. 118/2, S. 119/3+4, S. 120/1, S. 121/4+5, S. 123/2+3, S. 124/1+2, S. 125, S. 130/1, S. 130/2+3+5, S. 131, S. 134/2-4, S. 135/6+7+9, S. 136/1+2, S. 137/6, S. 139, S. 140/1+2, S. 142/2+3, S. 143/4+5, S. 144/2+3 u., S. 145, S. 146/1+2, S. 147/5, S. 148/1+3, S. 150/2+3, S. 151/4-7, S. 152/2+3, S. 153/4+6, S. 154/2, S. 155/3+4, S. 157, S. 158/1+2, S. 159, S. 160, S. 161/7-9, S. 162, S. 163/7+8, S. 166/2+4, S. 167, S. 168/2, S. 169/4, S. 170/2, S. 171/5, S. 171/Elektron, S. 171/Energiestrahlung, S. 171/Heliumkern, S. 172/4+5, S. 173/6-8, S. 176/2+3, S. 180/2, S. 182/1, S. 186, S. 187/7+8, S. 188, S. 189/3-5, S. 190/1+2, S. 191, S. 192, S. 194/2, S. 196/2, S. 198/1+2, S. 202/2, S. 204/1-4, S. 205/5-7, S. 206/2-4, S. 207, S. 210/2+3, S. 211/5+6, S. 212/1-3, S. 213/4-6, S. 214/2+3, S. 215/7, S. 216, S. 217/6, S. 218/2+3, S. 219/4-6, S. 220/1+2, S. 221/4, S. 222, S. 223/11, S. 230/2, S. 231, S. 232/2, S. 233/3, S. 234/2, S. 235, S. 237/5+6, S. 238/1+3, S. 240/2, S. 240/3-5, S. 241/6,7,9+8 r., S. 242/1, S. 243/5, S. 244/3,2o., S. 245/4-6, S. 246/1+2, S. 247, S. 248, S. 249/9, S. 249/10, S. 249/11 o.,12 o., S. 250/1-5 r., S. 251/7-9, S. 253/1-4, S. 260/9,10,14,8 b, S. 261, S. 262, S. 264, **Matthias Pflügner:** S. 18/1, S. 23/5, S. 54/3, S. 55/6, S. 56/1, S. 57/4+7, S. 58, S. 64/2, S. 66/3, S. 84/1, S. 88, S. 89, S. 92, S. 95/9, S. 106/1, S. 126, S. 127, S. 150/1, S. 168/1, S. 184/1, S. 201, S. 210/1, S. 225/2-7, S. 226, S. 228, S. 242/2+3, S. 244/1, **Tobias Dahmen**, Utrecht/NL, Matthias Pflügner: S. 54/2, **Inhouse:** S. 41/10, S. 130/4, S. 135/8, S. 156/2, S. 161/10, S. 166/3, S. 185/3+4, S. 236/2-4, S. 255,S. 256, S. 267/6+7

Text: § 21a, Absatz 1, Satz 6, StVO (aus didaktischen Gründen gekürzt): S. 59

Größe	Zeichen	Einheit		Weitere Einheiten		Beziehungen
Temperatur	T	Kelvin	K	Grad Celsius	°C	0 K ≙ −273,15 °C 0 °C ≙ 273,15 K
Länge	l	Meter	m	Meile Zoll	mi ″	1 mi = 1609 m 1″ = 2,54 cm
Fläche	A	Quadratmeter	m^2	Hektar	ha	1 ha = 10 000 m^2
Volumen	V	Kubikmeter	m^3	Liter	l, L	1 l = 1 dm^3 = 0,001 m^3 1 m^3 = 1000 l
Masse	m	Kilogramm	kg	Tonne	t	1 t = 1000 kg
Dichte	ϱ	Kilogramm pro Kubikmeter	$\frac{kg}{m^3}$	Gramm pro Kubikzentimeter	$\frac{g}{cm^3}$	$1\,\frac{g}{cm^3} = 1000\,\frac{kg}{m^3}$
Kraft	F	Newton	N			$1\,N = 1\,\frac{J}{m}$
Druck	p	Pascal	Pa	Bar	bar	$1\,Pa = 1\,\frac{N}{m^2}$ 1 bar = 100 000 Pa
Energie	E	Joule	J	Kilowattstunde	kWh	1 J = 1 Nm = 1 Ws 1 kWh = 3,6 MJ
Leistung Energiestrom	P	Watt	W			$1\,W = 1\,\frac{J}{s} = 1\,\frac{Nm}{s}$
Zeit	t	Sekunde	s	Minute Stunde	min h	1 min = 60 s 1 h = 60 min = 3600 s
Frequenz	f	Hertz	Hz			$1\,Hz = \frac{1}{s}$
Geschwindigkeit	v, c	Meter pro Sekunde	$\frac{m}{s}$	Kilometer pro Stunde	$\frac{km}{h}$	$1\,\frac{m}{s} = 3{,}6\,\frac{km}{h}$
Beschleunigung	a	Meter pro Sekunde zum Quadrat	$\frac{m}{s^2}$			
Stromstärke	I	Ampere	A			
Spannung	U	Volt	V			$1\,V = 1\,\frac{W}{A}$
Widerstand	R	Ohm	Ω			$1\,\Omega = 1\,\frac{V}{A}$
Aktivität	A	Becquerel	Bq			$1\,Bq = \frac{1}{s}$
Äquivalentdosis	D	Sievert	Sv			

1 Physikalische Größen und ihre Einheiten

Grundgröße	Einheit	
Länge	Meter	m
Masse	Kilogramm	kg
Zeit	Sekunde	s
Stromstärke	Ampere	A
Temperatur	Kelvin	K
Stoffmenge	Mol	mol
Lichtstärke	Candela	cd

2 Grundgrößen und Einheiten des SI-Systems

SI-Einheiten • Wir geben Längen in Metern und Kilometern an, Flächen z. B. in Quadratmetern. In England verwendet man Fuß, Meilen und Quadratfuß. Temperaturen werden bei uns in Grad Celsius angegeben, in England in Fahrenheit. Damit die verschiedenen Einheiten bei internationalen Projekten nicht zu Fehlern führen, hat man ein gemeinsames Einheitensystem festgelegt (SI-System). Es enthält 7 Grundgrößen. → 2 Die anderen Größen werden aus ihnen abgeleitet.